大学应用型课程专业（精品）系列教材　　喻世友◎主编

大学应用型课程专业（精品）系列教材·数学类　　廖俊平◎主编

经济应用数学

孙明岩　主编　／　陈放　张志敏　副主编

·广州·

版权所有　翻印必究

图书在版编目（CIP）数据

经济应用数学/孙明岩主编；陈放，张志敏副主编．—广州：中山大学出版社，2015.9

［大学应用型课程专业（精品）系列教材/喻世友主编；大学应用型课程专业（精品）系列教材·数学类/廖俊平主编］

ISBN 978-7-306-05405-0

Ⅰ.①经… Ⅱ.①孙… ②陈… ③张… Ⅲ.①经济数学—高等学校—教材 Ⅳ.①F224.0

中国版本图书馆CIP数据核字（2015）第198934号

出 版 人：	王天琪
责任编辑：	黄浩佳
封面设计：	曾　斌
责任校对：	赵丽华
责任技编：	何雅涛
出版发行：	中山大学出版社
电　　话：	编辑部 020-84111996，84113349，84111997，84110779
	发行部 020-84111998，84111981，84111160
地　　址：	广州市新港西路135号
邮　　编：	510275　　传　真：020-84036565
网　　址：	http://www.zsup.com.cn　　E-mail:zdcbs@mail.sysu.edu.cn
印 刷 者：	广东虎彩云印刷有限公司
规　　格：	787mm×1092mm　1/16　16印张　370千字
版次印次：	2015年9月1版　2023年8月第7次印刷
定　　价：	38.00元

如发现本书因印装质量影响阅读，请与出版社发行部联系调换

大学应用型课程专业（精品）系列教材
编 委 会

主　编　喻世友
委　员　（按姓氏拼音排序）
　　　　陈功玉　陈剑波　陈天祥　丁建新　方海云　冯　原
　　　　何江海　黄静波　黎颂文　廖俊平　孙　立　王丽荣
　　　　卫建国　杨　智　喻世友　赵过渡

大学应用型课程专业（精品）系列教材·数学类
编 委 会

主　编　廖俊平
副主编　扶　涛　赵过渡
编　委　（按姓氏拼音排序）
　　　　陈　放　扶　涛　廖俊平　孙明岩　赵过渡　张志敏

本书编委会

主　编　孙明岩
副主编　陈　放　张志敏
编　委　（按姓氏拼音排序）
　　　　陈　放　扶先辉　李冰玉　杨建平　张志敏

前　言

本书以经典微积分和线性代数为主体内容，是目前经济学、管理学、会计学等专业的重要专业基础课程，并逐步成为这些专业课程体系中的主干. 微积分的基础是函数与极限，根据其对象是一元函数和多元函数，我们再将其分为一元微积分和多元微积分. 线性代数的基础是行列式和矩阵，主要的目的是求解线性方程组.

在社会科学中，数学的首要应用领域无疑是经济学. 马克思认为，一门学科成熟与否的标志就是看其对数学的应用程度. 经济学在上世纪飞速发展，其数学工具、模型的应用越来越广泛和深入，这是不可置疑的进步. 随着中国加入WTO，以及经济全球化进程加快和知识经济时代的到来，培养经济学、管理学与数学相结合的复合型人才成为一种大趋势.

为方便读者更好地掌握本书的内容，本教材精选了课后习题，并在书后列出了习题的详细解答. 这也是本教材与同类教材的区别之处.

本书由孙明岩主编，陈放、张志敏、高卓参与编写. 在本书的编著过程中，扶先辉、杨建平、于丹、李冰玉提出了宝贵意见. 由于编者水平有限，本教材难免存在不足之处，恳请各位读者提出指正.

孙明岩 于南芳湖

2015 年 6 月 18 日

目 录

第一章 函数极限与连续 ··· 1

  第一节 函数 ··· 1
    一、函数的几种特性 ·· 1
    二、反函数 ··· 3
    三、复合函数与初等函数 ··· 3
  第二节 极限的概念 ··· 4
  第三节 极限的运算法则 ··· 11
  第四节 两个重要极限公式 ··· 14
  第五节 无穷小量与无穷大量 ·· 17
    一、无穷小量 ·· 17
    二、无穷大量 ·· 17
  第六节 函数的连续性 ··· 19
    一、连续函数的概念 ·· 19
    二、初等函数的连续性 ·· 21
    三、闭区间上连续函数的性质 ··· 21
  复习题一 ··· 24

第二章 导数与微分 ··· 26

  第一节 导数的基本概念 ··· 26
    一、两个实例 ·· 26
    二、导数的概念 ·· 28
    三、函数在某点连续与可导的关系 ··· 30
  第二节 函数的求导法则 ··· 31
    一、一些常用的基本初等函数的求导公式 ····························· 31
    二、求导法则 ·· 32
    三、复合函数的求导法则 ·· 34
    四、隐函数的求导法则 ·· 35
    五、取对数求导法 ·· 35
  第三节 高阶导数 ··· 37
  第四节 函数的微分 ··· 39
    一、微分的定义及计算 ·· 39
    二、微分的应用 ·· 40

复习题二 ·· 43

第三章 微分中值定理与导数的应用 ··· 45

第一节 微分中值定理 ··· 45
一、罗尔定理 ·· 45
二、拉格朗日中值定理 ·· 47
三、柯西中值定理 ·· 48

第二节 洛必达法则 ··· 49
一、$\dfrac{0}{0}$ 型未定式 ··· 49

二、$\dfrac{\infty}{\infty}$ 型未定式 ·· 51

三、其他未定型 ··· 52

第三节 函数的单调性与极值 ··· 54
一、函数的单调性 ·· 54
二、函数的极值 ··· 57

第四节 最值问题 ··· 61
一、最大利润问题 ·· 63
二、成本最低的产量问题 ··· 63

复习题三 ·· 66

第四章 不定积分 ··· 67

第一节 不定积分的概念和性质 ··· 67
一、不定积分的有关概念 ··· 67
二、不定积分的基本公式 ··· 69
三、不定积分的性质 ··· 70

第二节 不定积分的换元法 ··· 73
一、第一类换元积分法（凑微分法）·· 73
二、第二类换元法 ·· 76

第三节 分部积分法 ·· 78

复习题四 ·· 82

第五章 定积分 ·· 83

第一节 定积分的概念 ··· 83
一、定积分问题举例 ··· 83
二、定积分的几何意义及经济意义 ·· 86
三、定积分的性质 ·· 87

第二节 微积分基本公式 ·· 89

一、变上限的定积分与原函数存在定理 …………………………………………… 90
　　　二、牛顿—莱布尼茨公式 …………………………………………………………… 90
　第三节　定积分的换元法 ……………………………………………………………… 92
　第四节　定积分的分部积分法及广义积分 …………………………………………… 96
　　　一、定积分的分部积分法 …………………………………………………………… 96
　　　二、广义积分 ………………………………………………………………………… 96
　第五节　定积分的应用 ………………………………………………………………… 99
　　　一、定积分的几何应用 ……………………………………………………………… 99
　　　二、定积分的经济学应用 ………………………………………………………… 100
　复习题五 ………………………………………………………………………………… 102

第六章　多元函数微积分 ……………………………………………………………… 105

　第一节　空间解析几何概述 …………………………………………………………… 105
　　　一、空间直角坐标系 ……………………………………………………………… 105
　　　二、空间两点间的距离公式 ……………………………………………………… 106
　第二节　空间曲面及空间曲线 ………………………………………………………… 107
　　　一、空间曲面及曲面方程的概念 ………………………………………………… 107
　　　二、二次曲面 ……………………………………………………………………… 110
　第三节　多元函数的概念 ……………………………………………………………… 113
　　　一、二元函数的概念 ……………………………………………………………… 113
　　　二、二元函数的极限与连续 ……………………………………………………… 115
　第四节　偏导数与全微分 ……………………………………………………………… 117
　　　一、多元函数的偏导数 …………………………………………………………… 117
　　　二、二元函数偏导数的几何意义 ………………………………………………… 119
　　　三、高阶偏导数 …………………………………………………………………… 119
　　　四、全微分 ………………………………………………………………………… 120
　第五节　多元复合函数与隐函数的微分法 …………………………………………… 122
　　　一、多元复合函数的微分法 ……………………………………………………… 122
　　　二、隐函数的微分法 ……………………………………………………………… 124
　第六节　偏导数的应用 ………………………………………………………………… 125
　　　一、多元函数的极值 ……………………………………………………………… 125
　　　二、多元函数的最值 ……………………………………………………………… 127
　　　三、条件极值拉格朗日乘数法 …………………………………………………… 128
　第七节　二重积分 ……………………………………………………………………… 129
　　　一、二重积分的定义及几何意义 ………………………………………………… 129
　　　二、二重积分的计算 ……………………………………………………………… 131
　复习题六 ………………………………………………………………………………… 138

第七章 行列式与矩阵 ……………………………………………………………… 140

第一节 行列式 …………………………………………………………………… 140
一、二阶、三阶行列式 …………………………………………………… 140
二、n 阶行列式的定义 …………………………………………………… 141
第二节 行列式的性质 …………………………………………………………… 143
第三节 矩阵及性质 ……………………………………………………………… 149
一、矩阵的概念 …………………………………………………………… 149
二、矩阵的运算 …………………………………………………………… 151
三、矩阵的初等变换 ……………………………………………………… 154
第四节 矩阵的秩与逆矩阵 ……………………………………………………… 158
一、矩阵的秩 ……………………………………………………………… 158
二、逆矩阵 ………………………………………………………………… 160
复习题七 …………………………………………………………………………… 165

第八章 线性方程组 ………………………………………………………………… 167

第一节 线性方程组的概念与克莱姆法则 ……………………………………… 167
一、线性方程组的概念 …………………………………………………… 167
二、克莱姆法则 …………………………………………………………… 168
第二节 求解线性方程组 ………………………………………………………… 172
一、线性方程组的增广矩阵 ……………………………………………… 172
二、解线性方程组的消元法 ……………………………………………… 172
三、线性方程组有解的条件 ……………………………………………… 175
第三节 向量组的线性相关性 …………………………………………………… 177
一、向量组线性相关性的相关定义及性质 ……………………………… 177
二、向量组线性相关性的判定方法 ……………………………………… 178
第四节 线性方程组解的结构 …………………………………………………… 181
一、最大无关向量组 ……………………………………………………… 181
二、齐次线性方程组解的结构 …………………………………………… 181
三、非齐次线性方程组解的结构 ………………………………………… 186
复习题八 …………………………………………………………………………… 189

参考答案 ……………………………………………………………………………… 191

参考文献 ……………………………………………………………………………… 244

第一章　函数极限与连续

> 数学是科学的皇后,音乐能激发或抚慰情怀,绘画使人赏心悦目,诗歌能动人心弦,哲学使人获得智慧,科学可改善物质生活,但数学能给予以上的一切.
>
> —— 克莱因

大千世界中的一切都在运动着、变化着,从汽车的行驶到星转月移,从世界人口的不断变化到股市的涨跌,从国民经济的增长到商品价格的变化,等等.这些变化的量都有一个共同的特点:就是它们的变化受到其他一些变化量的制约或者与其他一些变化的量相互制约.这种制约关系在数学上表现为函数,函数是我们定性、定量地研究各种变化量的一个重要工具.而人们研究事物变化的趋势,从有限到无限,从近似到精确、从量变到质变,这些都需要极限的知识.极限是微积分研究的核心问题,我们即将经历神奇的极限之旅.

第一节　函　　数

一、函数的几种特性

中学阶段我们学习的函数知识是微积分学习的基础,其中一些特性在微积分的学习中用到的比较多.

（一）函数的有界性

定义 1　设函数 $f(x)$ 在集合 D 上有定义,如果存在一个正数 M,对于所有的 $x \in D$,恒有 $|f(x)| \leqslant M$,则称函数 $f(x)$ 在 D 上是有界的;如果不存在这样的正数 M,则称 $f(x)$ 在 D 上是无界的.

几何意义:当自变量 x 在集合 D 上变化时,曲线 $y = f(x)$ 被限制在 $y = -M$ 和 $y = M$ 两条直线之间.

例如:$y = \sin x$,对于定义域 $(-\infty, +\infty)$ 内任意 x,都有 $|\sin x| \leqslant 1$,所以函数 $y = \sin x$ 是有界函数.

（二）函数的奇偶性

定义 2　设函数 $f(x)$ 的定义域 D 关于原点对称,如果对任意的 $x \in D$,恒有 $f(-x) = f(x)$,则称 $f(x)$ 为偶函数;如果对于任意的 $x \in D$,恒有 $f(-x) = -f(x)$,则称 $f(x)$ 为奇函数.

偶函数的图像关于 y 轴对称,奇函数的图像关于原点对称.掌握函数奇偶性的特点后是否就能轻易解决相关的问题呢?答案是 *no*!数学问题的解决经常要用到恒等变换:将一个问题转换为另一种等价的形式.很多问题在山穷水尽时通过恒等变换可以使它变得柳暗花明.

【例 1】 判断函数 $y = \ln(x + \sqrt{1+x^2})$ 的奇偶性.

解 $f(-x) = \ln(-x + \sqrt{1+(-x)^2}) = \ln(-x + \sqrt{1+x^2})$ （山穷水尽）

$$= \ln(\frac{-x + \sqrt{1+x^2}}{1}) = \ln\frac{(-x+\sqrt{1+x^2})(x+\sqrt{1+x^2})}{x+\sqrt{1+x^2}}$$

（恒等变换，分子有理化）

$$= \ln\frac{1}{x+\sqrt{1+x^2}} = -\ln(x+\sqrt{1+x^2}) = -f(x).$$ （柳暗花明）

由定义 2 知 $f(x)$ 为奇函数.

在这个例题中我们很容易做到第一步，往往会卡在第二步，做不下去了. 这时，可以考虑恒等变换方法. 恒等变换的常用方法是：分子或分母有理化；加 1 或减 1 等. 在以后的学习中，我们会陆续介绍.

（三）函数的单调性

定义 3 设函数 $y = f(x)$ 在区间 (a,b) 内有定义，如果对于 (a,b) 内任意点 x_1 和 x_2，当 $x_1 < x_2$ 时，有 $f(x_1) < f(x_2)$，则称 $y = f(x)$ 在 (a,b) 内单调增加，此时称区间 (a,b) 为单调增区间；如果当 $x_1 < x_2$ 时，有 $f(x_1) > f(x_2)$，则称函数 $y = f(x)$ 在 (a,b) 内是单调减少的，此时称区间 (a,b) 为单调减区间.

单调增加的函数图像沿 x 轴正向逐渐上升；设 x 是学习微积分的时间，y 是对微积分的理解程度，我们构造一个函数 $y = f(x)$. 刚开始接触微积分时你学习的时间 x 越长，对微积分的理解程度 y 就越高. 函数 $y = f(x)$ 就是单调增加函数，简称单调增函数. 单调增函数与单调减函数统称为单调函数，对应的区间也统称为单调区间.

【例 2】 证明函数 $y = \dfrac{x}{1+x}$ 在 $(-1, +\infty)$ 内是单调增函数.

证明 在 $(-1, \infty)$ 内任取两点 x_1, x_2，且 $x_1 < x_2$，则

$$f(x_1) - f(x_2) = \frac{x_1}{1+x_1} - \frac{x_2}{1+x_2} = \frac{x_1 - x_2}{(1+x_1)(1+x_2)}.$$

因为 x_1, x_2 是 $(-1, \infty)$ 内的任意两点，所以 $1+x_1 > 0, 1+x_2 > 0$.

又因为 $x_1 - x_2 < 0$，故 $f(x_1) - f(x_2) < 0$，即 $f(x_1) < f(x_2)$，所以 $f(x) = \dfrac{x}{1+x}$ 在 $(-1, +\infty)$ 内是单调增函数.

（四）函数的周期性

定义 4 对于函数 $y = f(x)$，如果存在正数 a，使 $f(x+a) = f(x)$ 成立，则称此函数为周期函数. 周期函数的本质是自变量 x 对应的函数值 $f(x)$ 与自变量为 $x+a$ 时对应的函数值 $f(x+a)$ 相等. a 就是 $f(x)$ 的一个周期. 满足这个等式的最小正数 a 称为函数的最小正周期.

例如，$y = \sin x$ 以 2π 为周期，即 $\sin x = \sin(x + 2\pi)$.

【例 3】 设函数 $f(x)$ 是周期为 T 的周期函数，试求函数 $f(ax+b)$ 的周期，其中 a, b 为常数，且 $a > 0$.

解 因为函数 $f(x)$ 是周期为 T 的周期函数,则有:$f(x+T) = f(x)$
容易想到 $\quad f[(ax+b)+T] = f(ax+b)$, （将 $ax+b$ 看成一个变元）
$f(ax+b+T) = f(ax+T+b) = f\left[a\left(x+\dfrac{T}{a}\right)+b\right] = f(ax+b)$,（恒等变换）
函数 $f(ax+b)$ 自变量为 x 的函数值与自变量为 $\left(x+\dfrac{T}{a}\right)$ 时的函数值相等.
故按周期函数的定义,$f(ax+b)$ 的周期为 $\dfrac{T}{a}$.

上面这个例子有什么用呢?已知 $y=\sin x$ 以 2π 为周期,根据例 3 的结论,$y=\sin(3x+1)$ 的周期为 $\dfrac{2\pi}{3}$.

二、反函数

定义 5 设 $y=f(x)$ 是 x 的函数,其值域为 D,如果对于 D 中的每一个 y 值,都有一个确定的且满足 $y=f(x)$ 的 x 值与之对应,则得到一个定义在 D 上的以 y 为自变量,x 为因变量的新函数,我们称它为 $y=f(x)$ 的反函数,记 $x=f^{-1}(y)$. 习惯上,用 y 表示函数,x 表示自变量,通常将 $x=f^{-1}(y)$ 改写为 $y=f^{-1}(x)$.

由反函数的定义,可得到求反函数的方法:
1. 由 $y=f(x)$ 解出 $x=f^{-1}(y)$;
2. 交换字母 x 和 y,将 $x=f^{-1}(y)$ 改写为 $y=f^{-1}(x)$.

【例 4】 求 $y=3x-2$ 的反函数.

解 由 $y=3x-2$ 得到 $x=\dfrac{y+2}{3}$,然后交换 x 和 y,得到 $y=\dfrac{x+2}{3}$,则 $y=\dfrac{x+2}{3}$ 是 $y=3x-2$ 的反函数.

如果一个函数有反函数,那么它们的图像关于 $y=x$ 对称.

三、复合函数与初等函数

（一）复合函数

定义 6 设函数 $y=f(u)$ 和函数 $u=\varphi(x)$,如果 $u=\varphi(x)$ 的值域或其部分包含在 $y=f(u)$ 的定义域中,则 y 通过中间变量 u 构成 x 的函数 $y=f[\varphi(x)]$,称为 x 的复合函数.

微积分的学习,要求我们掌握好复合函数的复合与分解.

【例 5】 已知 $y=\arcsin u, u=\mathrm{e}^v, v=-\sqrt{x}$,将 y 表示成 x 的函数.

解 将 $v=-\sqrt{x}$ 代入 $u=\mathrm{e}^v$,可得 $u=\mathrm{e}^{-\sqrt{x}}$,再将 $u=\mathrm{e}^{-\sqrt{x}}$ 代入 $y=\arcsin u$ 得 $y=\arcsin \mathrm{e}^{-\sqrt{x}}$.

【例 6】 指出下列复合函数是由哪些简单函数复合而成的.
(1) $y=(1+x)^{20}$;
(2) $y=(\arcsin\sqrt{1-x^2})^2$.

解 (1) 设 $u=1+x$,则 $y=(1+x)^{20}$ 由 $y=u^{20}, u=1+x$ 复合而成.

(2) 设 $u = \arcsin\sqrt{1-x^2}$,则 $y = u^2$;设 $v = \sqrt{1-x^2}$,则 $u = \arcsin v$;再设 $z = 1-x^2$,则 $v = \sqrt{z}$.

所以,$y = (\arcsin\sqrt{1-x^2})^2$ 是由 $y = u^2, u = \arcsin v, v = \sqrt{z}, z = 1-x^2$ 四个函数复合而成的.

复合函数的分解在将来导数和积分的学习中会用到,要熟练掌握.

(二) 初等函数

基本初等函数是下面五类常用的函数:幂函数、指数函数、对数函数、三角函数、反三角函数.

定义 7 基本初等函数经过有限次的四则运算及有限次的复合而成的函数叫做初等函数.

一般来说,初等函数都可以用一个解析式来表示. 之所以要了解初等函数,是因为初等函数的连续性在极限的运算中会给我们带来极大便利,函数的连续性是本章学习的重要知识之一.

习题 1.1

1. 求下列函数的定义域:

   (1) $y = \dfrac{1}{x} - \sqrt{1-x^2}$;　　(2) $y = \arcsin\dfrac{x-1}{2}$;　　(3) $y = \sqrt{3-x} + \arctan\dfrac{1}{x}$.

2. 下列函数中哪些是偶函数,哪些是奇函数,哪些既非奇函数又非偶函数?

   (1) $y = \tan x - \sec x + 1$;　　　　(2) $y = \dfrac{e^x - e^{-x}}{2}$;

   (3) $y = |x\cos x| e^{\cos x}$;　　　　(4) $y = x(x-2)(x+2)$.

3. 下列函数中哪些是周期函数?并指出其周期.

   (1) $y = \cos(x-1)$;　　(2) $y = x\tan x$;　　(3) $y = \sin^2 x$.

4. 求下列函数的反函数:

   (1) $y = \dfrac{1-x}{1+x}$;　　　　　　　　(2) $y = \dfrac{2^x}{2^x+1}$.

5. 设 $f(x) = \dfrac{x}{1-x}$,求 $f[f(x)]$.

6. 已知 $f[\varphi(x)] = 1 + \cos x, \varphi(x) = \sin\dfrac{x}{2}$,求 $f(x)$.

第二节　极限的概念

在经济学中,复利计息是一个重要的问题. 所谓复利计息问题,就是将前一期的利息与本金之和作为后一期的本金,然后反复计息. 设本金为 P,年利率为 r,一年后的本利和为 s_1,则 $s_1 = p + pr = p(1+r)$,将 s_1 作为本金存入,第二年末的本利和为

$$s_2 = s_1 + s_1 r = s_1(1+r) = p(1+r)^2,$$

再把 s_2 存入，如此反复，第 n 年末的本利和为 $s_n = p(1+r)^n$，这就是以年为计息期的复利公式.

若将一年均分为 t 期计息，这样每期利率可以认为是 $\dfrac{r}{t}$，于是 n 年的本利和为
$$s_n = p\left(1+\dfrac{r}{t}\right)^m, m = nt.$$

假设计息期无限缩短，则期数无限增大，这涉及有限到无限的问题，如何解决呢？这就需要用到函数的极限知识. 极限将微积分与其他数学分支区分开来，**微积分的本质就是研究极限**.

极限的基本问题是：当 x 接近某个常数 c 时，函数 $f(x)$ 会发生什么变化？

在一个时间区间内，可以利用公式"速度等于位移除以时间"来得到这段时间内的平均速度，即：平均速度 $=\dfrac{\text{位移}}{\text{时间}}$.

并且无论区间大小，都不能知道这个区间上速度是否保持恒定，平均速度我们可以理解为物体在这段时间内速度的平均值. 那么，物体在某一时间点的速度是多少呢，也就是说，物体的瞬时速度是多少呢？要给出"瞬时"速度，需要引入很小区间内平均速度极限的概念.

我们可以通过公式来求规则图形的面积，如矩形的面积、三角形的面积、梯形的面积等. 但曲边图形（非直线边图形）的面积如何求呢？例如，圆的面积，当然你会说圆的面积是 πr^2 呗. 好吧，那一片树叶的面积如何求呢？方法是将树叶切割成一个个的小矩形，然后把这些小矩形的面积加起来，然后取一个极限. 这些内容我们将在定积分的学习中更详细介绍. 不过，我们要有这样的印象，极限在微积分中占有极其重要的位置.

考虑函数 $y = f(x), a \leqslant x \leqslant b$，如果函数是一条曲线，如何去求曲线的长度呢？

如图 1-1 所示，将曲线分割成若干段小曲线，每一段小曲线用直线段来近似，如果把这些直线段都相加求和，就得到曲线的近似长度. 实际上，曲线的长度就是当直线段的数量增加到无穷大时，所有直线线段和的极限.

还有很多其他与极限有关的情况，我们将在下面逐一介绍.

考虑下面的函数：$f(x) = \dfrac{x^3-1}{x-1}$.

函数在 $x = 1$ 处没有定义. 但是，当 x 趋于 1，函数会如何变化呢？更确切地说，当 x 趋于 1 时，函数的值会趋向什么？

如图 1-2 所示，当 x 趋于 1 时，函数的值会趋向 3. 用数学符号可表示为 $\lim\limits_{x \to 1}\dfrac{x^3-1}{x-1} = 3$，可理解为：当 x 趋于 1 时，函数 $f(x) = \dfrac{x^3-1}{x-1}$ 的极限是 3. 利用因式分解，可以更好地说明：

$$\lim_{x \to 1}\dfrac{x^3-1}{x-1} = \lim_{x \to 1}\dfrac{(x-1)(x^2+x+1)}{x-1} = \lim_{x \to 1}(x^2+x+1) = 1^2+1+1 = 3. \quad (1)$$

只要 $x \neq 1$ 就有 $\dfrac{x-1}{x-1} = 1$，这证明了 (1) 式中第二步到第三步是合理的，更精确的理

由以后再讲.

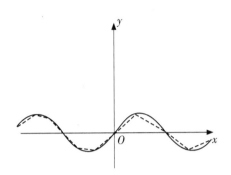

图 1-1　曲线长度的近似计算

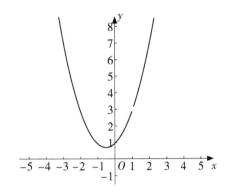

图 1-2　函数值的变化

定义 1　极限的直观意义

当 x 趋于 c 但不等于 c 时，$f(x)$ 无限接近 L，称 L 为 $f(x)$ 当 x 趋于 c 时的极限，记作：$\lim\limits_{x \to c} f(x) = L$.

注意：这里并不要求考虑函数 $f(x)$ 在 $x = c$ 点怎样，函数 $f(x)$ 甚至不需要在 c 处有定义. 下面这个例子会加深我们对极限运算的认识：

【例 1】　求 $\lim\limits_{x \to 2} \dfrac{x^2 - 3x + 2}{x - 2}$.

解　$\lim\limits_{x \to 2} \dfrac{x^2 - 3x + 2}{x - 2} = \lim\limits_{x \to 2} \dfrac{(x-1)(x-2)}{x-2}$　（分子恒等变换）
$= \lim\limits_{x \to 2}(x - 1) = 1.$

显然，在这个例子里不能直接把 $x = 2$ 代入函数. 因为分母 $(x-2)$ 在 $x = 2$ 时为零，不能直接代入，于是就要想办法去掉这个"捣乱分子". 这是求函数极限常用的一种方法.

单侧极限：之前的定义中有 $x \to c$，那么 x 到底在 c 的哪一侧向 c 趋近呢？很自然的要引入单侧极限. 符号 $x \to c^+$ 表示 x 从 c 的右侧趋向于 c，而符号 $x \to c^-$ 表示 x 从 c 的左侧趋向于 c.

定义 2　左极限和右极限

当 x 从 c 的右侧趋向于 c 时，函数 $f(x)$ 无限接近 L，称为 $f(x)$ 在 c 处的右极限存在，记作：$\lim\limits_{x \to c^+} f(x) = L$. 类似地，当 x 从 c 的左侧趋向于 c 时，函数 $f(x)$ 无限接近 L，称为 $f(x)$ 在 c 处的左极限存在，记作：$\lim\limits_{x \to c^-} f(x) = L$.

$\lim\limits_{x \to c} f(x) = L$ 的含义是 x 距离 c 越来越近，不论方向，函数 $f(x)$ 越来越接近 L. 于是，有下面的这个定理.

定理 1　等式 $\lim\limits_{x \to c} f(x) = L$ 成立的充分必要条件是 $\lim\limits_{x \to c^+} f(x) = L$ 与等式 $\lim\limits_{x \to c^-} f(x) = L$ 同时成立.

图 1-3 可以让你深刻地理解其内涵. 即使函数的左右极限都存在，函数的极限也不一定存在.

极限定义涉及函数 $f(x)$ 在 c 附近有值,而不是在 c 点的值.细心的读者一定会注意到,无限接近这个词是什么意思呢?多近算是无限接近呢?要回答这个问题,需要进一步的学习.之前已经有极限的描述性定义,这里给出一个比较准确,但仍不是正式的极限定义:

定义 3 极限 $\lim\limits_{x \to c} f(x) = L$ 是指当 x 与 c 间距离足够小,但 x 不等于 c 时,$f(x)$ 与 L 间的距离可以任意小.

这个定义没有解决什么是距离任意小,所以还不够精确.

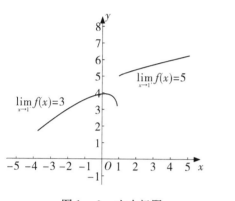

图 1-3 左右极限

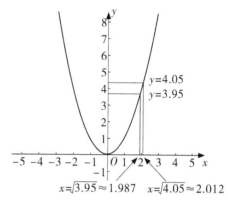

图 1-4 二次函数

【例 2】 用 $y = f(x) = x^2$ 的图形去确定 x 有多靠近 2,才能使 $y = f(x) = x^2$ 在 4 ± 0.05 范围之内.

解 为使 $y = f(x) = x^2$ 在 4 ± 0.05 范围之内,需要 $3.95 < f(x) < 4.05$,直线 $y = 3.95$ 和 $y = 4.05$,如图 1-4 所示.

图 1-4 表明,如果 $\sqrt{3.95} < x < \sqrt{4.05}$,则 $3.95 < f(x) < 4.05$.故 x 的取值区间近似为 $1.987 < x < 2.012$.当然,在区间的两个端点,右端点 2.012 与 2 更接近,它们之间的距离为 0.012.于是,如果 x 落在与 2 相差 0.012 的范围内时:$1.988 < x < 2.012$,$f(x)$ 一定在 4 ± 0.05 范围之内.

进一步地,x 与 2 要如何接近才能使 $y = f(x) = x^2$ 在 4 ± 0.01 范围之内?这里只需要画出类似的直线,你就会发现,x 必须落在一个比刚才更小的范围内.在这个例子中,看起来不管 $f(x)$ 如何地接近 4,都可以通过 x 更趋近 2 来达到目的.

要给出极限的精确定义,首先,用两个希腊字符 ε(epsilon) 和 δ(delat) 来代表任意正数.考虑 ε 和 δ 都是很小的正数.我们说函数 $f(x)$ 与 L 的距离小于 ε,也就是 $|f(x) - L| < \varepsilon$,或者等价于 $L - \varepsilon < f(x) < L + \varepsilon$,也就是说,$f(x)$ 位于开区间 $(L - \varepsilon, L + \varepsilon)$ 内.

用绝对值表示距离:$|f(x) - L|$ 表示函数 $f(x)$ 与 L 的距离,这在理解极限定义时非常重要.要表述 x 与 c 间距离足够小,可以用下面这个式子:$0 < |x - c| < \delta$.注意 $|x - c| < \delta$ 描述的区间是 $c - \delta < x < c + \delta$,而 $0 < |x - c|$ 则要求不包含 $x = c$.

现在我们来介绍微积分最重要的定义.

定义 4 极限的精确定义

极限 $\lim_{x\to c}f(x)=L$ 是指：$\forall \varepsilon > 0$（不管它有多么小），$\exists \delta > 0$，当 $0 < |x-c| < \delta$ 时，恒有 $|f(x)-L| < \varepsilon$，即 $0 < |x-c| < \delta \Rightarrow |f(x)-L| < \varepsilon$.

我们强调必须首先给出实数 ε，然后求得 δ，它通常依赖于 ε. 假设张三想给李四证明 $\lim_{x\to 2}(2x+3)=7$，李四用任一小的正数 ε 来挑战张三. 例如，李四选择 $\varepsilon = 0.01$ 要求张三找出相应的 δ. 张三能找出一个 δ，只要 $0 < |x-2| < \delta$，就可以使得 $|(2x+3)-7| < 0.01$ 成立吗？使用代数技巧可得到：$|(2x+3)-7|<0.01 \Leftrightarrow 2|x-2|<0.01 \Leftrightarrow |x-2|<\dfrac{0.01}{2}$.

因此，问题的答案是肯定的. 张三可以取 $\delta = \dfrac{0.01}{2}$（或者其他更小值），即只要 $0<|x-2|<\dfrac{0.01}{2}$，它会保证 $|(2x+3)-7|<0.01$. 换句话说，要使得 $2x+3$ 与 7 的距离在 0.01 之内，只要 x 与 2 的距离在 $\dfrac{0.01}{2}$ 之内就可以了.

现在假设李四再次挑战张三，这一次他希望 $|(2x+3)-7|<0.00002$，张三能找到这个对应于 $\varepsilon = 0.00002$ 的一个 δ 吗？仿照之前步骤推导：

$$|(2x+3)-7|<0.00002 \Leftrightarrow 2|x-2|<0.00002 \Leftrightarrow |x-2|<\dfrac{0.00002}{2}.$$

因此，只要 $|x-2|<0.00001$，就有 $|(2x+3)-7|<0.00002$.

这种推导虽然有时是可信的，但不是极限为 7 的证明. 定义要求必须找到一个 δ 对于任意 $\varepsilon > 0$（不是某一个 $\varepsilon > 0$）都适合. 李四可能再一次挑战张三，但都不能证明这个极限就是 7. 张三必须能够找到一个 δ，对于每个正数 ε（无论它有多少小）都适合.

张三建议让 ε 作为任一正数. 按照以上的推理步骤进行，但这一次他用 ε（而不是某一个具体的值）代替了 0.00002.

$$|(2x+3)-7|<\varepsilon \Leftrightarrow 2|x-2|<\varepsilon \Leftrightarrow |x-2|<\dfrac{\varepsilon}{2}.$$

张三可以选择 $\delta = \dfrac{\varepsilon}{2}$，只要 $|x-2|<\dfrac{\varepsilon}{2}$，就有 $|(2x+3)-7|<\varepsilon$ 成立. 换句话说，他可以做到如果 x 与 2 的距离在 $\dfrac{\varepsilon}{2}$ 之内，则 $2x+3$ 与 7 的距离在 ε 内. 现在张三满足了极限定义的要求，因而可以肯定极限为 7 了.

极限的证明：在下面的例子中，我们从初步分析开始，以使得选择的 δ 显得更可信. 它展示了需要在草稿上演算来寻找正确步骤去证明的过程，如果你理解了这个例子，再把初步分析遮掩起来，证明会显得高雅而神秘.

【例 3】 证明 $\lim_{x\to 4}(3x-7)=5$.

初步分析：令 ε 为任一正数，$\lim_{x\to 4}(3x-7)=5$，必须找出一个 $\delta > 0$，使得

$$0<|x-4|<\delta \Rightarrow |(3x-7)-5|<\varepsilon.$$

思考右边的不等式

$$|(3x-7)-5|<\varepsilon \Leftrightarrow |3x-12|<\varepsilon \Leftrightarrow 3|x-4|<\varepsilon \Leftrightarrow |x-4|<\dfrac{\varepsilon}{3}.$$

现在,我们知道怎么选择了,δ 就是取 $\delta = \dfrac{\varepsilon}{3}$. 当然,任一小于 δ 的正数都可以.

证明 $\forall \varepsilon > 0, \exists \delta = \dfrac{\varepsilon}{3} > 0$,当 $0 < |x-4| < \delta$ 时,恒有
$$|(3x-7)-5| = |3x-12| = 3|x-4| < 3\delta,$$
因为 $\delta = \dfrac{\varepsilon}{3}, |(3x-7)-5| < 3\delta = 3 \times \dfrac{\varepsilon}{3} = \varepsilon,$
即 $|(3x-7)-5| < \varepsilon.$

现在知道张三选择李四挑战他所需 δ 的方法了. 若李四用 $\varepsilon = 0.01$ 来挑战张三,那么张三会回应 $\delta = \dfrac{0.01}{3}$. 若李四说 $\varepsilon = 0.00003$,那么张三会说 $\delta = 0.00001$.

当然,如果考虑 $y = 3x - 7$ 的图形(见图 1-5),会发现 $3x-7$ 与 5 的距离要满足小于任意正数 ε,只要满足 x 足够接近 4 就可以了.

经过上面的分析,左右极限的 ε-δ 定义变得简单了,下面给出左右极限的定义.

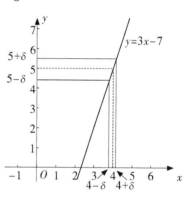

图 1-5 函数 $y = 3x - 7$ 的图像

定义 5

左极限:$\forall \varepsilon > 0, \exists \delta > 0$,当 $x_0 - \delta < x < x_0$ 时,恒有 $|f(x) - A| < \varepsilon$
$$\lim_{x \to x_0^-} f(x) = A \quad \text{或} \quad f_-(x_0) = f(x_0 - 0) = A.$$

右极限:$\forall \varepsilon > 0, \exists \delta > 0$,当 $x_0 < x < x_0 + \delta$ 时,恒有 $|f(x) - A| < \varepsilon$
$$\lim_{x \to x_0^+} f(x) = A \quad \text{或} \quad f_+(x_0) = f(x_0 + 0) = A.$$

【例 4】 设 $f(x) = \begin{cases} x, & x < 0; \\ 2, & x \geqslant 0. \end{cases}$ 求 $\lim\limits_{x \to 0^-} f(x)$ 和 $\lim\limits_{x \to 0^+} f(x)$.

解 $\lim\limits_{x \to 0^-} f(x) = \lim\limits_{x \to 0^-} x = 0$,$\lim\limits_{x \to 0^+} f(x) = \lim\limits_{x \to 0^+} 2 = 2$. 如图 1-6 所示.

当 $x \to x_0$ 时,$f(x)$ 的左、右极限与 $f(x)$ 在 $x \to x_0$ 时的极限有如下关系:

定理 2 当 $x \to x_0$ 时,$f(x)$ 以 A 为极限的充分必要条件是 $f(x)$ 在点 x_0 处左、右极限存在且都等于 A,即

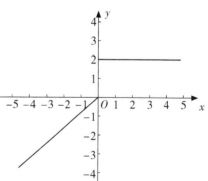

图 1-6 分段函数

$$\lim_{x \to x_0} f(x) = A \Leftrightarrow \lim_{x \to x_0^-} f(x) = \lim_{x \to x_0^+} f(x) = A.$$

如例 4,因为 $\lim\limits_{x \to 0^-} f(x) = \lim\limits_{x \to 0^-} x = 0 \neq \lim\limits_{x \to 0^+} f(x) = \lim\limits_{x \to 0^+} 2 = 2$. 所以,当 $x \to 0$ 时,$f(x)$ 的极限不存在.

类似地,我们可以给出 x 其他变化趋势下,函数的极限.

当 $x \to \infty$ 时,考察 $y = \dfrac{1}{x}$,当 $x > 0$,且 x 无限增大时的变化趋势. 由函数 $y = \dfrac{1}{x}$ 的图形(见图 1-7)知,当 $x > 0$ 时,且 x 无限增大时,$\dfrac{1}{x}$ 无限趋于常数 0.

定义 6　如果当 $x > 0$ 且 x 无限增大时,函数 $f(x)$ 趋于一个常数 A,则称当 x 趋于正无穷时,$f(x)$ 以 A 为极限,记作 $\lim\limits_{x \to +\infty} f(x) = A$ 或 $f(x) \to A (x \to +\infty)$.

如果函数 $f(x)$ 不趋于一个常数,则称当 x 趋于正无穷时,$f(x)$ 的极限不存在.

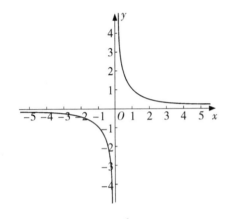

图 1-7　$y = \dfrac{1}{x}$ 时函数的图像

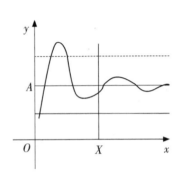

图 1-8　当 $x \to +\infty$ 时函数的变化

类似地有:

定义 7　如果当 $x < 0$ 且 $-x$ 无限增大时,函数 $f(x)$ 趋于一个常数 A,则称当 x 趋于负无穷时,$f(x)$ 以 A 为极限,记作 $\lim\limits_{x \to -\infty} f(x) = A$ 或 $f(x) \to A (x \to -\infty)$.

如果当 x 的绝对值无限增大时,函数 $f(x)$ 趋于一个常数 A,则称当 x 趋于无穷大时,函数 $f(x)$ 以 A 为极限,记作 $\lim\limits_{x \to \infty} f(x) = A$ 或 $f(x) \to A (x \to \infty)$.

定义 8　$x \to \infty$ 时函数极限的精确定义:

$\forall \varepsilon > 0, \exists X > 0$,当 $|x| > X$ 时,恒有 $|f(x) - A| < \varepsilon$.

$$\lim\limits_{x \to \infty} f(x) = A \quad \text{或} \quad f(x) \to A \ (x \to \infty).$$

几何意义:在 $(-X < x < X)$ 之外,$f(x)$ 的值总在 $(A - \varepsilon, A + \varepsilon)$ 之间(见图 1-9).

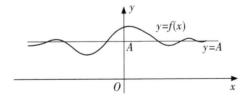

图 1-9　当 $x \to \infty$ 时函数的极限

【例 5】　求 $\lim\limits_{x \to +\infty} \dfrac{1}{5^x}$.

解 因为 $\lim\limits_{x\to+\infty}\dfrac{1}{5^x}=\lim\limits_{x\to+\infty}\left(\dfrac{1}{5}\right)^x$. 当 x 无限增大时，$\left(\dfrac{1}{5}\right)^x$ 无限趋于 0，所以

$$\lim_{x\to+\infty}\frac{1}{5^x}=0.$$

极限实质上是描述在自变量的某个变化过程中函数是否有确定的变化趋势，函数有确定的变化趋势，就可能有极限，否则函数就一定没有极限. 出现在本节中的 $\varepsilon-\delta$ 概念，可能是微积分教程中最难以理解和捉摸的话题. 需要花大力气去消化这个概念，但它值得去努力. 微积分的核心就是极限，所以对极限有个清晰和准确的理解是很有价值的.

微积分的建立通常归功于牛顿和莱布尼茨两人，他们在 17 世纪各自独立完成了这一工作. 但微积分的精确定义直到 19 世纪才正式提出. 法国工程师柯西给出了这样一个定义："如果一个变量连续地取无限接近一个固定数值的值，以至于该变量的取值最终与这个不变值只相差一个任意小的数，这个不变值就被称为该变量的极限." 即使是柯西这位精确大师，在极限的定义上也有点含糊不清. 什么是"连续地取值"？"最终相差"表示什么意思？然而，正是"最终与这个不变值只相差一个任意小的数"这句话孕育了极限的 $\varepsilon-\delta$ 定义，因为它第一次给出了可以令 $f(x)$ 与它的极限 L 之间的差值小于任意给定的数，这个数我们表示为 ε. 最早整理出与极限的定义等价的精确定义的人是德国数学家维尔斯特拉斯.

习题 1.2

1. 用函数的极限定义证明：

   (1) $\lim\limits_{x\to+\infty}\dfrac{2x+3}{3x}=\dfrac{2}{3}$；

   (2) $\lim\limits_{x\to+\infty}\dfrac{\sin x}{\sqrt{x}}=0$；

   (3) $\lim\limits_{x\to 2}\dfrac{1}{x-1}=1$；

   (4) $\lim\limits_{x\to 1}\dfrac{x^2-1}{x^2-x}=2$.

2. 当 $x\to 2$ 时，$y=x^2\to 4$，问 δ 等于多少，使当 $0<|x-2|<\delta$ 时，$|y-4|<0.001$.

3. 讨论函数 $f(x)=\dfrac{|x|}{x}$ 当 $x\to 0$ 时的极限.

4. 判断 $\lim\limits_{x\to+\infty}e^{\frac{1}{x}}$ 是否存在，若将极限过程改为 $x\to 0$ 呢？

5. 设 $f(x)=\begin{cases}\dfrac{1}{x^2}, & x<0;\\ 0, & x=0;\\ x^2-2x, & 0<x\leqslant 2;\\ 3x-6, & 2<x.\end{cases}$ 讨论 $x\to 0$ 及 $x\to 2$ 时，$f(x)$ 的极限是否存在，

并且求 $\lim\limits_{x\to-\infty}f(x)$ 及 $\lim\limits_{x\to+\infty}f(x)$.

第三节　极限的运算法则

大部分的极限问题用前面的 $\varepsilon-\delta$ 定义来求非常麻烦，这也是我们给出本节的原因. 设 $\lim u(x)=A,\lim v(x)=B$ ["lim"表示 $u(x),v(x)$ 在自变量相同变化过程中取极

限],则有下面的极限运算法则:

1. $\lim k = k$(k 为常数,这句话的意思是常数的极限是它本身).
2. $\lim_{x \to c} x = c$.
3. $\lim_{x \to c} kf(x) = k \lim_{x \to c} f(x)$($k$ 为常数).
4. $\lim[u(x) \pm v(x)] = \lim u(x) \pm \lim v(x) = A \pm B$.
5. $\lim[u(x) \cdot v(x)] = \lim u(x) \cdot \lim v(x) = A \cdot B$.
6. 当 $\lim v(x) = B \neq 0$ 时,$\lim \dfrac{u(x)}{v(x)} = \dfrac{\lim u(x)}{\lim v(x)} = \dfrac{A}{B}$.
7. $\lim[u(x)]^n = [\lim u(x)]^n$($n$ 为正整数).

注意:利用四则运算求极限时

1. 要求每个参与运算的函数的极限都存在.
2. 在商的极限的运算时,要求分母的极限不能为零.

当上面两个条件不具备时,不能使用极限的四则运算.

定理 1 如果在包含 c 的开区间内,除了 c 点外,$f(x) = g(x)$ 对所有 x 都成立,并且 $\lim_{x \to c} g(x)$ 存在,那么 $\lim_{x \to c} f(x)$ 存在,并且 $\lim_{x \to c} f(x) = \lim_{x \to c} g(x)$.

【例1】 求 $\lim\limits_{x \to 3} \dfrac{x^2 - 2x - 3}{x - 3}$.

分析:当 $x \to 3$ 时,分子、分母极限均为零,呈现 $\dfrac{0}{0}$ 型,不能直接用商的极限法则,可先分解因式,约去使分子分母为零的公因子,再用商的运算法则.

解 $\lim\limits_{x \to 3} \dfrac{x^2 - 2x - 3}{x - 3} = \lim\limits_{x \to 3} \dfrac{(x+1)(x-3)}{x-3} = \lim\limits_{x \to 3}(x+1) = 4$.

【例2】 求 $\lim\limits_{x \to 0} \dfrac{\sqrt{1+x^2} - 1}{x^2}$.

解 $\lim\limits_{x \to 0} \dfrac{\sqrt{1+x^2} - 1}{x^2}$

$= \lim\limits_{x \to 0} \dfrac{(\sqrt{1+x^2}-1)(\sqrt{1+x^2}+1)}{x^2(\sqrt{1+x^2}+1)}$ (分子有理化,恒等变换)

$= \lim\limits_{x \to 0} \dfrac{x^2}{x^2(\sqrt{1+x^2}+1)} = \lim\limits_{x \to 0} \dfrac{1}{\sqrt{1+x^2}+1} = \dfrac{1}{2}$.

【例3】 $\lim\limits_{x \to 3} \dfrac{x^2 - 9}{x^2 - 5x + 6}$.

分析:当 $x \to 3$ 时,分子、分母极限均为零,呈现 $\dfrac{0}{0}$ 型,不能直接用商的极限法则,可先分解因式,约去使分子分母为零的公因子,再用商的运算法则.

解 原式 $= \lim\limits_{x \to 3} \dfrac{x^2 - 9}{x^2 - 5x + 6} = \lim\limits_{x \to 3} \dfrac{(x-3)(x+3)}{(x-3)(x-2)} = \lim\limits_{x \to 3} \dfrac{x+3}{x-2} = 6$.

【例4】 $\lim\limits_{x \to 1} \dfrac{x^m - 1}{x^n - 1}$.

解 $\lim_{x \to 1} \dfrac{x^m - 1}{x^n - 1} = \lim_{x \to 1} \dfrac{(x-1)(x^{m-1} + x^{m-2} + \cdots + 1)}{(x-1)(x^{n-1} + x^{n-2} + \cdots + 1)}$
$= \lim_{x \to 1} \dfrac{(x^{m-1} + x^{m-2} + \cdots + 1)}{(x^{n-1} + x^{n-2} + \cdots + 1)} = \dfrac{m}{n}.$

下面利用 $\lim_{x \to \infty} \dfrac{1}{x} = 0$ 和极限的性质,解答下面 4 个例题.

【例 5】 求 $\lim_{x \to \infty} \dfrac{3x + 2}{x}$.

解 $\lim_{x \to \infty} \dfrac{3x + 2}{x} = \lim_{x \to \infty} \left(3 + \dfrac{2}{x}\right) = 3.$（极限的运算法则 4）

【例 6】 求 $\lim_{x \to \infty} \dfrac{x^2 - 1}{2x^2 - x - 1}$.

解 $\lim_{x \to \infty} \dfrac{x^2 - 1}{2x^2 - x - 1} = \lim_{x \to \infty} \dfrac{1 - \dfrac{1}{x^2}}{2 - \dfrac{1}{x} - \dfrac{1}{x^2}} = \dfrac{1}{2}.$

【例 7】 求 $\lim_{x \to \infty} \dfrac{x^4 - 5x}{x^2 - 3x + 1}$.

解 $\lim_{x \to \infty} \dfrac{x^4 - 5x}{x^2 - 3x + 1} = \lim_{x \to \infty} \dfrac{1 - \dfrac{5}{x^3}}{\dfrac{1}{x^2} - \dfrac{3}{x^3} + \dfrac{1}{x^4}} = \infty.$

【例 8】 求 $\lim_{x \to \infty} \dfrac{x^2 - x + 3}{2x^3 + 1}$.

解 $\lim_{x \to \infty} \dfrac{x^2 - x + 3}{2x^3 + 1} = \lim_{x \to \infty} \dfrac{\dfrac{1}{x} - \dfrac{1}{x^2} + \dfrac{3}{x^3}}{2 + \dfrac{1}{x^3}} = \dfrac{0}{2} = 0.$

由上述三个例题,我们总结出更一般的公式:当 $x \to \infty$ 时,有理分式 ($a_0 \neq 0, b_0 \neq 0$) 的极限有以下结果

$$\lim_{x \to \infty} \dfrac{a_0 x^n + a_1 x^{n-1} + \cdots + a_n}{b_0 x^m + b_1 x^{m-1} + \cdots + b_m} = \begin{cases} 0, & n < m; \\ \dfrac{a_0}{b_0}, & n = m; \\ \infty, & n > m. \end{cases}$$

例如:$\lim_{x \to \infty} \dfrac{4x^5 + 3x^2 - 5}{x^5 - 2x^4 + 3x} = 4.$

习题 1.3

1. 计算下列极限:

(1) $\lim_{x \to \sqrt{3}} \dfrac{x^2 - 3}{x^2 + 1}$;

(2) $\lim_{x \to 1} \dfrac{x^2 - 2x + 1}{x^2 - 1}$;

(3) $\lim_{x \to \infty} \left(2 - \dfrac{1}{x} + \dfrac{1}{x^2}\right)$;

(4) $\lim_{x \to \infty} \dfrac{x^2 + x}{x^4 - 3x^2 + 1}$;

(5) $\lim_{x \to 4} \dfrac{x^2 - 6x + 8}{x^2 - 5x + 4}$;

(6) $\lim_{x \to 0} \dfrac{4x^3 - 2x^2 + x}{3x^2 + 2x}$;

(7) $\lim_{h \to 0} \dfrac{(x+h)^2 - x^2}{h}$;

(8) $\lim_{x \to \infty} \left(1 + \dfrac{1}{x}\right)\left(2 - \dfrac{1}{x^2}\right)$;

(9) $\lim_{x \to +\infty} \dfrac{\cos x}{e^x + e^{-x}}$;

(10) $\lim_{x \to -8} \dfrac{\sqrt{1-x} - 3}{2 + \sqrt[3]{x}}$;

(11) $\lim_{x \to 2} \dfrac{x^3 + 2x^2}{(x-2)^2}$;

(12) $\lim_{x \to +\infty} x(\sqrt{1+x^2} - x)$;

(13) $\lim_{x \to \infty} \dfrac{\arctan x}{x}$;

(14) $\lim_{x \to 1} \left(\dfrac{1}{1-x} - \dfrac{3}{1-x^3}\right)$;

(15) $\lim_{x \to \infty} \dfrac{(2x-1)^{30}(3x-2)^{20}}{(2x+1)^{50}}$;

(16) $\lim_{x \to 4} \dfrac{\sqrt{2x+1} - 3}{\sqrt{x-2} - \sqrt{2}}$.

2. 若 $\lim_{x \to 3} \dfrac{x^2 - 2x + k}{x - 3} = 4$,求 k 的值.

3. 若 $\lim_{x \to \infty} \left(\dfrac{x^2 + 1}{x + 1} - ax - b\right) = 0$,求 a 及 b 的值.

第四节　两个重要极限公式

求极限 $\lim_{x \to 0} \dfrac{\sin x}{x}$,其分母的极限为零,不能用极限的运算法则计算. 下面我们考察当 $x \to 0$ 时, $\dfrac{\sin x}{x}$ 的变化趋势:

x(弧度)	-1	-0.5	-0.1	-0.01	0	0.01	0.1	0.5	1
$\dfrac{\sin x}{x}$	0.8415	0.9598	0.9983	0.9999		0.9999	0.9983	0.9598	0.8415

可见 $x \to 0$, $\dfrac{\sin x}{x}$ 无限趋于常数 1,即有 $\lim_{x \to 0} \dfrac{\sin x}{x} = 1$.

这就是第一个重要极限

$$\lim_{x \to 0} \dfrac{\sin x}{x} = 1.$$

要严格准确地证明这个极限并不容易,我们首先学习一个定理.

定理 1(夹逼定理)　对于所有趋近于 c 的 x,都满足 $g(x) \leqslant f(x) \leqslant h(x)$ 成立且 $\lim_{x \to c} g(x) = L$, $\lim_{x \to c} h(x) = L$,那么 $\lim_{x \to c} f(x) = L$.

证明　任给 $\varepsilon > 0$,选择一个 δ_1,使得

$$0 < |x - c| < \delta_1 \Rightarrow L - \varepsilon < g(x) < L + \varepsilon.$$

再选择一个 δ_2 使得

$$0 < |x - c| < \delta_2 \Rightarrow L - \varepsilon < h(x) < L + \varepsilon.$$

再选择一个 δ_3 使得

$$0 < |x - c| < \delta_3 \Rightarrow g(x) \leqslant f(x) \leqslant h(x).$$

令 $\delta = \min\{\delta_1, \delta_2, \delta_3\}$,那么

$$0 < |x-c| < \delta \Rightarrow L-\varepsilon < g(x) \leqslant f(x) \leqslant h(x) < L+\varepsilon,$$
则断定 $\lim\limits_{x \to c} f(x) = L$,如图 1-10 所示.

下面我们用夹逼定理证明第一个重要极限: $\lim\limits_{x \to 0} \dfrac{\sin x}{x} = 1$.

证明 函数 $\dfrac{\sin x}{x}$ 在 $x \neq 0$ 时有定义,我们构造一个单位圆,如图 1-11 所示.

在单位圆中, $\triangle AOB$ 的面积 < 扇形 AOB 的面积 < $\triangle AOD$ 的面积

即 $\dfrac{1}{2}\sin x < \dfrac{1}{2}x < \dfrac{1}{2}\tan x$, $\cos x < \dfrac{\sin x}{x} < 1$. $x \in \left(0, \dfrac{\pi}{2}\right)$

[因为用 $-x$ 代 x 时, $\cos x$ 与 $\dfrac{\sin x}{x}$ 都不变号,所以对 $x \in \left(-\dfrac{\pi}{2}, 0\right)$ 也成立].

因为 $\lim\limits_{x \to 0}\cos x = 1$, $\lim\limits_{x \to 0} 1 = 1$,根据夹逼定理,即得 $\lim\limits_{x \to 0} \dfrac{\sin x}{x} = 1$.

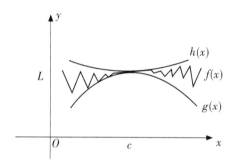

图 1-10 夹逼定理对应的曲线

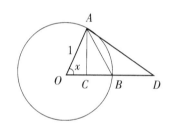

图 1-11 用单位圆证明第一个重要极限

【例1】 求 $\lim\limits_{x \to 0} \dfrac{\sin 3x}{x}$.

解 令 $u = 3x$,当 $x \to 0$ 时, $u = 3x \to 0$,于是有 $\lim\limits_{x \to 0} \dfrac{\sin 3x}{x} = \lim\limits_{u \to 0} \dfrac{3\sin u}{u} = 3$.

在熟练之后可不必引入中间变量,以下例子是第一个重要公式的更一般形式.

【例2】 求 $\lim\limits_{x \to 0} \dfrac{\tan kx}{x}$.

解 $\lim\limits_{x \to 0} \dfrac{\tan kx}{x} = \lim\limits_{x \to 0} \left(\dfrac{\sin kx}{kx} \cdot \dfrac{k}{\cos kx}\right) = \lim\limits_{x \to 0} \dfrac{\sin kx}{kx} \cdot \lim\limits_{x \to 0} \dfrac{k}{\cos kx} = 1 \cdot k = k$.

这里不加证明的给出第二个重要极限: $\lim\limits_{x \to \infty}\left(1 + \dfrac{1}{x}\right)^x = e$ 或 $\lim\limits_{x \to 0}(1+x)^{\frac{1}{x}} = e$.

【例3】 求 $\lim\limits_{x \to \infty}\left(1 + \dfrac{2}{x}\right)^x$.

解 令 $u = \dfrac{2}{x}$,当 $x \to \infty$ 时, $u \to 0$

于是有 $\lim\limits_{x \to \infty}\left(1 + \dfrac{2}{x}\right)^x = \lim\limits_{u \to 0}(1+u)^{\frac{2}{u}} = \left[\lim\limits_{u \to 0}(1+u)^{\frac{1}{u}}\right]^2 = e^2$.

【例4】 求 $\lim\limits_{x \to \infty}\left(1 - \dfrac{1}{x}\right)^x$.

解 $u = -\dfrac{1}{x}$，当 $x \to \infty$ 时，$u \to 0$，于是有

$$\lim_{x\to\infty}\left(1-\dfrac{1}{x}\right)^x = \lim_{u\to 0}(1+u)^{-\frac{1}{u}} = \left[\lim_{u\to 0}(1+u)^{\frac{1}{u}}\right]^{-1} = e^{-1}.$$

熟练之后可不引入新变量，而抓住第二个重要极限的实质，有下面两个扩展公式：

$$\lim_{x\to 0}(1+ax)^{\frac{b}{x}+c} = e^{ab} \quad \text{或} \quad \lim_{x\to\infty}\left(1+\dfrac{a}{x}\right)^{bx+c} = e^{ab}.$$

【例 5】 求 $\lim\limits_{x\to\infty}\left(1+\dfrac{1}{x}\right)^{x+5}$.

解 方法一：$\lim\limits_{x\to\infty}\left(1+\dfrac{1}{x}\right)^{x+5} = \lim\limits_{x\to\infty}\left(1+\dfrac{1}{x}\right)^x \cdot \left(1+\dfrac{1}{x}\right)^5$

$$= \lim_{x\to\infty}\left(1+\dfrac{1}{x}\right)^x \cdot \lim_{x\to\infty}\left(1+\dfrac{1}{x}\right)^5 = e \cdot 1^5 = e.$$

方法二：根据 $\lim\limits_{x\to\infty}\left(1+\dfrac{a}{x}\right)^{bx+c} = e^{ab}$，有 $a=1, b=1, \lim\limits_{x\to\infty}\left(1+\dfrac{1}{x}\right)^{x+5} = e.$

【例 6】 求 $\lim\limits_{x\to\infty}\left(\dfrac{x+6}{x}\right)^x$.

解 $\lim\limits_{x\to\infty}\left(\dfrac{x+6}{x}\right)^x = \lim\limits_{x\to\infty}\left(1+\dfrac{6}{x}\right)^x$（恒等变换，变成我们可以解决的形式）.

$a=6, b=1, \lim\limits_{x\to\infty}\left(1+\dfrac{6}{x}\right)^x = e^6.$

【例 7】 求 $\lim\limits_{x\to 0}(1+2x)^{\frac{1}{x}}$.

解 方法一：$\lim\limits_{x\to 0}(1+2x)^{\frac{1}{x}} = \lim\limits_{x\to 0}\left[(1+2x)^{\frac{1}{2x}}\right]^2 = e^2.$

方法二：$a=2, b=1, \lim\limits_{x\to 0}(1+2x)^{\frac{1}{x}} = e^2.$

在第二节开头我们介绍复利公式时，提到假设计息期无限缩短，则期数无限增大（即 $t \to \infty$），那么如何列出和计算连续复利的复利公式呢？现在我们可以利用极限的知识和第二个重要极限公式来解决.

因计息期无限缩短，则期数 $t \to \infty$，于是得到计算连续复利的复利公式为

$$s_n = \lim_{t\to\infty} p\left(1+\dfrac{r}{t}\right)^{nt} = p \lim_{t\to\infty}\left(1+\dfrac{r}{t}\right)^{nt} = pe^{rn}.$$

习题 1.4

1. 计算下列极限：

(1) $\lim\limits_{x\to 0}\dfrac{\tan 5x}{x}$；　　(2) $\lim\limits_{x\to 0}x\cot x$；　　(3) $\lim\limits_{x\to 0}\dfrac{\tan x - \sin x}{x}$；　　(4) $\lim\limits_{x\to 0}\dfrac{1-\cos 2x}{x\sin x}$；

(5) $\lim\limits_{x\to 0^+}\dfrac{x}{\sqrt{1-\cos x}}$；　(6) $\lim\limits_{x\to \pi}\dfrac{\sin x}{\pi - x}$；　(7) $\lim\limits_{x\to 0}\dfrac{2\arcsin x}{3x}$；　(8) $\lim\limits_{x\to 0}\dfrac{x-\sin x}{x+\sin x}$.

2. 计算下列极限：

(1) $\lim\limits_{x\to 0}(1-x)^{\frac{1}{x}}$；　　　(2) $\lim\limits_{x\to 0}(1+2x)^{\frac{1}{x}}$；　　　(3) $\lim\limits_{x\to\infty}\left(\dfrac{1+x}{x}\right)^{3x}$；

(4) $\lim\limits_{x\to\infty}\left(1-\dfrac{1}{x}\right)^{kx}$; (5) $\lim\limits_{x\to\infty}\left(\dfrac{x}{x+1}\right)^{x+3}$.

第五节　无穷小量与无穷大量

极限为零的变量在许多场所有着重要的作用,在这一节我们专门进行研究.

一、无穷小量

(一) 无穷小量的定义

定义 1　若函数 $y=f(x)$ 在自变量 x 的变化过程中以零为极限,则称在该变化过程中, $f(x)$ 为无穷小量,简称无穷小.

例如,因为 $\lim\limits_{x\to\infty}\dfrac{1}{x^2}=0$,所以当 $x\to\infty$ 时, $\dfrac{1}{x^2}$ 是无穷小量.

定理 1　函数 $f(x)$ 以 A 为极限的充分必要条件是: $f(x)$ 可以表示为 A 与一个无穷小量 α 之和,即 $\lim f(x)=A \Leftrightarrow f(x)=A+\alpha$,其中 $\lim \alpha=0$.

(二) 无穷小量的性质

由极限的性质和定义,容易得到无穷小量的下列性质:

1. 有限个无穷小量的代数和仍然是无穷小量.
2. 有界变量乘无穷小量仍然是无穷小量.
3. 常数乘无穷小量仍然是无穷小量.
4. 无穷小量乘无穷小量仍然是无穷小量.

【例 1】　求 $\lim\limits_{x\to\infty}\dfrac{\sin x}{x}$.

解　因为 $\lim\limits_{x\to\infty}\sin x$ 不存在, $\lim\limits_{x\to\infty}x$ 也不存在.

所以 $\lim\limits_{x\to\infty}\dfrac{\sin x}{x}$ 不能用极限的运算性质进行计算.

因为 $|\sin x|\leqslant 1$,所以 $\sin x$ 有界.

又因为 $\lim\limits_{x\to\infty}\dfrac{1}{x}=0$,所以 $\dfrac{1}{x}$ 是无穷小量.

由无穷小量的性质 2, $\lim\limits_{x\to\infty}\dfrac{\sin x}{x}=0$.

二、无穷大量

定义 2　若在自变量 x 的某个变化过程中,函数 $y=\dfrac{1}{f(x)}$ 是无穷小量,即 $\lim\dfrac{1}{f(x)}=0$,则称在该变化过程中, $f(x)$ 为无穷大量,简称无穷大,记作 $\lim f(x)=\infty$.

注意:

(1) 由定义可知,无穷小量和无穷大量存在倒数关系.

(2) 无穷大量是一个变化的量,在变化过程中绝对值无限增大.

(3) 当我们说某个函数是无穷大量时,必须同时指出它的极限过程.

例如,当 $x \to 0$ 时,$\frac{1}{x^2}$ 是无穷大量;当 $x \to \infty$ 时,$x^3, x+6$ 都是无穷大量.

我们知道,当 $x \to 0$ 时,x^2 是无穷小量,而 $\frac{1}{x^2}$ 是无穷大量.

【例 2】 求 $\lim\limits_{x \to 1} \dfrac{x^2 - x + 1}{x - 1}$.

解 因为 $\lim\limits_{x \to 1} \dfrac{x-1}{x^2 - x + 1} = \dfrac{\lim\limits_{x \to 1}(x-1)}{\lim\limits_{x \to 1}(x^2 - x + 1)} = 0$,

故 $\lim\limits_{x \to 1} \dfrac{x^2 - x + 1}{x - 1} = \infty$.

同为无穷小量,其商会出现不同的情况. 例如:

$$\lim_{x \to 0} \frac{a_0 x^n}{b_0 x^m} = \lim_{x \to 0} x^{n-m} \cdot \frac{a_0}{b_0} = \begin{cases} \dfrac{a_0}{b_0}, & m = n; \\ 0, & m < n; \\ \infty, & m > n. \end{cases} \quad (a_0, b_0 \text{ 为常数}, m, n \text{ 为自然数})$$

可见,对于 m, n 取不同数时,$a_0 x^n$ 与 $b_0 x^m$ 趋于 0 的速度不一样,因此有必要对无穷小进行比较或分类.

定义 3 设 α 与 β 为 x 在同一变化过程中的两个无穷小,

(i) 若 $\lim \dfrac{\beta}{\alpha} = 0$,就说 β 是比 α 高阶的无穷小,记为 $\beta = o(\alpha)$;

(ii) 若 $\lim \dfrac{\beta}{\alpha} = \infty$,就说 β 是比 α 低阶的无穷小;

(iii) 若 $\lim \dfrac{\beta}{\alpha} = C \neq 0$,就说 β 是比 α 同阶的无穷小;

(iv) 若 $\lim \dfrac{\beta}{\alpha} = 1$,就说 β 与 α 是等价无穷小,记为 $\alpha \sim \beta$.

例如,当 $x \to 0$ 时,x^2 是 x 的高阶无穷小,即 $x^2 = o(x)$;反之 x 是 x^2 的低阶无穷小;x^2 与 $1 - \cos x$ 是同阶无穷小;x 与 $\sin x$ 是等价无穷小,即 $x \sim \sin x$.

用等价无穷小可以简化极限的运算,事实上,有:

定理 2 若 $\alpha, \beta, \alpha', \beta'$ 均为 x 的同一变化过程中的无穷小,且 $\alpha \sim \alpha', \beta \sim \beta'$,及 $\lim \dfrac{\beta'}{\alpha'}$ 存在,那么 $\lim \dfrac{\beta}{\alpha} = \lim \dfrac{\beta'}{\alpha'}$.

在目前,当 $x \to 0$ 时,常用的等价无穷小有:

$\sin x \sim x, \tan x \sim x, \arcsin x \sim x, \arctan x \sim x, 1 - \cos x \sim \dfrac{1}{2} x^2, \ln(1+x) \sim x, e^x - 1 \sim x$.

一般地:设 $x \to x_0$ 时,$u = u(x) \to 0$,则当 $x \to x_0$ 时,

$\sin u \sim u, \arcsin u \sim u, \tan u \sim u, \arctan u \sim u, 1 - \cos u \sim \dfrac{1}{2} u^2$,

$\ln(1+u) \sim u, a^u - 1 \sim u\ln a, e^u - 1 \sim u, (1+u)^\alpha - 1 \sim \alpha u.$

用等价无穷小代换适用于乘、除法,对于加、减法须谨慎!

【例3】 求 $\lim\limits_{x \to 0} \dfrac{1 - \cos x}{\sin^2 x}.$

解 因为当 $x \to 0$ 时,$\sin x \sim x$,则 $\sin^2 x \sim x^2$;$1 - \cos x \sim \dfrac{1}{2}x^2.$

所以 $\lim\limits_{x \to 0} \dfrac{1 - \cos x}{\sin^2 x} = \lim\limits_{x \to 0} \dfrac{\frac{x^2}{2}}{x^2} = \dfrac{1}{2}.$

【例4】 求 $\lim\limits_{x \to 0} \dfrac{\arcsin 2x}{x^2 + 2x}.$

解 因为当 $x \to 0$ 时,$\arcsin 2x \sim 2x$,

所以 原式 $= \lim\limits_{x \to 0} \dfrac{2x}{x^2 + 2x} = \lim\limits_{x \to 0} \dfrac{2}{x + 2} = \dfrac{2}{2} = 1.$

习题 1.5

1. 指出下列函数哪些是无穷小量,哪些是无穷大量?

(1) $\dfrac{1 + (-1)^n}{n} (n \to \infty)$;　　(2) $\dfrac{\sin x}{1 + \cos x} (x \to 0)$;　　(3) $\dfrac{x+1}{x^2 - 4} (x \to 2).$

2. 根据极限定义证明:$y = x\sin\dfrac{1}{x}$ 为 $x \to 0$ 时的无穷小.

3. 求下列极限并说明理由:

(1) $\lim\limits_{x \to \infty} \dfrac{3x+2}{x}$;　　(2) $\lim\limits_{x \to 2} \dfrac{x^2 - 4}{x - 2}$;　　(3) $\lim\limits_{x \to 0} \dfrac{1}{1 - \cos x}.$

4. 当 $x \to 0$ 时,比较无穷小 $\sqrt{1+x} - 1$ 与 $1 - e^{-x}.$

5. 利用等价无穷小性质求下列极限:

(1) $\lim\limits_{x \to 0} \dfrac{\arctan 3x}{5x}$;　　(2) $\lim\limits_{x \to 0} \dfrac{(\sin x^3)\tan x}{1 - \cos x^2}$;

(3) $\lim\limits_{x \to 0} \dfrac{\ln(1 + 3x\sin x)}{\tan x^2}$;　　(4) $\lim\limits_{x \to 0} \dfrac{\sqrt{1 + x\sin x} - 1}{x \arctan x}.$

第六节　函数的连续性

在生活中有许多连续变化的现象,如物体运动的速率、气温的变化等,这些现象反映到数学上就形成了连续的概念. 我们用"连续"这个概念去形容一个变化过程没有突变的过程. 在微分学中,连续的概念是与极限概念紧密相关的一个基本概念,在几何图形上表示一条连续不断开的曲线. 讨论函数的连续性对研究变量在局部变化的性态有重要的意义.

一、连续函数的概念

定义1 设函数 $y = f(x)$ 在点 x_0 的某个邻域内有定义,如果 $\lim\limits_{x \to x_0} f(x) = f(x_0)$,则

称函数 $f(x)$ 在点 x_0 处连续,点 x_0 称为 $f(x)$ 的连续点.否则称 $f(x)$ 在点 x_0 处不连续,点 x_0 称为 $f(x)$ 的间断点.

由前面的讨论可知,$f(x)$ 在 x_0 不满足下列三条中的任一条,x_0 就是 $f(x)$ 的间断点.

1. $f(x)$ 在 x_0 有定义.
2. $\lim\limits_{x \to x_0} f(x)$ 存在.
3. $\lim\limits_{x \to x_0} f(x) = f(x_0)$.

在定义 1 中,若令 $\Delta x = x - x_0$,$\Delta y = f(x) - f(x_0)$,则当 $x \to x_0$ 时,$\Delta x \to 0$,则有
$$\lim_{\Delta x \to 0} \Delta y = \lim_{x \to x_0} [f(x) - f(x_0)] = 0.$$

称 Δx 为自变量 x 的改变量,Δy 为函数 $f(x)$ 的改变量.于是得到函数 $f(x)$ 在 x_0 连续的另一形式的定义.

定义 2 设函数 $y = f(x)$ 在点 x_0 的某个邻域内有定义,如果 $\lim\limits_{\Delta x \to 0} \Delta y = 0$,则称函数 $f(x)$ 在 x_0 连续.如图 1-12 所示.

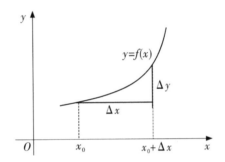

图 1-12 函数在某点连续,则 $\Delta x \to 0, \Delta y \to 0$

【**例 1**】 讨论函数 $f(x) = \begin{cases} x, & 0 < x < 1; \\ a, & x = 1; \\ 1, & 1 < x < 2. \end{cases}$ 当 a 为何值时,函数在 $x = 1$ 点处连续.

解 $\lim\limits_{x \to 1^-} f(x) = \lim\limits_{x \to 1^-} x = 1$, $\lim\limits_{x \to 1^+} f(x) = \lim\limits_{x \to 1^+} 1 = 1$,

因为 $\lim\limits_{x \to 1^-} f(x) = \lim\limits_{x \to 1^+} f(x)$,所以 $\lim\limits_{x \to 1} f(x) = 1$.

因为 $f(1) = a$,要使函数在 $x = 1$ 点处连续,必须 $\lim\limits_{x \to 1} f(x) = f(1)$,即 $a = 1$.

所以,当 $a = 1$ 时,函数在 $x = 1$ 点处连续.$a \neq 1$ 时,函数在 $x = 1$ 点处不连续.

定义 3 若函数 $y = f(x)$ 在区间 (a,b) 内每一点都连续,则称 $f(x)$ 在区间 (a,b) 内连续.

定义 4 若函数 $y = f(x)$ 在区间 (a,b) 内连续,且 $\lim\limits_{x \to a^+} f(x) = f(a)$,$\lim\limits_{x \to b^-} f(x) = f(b)$,则称 $y = f(x)$ 在闭区间 $[a,b]$ 上连续.

由连续函数的定义可得出以下结论:

1. 若函数 $f(x)$ 在点 x_0 处连续,则 $f(x)$ 在点 x_0 处的极限一定存在;反之,若 $f(x)$ 在

点 x_0 处的极限存在,则函数 $f(x)$ 在点 x_0 处不一定连续.

2. 若函数 $f(x)$ 在点 x_0 处连续,要求 $x \to x_0$ 时 $f(x)$ 的极限,只需求出 $f(x)$ 在点 x_0 处的函数值 $f(x_0)$ 即可.

3. 当函数 $y = f(x)$ 在点 x_0 处连续时,有 $\lim\limits_{x \to x_0} f(x) = f(x_0) = f(\lim\limits_{x \to x_0} x)$.

这一等式意味着在函数连续的前提下,极限符号与函数符号可以互换.

【例 2】 求 $\lim\limits_{x \to 1} \dfrac{x^2 + 2x + 5}{x^2 + 1}$.

解 函数 $f(x) = \dfrac{x^2 + 2x + 5}{x^2 + 1}$ 的定义域为 R,且在点 $x = 1$ 处连续,所以

$$\lim_{x \to 1} \frac{x^2 + 2x + 5}{x^2 + 1} = \frac{1^2 + 2 \times 1 + 5}{1^2 + 1} = 4.$$

二、初等函数的连续性

由连续的定义及极限的运算和复合函数的极限运算法则,容易证明得到连续函数以下性质:

1. 若函数 $f(x)$ 与 $g(x)$ 在点 x_0 处连续,则 $f(x) \pm g(x), f(x)g(x), \dfrac{f(x)}{g(x)}$ [当 $g(x) \neq 0$ 时] 在点 x_0 处连续.

2. 设函数 $u = \varphi(x)$ 在点 x_0 处连续,$y = f(u)$ 在点 u_0 处连续,且 $u_0 = \varphi(x_0)$,则复合函数 $y = f[\varphi(x)]$ 在点 x_0 处连续.

由此可得到以下重要结论:

初等函数在其定义区间内都是连续的. 由此可得,初等函数在其定义区间内任一点处的极限值等于该点处的函数值.

有了这个结论,我们在计算极限时,首先看函数在自变量趋近的点是否连续,如果连续直接代入这个点,计算出的函数值即为极限值.

【例 3】 求 $\lim\limits_{x \to 2} \dfrac{x^2 + 5}{x - 3}$.

解 因为函数 $f(x) = \dfrac{x^2 + 5}{x - 3}$ 的定义域包含 $x = 2$,即函数 $f(x) = \dfrac{x^2 + 5}{x - 3}$ 在点 $x = 2$ 点连续,所以 $\lim\limits_{x \to 2} \dfrac{x^2 + 5}{x - 3} = \dfrac{2^2 + 5}{2 - 3} = -9$.

三、闭区间上连续函数的性质

前面我们重点讨论了函数在点 x_0 处的连续性,给出了在闭区间连续函数的定义,下面我们只从几何直观上而不加证明的给出闭区间连续函数的性质,为今后求函数的最大最小值提供理论基础.

直观地,函数 $f(x)$ 在闭区间 $[a,b]$ 上连续的意思是 $f(x)$ 在 $[a,b]$ 上的图形没有跳跃,我们能用笔不离纸面地画出 $f(x)$ 从点 $(a, f(a))$ 到点 $(b, f(b))$ 的图形,函数 $f(x)$ 可以取在 $f(a)$ 和 $f(b)$ 之间的任何值,这个特点在下面的定理中阐述更加准确.

定理 1（介值定理） 若函数 $f(x)$ 在闭区间 $[a,b]$ 上连续，c 是 $f(a)$ 和 $f(b)$ 之间的任一实数，至少存在一点 $\xi\in(a,b)$，使得 $f(\xi)=c$。如图 1-13 所示。

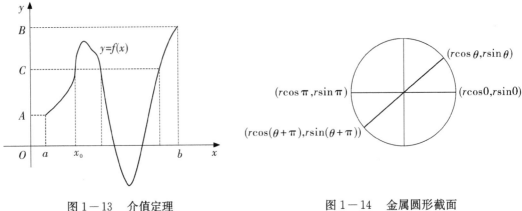

图 1-13 介值定理　　　　　图 1-14 金属圆形截面

介值定理告诉我们一些有关方程解的信息，正如下面的例子所说明。

【**例 4**】 用介值定理证明方程 $x^5-3x=1$ 至少有一个根介于 1 和 2 之间。

证明 设 $f(x)=x^5-3x-1$，显然 $f(x)$ 在区间 $[1,2]$ 上连续，$f(1)=-3$，$f(2)=25$，由介值定理：至少存在一点 $\xi\in(1,2)$，使得 $f(\xi)=0$，即 ξ 是 $x^5-3x=1$ 的根，介于 1 和 2 之间。

介值定理也能引出一些令人惊讶的结果。

【**例 5**】 用介值定理证明：在一个金属圆形截面的边缘上，总有彼此相对的两点拥有相同的温度。

解 首先选择合适的坐标，使环圆截面的中心恰好落在原点上。令 r 为圆截面的半径。将 $T(x,y)$ 定义为点 (x,y) 处的温度。圆截面的任一条直径与 x 轴所成的角 θ，如图 1-14 所示。设 $f(\theta)$ 为点 $(r\cos\theta,r\sin\theta)$ 与 $(r\cos(\theta+\pi),r\sin(\theta+\pi))$ 的温度差，即
$$f(\theta)=T(r\cos\theta,r\sin\theta)-T(r\cos(\theta+\pi),r\sin(\theta+\pi)).$$
根据这个定义，有
$$f(0)=T(r\cos 0,r\sin 0)-T(r\cos(0+\pi),r\sin(0+\pi))=T(r,0)-T(-r,0)$$
$$f(\pi)=T(r\cos\pi,r\sin\pi)-T(r\cos(\pi+\pi),r\sin(\pi+\pi))=T(-r,0)-T(r,0)$$

容易看出 $f(0)=-f(\pi)$。这样，或者 $f(0)$ 和 $f(\pi)$ 都是零，或者一个为正，一个为负。如果两者全为零，那么我们就找到了所求点：
$$T(r\cos 0,r\sin 0)=T(r\cos(0+\pi),r\sin(0+\pi)).$$

如果两者不全为零，假设温度连续变化，我们运用介值定理，可得出这样一个结论：必存在一个 0 和 π 之间的值 c，使得 $f(c)=0$。这样对于两个分别与 x 轴成角 c 和 $c+\pi$ 的点，它们的温度相等：$T(r\cos c,r\sin c)=T(r\cos(c+\pi),r\sin(c+\pi))$。

定理 2（最值定理） 若函数 $f(x)$ 在闭区间 $[a,b]$ 上连续，则它在这个区间上一定有最大值和最小值。

从几何直观上看，闭区间上的一条连续曲线，必然至少有一点达到最高，也至少有一

点达到最低,如图 1-15 所示.

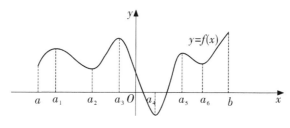

图 1-15　最值定理

习题 1.6

1. 下列函数 $f(x)$ 在 $x=0$ 处是否连续?为什么?

(1) $f(x)=\begin{cases} x^2\sin\dfrac{1}{x}, & x\neq 0; \\ 0, & x=0. \end{cases}$
　　　　(2) $f(x)=\begin{cases} \mathrm{e}^x, & x\leqslant 0; \\ \dfrac{\sin x}{x}, & 0<x. \end{cases}$

(3) $f(x)=\begin{cases} \mathrm{e}^{-\frac{1}{x^2}}, & x\neq 0; \\ 0, & x=0. \end{cases}$
　　　　(4) $f(x)=\begin{cases} \dfrac{\sin x}{|x|}, & x\neq 0 \\ 1, & x=0 \end{cases}.$

2. 设 $f(x)=\begin{cases} \mathrm{e}^x, & x<0; \\ a+x, & x\geqslant 0. \end{cases}$ 应当如何选择数 a,使得 $f(x)$ 成为 $(-\infty,+\infty)$ 内的连续函数.

3. 试确定 a 的值,使函数 $f(x)=\begin{cases} x^2+a, & x\leqslant 0; \\ x\sin\dfrac{1}{x}, & x>0. \end{cases}$ 在 $(-\infty,+\infty)$ 上连续.

4. 设 $f(x)=\begin{cases} a+x^2, & x<0; \\ 1, & x=0; \\ \ln(b+x+x^2), & 0<x. \end{cases}$ 已知 $f(x)$ 在 $x=0$ 处连续,试确定 a 及 b 的值.

5. 证明方程 $x^5-3x=1$ 至少有一个根介于 1 和 2 之间.

数学家简介:

吴文俊

吴文俊(Wentsun WU),男,1919 年 5 月 12 日生于上海,1940 年毕业于交通大学,1949 年获法国国家博士学位.世界著名数学家,中国科学院数学与系统科学研究院系统科学研究所研究员、名誉所长,中国数学会名誉理事长.中国数学机械化研究的创始人之一,现任中国科学院系统科学研究所名誉所长、研究员,中国科学院院士,第三世界科学院院士;曾任中国数学会理事长(1985—1987 年),中国科学院数理学部主任.

吴文俊在数学上作出了许多重大的贡献：

◆ 拓扑学方面，在示性类、示嵌类等领域获得一系列成果，还得到了许多著名的公式，指出了这些理论和方法的广泛应用．他还在拓扑不变量、代数流形等问题上有创造性工作．1956 年吴文俊因在拓扑学中的示性类和示嵌类方面的卓越成就获中国自然科学奖一等奖．

◆ 数学机械化或机器证明方面，从初等几何着手，在计算机上证明了一类高难度的定理，同时也发现了一些新定理，进一步探讨了微分几何的定理证明．提出了利用机器证明与发现几何定理的新方法．这项工作为数学研究开辟了一个新的领域，将对数学的革命产生深远的影响．1978 年获全国科学大会重大科技成果奖．

◆ 中国数学史方面，吴文俊认为中国古代数学的特点是：从实际问题出发，经过分析提高，再抽象出一般的原理、原则和方法，最终达到解决一大类问题的目的．他对中国古代数学在数论、代数、几何等方面的成就也提出了精辟的见解．

复习题一

一、选择题

1. 当 $x \to 0^+$ 时，（　　）无穷小量．

   A. $x\sin\dfrac{1}{x}$　　　　B. $e^{\frac{1}{x}}$　　　　C. $\ln x$　　　　D. $\dfrac{1}{x}\sin x$

2. 点 $x=1$ 是函数 $f(x)=\begin{cases}3x-1, & x<1;\\ 1, & x=1;\\ 3-x, & x>1.\end{cases}$ 的（　　）．

   A. 连续点　　　B. 极限不存在点　　　C. 不连续点　　　D. 以上都不对

3. 函数 $f(x)$ 在点 x_0 处有定义是其在 x_0 处极限存在的（　　）．

   A. 充分非必要条件　B. 必要非充分条件　C. 充要条件　　　D. 无关条件

4. 已知极限 $\lim\limits_{x\to\infty}\left(\dfrac{x^2+2}{x}+ax\right)=0$，则常数 a 等于（　　）．

   A. -1　　　　B. 0　　　　C. 1　　　　D. 2

5. 极限 $\lim\limits_{x\to 0}\dfrac{e^{x^2}-1}{\cos x-1}$ 等于（　　）．

   A. ∞　　　　B. 2　　　　C. 0　　　　D. -2

二、填空题

1. $\lim\limits_{x\to\infty}\left(1-\dfrac{1}{x}\right)^{2x}=$ ＿＿＿＿．

2. 当 $x\to +0$ 时，无穷小 $\alpha=\ln(1+Ax)$ 与无穷小 $\beta=\sin 3x$ 等价，则常数 $A=$ ＿＿＿＿．

3. $f(x)$ 在点 $x=0$ 处连续，且当 $x\neq 0$ 时，函数 $f(x)=2^{-\frac{1}{x^2}}$，则 $f(0)=$ ＿＿＿＿．

4. $\lim\limits_{n\to\infty}\left[\dfrac{1}{1\cdot 2}+\dfrac{1}{2\cdot 3}+\cdots+\dfrac{1}{n(n+1)}\right]=$ ＿＿＿＿．

5. 若 $\lim\limits_{x\to\pi}f(x)$ 存在,且 $f(x) = \dfrac{\sin x}{x-\pi} + 2\lim\limits_{x\to\pi}f(x)$,则 $\lim\limits_{x\to\pi}f(x) = $ _____.

三、解答题

1. 计算极限 $\lim\limits_{n\to\infty}(1-\dfrac{1}{2^2})(1-\dfrac{1}{3^2})\cdots(1-\dfrac{1}{n^2})$.

2. 计算极限 $\lim\limits_{x\to 0}\dfrac{\tan x - \sin x}{x^3}$.

3. 计算极限 $\lim\limits_{x\to\infty}(\dfrac{2x+3}{2x+1})^{x+1}$.

4. 计算极限 $\lim\limits_{x\to 0}\dfrac{\sqrt{1+x\sin x}-1}{e^{x^2}-1}$.

5. 设 $\lim\limits_{x\to -1}\dfrac{x^3-ax^2-x+4}{x+1}$ 具有极限 l,求 a,l 的值.

6. 设 $f(x) = \begin{cases} \dfrac{x^4+ax+b}{(x-1)(x-2)}, & x\neq 1,\ x\neq 2 \\ 2, & x=1 \end{cases}$ 在 $x=1$ 点连续,求 a,b.

四、证明题

1. 证明:当 $x\to 0$ 时,有

(1) $\arctan x \sim x$; (2) $\sec x - 1 \sim \dfrac{x^2}{2}$.

2. 证明: $\lim\limits_{n\to\infty}\left(\dfrac{1}{\sqrt{n^2+1}} + \dfrac{1}{\sqrt{n^2+2}} + \cdots + \dfrac{1}{\sqrt{n^2+n}}\right) = 1$.

第二章　导数与微分

要发明,就要挑选恰当的符号,要做到这一点,就要用含义简明的少量符号来表达和比较忠实地描绘事物的内在本质,从而最大限度地减少人的思维活动.

——F. 莱布尼茨

我们在日常生活中,会遇到以下变化率问题:

求某变速直线运动物体路程关于时间的变化率——速度;

求某种细菌数量关于时间的变化率;

求某公司的利润关于时间的变化率;

求某旅游公司的收入关于其广告投入的变化率等. 这些问题的解决需要有导数、变化率、微分等方面的知识. 以下我们对导数进行介绍.

第一节　导数的基本概念

一、两个实例

【例1】 高铁在实验室运行时某时刻的速率. 设高铁在单轨铁路上做变速直线运动,其运动方程为 $y = f(x) = 4x^2 (0 \leqslant x \leqslant 30)$($x$ 的单位为秒,y 的单位为米). 现在欲求出高铁在 $x = 2$ 秒时的速率 $v(2)$.

解　高铁做变速运动. 我们只能求出

在 $[2,3]$ 内,高铁的平均速率为 $v_1 = \dfrac{f(3) - f(2)}{3 - 2} = \dfrac{36 - 16}{3 - 2} = 20$(米/秒),

用初等方法求出高铁在 $x = 2$ 秒时的速率是不可能的. 但是,我们可以求任一时间段的平均速率:

在 $[2, 2.1]$ 内的平均速率 $v_2 = \dfrac{f(2.1) - f(2)}{2.1 - 2} = \dfrac{4 \times 2.1^2 - 16}{2.1 - 2} = 16.4$(米/秒),

在 $[2, 2.01]$ 内的平均速率 $v_3 = \dfrac{f(2.01) - f(2)}{2.01 - 2} = \dfrac{4 \times 2.01^2 - 16}{2.01 - 2} = 16.04$(米/秒),

在 $[2, 2.001]$ 内的平均速率 $v_4 = \dfrac{f(2.001) - f(2)}{2.001 - 2} = \dfrac{4 \times 2.001^2 - 16}{2.001 - 2} = 16.004$(米/秒),

在 $[2, 2.0001]$ 内的平均速率 $v_5 = \dfrac{f(2.0001) - f(2)}{2.0001 - 2} = \dfrac{4 \times 2.0001^2 - 16}{2.0001 - 2} = 16.0004$ (米/秒),这种计算过程可以一直进行下去. 我们分别以 $v_1, v_2, v_3, \cdots$ 作为 $v(2)$ 的近似值,显然 v_2 的精确度不如 v_3,v_3 的精确度不如 $v_4 \cdots$ 而时间段越短,与 $v(2)$ 的值越接近,所以 $v(2)$ 的精确值应该为

$$v(2) = \lim_{\Delta x \to 0} \frac{f(2+\Delta x) - f(2)}{\Delta x} = \frac{4 \cdot (2+\Delta x)^2 - 16}{\Delta x} = 16 (\text{米}/\text{秒}).$$

一般地,高铁在 x_0 时刻的速率为

$$v(x_0) = \lim_{\Delta x \to 0} \frac{f(x_0 + \Delta x) - f(x_0)}{\Delta x}$$

$$= \lim_{\Delta x \to 0} \frac{4 \cdot (x_0 + \Delta x)^2 - 4x_0^2}{\Delta x} = 8x_0 (\text{米}/\text{秒}).$$

【例 2】 曲线在一点处切线的斜率. 我们知道,在平面几何中圆的切线定义为"与圆只有一个交点的直线". 如果以这种方式来定义一般曲线的切线便不能成立.

我们如下定义一般曲线在某点处的切线:在曲线 C 上,取一个定点 P,另取一个动点 Q,作割线 PQ. 当动点 Q 沿着曲线 C 移动而趋向于点 P 时,割线 PQ 的极限位置 PT 称为曲线 C 在定点 P 处的切线. 根据此定义,我们可以用极限的方法求出曲线在该点切线的斜率. 设曲线 C 的方程为 $y = f(x)$. 点 P 的坐标为 $P(x, f(x))$,点 Q 的坐标为 $Q(x+h, f(x+h))$,如图 2-1 所示. 当 $h \to 0$ 时,点 Q 沿着曲线 C 移动而趋向于点 P,如图 2-2 所示.

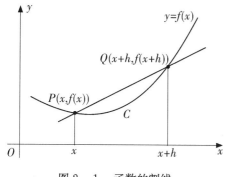

图 2-1 函数的割线

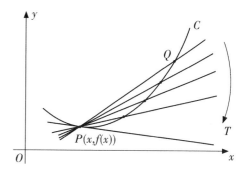

图 2-2 割线的变化

由中学学过的斜率公式可得:割线 PQ 的斜率为

$$\frac{f(x+h) - f(x)}{(x+h) - x} = \frac{f(x+h) - f(x)}{h}.$$

如果 $\lim_{h \to 0} \frac{f(x+h) - f(x)}{h}$ 存在,则切线 PT 的斜率为 $\lim_{h \to 0} \frac{f(x+h) - f(x)}{h}$.

归纳前面两个例子:给定函数 $y = f(x)$,当 $\Delta x = (x+h) - x = h$ 时,相应的 $\Delta y = f(x+h) - f(x)$,则比值 $\frac{f(x+h) - f(x)}{h}$ 刻画了 y 关于 x 的平均变化率. 在例 1 中,比值表示高铁在时间段 $[x, x+h]$ 内的平均速率;在例 2 中,比值表示割线 PQ 的斜率. 如果极限 $\lim_{h \to 0} \frac{f(x+h) - f(x)}{h}$ 存在,该极限值就刻画了 $y = f(x)$ 在 x 的变化率. 在例 1 中,该极限值就是高铁在时刻 x 的速率;在例 2 中,该极限值则表示切线 PT 的斜率.

【例 3】 在真空状态下,一个物体由静止的初始状态在重力的作用下开始下落,求它在 $t = 3$ 秒和 $t = 5.4$ 秒时的瞬时速度.

解 我们先计算在 t 秒时的瞬时速度. 由 $f(t) = \frac{1}{2} 9.8 t^2$,有

$$v = \lim_{h \to 0} \frac{f(t+h) - f(t)}{h} = \lim_{h \to 0} \frac{\frac{1}{2}9.8(t+h)^2 - \frac{1}{2}9.8t^2}{h}$$

$$= \lim_{h \to 0} \frac{1}{2} 9.8 \frac{2th + h^2}{h} = \lim_{h \to 0} 4.9(2t+h) = 9.8t.$$

因此,在 $t=3$ 秒时的瞬时速度是 $9.8 \times 3 = 29.4$(米/秒);在 $t=5.4$ 秒时的瞬时速度为 $9.8 \times 5.4 = 52.92$(米/秒).

我们看到了切线的斜率和瞬时速度是一个概念的不同表现形式.例如,生物的生长率、边际利润、边际成本都是对同一个概念的不同表现形式.因此,我们选用一个中性词"导数"来表示这个概念.

二、导数的概念

定义 1 如果 $\lim\limits_{\Delta x \to 0} \dfrac{\Delta y}{\Delta x} = \lim\limits_{\Delta x \to 0} \dfrac{f(x_0 + \Delta x) - f(x_0)}{\Delta x}$ 存在,则称函数 $y = f(x)$ 在 x_0 处可导,并称此极限值为函数 $y = f(x)$ 在 x_0 处的导数,记为

$$f'(x_0) \text{ 或 } y'|_{x=x_0} \text{ 或 } \frac{df}{dx}\bigg|_{x=x_0} \text{ 或 } \frac{dy}{dx}\bigg|_{x=x_0} \text{ 或 } \frac{d}{dx}f\bigg|_{x=x_0},$$

即

$$f'(x_0) = \lim_{\Delta x \to 0} \frac{f(x_0 + \Delta x) - f(x_0)}{\Delta x}.$$

若 $\lim\limits_{\Delta x \to 0} \dfrac{\Delta y}{\Delta x}$ 不存在,则称函数 $y = f(x)$ 在 x_0 处不可导.

导数的等价形式:我们不仅能用符号 Δx 来定义 $f'(x_0)$,还可以用其他字符.例如:

1. $f'(x_0) = \lim\limits_{h \to 0} \dfrac{f(x_0 + h) - f(x_0)}{h}$.

2. $f'(x_0) = \lim\limits_{c \to 0} \dfrac{f(x_0 + c) - f(x_0)}{c}$.

3. $f'(x_0) = \lim\limits_{x \to x_0} \dfrac{f(x) - f(x_0)}{x - x_0}$.

在第 3 个式子中,仍然只是字符的变化.注意用 x 代替了 $x_0 + \Delta x$,所以要用 $x - x_0$ 代替 Δx.

按定义计算 $f'(x_0)$ 有以下 4 个步骤:

(1) 计算 $f(x_0 + \Delta x)$;

(2) 计算 $\Delta y = f(x_0 + \Delta x) - f(x_0)$;

(3) 计算比值 $\dfrac{\Delta y}{\Delta x}$;

(4) 计算极限 $\lim\limits_{\Delta x \to 0} \dfrac{\Delta y}{\Delta x}$.

【例 4】 求函数 $f(x) = C$(C 为常数) 的导数.

解 $f'(x) = \lim\limits_{h \to 0} \dfrac{f(x+h) - f(x)}{h} = \lim\limits_{h \to 0} \dfrac{C - C}{h} = 0$,即 $(C)' = 0$.

【例 5】 已知函数 $f(x) = 2x + 6$,求 $f(x)$ 在任意点 x_0 的导数 $f'(x_0)$.

解 $f(x_0+\Delta x)=2(x_0+\Delta x)+6=2x_0+2\Delta x+6$,

$\Delta y=f(x_0+\Delta x)-f(x_0)=(2x_0+2\Delta x+6)-(2x_0+6)=2\Delta x$,

$\dfrac{\Delta y}{\Delta x}=\dfrac{f(x_0+\Delta x)-f(x_0)}{\Delta x}=\dfrac{2\Delta x}{\Delta x}=2$,

$f'(x_0)=\lim\limits_{\Delta x\to 0}\dfrac{f(x_0+\Delta x)-f(x_0)}{\Delta x}=\lim\limits_{\Delta x\to 0}2=2$.

当然,也可以把用定义计算 $f'(x_0)$ 的四个步骤中的 Δx 改写为 h,这样写起来会相对容易一些,结果却是一样.

【例 6】 设 $f(x)=x^2$,求 $f'(2)$ 并解释得到的结果.

解 $f(2+h)=(2+h)^2=4+4h+h^2$,

$f(2+h)-f(2)=(4+4h+h^2)-4=4h+h^2$,

$\dfrac{f(2+h)-f(2)}{h}=\dfrac{4h+h^2}{h}=4+h$,

$f'(2)=\lim\limits_{h\to 0}\dfrac{f(2+h)-f(2)}{h}=\lim\limits_{h\to 0}(4+h)=4$.

几何上表示曲线 $y=x^2$ 在点 $(2,4)$ 处的切线斜率等于 4,代数上表示自变量在 $x=2$ 处改变 1 个单位,相应的函数值在 $y=4$ 处约改变 4 个单位.

如果函数 $y=f(x)$ 在区间 (a,b) 内每一点都可导,则称函数 $y=f(x)$ 在区间 (a,b) 内可导. 这时,对于区间 (a,b) 内每一个 x 都有一个导数值 $f'(x)$ 与之对应. 那么 $f'(x)$ 也是 x 的一个函数,称其为 $y=f(x)$ 在区间 (a,b) 内的导函数,简称导数,记为

$$f'(x),\ y',\ \dfrac{\mathrm{d}y}{\mathrm{d}x},\ \dfrac{\mathrm{d}f(x)}{\mathrm{d}x},$$

即 $f'(x)=\lim\limits_{\Delta x\to 0}\dfrac{f(x+\Delta x)-f(x)}{\Delta x}=\lim\limits_{h\to 0}\dfrac{f(x+h)-f(x)}{h}$.

【例 7】 求函数 $y=x^n$(n 为正整数)的导数.

解 $(x^n)'=\lim\limits_{h\to 0}\dfrac{(x+h)^n-x^n}{h}=\lim\limits_{h\to 0}\left[nx^{n-1}+\dfrac{n(n-1)}{2!}x^{n-2}h+\cdots+h^{n-1}\right]=nx^{n-1}$,

即 $(x^n)'=nx^{n-1}$.

更一般地,$(x^\mu)'=\mu x^{\mu-1}$ ($\mu\in\mathbf{R}$).

【例 8】 求等边双曲线 $y=\dfrac{1}{x}$ 在点 $\left(\dfrac{1}{2},2\right)$ 处切线的斜率,并写出在该点处的切线方程.

解 由导数的几何意义,得切线斜率为

$$k=y'|_{x=\frac{1}{2}}=\left(\dfrac{1}{x}\right)'|_{x=\frac{1}{2}}=-\dfrac{1}{x^2}|_{x=\frac{1}{2}}=-4.$$

所求切线方程为 $y-2=-4\left(x-\dfrac{1}{2}\right)$,即 $4x+y-4=0$.

【例 9】 某瓷器公司某型号瓷器的价格 p(元)与需求量 x(千件)之间的函数关系为 $p=f(x)=144-x^2$,求出:

(1) 需求量分别在 5 与 6,5.1 与 5.01 之间时,瓷器价格的平均变化率.

(2) 当需求量 $x = 5$(千件) 时,瓷器价格的变化率.

解 (1) 如果需求量在 x 与 $x+h$ 之间,瓷器价格的平均变化率为

$$\frac{f(x+h)-f(x)}{h} = \frac{[144-(x+h)^2]-(144-x^2)}{h}$$

$$= \frac{144-x^2-2xh-h^2-144+x^2}{h} = -2x-h.$$

所以,当需求量在 5 与 6 之间时,$x=5, h=1, p$ 的平均变化率为 $-2 \times 5 - 1 = -11$,

当需求量在 5 与 5.1 之间时,$x=5, h=0.1, p$ 的平均变化率为 $-2 \times 5 - 0.1 = -10.1$,

当需求量在 5 与 5.01 之间时,$x=5, h=0.01, p$ 的平均变化率为 $-2 \times 5 - 0.01 = -10.01$,即每千件瓷器,价格平均减少 10.01(元).

(2) 如果需求量为 x(千件),瓷器价格的变化率为

$$\lim_{h \to 0} \frac{f(x+h)-f(x)}{h} = \lim_{h \to 0}(-2x-h) = -2x,$$

所以,当 $x = 5$(千件) 时,瓷器价格的变化率为 -10(元/千件).

$f'(x)$ 为我们提供了一个工具,使我们可以方便地刻画一个量 y 关于另一个量 x 的变化率. 例如:如果 $y = f(x)$ 表示某商品销售 x 单位的收入,则 $\frac{f(a+h)-f(a)}{h}$ 表示销售量在 a 与 $a+h$ 之间时销售收入的平均变化率,而 $f'(a)$ 表示销售量为 a 单位时销售收入的变化率.

三、函数在某点连续与可导的关系

如果一条曲线在某点有切线,那么这条曲线在该点不能跳跃或者拐得太厉害,对这个事实的精确表达就是一个重要的定理.

定理 1 (可导必连续) 若函数 $y = f(x)$ 在 x_0 可导,则 $y = f(x)$ 在 x_0 连续.

证明: $y = f(x)$ 在 x_0 可导,由可导的定义有 $\lim\limits_{\Delta x \to 0} \frac{f(x_0+\Delta x)-f(x_0)}{\Delta x}$ 存在,因为分母的极限为零,故分子的极限一定为零,即

$$\lim_{\Delta x \to 0}[f(x_0+\Delta x)-f(x_0)] = 0,$$

所以 $\lim\limits_{\Delta x \to 0} f(x_0+\Delta x) = f(x_0)$,因此 $y = f(x)$ 在 x_0 连续.

但定理的逆命题不成立.

例如,函数 $y = f(x) = \sqrt[3]{x}$ 在 $x = 0$ 连续. 但是

$$\Delta y = f(0+h) - f(0) = \sqrt[3]{0+h} - \sqrt[3]{0} = \sqrt[3]{h},$$

$$\lim_{\Delta x \to 0} \frac{\Delta y}{\Delta x} = \lim_{h \to 0} \frac{f(0+h)-f(0)}{h} = \lim_{h \to 0} \frac{\sqrt[3]{h}}{h} = \lim_{h \to 0} \frac{1}{\sqrt[3]{h^2}} = \infty,$$

故 $y = f(x) = \sqrt[3]{x}$ 在 $x = 0$ 不可导.

几何上,函数 $y = f(x)$ 在 x_0 连续,表示函数在点 $(x_0, f(x_0))$ 附近的图像左右能够"连"起来,曲线不断开,而函数 $y = f(x)$ 在 x_0 可导,则表示曲线 $y = f(x)$ 在点 $(x_0, f(x_0))$ 处必有切线,因而具有某种"光滑性".

注意:连续不可导的另一种情形是曲线在某点附近有"尖角". 例如,函数 $y=|x|$(见图 2-3),在 $x=0$ 连续但不可导. 函数 $y=f(x)$ 的部分图像(见图 2-4),请大家分别考虑 $y=f(x)$ 在 a,b,c,d,f,g,h 各点处的连续性与可导性,并说明理由.

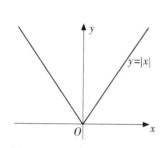

图 2-3　函数在 0 点不可导

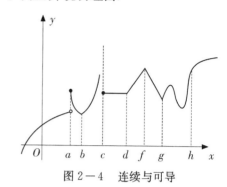

图 2-4　连续与可导

习题 2.1

1. 用定义求函数 $y=x^3$ 在 $x=1$ 处的导数.
2. 设 $f'(x_0)$ 存在,试利用导数的定义求下列极限:
(1) $\lim\limits_{\Delta x \to 0} \dfrac{f(x_0-\Delta x)-f(x_0)}{\Delta x}$;
(2) $\lim\limits_{h \to 0} \dfrac{f(x_0+h)-f(x_0-h)}{h}$;
(3) $\lim\limits_{\Delta x \to 0} \dfrac{f(x_0+\Delta x)-f(x_0-2\Delta x)}{2\Delta x}$;
(4) $\lim\limits_{h \to 0} \dfrac{f(x+2h)-f(x-3h)}{h}$.
3. 求曲线 $y=\mathrm{e}^x$ 在点 $(0,1)$ 处的切线方程和法线方程.

第二节　函数的求导法则

直接从导数的定义求导,先建立 $\dfrac{f(x_0+\Delta x)-f(x_0)}{\Delta x}$,再求它的极限,这样的方法是非常费时和苦闷的. 对于求导有很多现成的公式.

一、一些常用的基本初等函数的求导公式

(1) $(C)'=0$;
(2) $(x^\alpha)'=\alpha x^{\alpha-1}$;
(3) $(\sin x)'=\cos x$;
(4) $(\cos x)'=-\sin x$;
(5) $(\tan x)'=\sec^2 x$;
(6) $(\cot x)'=-\csc^2 x$;
(7) $(\sec x)'=\sec x\tan x$;
(8) $(\csc x)'=-\csc x\cot x$;
(9) $(a^x)'=a^x\ln a$;
(10) $(\mathrm{e}^x)'=\mathrm{e}^x$;
(11) $(\log_a x)'=\dfrac{1}{x\ln a}$;
(12) $(\ln x)'=\dfrac{1}{x}$;
(13) $(\arcsin x)'=\dfrac{1}{\sqrt{1-x^2}}$;
(14) $(\arctan x)'=\dfrac{1}{1+x^2}$;
(15) $(\arccos x)'=-\dfrac{1}{\sqrt{1-x^2}}$;
(16) $(\operatorname{arccot} x)'=-\dfrac{1}{1+x^2}$;

$(17) (\sqrt{x})' = \dfrac{1}{2\sqrt{x}};$ $\qquad(18) (\dfrac{1}{x})' = -\dfrac{1}{x^2}.$

以上这些公式大家需要记住. 诚然, 微积分的学习重要是研究它的思想, 锻炼自己的思维能力. 但亲爱的读者, 如果您想真正的掌握它, 基础公式和定理是必须要记忆的. 这些公式(包括本节的定理法则)必须成为我们记忆中的一部分, 使我们能利用这些继续深入思考. 正如怀特海所说,"社会文明通过拓展一些重要的计算而进步, 我们可以不思考这些而完成任务"(阿尔弗雷德·N. 怀特海).

二、求导法则

定理 1 设 $f(x)$、$g(x)$ 可导, k 为任意常数, 则 $kf(x)$、$f(x) \pm g(x)$ 也可导, 且有:
$$[kf(x)]' = kf'(x),$$
$$[f(x) \pm g(x)]' = f'(x) \pm g'(x).$$

利用此定理, 更多函数的导数问题会变得简单.

【**例 1**】 求 $y = x^3 - 2x^2 + \sin x$ 的导数.

解 $y' = (x^3)' - (2x^2)' + (\sin x)' = 3x^2 - 4x + \cos x.$

【**例 2**】 生物学家研究表明: 非洲某些品种的狮子已经濒临灭绝, 若从现在起采取强有力的保护措施, 则在第 t 年末, 狮子数量 $N(t)$ 将缓慢增长达到
$$N(t) = 3t^3 + 2t^2 + t + 600 (只)(0 \leqslant t \leqslant 10).$$

根据该研究分别求第 2 年末、第 8 年末狮子数量的增长率, 并解释所得到的结果.

解 本题研究的是增长率问题, 请注意问题的关键并不是某一段时间内的增长率, 而是某些时间点上的增长率, 显然, 这个问题可以用导数来解决.

因为 $N'(t) = (3t^3 + 2t^2 + t + 600)' = 9t^2 + 4t + 1,$

所以 $N'(2) = 9 \times 2^2 + 4 \times 2 + 1 = 45,$

$N'(8) = 9 \times 8^2 + 4 \times 8 + 1 = 609.$

$N'(2) = 45$ 表明在第 2 年末至第 3 年末狮子数量增长约 45 只,

$N'(8) = 609$ 表明在第 8 年末至第 9 年末狮子数量增长约 609 只.

所以, 强有力的保护措施对该品种的狮子数量的增加确实有效.

定理 2 设 $u = u(x)$、$v = v(x)$ 可导, 则 $p = uv$ 及 $q = \dfrac{u}{v} (v \neq 0)$ 也可导, 且有:
$$(uv)' = u'v + uv', \quad \left(\dfrac{u}{v}\right)' = \dfrac{u'v - uv'}{v^2}.$$

公式的证明略. 同学们可尝试推导.

【**例 3**】 求函数 $f(x) = (2x^2 - 1)(x^3 + 3)$ 的导数.

解 **方法一**: 根据定理 2, 把 $(2x^2 - 1)$ 视为 u, $(x^3 + 3)$ 视为 v

$f'(x) = (2x^2 - 1)'(x^3 + 3) + (2x^2 - 1)(x^3 + 3)'$

$\qquad = (4x)(x^3 + 3) + (2x^2 - 1)(3x^2)$

$\qquad = 4x^4 + 12x + 6x^4 - 3x^2 = 10x^4 - 3x^2 + 12x.$

方法二: $f(x) = (2x^2)(x^3) + 6x^2 - x^3 - 3 = 2x^5 - x^3 + 6x^2 - 3,$

所以 $f'(x)=(2x^5)'-(x^3)'+(6x^2)'-(3)'=10x^4-3x^2+12x.$

两种方法都可以解决这个问题,我们无需讨论它们的优劣,适合你的方法才是真正好的方法.本书很多问题的方法仅供大家参考,有更好的方法等待大家去深入思考.

【例 4】 求 $y=\tan x$ 的导数.

解 $y'=(\tan x)'=\left(\dfrac{\sin x}{\cos x}\right)'=\dfrac{(\sin x)'\cos x-\sin x(\cos x)'}{\cos^2 x},$

$=\dfrac{\cos^2 x+\sin^2 x}{\cos^2 x}=\dfrac{1}{\cos^2 x}=\sec^2 x,$

即 $(\tan x)'=\sec^2 x.$ 同理可得 $(\cot x)'=-\csc^2 x.$

【例 5】 求 $y=\sec x$ 的导数.

解 $y'=(\sec x)'=\left(\dfrac{1}{\cos x}\right)'=\dfrac{-(\cos x)'}{\cos^2 x}=\dfrac{\sin x}{\cos^2 x}=\sec x\tan x.$

同理可得 $(\csc x)'=-\csc x\cot x.$

【例 6】 求下列函数的导数.

(1) $f(x)=\ln x\cdot\cos x;$ (2) $f(x)=\sqrt{x}\sin x;$

(3) $f(x)=\dfrac{\ln x}{x};$ (4) $f(x)=\dfrac{e^x}{\cos x}.$

解 根据定理 2 有

(1) $f'(x)=\dfrac{1}{x}\cos x+\ln x\cdot(-\sin x)=\dfrac{1}{x}\cos x-\ln x\cdot\sin x.$

(2) $f'(x)=(1/2)x^{-1/2}\sin x+\sqrt{x}\cos x$

$=\dfrac{1}{2\sqrt{x}}\sin x+\sqrt{x}\cos x=\dfrac{\sin x+2x\cos x}{2\sqrt{x}}.$

(3) $f'(x)=\left(\dfrac{\ln x}{x}\right)'=\dfrac{(\ln x)'x-\ln x\cdot(x)'}{x^2}=\dfrac{(1/x)\cdot x-\ln x\cdot 1}{x^2}=\dfrac{1-\ln x}{x^2}.$

(4) $f'(x)=\dfrac{e^x\cdot\cos x-e^x\cdot(-\sin x)}{\cos^2 x}=\dfrac{e^x(\cos x+\sin x)}{\cos^2 x}.$

【例 7】 某明星主演的影片自投放市场后,t 周内的销售额为 $S(t)=\dfrac{5t}{t^2+1}$(百万元).求:(1) t 周末,该影片销售额的变化率;

(2) 影片刚投放市场,销售额的变化率为多少 ($t=0$)?2 周末,销售额的变化率为多少?

解 (1) t 周末,该影片销售额的变化率为 $S'(t)$.由定理 2,

$$S'(t)=\left(\dfrac{5t}{t^2+1}\right)'=\dfrac{5(t^2+1)-5t\cdot 2t}{(t^2+1)^2}=\dfrac{5(1-t^2)}{(t^2+1)^2}.$$

(2) 影片刚投放市场,销售额的变化率为

$$S'(0)=\dfrac{5(1-0^2)}{(0^2+1)^2}=\dfrac{5(1-0)}{(0+1)^2}=5,$$

所以,在第 1 周内,销售额预计将增加 5(百万元);2 周末,销售额的变化率为

$$S'(2)=\dfrac{5(1-2^2)}{(2^2+1)^2}=-\dfrac{3}{5}=-0.6,$$

所以,在第3周内,销售额预计将减少0.6(百万元).

三、复合函数的求导法则

已知$(e^x)' = e^x$,如果$y = e^{2x}$,是否有$y' = (e^{2x})' = e^{2x}$呢?由指数运算公式$e^{2x} = e^x \cdot e^x$,再用乘积求导法则,得到$y' = (e^{2x})' = (e^x \cdot e^x)' = e^x \cdot e^x + e^x \cdot e^x = 2e^{2x}$,这说明$(e^{2x})' \neq e^{2x}$,其原因在于$y = e^{2x}$是复合函数,它是由$y = e^u, u = 2x$复合而成的,$u$是中间变量,直接套用基本初等函数求导公式求复合函数的导数是不行的.

对于这类问题可以用复合函数求导法则来解决.

定理3(复合函数求导法则) 设内层函数$u = g(x)$关于x可导,外层函数$y = f(u)$关于u可导,u是中间变量,则由$u = g(x), y = f(u)$复合而成的$y = f(g(x))$关于x可导,且有$\dfrac{dy}{dx} = \dfrac{dy}{du} \dfrac{du}{dx} = \dfrac{df(u)}{du} \dfrac{dg(x)}{dx}$.

你可以这样记这个法则,复合函数的求导就是外部的函数关于中间变量的导数乘以内层函数的导数.

【例8】 求函数$y = \ln\sin x$的导数.

解 设$y = \ln u, u = \sin x$,则

$$\frac{dy}{dx} = \frac{dy}{du} \cdot \frac{du}{dx} = \frac{1}{u} \cdot \cos x \xlongequal{u=\sin x} \frac{\cos x}{\sin x} = \cot x.$$

【例9】 求函数$y = (x^2 + 1)^{10}$的导数.

解 设$y = u^{10}, u = x^2 + 1$,则

$$\frac{dy}{dx} = \frac{dy}{du} \cdot \frac{du}{dx} = 10u^9 \cdot 2x = 10(x^2+1)^9 \cdot 2x = 20x(x^2+1)^9.$$

注意:复合函数求导既是重点又是难点.在求复合函数$y = f\{\varphi[\psi(x)]\}$的导数时,要从外到内,逐层求导.先求$f$对大括号内的中间变量$u$的导数($u = \varphi[\psi(x)]$),再求对中括号内的中间变量$v$的导数($v = \psi(x)$),最后求$\psi$对小括号内的自变量$x$的导数.在这里,首先要始终明确所求的导数是哪个函数对哪个变量(不管是自变量还是中间变量)的导数;其次,在逐层求导时,不要遗漏,也不要重复.熟练之后可以不设中间变量的字母,心中记住,一气呵成.

【例10】 求函数$y = (x + \sin^2 x)^3$的导数.

解 方法一:设$y = (u)^3, u = x + \sin^2 x$,则

$$y' = [(x+\sin^2 x)^3]' = 3(u)^2(x+\sin^2 x)' \xlongequal{u=x+\sin^2 x} 3(x+\sin^2 x)^2[1+2\sin x \cdot (\sin x)']$$
$$= 3(x+\sin^2 x)^2(1+\sin 2x).$$

方法二:$y' = [(x+\sin^2 x)^3]' = 3(x+\sin^2 x)^2(x+\sin^2 x)'$
$$= 3(x+\sin^2 x)^2[1+2\sin x \cdot (\sin x)']$$
$$= 3(x+\sin^2 x)^2(1+\sin 2x).$$

【例11】 美容中心自开张起的会员数$N(t)$(t以周计)估计为
$$N(t) = 100(64+4t)^{2/3} \quad (0 \leqslant t \leqslant 108).$$

(1) 求出$N'(t)$;

(2) 该美容中心开张伊始($t=0$),其会员数以多快的速度增加?

(3) 第 40 周,其会员数以多快的速度增加?

解 (1) 设 $u=64+4t$,则
$$N'(t) = [100(64+4t)^{2/3}]' = 100(u^{2/3})' \cdot (64+4t)'$$
$$= 100(2/3)u^{-1/3} \cdot 4 = \frac{800}{3(64+4t)^{1/3}}.$$

(2) $N'(0) = \frac{800}{3(64)^{1/3}} = \frac{800}{12} \approx 66.7$,

所以,开张伊始,第 1 周内,该美容中心的会员数大约增加 67 人.

(3) $N'(40) = \frac{800}{3(64+160)^{1/3}} = \frac{800}{3 \times 6.0732} \approx 43.9$,

所以,第 41 周内,该美容中心的会员数大约增加 44 人.

四、隐函数的求导法则

由方程 $F(x,y)=0$ 所确定的隐函数 $y=f(x)$ 的导数 $\frac{dy}{dx}$ 的求法:

将方程两边对变量 x 求导,把 y 视为 x 的函数,最后从方程中解出 y'.

【例 12】 求由方程 $xy - e^x + e^y = 0$ 所确定的隐函数 $y=f(x)$ 的导数.

解 方程两边关于 x 求导,注意 y 是 x 的函数,得
$$y + xy' - e^x + e^y \cdot y' = 0.$$
当 $x + e^y \neq 0$ 时,有 $y' = \frac{e^x - y}{x + e^y}$.

五、取对数求导法

对于某些函数,利用普通方法求导比较复杂,甚至难于进行,例如许多因子相乘和相除的函数及幂指函数. 这时,我们可以采用取对数求导法使求导过程简化,即先将函数等式两边取对数,再用隐函数求导方法计算导数.

【例 13】 设 $f(x) = x^{\sin x}$ ($x>0$),求 $f'(x)$.

解 方法一:作恒等变换 $N = e^{\ln N}$,$f(x) = u(x)^{v(x)} = e^{v(x)\ln u(x)}$,
$$f'(x) = (e^{\sin x \ln x})' = e^{\sin x \ln x}(\cos x \ln x + \frac{\sin x}{x}) = x^{\sin x}(\cos x \ln x + \frac{\sin x}{x}).$$

方法二:用对数求导法

两边取对数 $\ln f(x) = \sin x \ln x$,两边对 x 求导 $\frac{1}{f(x)}f'(x) = \cos x \ln x + \frac{1}{x}\sin x$,
$$f'(x) = x^{\sin x}(\cos x \ln x + \frac{1}{x}\sin x).$$

【例 14】 求 $y = \sqrt{\frac{(x-1)(x-2)}{(x-3)(x-4)}}$ 的导数.

解 两边取对数,得
$$\ln y = \frac{1}{2}[\ln(x-1) + \ln(x-2) - \ln(x-3) - \ln(x-4)].$$

上式两边对 x 求导，得
$$\frac{y'}{y} = \frac{1}{2}\left(\frac{1}{x-1} + \frac{1}{x-2} - \frac{1}{x-3} - \frac{1}{x-4}\right),$$
所以
$$y' = \frac{1}{2}\sqrt{\frac{(x-1)(x-2)}{(x-3)(x-4)}} \cdot \left(\frac{1}{x-1} + \frac{1}{x-2} - \frac{1}{x-3} - \frac{1}{x-4}\right).$$

习题 2.2

1. 计算下列函数的导数：
   (1) $y = 3x + 5\sqrt{x}$；
   (2) $y = 5x^2 - 3^x + 3e^x$；
   (3) $y = 2\tan x + \sec x - 1$；
   (4) $y = \sin x \cdot \cos x$；
   (5) $y = x^3 \ln x$；
   (6) $y = e^x \cos x$；
   (7) $y = \frac{\ln x}{x}$；
   (8) $y = (x-1)(x-2)(x-3)$；
   (9) $s = \frac{1+\sin t}{1+\cos t}$；
   (10) $y = \sqrt[3]{x}\sin x + a^x e^x$；
   (11) $y = x\log_2 x + \ln 2$；
   (12) $y = \frac{5x^2 - 3x + 4}{x^2 - 1}$.

2. 计算下列函数在指定点处的导数：
   (1) $y = \frac{3}{3-x} + \frac{x^3}{3}$，求 $y'(0)$；
   (2) $y = e^x(x^2 - 3x + 1)$，求 $y'(0)$.

3. 求下列复合函数的导数：
   (1) $y = \cos(4 - 3x)$；
   (2) $y = e^{-3x^2}$；
   (3) $y = \tan(x^2)$；
   (4) $y = \arctan(e^x)$；
   (5) $y = \arcsin(1 - 2x)$；
   (6) $y = \arccos\frac{1}{x}$；
   (7) $y = \ln(\sec x + \tan x)$；
   (8) $y = \ln(\csc x - \cot x)$.

4. 求下列函数的导数：
   (1) $y = (2 + 3x^2)\sqrt{1 + 5x^2}$；
   (2) $y = \ln\sqrt{x} + \sqrt{\ln x}$；
   (3) $y = \ln\frac{1+\sqrt{x}}{1-\sqrt{x}}$；
   (4) $y = \ln\tan\frac{x}{2}$；
   (5) $y = \ln\ln x$；
   (6) $y = (\arcsin\frac{x}{2})^2$；
   (7) $y = x\sqrt{1-x^2} + \arcsin x$；
   (8) $y = \sqrt{1 + \ln^2 x}$；
   (9) $y = e^{\arctan\sqrt{x}}$.

5. 求下列方程所确定的隐函数 y 的导数 $\frac{dy}{dx}$：
   (1) $xy = e^{x+y}$；
   (2) $xy - \sin(\pi y^2) = 0$；
   (3) $e^{xy} + y^3 - 5x = 0$；
   (4) $y = 1 + xe^y$.

6. 用对数求导法则求下列函数的导数：

(1) $y = (1+x^2)^{\tan x}$； (2) $y = \dfrac{\sqrt{x+2}(3-x)^4}{(x+1)^5}$.

第三节 高阶导数

在实际问题中，常常会遇到对某一函数多次求导的情况．连续两次或两次以上对某个函数求导数，所得结果称为这个函数的高阶导数．

定义 1 如果函数 $f(x)$ 的导数 $f'(x)$ 在点 x 处可导，即
$$(f'(x))' = \lim_{\Delta x \to 0} \frac{f'(x+\Delta x) - f'(x)}{\Delta x}$$
存在，则称 $(f'(x))'$ 为函数 $f(x)$ 在点 x 处的二阶导数，记为
$$f''(x), y'', \frac{\mathrm{d}^2 y}{\mathrm{d} x^2} \text{ 或 } \frac{\mathrm{d}^2 f(x)}{\mathrm{d} x^2}.$$

类似地，二阶导数的导数称为三阶导数，记为
$$f'''(x), y''', \frac{\mathrm{d}^3 y}{\mathrm{d} x^3} \text{ 或 } \frac{\mathrm{d}^3 f(x)}{\mathrm{d} x^3}.$$

一般地，$f(x)$ 的 $n-1$ 阶导数的导数称为 $f(x)$ 的 n 阶导数，记为 $f^{(n)}(x), y^{(n)}, \dfrac{\mathrm{d}^n y}{\mathrm{d} x^n}$ 或 $\dfrac{\mathrm{d}^n f(x)}{\mathrm{d} x^n}$.

注意：二阶和二阶以上的导数统称为高阶导数．相应地，$f(x)$ 称为零阶导数，$f'(x)$ 称为一阶导数．

【例1】 设 $y = ax^2 + b$，求 y'', y'''.

解 $y' = 2ax, y'' = 2a, y''' = 0$.

【例2】 求指数函数 $y = \mathrm{e}^x$ 的 n 阶导数．

解 $y' = \mathrm{e}^x, y'' = \mathrm{e}^x, y''' = \mathrm{e}^x, y^{(4)} = \mathrm{e}^x$.

以此类推，可得
$$(\mathrm{e}^x)^{(n)} = \mathrm{e}^x.$$

【例3】 设 $y = \arctan x$，求 $f'''(0)$.

解 $y' = \dfrac{1}{1+x^2}, \quad y'' = \left(\dfrac{1}{1+x^2}\right)' = \dfrac{-2x}{(1+x^2)^2},$

$y''' = \left(\dfrac{-2x}{(1+x^2)^2}\right)' = \dfrac{2(3x^2-1)}{(1+x^2)^3}, \quad f'''(0) = \left.\dfrac{2(3x^2-1)}{(1+x^2)^3}\right|_{x=0} = -2.$

【例4】 证明：函数 $y = \sqrt{2x-x^2}$ 满足关系式 $y^3 \cdot y'' + 1 = 0$.

证明 对 $y = \sqrt{2x-x^2}$ 求导，得
$$y' = \frac{1}{2\sqrt{2x-x^2}} \cdot (2x-x^2)' = \frac{1-x}{\sqrt{2x-x^2}},$$
$$y'' = \frac{(1-x)' \cdot \sqrt{2x-x^2} - (1-x) \cdot (\sqrt{2x-x^2})'}{2x-x^2}$$

$$= \frac{-\sqrt{2x-x^2} - (1-x)\dfrac{2-2x}{2\sqrt{2x-x^2}}}{2x-x^2}$$

$$= \frac{-2x+x^2-(1-x)^2}{(2x-x^2)\sqrt{2x-x^2}} = -\frac{1}{(2x-x^2)^{3/2}} = -\frac{1}{y^3}.$$

代入原方程,得 $y^3 \cdot y'' + 1 = 0$. 证毕.

【例 5】 设 $y = \ln(1+x)$,求 $y^{(n)}$.

解 $y' = \dfrac{1}{1+x}, y'' = -\dfrac{1}{(1+x)^2}, y''' = \dfrac{2!}{(1+x)^3}, y^{(4)} = -\dfrac{3!}{(1+x)^4}, \cdots$

$$y^{(n)} = (-1)^{n-1}\frac{(n-1)!}{(1+x)^n} \quad (n \geqslant 1, 0! = 1).$$

【例 6】 设 $y = \sin kx$,求 $y^{(n)}$.

解 $y' = k\cos kx = k\sin\left(kx + \dfrac{\pi}{2}\right)$,

$y'' = (y')' = k^2\cos\left(kx + \dfrac{\pi}{2}\right) = k^2\sin\left(kx + \dfrac{\pi}{2} + \dfrac{\pi}{2}\right) = k^2\sin\left(kx + 2\cdot\dfrac{\pi}{2}\right)$,

$y''' = (y'')' = k^3\cos\left(kx + 2\cdot\dfrac{\pi}{2}\right)$

$\cdots$

$y^{(n)} = k^n\sin\left(kx + n\cdot\dfrac{\pi}{2}\right)$,即 $(\sin kx)^{(n)} = k^n\sin\left(kx + n\cdot\dfrac{\pi}{2}\right)$.

同理可得,$(\cos kx)^{(n)} = k^n\cos\left(kx + n\cdot\dfrac{\pi}{2}\right)$.

【例 7】 某一地区最近几年的消费价格指数由 $I(t) = -0.2t^3 + 3t^2 + 100 (0 \leqslant t \leqslant 9)$ 描述,$t = 0$ 对应 2008 年. 计算 $I'(6), I''(6)$,并解释所得到的结果.

解 $I'(t) = -0.6t^2 + 6t, I''(t) = -1.2t + 6$,

所以 $I'(6) = -0.6(6^2) + 6(6) = 14.4, I''(6) = -1.2(6) + 6 = -1.2.$

于是,该地区 2014 年消费价格指数的变化率即通货膨胀率为 14.4%,而通货膨胀率的变化率为 -1.2%. 计算结果表明:该地区 2014 年的物价仍将上涨,但上涨的速度会趋缓.

习题 2.3

1. 求下列函数的二阶导数:

(1) $y = e^{3x-2}$; (2) $y = x\sin x$; (3) $y = (1+x^2)\arctan x$;

(4) $y = x^5 + 4x^3 + 2x$; (5) $y = e^{-t}\sin t$; (6) $y = \ln(1-x^2)$;

(7) $y = \tan x$; (8) $y = \dfrac{1}{x^2+1}$.

2. 求下列函数所指定阶的导数:

(1) $y = e^x\cos x$,求 $y^{(4)}$; (2) $y = x\ln x$,求 $y^{(n)}$;

(3) $y = \dfrac{1}{x^2-3x+2}$,求 $y^{(n)}$.

第四节　函数的微分

一、微分的定义及计算

我们知道，导数讨论由自变量 x 的变化引起函数 y 变化的快慢程度（变化率），即当 $\Delta x \to 0$ 时，比值 $\dfrac{\Delta y}{\Delta x}$ 的极限。在许多实际问题中，由于函数式比较复杂，当自变量取得一个微小改变量 Δx 时，需要计算相应函数的改变量 Δy，但其计算过程有时十分复杂。如果 Δy 的计算不能简化，那么能不能有一种简便而实用的方法来计算 Δy 的近似值？先将正弦函数 $y = \sin x$ 在点 $(0,0)$ 附近的图像放大，如图 2-5 所示，仔细观察曲线的形状。

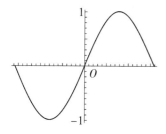

图 2-5　$y = \sin x$ 图像

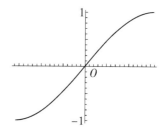

图 2-6　$y = \sin x$ 图像在 $(0,0)$ 点放大

由图 2-6 可以看出，在点 $(0,0)$ 附近，曲线 $y = \sin x$ 几乎就成了一条直线段：$y = x$（曲线 $y = \sin x$ 在点 $(0,0)$ 的切线正是 $y = x$）。实际上，大多数函数的图像在一点附近，放大来看，几乎都像一条直线段。而且我们画图时也发现，在某点附近，很难将曲线与曲线在该点的切线区别开。因此，在曲线上某点的局部区域内可以用该曲线在同一点的切线段来近似代替相应的曲线段。一般来说，这样做将给实际问题的解决带来方便，因为直线段总要比曲线段简单一些。这就是微分的基本原理。

作出曲线 $y = f(x)$ 在点 $(x_0, f(x_0))$ 的切线 P_0T（见图 2-7）。当自变量在 x_0 有改变量 Δx 时，函数 y 在 $f(x_0)$ 的相应改变量为 $\Delta y = f(x_0 + \Delta x) - f(x_0)$，切线 P_0T 在 $f(x_0)$ 也有其相应的改变量，记为 dy。在 P_0 附近，曲线段可以由直线段近似代替的数量表述就是 $\Delta y \approx dy$。

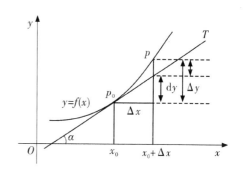

图 2-7　微分的几何意义

定义 1　设函数 $y = f(x)$ 在点 x_0 处可导，Δx 是自变量 x 的改变量，称 $f'(x_0)\Delta x$ 为函数 $y = f(x)$ 在点 x_0 处的微分，记作 $dy\big|_{x=x_0}$，即 $dy\big|_{x=x_0} = f'(x_0)\Delta x$，并称 $f(x)$ 在点 x_0 处的可微。

当 $y = f(x) = x$ 时，可得 $dx = (x)'\Delta x = 1 \cdot \Delta x$。由此可见，自变量的微分 dx 即为 Δx，于是微分定义式可改写为 $dy\big|_{x=x_0} = f'(x_0)dx$，对于函数在任一点 x 的微分，有 $dy =$

$f'(x)dx$.

微分的几何意义：当自变量有改变量 Δx 时，$dy|_{x=x_0}$ 表示曲线 $y=f(x)$ 在点 $(x_0, f(x_0))$ 处的切线的纵坐标的改变量.

其本质是当自变量的改变量很小时，微分是函数增量的近似值：$\Delta y \approx dy$.

【例 1】 求函数 $y=x^2$ 在 $x=1, \Delta x=0.1$、$\Delta x=0.01$、$\Delta x=0.001$ 时的改变量及微分.

解 $\Delta y=(1+0.1)^2-1^2=0.21$, $dy|_{x=1}=f'(1)dx=2\times 0.1=0.2$,
$\Delta y=(1+0.01)^2-1^2=0.0201$, $dy|_{x=1}=f'(1)dx=2\times 0.01=0.02$,
$\Delta y=(1+0.001)^2-1^2=0.002001$, $dy|_{x=1}=f'(1)dx=2\times 0.001=0.002$,
所以 $\Delta y \approx dy$，从上述计算发现：二者的近似程度非常好.

【例 2】 设函数 $y=\sin x$，求 dy.

解 $dy=(\sin x)'dx=\cos x dx$.

【例 3】 设 $y=\sin(2x+1)$，求 dy.

解 **方法一**：设 $y=\sin u, u=2x+1$，则
$$dy=d(\sin u)=\cos u du=\cos(2x+1)d(2x+1)$$
$$=\cos(2x+1)\cdot 2dx=2\cos(2x+1)dx.$$

方法二：因为 $y'=\sin(2x+1)'=2\cos(2x+1)$，根据 $dy=f'(x)dx$，所以 $dy=2\cos(2x+1)dx$.

二、微分的应用

设 $f(x)$ 可导，Δx 的绝对值很小，由微分定义有：
$$f(x+\Delta x)-f(x)\approx f'(x)\Delta x \text{ 或 } f(x+\Delta x)\approx f(x)+f'(x)\Delta x.$$
这两个式子常用来求函数改变量或函数的近似值.

【例 4】 用微分求 $\sqrt{25.8}$ 的近似值，并验证所得到的结果.

分析：在 25.8 附近，容易求出算术根的数是 25，由此可以得出解题过程.

解 选择 $f(x)=\sqrt{x}, x=25, \Delta x=0.8$，用第二个公式，

因为 $f'(x)=(\sqrt{x})'=(x^{1/2})'=(1/2)x^{-1/2}$,

所以 $\sqrt{25.8}\approx \sqrt{25}+(1/2)x^{-1/2}|_{x=25}\times 0.8=5+(1/10)\times 0.8=5.08$.

用计算器算出 $\sqrt{25.8}=5.07937004$（保留八位小数），误差为 0.00062996.

【例 5】 张先生一家人最近考虑购买一套商品房，需要向银行抵押借贷 120 000 元. 设贷款年利率为 r，每月等额还款，30 年内还清贷款. 每月应还银行 P：
$$P=f(r)=\frac{10\,000r}{1-(1+r/12)^{-360}} \text{（元）}.$$
如果银行的年利率由 10% 增加到 10.2%，试估算张先生每月向银行多付多少元贷款？

解 $\Delta P \approx dP=f'(r)dr, r=0.1, dr=0.002$,
$$f'(r)=\frac{10\,000}{1-(1+r/12)^{-360}}+\frac{-10\,000r\cdot 360(1+r/12)^{-361}(1/12)}{[1-(1+r/12)^{-360}]^2}.$$

$f'(0.1) = 8\,867.599\,479\,79,$

$\Delta P \approx \mathrm{d}P = f'(r)\mathrm{d}r = 8\,867.599\,479\,79(0.002) = 17.735\,2(元).$

这样如果银行的年利率由 10% 增加到 10.2%，则张先生每月向银行约多付 17.74 元贷款。

【例6】 某公司的广告支出 x(千元)与总销售额 $S(x)$(千元)之间的函数关系为 $S(x) = -0.002x^3 + 0.6x^2 + x + 500(0 \leqslant x \leqslant 200)$，如果该公司的广告支出从 $100\,000$ 元 $(x=100)$ 增加到 $105\,000$ 元 $(x=105)$，试估算该公司销售额的改变量。

解 即求销售额改变量的近似值，所以

$$\Delta S \approx \mathrm{d}S = S'(x)|_{x=100}\mathrm{d}x = (-0.006x^2 + 1.2x + 1)|_{x=100} \cdot 5$$
$$= (-60 + 120 + 1) \times 5 = 305(千元).$$

即该公司的销售额大约增加 $305\,000$ 元。

【例7】 (1) 如图 $2-8$ 所示圆环，外圆半径为 R，内圆半径为 r，$R-r$ 远远小于 r，用微分估算圆环的面积；

(2) 根据最近的观察(包括海王星探测器"旅行者1号"、"旅行者2号"传回的数据)，海王星外围的环状结构比先前所了解的要复杂很多。并不是先前认为的就是由一个大环组成，而是由大量的互相可识别的一系列环所构成(见图 $2-9$)。其中最外层的一个环(编号为 $1989NIR$)的内半径约为 $62\,900$ 千米(从海王星的中心算起)，环的宽度 $R-r$ 约为 50 千米。试用这些数据，估算海王星最外层那个环的面积。

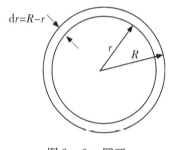

图 $2-8$ 圆环

图 $2-9$ 海王星

解 (1) 圆的面积公式为 $A = \pi r^2$，所以

$$\pi R^2 - \pi r^2 = \Delta A \approx \mathrm{d}A = f'(r)\mathrm{d}r = 2\pi r(R-r);$$

(2) 由(1)的计算，$r = 62\,900$，$R-r = 50$，所以，海王星最外层那个环的面积约为

$$\Delta A \approx \mathrm{d}A = 2\pi r(R-r) = 2\pi \cdot 62\,900 \cdot 50 = 19\,769\,618(平方千米).$$

这个面积大约为整个地球面积的 4%。

习题 2.4

1. 求下列函数的微分：

(1) $y = \ln x + 2\sqrt{x}$；　　　　　(2) $y = x\sin 2x$；　　　　　(3) $y = x^2 \mathrm{e}^{2x}$；

(4) $y = \ln\sqrt{1-x^3}$；　　　　　(5) $y = (\mathrm{e}^x + \mathrm{e}^{-x})^2$.

2. 求方程 $2y - x = (x-y)\ln(x-y)$ 所确定的函数 $y = y(x)$ 的微分 $\mathrm{d}y$。

3. 计算 $\sqrt[100]{1.002}$ 的近似值.

4. 扩音器插头为圆柱形,截面半径 r 为 0.15 cm,长度 l 为 4 cm,为了提高它的导电性能,要在该圆柱的侧面镀上一层厚为 0.001 cm 的纯铜,纯铜的密度 $\rho = 8.9$,问每个插头约需多少克纯铜?

数学家简介:

莱布尼茨(Friedrich,Leibniz,1597—1652)(一)
—— 博学多才的数学符号大师

出生于书香门第的莱布尼茨是德国一位博学多才的学者.他的学识涉及哲学、历史、语言、数学、生物、地质、物理、机械、神学、法学、外交等领域,并在每个领域中都有杰出的成就.然而,由于他独立创建了微积分,并精心设计了非常巧妙而简洁的微积分符号,从而使他以伟大数学家的称号闻名于世.莱布尼茨对微积分的研究始于 31 岁,那时他在巴黎任外交官,有幸结识了数学家、物理学家惠更斯等人.在名师指导下系统地研究了数学著作,1673 年他在伦敦结识了巴罗和牛顿等名流.从此,他以非凡的理解力和创造力进入了数学前沿阵地.

莱布尼茨

莱布尼茨在从事数学研究的过程中,深受他的哲学思想的影响.他的著名哲学观点是单子论,认为单子是"自然的真正原子 …… 事物的元素",是客观的、能动的、不可分割的精神实体.牛顿从运动学角度出发,以"瞬"(无穷小的"0")的观点创建了微积分.他说 dx 和 x 相比,如同点和地球,或地球半径与宇宙半径相比.在其积分法论文中,他从求曲线所围面积积分概念,把积分看作无穷小的和,并引入积分符号 $\int$,它是把拉丁文"Summa"的字头 S 拉长.他的这个符号,以及微积分的要领和法则一直保留到当今的教材中.莱布尼茨也发现了微分和积分是一对互逆的运算,并建立了沟通微分与积分内在联系的微积分基本定理,从而使原本各自独立的微分学和积分学成为统一的微积分学的整体.

莱布尼茨是数字史上最伟大的符号学者之一,堪称符号大师.他曾说:"要发明,就要挑选恰当的符号,要做到这一点,就要用含义简明的少量符号来表达和比较忠实地描绘事物的内在本质,从而最大限度地减少人的思维劳动."正像印度——阿拉伯数学促进算术和代数发展一样,莱布尼茨所创造的这些数学符号对微积分的发展起了很大的促进作用.欧洲大陆的数学得以迅速发展,莱布尼茨的巧妙符号功不可灭.除积分、微分符号外,他创设的符号还有商"a/b",比"$a:b$",相似"$\sim$",全等"$\cong$",并"$\cup$",交"$\cap$"以及函数和行列式等符号.

牛顿和莱布尼茨对微积分都作出了巨大贡献,但两人的方法和途径是不同的.牛顿是在力学研究的基础上,运用几何方法研究微积分的;莱布尼茨主要是在研究曲线的切线和面积的问题上,运用分析学方法引进微积分要领的.牛顿在微积分的应用上更多地结合了运动学,造诣精深;但莱布尼茨的表达形式简洁准确,胜过牛顿. 在对微积分具体内容的研究上,牛顿先有导数概念,后有积分概念;莱布尼茨则先有求积概念,后有导数概念. 除此之外,牛顿与莱布尼茨的学风也迥然不同. 作为科学家的牛顿,治学严谨. 他迟迟不发表微积分著作《流数术》的原因,很可能因为他没有找到合理的逻辑基础,也可能是"害怕别人反对的心理"所致. 但作为哲学家的莱布尼茨比较大胆,富于想象,勇于推广,结果造成创作年代上牛顿先于莱布尼茨 10 年,而在发表的时间上,莱布尼茨却早于牛顿 3 年.

复习题二

一、填空题

1. 已知 $f'(3)=2$,则 $\lim\limits_{h\to 0}\dfrac{f(3-h)-f(3)}{2h}=$ _____.

2. $f'(0)$ 存在,有 $f(0)=0$,则 $\lim\limits_{x\to 0}\dfrac{f(x)}{x}=$ _____.

3. $y=\pi^x+x^\pi+\arctan\dfrac{1}{\pi}$,则 $y'|_{x=1}=$ _____.

4. $f(x)$ 二阶可导,$y=f(1+\sin x)$,则 $y'=$ _____,$y''=$ _____.

5. 曲线 $y=e^x$ 在点 _____ 处切线与连接曲线上两点 $(0,1),(1,e)$ 的弦平行.

6. $y=\ln[\arctan(1-x)]$,则 $dy=$ _____.

7. $y=\sin^2 x^4$,则 $\dfrac{dy}{dx}=$ _____,$\dfrac{dy}{dx^2}=$ _____.

8. 若 $f(t)=\lim\limits_{x\to\infty}t(1+\dfrac{1}{x})^{2tx}$,则 $f'(t)=$ _____.

9. 曲线 $y=x^2+1$ 在点 _____ 处的切线斜率为 2.

10. 设 $y=xe^x$,则 $y''(0)=$ _____.

11. 设函数 $y=y(x)$ 由方程 $e^{x+y}+\cos(xy)=0$ 确定,则 $\dfrac{dy}{dx}=$ _____.

二、选择题

1. 设曲线 $y=\dfrac{1}{x}$ 和 $y=x^2$ 在它们交点处两切线的夹角为 φ,则 $\tan\varphi=$ ( ).

  A. -1 B. 1 C. -2 D. 3

2. 函数 $f(x)=e^{\tan^k x}$,且 $f'(\dfrac{\pi}{4})=e$,则 $k=$ ( ).

  A. 1 B. -1 C. $\dfrac{1}{2}$ D. 2

3. 已知 $f(x)$ 为可导的偶函数,且 $\lim\limits_{x\to 0}\dfrac{f(1+x)-f(1)}{2x}=-2$,则曲线 $y=f(x)$ 在 $(-1,2)$ 处切线的方程是( ).

  A. $y=4x+6$ B. $y=-4x-2$ C. $y=x+3$ D. $y=-x+1$

4. 设 $f(x)$ 可导,则 $\lim\limits_{\Delta x\to 0}\dfrac{f^2(x+\Delta x)-f^2(x)}{\Delta x}=$ ( ).

  A. 0 B. $2f(x)$ C. $2f'(x)$ D. $2f(x)\cdot f'(x)$

5. 若 $f(x) = x^2$，则 $\lim\limits_{\Delta x \to 0} \dfrac{f(x_0 + 2\Delta x) - f(x_0)}{\Delta x} = ($ $)$.

  A. $2x_0$ B. x_0 C. $4x_0$ D. $4x$

6. 设函数 $f(x)$ 在点 x_0 处存在 $f'_-(x_0)$ 和 $f'_+(x_0)$，则 $f'_-(x_0) = f'_+(x_0)$ 是导数 $f'(x_0)$ 存在的（ ）.

  A. 必要非充分条件   B. 充分非必要条件
  C. 充分必要条件   D. 既非充分又非必要条件

7. 若 $f(u)$ 可导，且 $y = f(-x^2)$，则有 $dy = ($ $)$.

  A. $xf'(-x^2)dx$ B. $-2xf'(-x^2)dx$
  C. $2f'(-x^2)dx$ D. $2xf'(-x^2)dx$

8. 设 $f(x) = \begin{cases} x^2 \sin \dfrac{1}{x}, & x > 0; \\ ax + b, & x \leqslant 0 \end{cases}$ 在 $x = 0$ 处可导，则（ ）.

  A. $a = 1, b = 0$ B. $a = 0, b$ 为任意常数
  C. $a = 0, b = 0$ D. $a = 1, b$ 为任意常数

三、计算解答题

1. 计算下列各题：

(1) $y = e^{\sin^2 \frac{1}{x}}$，求 dy；   (2) $x + \arctan y = y$，$\dfrac{d^2 y}{dx^2}$；

(3) $y = \sin x \cos x$，求 $y^{(50)}$； (4) $y = \left(\dfrac{x}{1+x}\right)^x$，求 y'；

(5) $f(x) = x(x+1)(x+2)\cdots(x+2005)$，求 $f'(0)$；

(6) $f(x) = (x-a)\varphi(x)$，$\varphi(x)$ 在 $x = a$ 处有连续的一阶导数，求 $f'(a), f''(a)$；

(7) 设 $f(x)$ 在 $x = 1$ 处有连续的一阶导数，且 $f'(1) = 2$，求 $\lim\limits_{x \to 1^+} \dfrac{d}{dx} f(\cos \sqrt{x-1})$.

2. 试确定常数 a, b 之值，使函数 $f(x) = \begin{cases} b(1 + \sin x) + a + 2, & x \geqslant 0; \\ e^{ax} - 1, & x < 0 \end{cases}$ 处处可导.

第三章 微分中值定理与导数的应用

数学受到高度尊崇的另一个原因在于:恰恰是数学,给精密的自然科学提供了无可置疑的可靠保证,没有数学,它们无法达到这样的可靠程度.

—— 爱因斯坦

第一节 微分中值定理

本章首先介绍微分中值定理,然后我们介绍一种新的求极限的方法 —— 洛必达法则. 最后,运用微分中值定理,通过导数来研究函数及其曲线的某些性态,并利用这些知识解决一些实际问题.

一、罗尔定理

定理 1(罗尔(Rolle) 定理) 如果函数 $f(x)$ 满足:

(1) 在 $[a,b]$ 上连续;

(2) 在 (a,b) 内可导;

(3) $f(a) = f(b)$.

则至少存在一点 $\xi \in (a,b)$,使得 $f'(\xi) = 0$.

证明 由闭区间上连续函数性质,$f(x)$ 在 $[a,b]$ 上必能取到最小值 m 和最大值 M.

如果 $m = M$,那么 $f(x) \equiv C$,于是 $\forall x \in [a,b]$ 有,$f'(x) = 0$.

否则,$M > m$,于是,$M \neq f(a)$ 或 $m \neq f(a)$ 至少有一个成立. 根据罗尔中值定理的条件(3),在 (a,b) 内至少存在一个最值点 ξ,不妨设 $f(\xi) = M$,因为 $f(x)$ 在 ξ 可导,那么,由费马定理,$f'(\xi) = 0$.

罗尔中值定理的几何意义:如果一条连续曲线 $y = f(x)$,除曲线端点之外每一点都存在切线,并且曲线的两个端点在同一水平线上,那么在该曲线上至少存在一点,使得过该点的切线为水平切线. 如图 3 - 1 所示,由定理假设知,函数 $y = f(x)(a \leqslant x \leqslant b)$ 的图形是一条连续曲线段 $\overset{\frown}{ACB}$,且直线段 $\overline{AB}$ 平行于 x 轴. 定理的结论表明,在曲线上至少存在一点 C,在该点曲线具有水平切线.

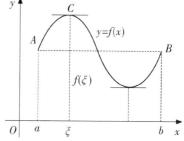

图 3 - 1 罗尔定理的几何意义

【例 1】 验证罗尔定理对函数 $f(x) = x^2 - 2x + 3$ 在区间 $[-1,3]$ 上的正确性.

解 显然,函数 $f(x) = x^2 - 2x + 3$ 在 $[-1,3]$ 上满足罗尔定理的三个条件,由 $f'(x) = 2x - 2 = 2(x-1)$,可知 $f'(1) = 0$,

因此,存在 $\xi = 1 \in (-1,3)$,使 $f'(1) = 0$.

注意：罗尔定理的三个条件缺少其中任何一个，定理的结论将不一定成立．但也不能认为这些条件是必要的．例如，$f(x)=\sin x(0\leqslant x\leqslant\frac{3}{2}\pi)$ 在区间 $[0,\frac{3}{2}\pi]$ 上连续，在 $(0,\frac{3}{2}\pi)$ 内可导，但 $f(0)\neq f(\frac{3}{2}\pi)$，而此时仍存在 $\xi=\frac{\pi}{2}\in(0,\frac{3}{2}\pi)$，使 $f'(\xi)=\cos\frac{\pi}{2}=0$（见图 3-2）．

若不满足罗尔定理中的三个条件，则罗尔定理的结论就不一定成立．例如，如图 3-3 所示，$y=f(x)$ 在 $x=c$ 处不连续，如图 3-4 所示，$y=f(x)$ 在 $x=c$ 处不可导，如图 3-5 所示，$f(a)\neq f(b)$，都因为不满足某一个条件而不存在点 $\xi\in(a,b)$，使 $f'(\xi)=0$．

罗尔定理中的条件是充分条件而不是必要条件．如图 3-6 所示，在 $[a,b]$ 上罗尔定理的三个条件均不满足，但存在点 $\xi\in(a,b)$，使 $f'(\xi)=0$．

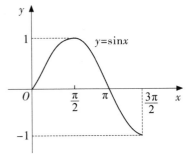

图 3-2

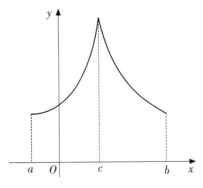

图 3-3　在 $x=c$ 处不可导

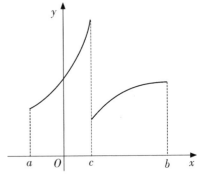

图 3-4　在 $x=c$ 处不连续

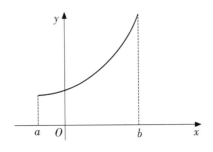

图 3-5　两端点函数值不等

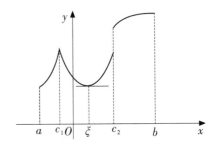

图 3-6　罗尔定理不能说明的情况

【例 2】 不求导数，判断函数 $f(x)=(x-1)(x-2)(x-3)$ 的导数有几个零点及这些零点所在的范围．

解　因为 $f(1)=f(2)=f(3)=0$，所以 $f(x)$ 在闭区间 $[1,2]$，$[2,3]$ 上满足罗尔定理的三个条件，从而，在 $(1,2)$ 内至少存在一点 ξ_1，使 $f'(\xi_1)=0$，即 ξ_1 是 $f'(x)$ 的一个零

点；又在 $(2,3)$ 内至少存在一点 ξ_2，使 $f'(\xi_2) = 0$，即 ξ_2 是 $f'(x)$ 的一个零点；

又因为 $f'(x)$ 为二次多项式，最多只能有两个零点，故 $f'(x)$ 恰好有两个零点，分别在区间 $(1,2)$ 和 $(2,3)$ 内.

二、拉格朗日中值定理

罗尔定理中的第三个条件 $f(a) = f(b)$ 相当特殊，如果去掉这个条件而保留其余两个条件，可以得到一个在微分学中十分重要的拉格朗日(Lagrange)中值定理.

首先，我们用几何语言来表述拉格朗日中值定理：如果一个连续函数的图形在以 a,b 为端点的区间内任一点都不存在竖直方向的切线，那么在该区间内至少存在一点 C 使该点处的切线平行于割线 AB.

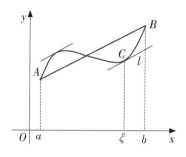 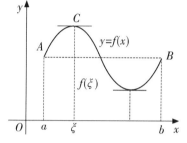

图 3-7 拉格朗日中值定理的几何解释

定理 2 若函数 $y = f(x)$ 满足下列条件：

(1) 在闭区间 $[a,b]$ 上连续；

(2) 在开区间 (a,b) 内可导.

则至少存在一点 $\xi \in (a,b)$，使得 $f'(\xi) = \dfrac{f(b) - f(a)}{b - a}$，或者写成 $f(b) - f(a) = f'(\xi)(b - a)$.

证明 引入一个辅助函数 $\varphi(x) = f(x) - \dfrac{f(b) - f(a)}{b - a} x$，显然 $\varphi(x)$ 在 $[a,b]$ 上连续，在 (a,b) 内可导，且

$$\varphi(a) = f(a) - \frac{f(b) - f(a)}{b - a} a = \frac{bf(a) - af(b)}{b - a},$$

$$\varphi(b) = f(b) - \frac{f(b) - f(a)}{b - a} b = \frac{bf(a) - af(b)}{b - a},$$

所以 $\varphi(a) = \varphi(b)$，于是函数 $\varphi(x)$ 满足罗尔定理中的三个条件，所以至少存在一点 $\xi \in (a,b)$，使得 $\varphi'(\xi) = 0$，即

$$f'(\xi) = \frac{f(b) - f(a)}{b - a}.$$

对于拉格朗日中值定理的结论，若令 $f(a) = f(b)$，则 $f'(\xi) = 0$. 故罗尔定理是拉格朗日中值定理的一种特殊情况.

作为拉格朗日中值定理的一个应用，我们来介绍以下推论.

【推论】 如果在(a,b)内，函数$f(x)$导数恒等于0，则在(a,b)内$f(x)$为常数.

【例3】 证明 $\arcsin x + \arccos x = \dfrac{\pi}{2}$.

证明 设$f(x) = \arcsin x + \arccos x$，则$f'(x) = \dfrac{1}{\sqrt{1-x^2}} - \dfrac{1}{\sqrt{1-x^2}} = 0$，

所以$f(x) = C$，令$x = 0$，则$C = \arcsin 0 + \arccos 0 = \dfrac{\pi}{2}$，所以

$$\arcsin x + \arccos x = \dfrac{\pi}{2}.$$

由定理的结论我们可以看到，拉格朗日中值定理是罗尔定理的推广，它是由函数的局部性质来研究函数的整体性质的桥梁，其应用十分广泛，读者将会在今后应用中看到.

【例4】 某人上午10点驾车从某收费站上高速公路，上午11点从另一收费站下高速公路，两收费站相距102公里，该段高速公路限速100公里/小时．刚下高速公路，一位交警拦住了车主，向其递交了超速罚款单．如果在这一小时的行程中没人测量过该车的速度，对车主递交罚款单是否合理？

解 设该车的路程函数为$s = s(t), t \in [0,1]$．依题意：$s(0) = 0, s(1) = 102$，不妨假设$s = s(t)$是可导函数．由拉格朗日定理，必有$\xi \in (0,1)$，使

$$\dfrac{s(1) - s(0)}{1 - 0} = s'(\xi)$$

成立.

代入数据得到：$s'(\xi) = 102$（公里/小时）.

所以，车主在某个时刻的速度为102公里/小时，向其递交超速罚款单是合理的.

【例5】 设$f(x)$在$[a,b]$上连续，在(a,b)内可导，且$f'(x) > 0, x \in (a,b)$，试证$f(x)$在$[a,b]$上严格单调递增.

证 任取$x_1, x_2 \in (a,b)$，不妨设$x_1 < x_2$，则由定理2可得

$$f(x_2) - f(x_1) = f'(\xi)(x_2 - x_1), (x_1 < \xi < x_2).$$

由于$f'(x) > 0, x \in (a,b)$，因此$f'(\xi) > 0$，从而$f(x_2) > f(x_1)$．由x_1, x_2的任意性知道$f(x)$在$[a,b]$上严格单调递增.

类似地可以证明：若$f'(x) < 0$，则$f(x)$在$[a,b]$上严格单调递减.

三、柯西中值定理

拉格朗日中值定理还可以进一步推广.

【定理3】 如果函数$f(x), g(x)$满足条件：

(1) 在$[a,b]$上连续；

(2) 在(a,b)内可导；

(3) $g'(x) \neq 0$，则至少存在一点$\xi \in (a,b)$，使得$\dfrac{f(b) - f(a)}{g(b) - g(a)} = \dfrac{f'(\xi)}{g'(\xi)}$.

证略.

柯西中值定理中的$g(x) = x$时，就变成拉格朗日中值定理，所以柯西中值定理是更

一般的定理.

习题 3.1

1. 若函数 $f(x)$ 在 (a,b) 内具有二阶导数,且 $f(x_1) = f(x_2) = f(x_3)$,其中 $a < x_1 < x_2 < x_3 < b$,证明:在 (x_1, x_3) 内至少有一点 ξ,使得 $f''(\xi) = 0$.

2. 设函数 $f(x)$ 的导函数 $f'(x)$ 在 $[a,b]$ 上连续,且 $f(a) < 0, f(c) > 0, f(b) < 0$,其中 c 是介于 a,b 之间的一个实数. 证明:存在 $\xi \in (a,b)$,使 $f'(\xi) = 0$ 成立.

3. 证明下列不等式:

(1) 当 $0 < x < \pi$ 时,$\dfrac{\sin x}{x} > \cos x$;

(2) 当 $0 < a < b$,试证:$\dfrac{b-a}{b} < \ln \dfrac{b}{a} < \dfrac{b-a}{a}$.

第二节 洛必达法则

本节我们将利用微分中值定理来考虑某些重要类型的极限.

由第一章我们知道在某一极限过程中,$f(x)$ 和 $g(x)$ 都是无穷小量或都是无穷大量时,$\dfrac{f(x)}{g(x)}$ 的极限可能存在,也可能不存在. 通常称这种极限为未定式(或待定型),并分别简记为 $\dfrac{0}{0}$ 或 $\dfrac{\infty}{\infty}$.

洛必达(L'Hospital)法则是处理未定式极限的重要工具,是计算 $\dfrac{0}{0}$ 型、$\dfrac{\infty}{\infty}$ 型极限的简单而有效的法则. 该法则的理论依据是柯西中值定理.

一、$\dfrac{0}{0}$ 型未定式

我们着重讨论 $x \to x_0$ 时的未定型情形,$x \to \infty$ 时的情形类似可得.

【定理 1】 设 (1) $\lim\limits_{x \to x_0} f(x) = \lim\limits_{x \to x_0} g(x) = 0$;

(2) 在 x_0 的某邻域内(点 x_0 可除外),$f'(x)$ 与 $g'(x)$ 都存在,且 $g'(x) \neq 0$;

(3) $\lim\limits_{x \to x_0} \dfrac{f'(x)}{g'(x)} = A$(或 ∞).

则有 $\lim\limits_{x \to x_0} \dfrac{f(x)}{g(x)} = \lim\limits_{x \to x_0} \dfrac{f'(x)}{g'(x)} = A$(或 ∞).

这种求极限的法则就称为洛必达法则. 其具体思想是:当极限 $\lim\limits_{x \to x_0} \dfrac{f(x)}{g(x)}$ 为 $\dfrac{0}{0}$ 型时,可以对分子分母分别求导数后再求极限 $\lim\limits_{x \to x_0} \dfrac{f'(x)}{g'(x)}$,若这种形式的极限存在,则此极限值就是所要求的.

证明 由于求极限 $\lim\limits_{x \to x_0} \dfrac{f(x)}{g(x)}$ 与值 $f(x_0), g(x_0)$ 无关,故不妨设 $f(x_0) = g(x_0) = 0$,由条件(1)与(2)知:$f(x)$ 与 $g(x)$ 在点 x_0 的某邻域内是连续的,设 x 是这邻域内的一

点，那么在$[x,x_0]$（或$[x_0,x]$）上，应用柯西中值定理，则有$\dfrac{f(x)}{g(x)} = \dfrac{f(x)-f(a)}{g(x)-g(a)} = \dfrac{f'(\xi)}{g'(\xi)}$，其中$\xi \in [x,x_0]$（或$\xi \in [x_0,x]$）.

显然，当$x \to x_0$时，有$\xi \to x_0$，所以有$\lim\limits_{x \to x_0}\dfrac{f(x)}{g(x)} = \lim\limits_{x \to x_0}\dfrac{f'(\xi)}{g'(\xi)} = \lim\limits_{x \to x_0}\dfrac{f'(x)}{g'(x)}$，定理得证.

若$\lim\limits_{x \to x_0}\dfrac{f'(x)}{g'(x)}$仍是$\dfrac{0}{0}$型，且$f'(x)$与$g'(x)$也满足定理1中的条件，则可继续使用洛必达法则，即$\lim\limits_{x \to x_0}\dfrac{f(x)}{g(x)} = \lim\limits_{x \to x_0}\dfrac{f'(x)}{g'(x)} = \lim\limits_{x \to x_0}\dfrac{f''(x)}{g''(x)}$.

对于$x \to \infty$时，只要满足定理1中的条件，同样有$\lim\limits_{x \to \infty}\dfrac{f(x)}{g(x)} = \lim\limits_{x \to \infty}\dfrac{f'(x)}{g'(x)}$.

洛必达法则的几何意义：研究下面的图形，这些图形可以帮助我们更好地理解洛必达法则.

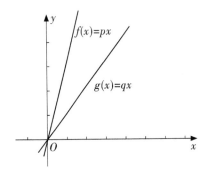

图3-8　$\lim\limits_{x \to x_0}\dfrac{f(x)}{g(x)} = \lim\limits_{x \to x_0}\dfrac{px}{qx} = \lim\limits_{x \to x_0}\dfrac{f'(x)}{g'(x)}$

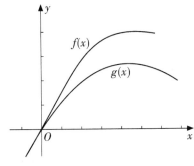

图3-9　$\lim\limits_{x \to 0}\dfrac{f(x)}{g(x)} = \lim\limits_{x \to 0}\dfrac{f'(x)}{g'(x)}$

注意：(1) 如果$\lim\limits_{x \to x_0}\dfrac{f'(x)}{g'(x)}$仍为$\dfrac{0}{0}$型未定式，且$f'(x)$，$g'(x)$满足定理条件，则可继续使用洛必达法则，即$\lim\limits_{x \to x_0}\dfrac{f(x)}{g(x)} = \lim\limits_{x \to x_0}\dfrac{f'(x)}{g'(x)} = \lim\limits_{x \to x_0}\dfrac{f''(x)}{g''(x)}$;

(2) 洛必达法则仅适用于未定式求极限. 运用洛必达法则时，要验证定理的条件，当$\lim\limits_{x \to x_0}\dfrac{f'(x)}{g'(x)}$既不存在也不为$\infty$时，不能运用洛必达法则.

【例1】 求$\lim\limits_{x \to 0}\dfrac{1-\cos x}{x^2}$.

解 是$\dfrac{0}{0}$型，所以有$\lim\limits_{x \to 0}\dfrac{1-\cos x}{x^2} = \lim\limits_{x \to 0}\dfrac{\sin x}{2x} = \dfrac{1}{2}$.

【例2】 求$\lim\limits_{x \to +\infty}\dfrac{\dfrac{\pi}{2} - \arctan x}{\dfrac{1}{x}}$.

解 是 $\frac{0}{0}$ 型,所以有 $\lim\limits_{x\to+\infty}\dfrac{\frac{\pi}{2}-\arctan x}{\frac{1}{x}}=\lim\limits_{x\to+\infty}\dfrac{-\frac{1}{1+x^2}}{-\frac{1}{x^2}}=\lim\limits_{x\to+\infty}\dfrac{x^2}{1+x^2}=1.$

【例 3】 求极限 $\lim\limits_{x\to 0}\dfrac{\sin^2 x-x\sin x\cos x}{x^4}.$

解 它是 $\frac{0}{0}$ 型未定式,如果直接运用洛必达法则,分子的导数比较复杂,但如果利用极限运算法则进行适当化简,再用洛必达法则就简单多了.

$$\lim_{x\to 0}\frac{\sin^2 x-x\sin x\cos x}{x^4}=\lim_{x\to 0}\frac{\sin x-x\cos x}{x^3}\cdot\lim_{x\to 0}\frac{\sin x}{x}$$
$$=\lim_{x\to 0}\frac{\sin x-x\cos x}{x^3}=\lim_{x\to 0}\frac{\cos x-\cos x+x\sin x}{3x^2}=\lim_{x\to 0}\frac{\sin x}{3x}=\frac{1}{3}.$$

【例 4】 求极限 $\lim\limits_{x\to 0}\dfrac{x^2\sin\frac{1}{x}}{\sin x}.$

解 它是 $\frac{0}{0}$ 型未定式,这时若对分子分母分别求导再求极限,得

$$\lim_{x\to 0}\frac{x^2\sin\frac{1}{x}}{\sin x}=\lim_{x\to 0}\frac{2x\sin\frac{1}{x}-\cos\frac{1}{x}}{\cos x}.$$

上式右端的极限不存在且不为 ∞,所以洛必达法则失效.事实上可以求得

$$\lim_{x\to 0}\frac{x^2\sin\frac{1}{x}}{\sin x}=\lim_{x\to 0}\left(\frac{1}{\frac{\sin x}{x}}\cdot x\cdot\sin\frac{1}{x}\right)=\frac{1}{\lim\limits_{x\to 0}\frac{\sin x}{x}}\cdot\lim_{x\to 0}x\cdot\sin\frac{1}{x}=0.$$

二、$\frac{\infty}{\infty}$ 型未定式

当 $x\to x_0$(或 $x\to\infty$)时,$f(x)$ 和 $g(x)$ 都是无穷大量,即 $\frac{\infty}{\infty}$ 型未定式,它也有与 $\frac{0}{0}$ 型未定式类似的方法,我们将其结果叙述如下,证明从略.

定理 2 若(1) $\lim\limits_{\substack{x\to x_0\\(x\to\infty)}}f(x)=\lim\limits_{\substack{x\to x_0\\(x\to\infty)}}g(x)=\infty$;

(2) 在 x_0 的某邻域内,点 x_0 可除外(或当 $|x|>N$ 时),$f'(x)$ 与 $g'(x)$ 都存在,且 $g'(x)\neq 0$;

(3) $\lim\limits_{\substack{x\to x_0\\(x\to\infty)}}\dfrac{f'(x)}{g'(x)}$ 存在或无穷大.

则有 $\lim\limits_{\substack{x\to x_0\\(x\to\infty)}}\dfrac{f(x)}{g(x)}=\lim\limits_{\substack{x\to x_0\\(x\to\infty)}}\dfrac{f'(x)}{g'(x)}.$

上述定理的结果可分别推广到 $x\to x_0^-,x\to x_0^+$ 和 $x\to+\infty,x\to-\infty$ 的情形.

【例 5】 求极限 $\lim\limits_{x\to+\infty}\dfrac{\ln x}{x^n}.$

解 $\lim\limits_{x \to +\infty} \dfrac{\ln x}{x^n}$ 是 $\dfrac{\infty}{\infty}$ 型，则有 $\lim\limits_{x \to +\infty} \dfrac{\ln x}{x^n} = \lim\limits_{x \to +\infty} \dfrac{\dfrac{1}{x}}{nx^{n-1}} = \lim\limits_{x \to +\infty} \dfrac{1}{nx^n} = 0$.

如果应用一次洛必达法则之后仍然是未定式，我们可以继续应用洛必达法.

【例6】 求 $\lim\limits_{x \to +\infty} \dfrac{x^n}{e^{\lambda x}}$ (n 为正整数，$\lambda > 0$).

解 应用洛必达法则 n 次，得

$$\lim\limits_{x \to +\infty} \dfrac{x^n}{e^{\lambda x}} = \lim\limits_{x \to +\infty} \dfrac{nx^{n-1}}{\lambda e^{\lambda x}} = \lim\limits_{x \to +\infty} \dfrac{n(n-1)x^{n-2}}{\lambda^2 e^{\lambda x}} = \cdots = \lim\limits_{x \to +\infty} \dfrac{n!}{\lambda^n \cdot e^{\lambda x}} = 0.$$

事实上，当 n 为任意正实数时，结论也成立，这说明任何正数幂的幂函数的增长总比指数函数 $e^{\lambda x}(\lambda > 0)$ 的增长慢.

三、其他未定型

除了上述两种未定型外，还有其他未定型，如 $0 \cdot \infty$，$\infty - \infty$，0^0，1^∞，∞^0 等.

由于它们都可化为 $\dfrac{0}{0}$ 或 $\dfrac{\infty}{\infty}$，因此也常用洛必达法则求出其值. 其步骤如下：

(1) $0 \cdot \infty$ 型，先化为 $\dfrac{1}{\infty} \cdot \infty$ 型或 $0 \cdot \dfrac{1}{0}$ 型，然后用洛必达法则求出其值；

(2) $\infty - \infty$ 型，先化为 $\dfrac{1}{0} - \dfrac{1}{0}$ 型，再化为 $\dfrac{0}{0}$ 型，最后用洛必达法则求出其值；

(3) 0^0 或 1^∞ 或 ∞^0 型，先化为 $e^{\ln 0^0}$ 或 $e^{\ln 1^\infty}$ 或 $e^{\ln \infty^0}$ 型，再化为 $e^{\frac{0}{0}}$ 或 $e^{\frac{\infty}{\infty}}$ 型，最后用洛必达法则求出其值.

【例7】 求 $\lim\limits_{x \to 0^+} x \ln x$ ($0 \cdot \infty$ 型).

解 当 $x \to 0^+$ 时，$x \to 0^+$，$\ln x \to -\infty$，$1/x \to +\infty$，所以

$$\lim\limits_{x \to 0^+} x \ln x = \lim\limits_{x \to 0^+} \dfrac{\ln x}{\dfrac{1}{x}} = \lim\limits_{x \to 0^+} \dfrac{(\ln x)'}{\left(\dfrac{1}{x}\right)'} = \lim\limits_{x \to 0^+} \dfrac{\dfrac{1}{x}}{-\dfrac{1}{x^2}} = \lim\limits_{x \to 0^+} \dfrac{-x}{1} = 0.$$

【例8】 求 $\lim\limits_{x \to 0} \left(\dfrac{1}{\sin x} - \dfrac{1}{x}\right)$.

解 是 $\infty - \infty$ 型，所以有

$$\lim\limits_{x \to 0} \left(\dfrac{1}{\sin x} - \dfrac{1}{x}\right) = \lim\limits_{x \to 0} \dfrac{x - \sin x}{x^2} = \lim\limits_{x \to 0} \dfrac{1 - \cos x}{2x}$$
$$= \lim\limits_{x \to 0} \dfrac{\sin x}{2} = 0.$$

最后，我们指出在使用洛必达法则求未定型的极限时，须注意以下两点：

(1) 洛必达法则只适用 $\dfrac{0}{0}$ 型或 $\dfrac{\infty}{\infty}$ 型，其他未定型必须先化成 $\dfrac{0}{0}$ 型或 $\dfrac{\infty}{\infty}$ 型，然后再用洛必达法则；

(2) 洛必达法则只适用 $\lim\limits_{\substack{x \to x_0 \\ (x \to \infty)}} \dfrac{f'(x)}{g'(x)}$ 存在或无穷大时，当 $\lim\limits_{\substack{x \to x_0 \\ (x \to \infty)}} \dfrac{f'(x)}{g'(x)}$ 不存在时不能用洛

必达法则求解，需要通过其他方法来讨论，这说明洛必达法则也不是万能的.

我们要学会善于根据具体问题采取不同的方法求解，最好能与其他求极限的方法结合使用，如能化简时应尽可能先化简.

可以应用等价无穷小替代求极限时，应尽可能应用，这样可以使运算简捷.

【例 9】 求 $\lim\limits_{x \to 0} \dfrac{\tan x - x}{x^2 \tan x}$.

解 注意到 $\tan x \sim x$，则有

$$\lim_{x \to 0} \frac{\tan x - x}{x^2 \tan x} = \lim_{x \to 0} \frac{\tan x - x}{x^3} = \lim_{x \to 0} \frac{\sec^2 x - 1}{3x^2} = \lim_{x \to 0} \frac{2\sec^2 x \tan x}{6x}$$

$$= \frac{1}{3} \lim_{x \to 0} \sec^2 x \cdot \lim_{x \to 0} \frac{\tan x}{x} = \frac{1}{3} \lim_{x \to 0} \frac{\tan x}{x} = \frac{1}{3}.$$

习题 3.2

1. 求下列极限：

(1) $\lim\limits_{x \to a} \dfrac{x^m - a^m}{x^n - a^n}$；

(2) $\lim\limits_{x \to 0} \dfrac{2^x + 2^{-x} - 2}{x^2}$；

(3) $\lim\limits_{x \to 0} \dfrac{\sin x - \tan x}{x^3}$；

(4) $\lim\limits_{x \to 0} \dfrac{e^x - \sin x - 1}{(\arcsin x)^2}$；

(5) $\lim\limits_{x \to 0} \left(\dfrac{1}{x} - \dfrac{1}{e^x - 1}\right)$；

(6) $\lim\limits_{x \to 0^+} \left(\dfrac{1}{x}\right)^{\tan x}$.

2. 求下列极限：

(1) $\lim\limits_{x \to 0} \dfrac{x e^{\cos x}}{1 - \sin x - \cos x}$；

(2) $\lim\limits_{x \to 0} \dfrac{x - \arcsin x}{\sin^3 x}$；

(3) $\lim\limits_{x \to 1} \left(\dfrac{x}{x - 1} - \dfrac{1}{\ln x}\right)$；

(4) $\lim\limits_{x \to 0} \left(\dfrac{1}{x} - \dfrac{1}{e^x - 1}\right)$；

(5) $\lim\limits_{x \to 0} \cot x \left(\dfrac{1}{\sin x} - \dfrac{1}{x}\right)$；

(6) $\lim\limits_{x \to +0} (\cot x)^{\frac{1}{\ln x}}$.

3. 求下列极限：

(1) $\lim\limits_{x \to 0} \dfrac{x \cot x - 1}{x^2}$；

(2) $\lim\limits_{x \to 3^+} \dfrac{\cos x \ln(x - 3)}{\ln(e^x - e^3)}$；

(3) $\lim\limits_{x \to 0} \left[\dfrac{1}{x} - \dfrac{1}{x^2} \ln(1 + x)\right]$；

(4) $\lim\limits_{x \to 0} \dfrac{\sin x - x \cos x}{\sin^3 x}$；

(5) $\lim\limits_{x \to 0} \dfrac{e^{\sin x} \ln \cos x}{1 - \cos x}$；

(6) $\lim\limits_{x \to 0} \left(\cot^2 x - \dfrac{1}{x^2}\right)$；

(7) $\lim\limits_{x \to 0} \left(\dfrac{1}{\sin x} - \dfrac{1}{x + x^2}\right)$；

(8) $\lim\limits_{x \to 0} \dfrac{e^x - e^{\sin x}}{(x + x^2) \ln(1 + x) \arcsin x}$.

数学家简介：

洛必达

洛必达（L'Hospital）是法国数学家，1661 年生于巴黎，1704 年 2 月 2 日卒于巴黎.

洛必达生于法国贵族家庭，他拥有圣梅特侯爵、昂特尔芒伯爵称号. 青年时期一度任骑兵军官，因眼睛近视自行告退，转向从事学术研究.

洛必达很早即显示出其数学的才华，15 岁时就解决了帕斯卡所提出的一个摆线难题.

洛必达是莱布尼茨微积分的忠实信徒,并且是约翰·伯努利的高足,成功地解答过约翰·伯努利提出的"最速降线"问题。他是法国科学院院士。

洛必达的最大功绩是撰写了世界上第一本系统的微积分教程——《用于理解曲线的无穷小分析》。这部著作出版于 1696 年,后来多次修订再版,为在欧洲大陆,特别是在法国普及微积分起了重要作用。这本书追随欧几里得和阿基米德古典范例,以定义和公理为出发点,同时得益于他的老师约翰·伯努利的著作,其经过是这样的:约翰·伯努利在 1691—1692 年间写了两篇关于微积分的短论,但未发表。不久以后,他答应为年轻的洛必达讲授微积分,定期领取薪金。作为答谢。他把自己的数学发现传授给洛必达,并允许他随时使用。于是洛必达根据约翰·伯努利的传授和未发表的论著以及自己的学习心得,撰写了该书。

洛必达,G.-F.-A. de

洛必达曾计划出版一本关于积分学的书,但在得悉莱布尼茨也打算撰写这样一本书时,就放弃了自己的计划。他还写过一本关于圆锥曲线的书——《圆锥曲线分析论》。此书在他逝世之后 16 年才出版。

洛必达豁达大度,气宇不凡。由于他与当时欧洲各国主要数学家都有交往。从而成为全欧洲传播微积分的著名人物。

第三节　函数的单调性与极值

一、函数的单调性

在日常生活中,我们常常会遇到寻找解决问题的最佳方法的情况。例如,渔夫选择最佳的捕捞方法去获得最大的利润;医生希望选用最少的药物来治疗疾病;生产商会想方设法降低产品的成本。这类问题常常会被描述成在一个指定集合里求一个函数的最大值或者最小值问题。而导数可以很好地解决这类问题。在掌握寻找最值的方法之前,我们首先要学习一些基础知识。

我们已经会用初等数学的方法研究一些函数的单调性和某些简单函数的性质,但这些方法使用范围狭小,并且有些需要借助某些特殊的技巧,因而不具有一般性。本节将以导数为工具,介绍判断函数单调性和凹凸性的简便且具有一般性的方法。

如图 3—10 所示,在 x_0 的左边,曲线 $y=f(x)$ 呈上升趋势,在任一点处的切线斜率为正;在 x_0 的右边,曲线 $y=f(x)$ 呈下降趋势,在任一点处的切线斜率为负。根据导数的几何意义,曲线在某点处的切线斜率正好是函数在该点处的导数值。所以,函数的单调性与导数的符号有关。

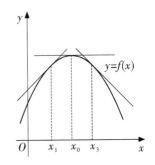

图 3—10　函数单调性与导数符号

我们先来看一下,函数 $y=f(x)$ 的单调性在几何上有什么特性. 如图 3-11 所示,可以发现,如果函数 $y=f(x)$ 在 $[a,b]$ 上单调增加,则它的图形是一条沿 x 轴正向上升的曲线,曲线上各点处的切线斜率是非负的,即 $y'=f'(x) \geqslant 0$. 如果函数 $y=f(x)$ 在 $[a,b]$ 上单调减少,则它的图形是一条沿 x 轴正向下降的曲线,曲线上各点处的切线斜率是非正的,即 $y'=f'(x) \leqslant 0$. 由此可见,函数的单调性与导数的符号有着紧密的联系,那么能否用导数的符号来判定函数的单调性呢? 回答是肯定的.

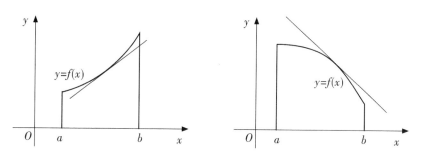

图 3-11 函数单调性与导数符号的关系

定理 1 设函数 $y=f(x)$ 在 $[a,b]$ 上连续,在 (a,b) 内可导.

(1) 若在 (a,b) 内 $f'(x)>0$,则函数 $y=f(x)$ 在 $[a,b]$ 上单调增加;

(2) 若在 (a,b) 内 $f'(x)<0$,则函数 $y=f(x)$ 在 $[a,b]$ 上单调减少.

证明 (1) 设 x_1,x_2 是 $[a,b]$ 上的任意两点,且 $x_1<x_2$,在 $[x_1,x_2]$ 上应用拉格朗日中值定理,得

$$\frac{f(x_1)-f(x_2)}{x_1-x_2}=f'(\xi)>0, \xi \in (x_1,x_2),$$

即
$$f(x_1)-f(x_2)=f'(\xi)(x_1-x_2)<0,$$

于是有 $f(x_1)<f(x_2)$,所以 $f(x)$ 在 $[a,b]$ 上单调增加.

(2) 同理可证,当 $f'(x)<0$ 时,$f(x)$ 在 $[a,b]$ 上单调减少.

【例 1】 判定函数 $y=\mathrm{e}^{-x}$ 的单调性.

解 函数的定义域为 $(-\infty,+\infty)$,$y'=-\mathrm{e}^{-x}=-\dfrac{1}{\mathrm{e}^x}<0$,

故 $y=\mathrm{e}^{-x}$ 在 $(-\infty,+\infty)$ 上单调减少.

有时有些函数在它的定义域上不是单调的,但我们用导数等于零的点来划分函数的定义域后,把函数的定义域分成若干个小区间,在这些小区间内导数或者大于零或者小于零,从而可以判断函数在各个小区间上的函数的单调性,把这样的小区间称为单调区间.

注意:函数的单调性是一个区间上的性质,要用导数在这一区间上的符号来判定,而不能用一点处的导数符号来判别一个区间上的单调性.

【例 2】 判定函数 $y=\dfrac{1}{3}x^3-2x^2+3x$ 的单调性.

解 函数的定义域为 $(-\infty,+\infty)$,

$y' = x^2 - 4x + 3 = (x-1)(x-3)$,令 $y' = 0$,得 $x_1 = 1, x_2 = 3$,这 2 个点把定义域 $(-\infty, +\infty)$ 分成 3 个小区间,列表如下:

x	$(-\infty, 1)$	1	$(1, 3)$	3	$(3, +\infty)$
y'	$+$	0	$-$	0	$+$
y	↗		↘		↗

所以,函数在 $(-\infty, 1)$ 与 $(3, +\infty)$ 内是单调增加,在 $(1, 3)$ 内是单调减少.

【例 3】 讨论函数 $y = \sqrt[3]{x^2}$ 的单调性.

解 函数的定义域为 $(-\infty, +\infty)$.

当 $x \neq 0$ 时,$y' = \dfrac{2}{3\sqrt[3]{x}}$;

当 $x = 0$ 时,函数的导数不存在.

而当 $x > 0$ 时,$y' > 0$;当 $x < 0$ 时,$y' < 0$.

故函数在 $(-\infty, 0)$ 内单调减少,在 $(0, +\infty)$ 内单调增加. 见图 3-12.

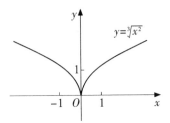

图 3-12 单调区间

从例 2、例 3 可以看出,函数单调增减区间的分界点是导数为零的点或导数不存在的点,一般地,如果函数在定义域区间上连续,除去有限个导数不存在的点外导数存在,那么只要用 $f'(x) = 0$ 的点及 $f'(x)$ 不存在的点来划分函数的定义域区间,在每一区间上判别导数的符号,便可求得函数的单调增减区间.

归纳前面的例子,得到求函数 $f(x)$ 单调区间的方法如下:

1. 写出 $f(x)$ 的定义域.
2. 求 $f'(x)$,解方程 $f'(x) = 0$,并找出 $f'(x)$ 的不存在的点.
3. 第 2 步中得到的点分定义域为若干个小区间.
4. 决定每一个区间上导数的符号,根据定理 1 得到所需结论.

【例 4】 在经济学中,消费品的需求量 y 与消费者的收入 $x(x > 0)$ 的关系常常简化为函数 $y = f(x)$,称为恩格尔(Engle) 函数,它有多种形式. 例如有

$$f(x) = Ax^b, A > 0, b \text{ 为常数}.$$

将恩格尔函数求导得 $f'(x) = Abx^{b-1}$. 因为 $A > 0$,故当 $b > 0$ 时,有 $f'(x) = Abx^{b-1} > 0$,$f(x)$ 为单调增函数;当 $b < 0$ 时,$f'(x) = Abx^{b-1} < 0$, $f(x)$ 为单调减函数. 恩格尔函数单调性的经济学解释为:收入越高,购买力越强,正常情况下,该商品的需求量也越多,即恩格尔函数为增函数;相反,若收入增加,对该商品的需求量反而减少,只能说明该商品是劣等的. 即因生活水平提高而放弃质量较低的商品转向购买高质量的商品. 因此,恩格尔函数 $f(x) = Ax^b$ 当 $b > 0$ 时,该商品为正常品;当 $b < 0$ 时,为劣等品.

我们利用函数的单调性区间还可证明不等式.

【例 5】 证明:当 $x > 0$ 时,$x > \ln(1 + x)$.

证明 令 $f(x) = x - \ln(1 + x)$,考虑在 $(0, +\infty)$ 上,

$$f'(x) = 1 - \frac{1}{1+x} = \frac{x}{1+x} > 0 (x > 0),$$

所以在 $(0, +\infty)$ 上，$f(x)$ 为单调增加函数，所以当 $x > 0$ 时，有 $f(x) > f(0) = 0$，即 $x - \ln(1+x) > 0$，故 $x > \ln(1+x)$.

二、函数的极值

图 3-13 表示某公司 1994 年至 2005 年的利润情况($x = 0$ 相当于 1994 年). $x_1 = 3, x_2 = 4, x_3 = 5, x_4 = 8, x_5 = 9$ 各点正好是函数增减区间的分界点，图像在 $x_2 = 4, x_4 = 8$ 两点是整个图像的相对"高点"，图像在 $x_1 = 3, x_3 = 5, x_5 = 9$ 三点是整个图像的相对"低点". 我们把函数这种增减区间的分界点，或图像上的相对"高点"、"低点"抽象，得到极大值、极小值的概念.

函数的极值是一个局部性概念，其确切定义如下.

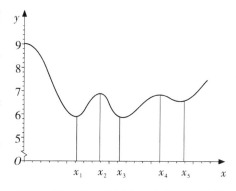

图 3-13　1994 年至 2005 年的利润情况

定义 1　设函数 $y = f(x)$，在点 x_0 及其附近有定义，若对点 x_0 附近任一点 $x(x \neq x_0)$，均有

(1) $f(x) < f(x_0)$，则称 $f(x_0)$ 为 $y = f(x)$ 的极大值，x_0 为极大值点；

(2) $f(x) > f(x_0)$，则称 $f(x_0)$ 为 $y = f(x)$ 的极小值，x_0 为极小值点.

1. 极大值和极小值是一个局部概念，是局部范围内的最大最小值；而最大最小值是一个整体概念.

2. 由于极大值和极小值的比较范围不同，因而极大值不一定大于极小值.

3. 由极值的定义可知，极值只发生在区间内部；而最大最小值可能发生在区间内部，也可能发生在区间的端点.

从本节的图上可看出，在极值点处，若切线存在，其平行于 x 轴，即导数等于零.

定理 2（极值存在的必要条件）　设函数 $y = f(x)$ 在 x_0 处可导，如果函数 $f(x)$ 在点 x_0 处取得极值，则必有 $f'(x_0) = 0$.

证明　不妨设 $f(x_0)$ 为极大值，由极大值定义，对点 x_0 附近任一点 $x(x \neq x_0)$，有 $f(x) < f(x_0)$，所以 $f'_-(x_0) = \lim\limits_{x \to x_0^-} \frac{f(x) - f(x_0)}{x - x_0} \geqslant 0, f'_+(x_0) = \lim\limits_{x \to x_0^+} \frac{f(x) - f(x_0)}{x - x_0} \leqslant 0$，由于 $f'(x_0)$ 存在，所以 $f'_-(x_0) = f'_+(x_0) = 0$，即 $f'(x_0) = 0$.

对于函数 $y = f(x)$，使 $f'(x_0) = 0$ 的点 x_0，称为 $y = f(x)$ 的驻点.

注意：1. 在导数存在的前提下，驻点仅仅是极值点的必要条件但不是充分条件，即极值点必是驻点，但驻点未必是极值点. 例如，$y = x^3$，$x = 0$ 是驻点，但不是极值点. 参看图 3-14.

2. 在导数不存在的点，函数可能有极值，也可能没有极值. 例如，$f(x) = |x|$，如图 3-15 所示，在 $x = 0$ 处导数不存在，但函数有极小值 $f(0) = 0$；又如 $f(x) = x^{\frac{1}{3}}$ 在

$x = 0$ 处导数不存在，但函数没有极值．

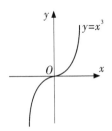

图 3-14　$y = x^3$ 在 $x = 0$ 处无极值

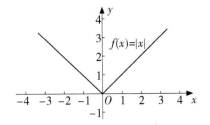

图 3-15　函数在 $x = 0$ 处导数不存在

那么，如何判别函数 $f(x)$ 的极值呢？

定理 3（极值存在的第一充分条件）　设函数 $y = f(x)$，在点 x_0 及其附近可导，且 $f'(x_0) = 0$，当 x 值从 x_0 的左边渐增到 x_0 的右边时，

(1) 若 $f'(x)$ 由正变负，则 x_0 为函数的极大值点，$f(x_0)$ 为函数的极大值；

(2) 若 $f'(x)$ 由负变正，则 x_0 为函数的极小值点，$f(x_0)$ 为函数的极小值；

(3) 若 $f'(x)$ 的符号不变，则 x_0 不是函数的极值点．

证明略．

1. 若函数 $y = f(x)$，在点 x_0 处不可导，但连续，仍可按定理 2 的(1)、(2)、(3) 来判断点 x_0 是否为极值点．

2. 极值点是单调性的分界点．

3. 由上述内容可知，求函数 $f(x)$ 极值的一般步骤为：

(1) 写出函数的定义域；

(2) 求函数的导数 $f'(x)$，并解出驻点和不可导点；

(3) 根据驻点和不可导点把定义域分成若干区间，列表，然后由定理 3（或下面的定理 4）判断驻点和不可导点是否为极值点；

(4) 最后求出函数的极值．

其实，$f'(x)$ 在 x_0 两侧异号，就说明 x_0 是函数 $f(x)$ 由单调递增（或单调递减）转向单调递减（或单调递增）的过渡点，加上 $f(x)$ 在 x_0 连续，自然在局部范围内 $f(x_0)$ 是峰顶值（或谷底值）了．

【例 6】　求函数 $y = 4x^2 - 2x^4$ 的极值．

解　函数的定义域为 $(-\infty, +\infty)$，$y' = 8x - 8x^3 = 8x(1-x)(1+x)$，令 $y' = 0$，得三个驻点 $x_1 = -1$，$x_2 = 0$，$x_3 = 1$.

列表如下：

x	$(-\infty, -1)$	-1	$(-1, 0)$	0	$(0, 1)$	1	$(1, +\infty)$
y'	+		−		+		−
y	↗		↘		↗		↘

所以，函数在 $x_1 = -1$ 处有极大值 $f(-1) = 2$；在 $x_3 = 1$ 处也有极大值 $f(1) = 2$；而在 $x_2 = 0$ 处有极小值 $f(0) = 0$.

【例 7】 某扩音器系统制造销售公司的利润函数为 $P(x) = -0.02x^2 + 300x - 200\ 000$(元)，其中 x 为该公司扩音器系统销售量(套). 试求出利润函数的单调区间及极值.

解 利润函数的导数为 $P'(x) = -0.04x + 300 = -0.04(x - 7\ 500)$.

由 $P'(x) = 0$ 得到 $x = 7\ 500$. 当 $x \in (0, 7\ 500)$ 时，有 $P'(x) > 0$，此时 $P(x)$ 为增函数，当 $x \in (7\ 500, +\infty)$ 时，有 $P'(x) < 0$，此时 $P(x)$ 为减函数. 在 $x = 7500$ 处利润函数取得极大值. 极大值为 $P(7\ 500) = 925\ 000$(元).

【例 8】 某社区 1998 年至 2015 年期间较大宗犯罪数量可由下列模型计算：
$$N(t) = -0.1t^3 + 1.5t^2 + 100 (起),$$
t 以年计，$t = 0$ 相当于 1998 年. 试求出 $N(t)$ 的单调区间及极值，并解释所得到的结果.

解 $N'(t) = -0.3t^2 + 3t = -0.3t(t - 10)$，令 $N'(t) = 0$，得到 $t = 10, t = 0$(舍去).

当 $t < 10$ 时，$N'(t) > 0$，$N(t)$ 为增函数，$t > 10$ 时，$N'(t) < 0$，$N(t)$ 为减函数. $t = 10$ 时，$N(t)$ 取得极大值，极大值为 $N(10) = 150$.

根据上述计算：该社区较大宗犯罪数量自 1998 年开始呈上升趋势，2008 年达到高峰（150 起），2008 年以后呈下降趋势.

极值第一判别法和函数单调性判别法有紧密联系. 此判别法在几何上也是很直观的，如图 3-16 所示.

如何求函数在定义域上的极大值或极小值？关键是找出极值点，极值点必定是函数增减区间的分界点. 我们首先考虑函数在极值点处的导数. 在函数的极值点处，曲线或者有水平切线，如 $f'(x_1) = 0, f'(x_5) = 0$；或者切线不存在，如在点 x_2, x_4 处. 但是，有水平切线的点不一定就是极值点，如点 x_3. 由此可知，极值点应该在导数为 $0(f'(x) = 0)$ 或导数不存在的点中寻找.

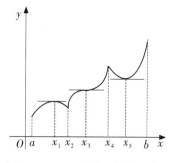

图 3-16 函数单调性与极值

有时，对于驻点是否为极值点的判断利用下面定理更简便.

定理 4（函数取极值的第二充分条件） 设 $f(x)$ 在 x_0 处二阶可导，并且 x_0 是 $f(x)$ 的驻点（即 $f'(x_0) = 0$），$f''(x_0) \neq 0$. 如果 $f''(x_0) < 0$（$f''(x_0) > 0$），则 $f(x_0)$ 为极大值（极小值）.

证明 因为 $f'(x_0) = 0$，且 $f''(x_0) < 0$，

$$f''(x_0) = \lim_{x \to x_0} \frac{f'(x) - f'(x_0)}{x - x_0} = \lim_{x \to x_0} \frac{f'(x) - 0}{x - x_0} < 0,$$

可以得出结论，在 x_0 附近有一个（尽可能小的）区间 (α, β)，在此之上

$$\frac{f'(x) - 0}{x - x_0} < 0, x \neq x_0.$$

这就是说，在 $\alpha < x < x_0$ 上有 $f'(x_0) > 0$，且在 $x_0 < x < \beta$ 上有 $f'(x_0) < 0$. 因此，根据极值的第一充分条件，$f(x_0)$ 是局部极大值.

同理可以证明 $f''(x_0) > 0$ 时，$f(x_0)$ 是局部极小值.

告诉读者一个记住"函数取极值的第二充分条件"最便捷的方法：借助 $y = x^2$ 或 $y = -x^2$，就不难判定"一阶导数等于零，二阶导数大于零（小于零）的点"是什么性质的极值点了.

【例 9】 求函数 $y = 2x^3 - 6x^2 - 18x + 7$ 的极值.

解 方法一 函数的定义域是全体实数. 因为 $f'(x) = 6x^2 - 12x - 18 = 6(x-3)(x+1)$，所以函数的驻点有：$x = -1$ 和 $x = 3$，可列表如下：

	$(-\infty, -1)$	-1	$(-1, 3)$	3	$(3, +\infty)$
y'	$+$	0	$-$	0	$+$
y	↗	极大	↘	极小	↗

再由定理 3 可知，$f(-1) = 17$ 为极大值，$f(3) = -47$ 为极小值. 并且函数在区间 $(-\infty, -1)$ 或 $(3, +\infty)$ 内严格单调递增；在 $(-1, 3)$ 内严格单调递减.

方法二 因为 $f'(x) = 6x^2 - 12x - 18$，所以函数的驻点有：$x = -1$ 和 $x = 3$，又因为 $y'' = 12x - 12 = 12(x-1)$，于是 $y''(-1) = -24 < 0$，$y''(3) = 24 > 0$，由定理 4 可知 $f(-1) = 17$ 为极大值，$f(3) = -47$ 为极小值.

当然，在具体的应用中，可以列表，也可以不列表，列表的好处就在于，表格能起到一目了然的效果，一看表，就能大致地知道函数的基本性态.

上面给出的两个例子可以反映出两个充分条件的优点与不足：第二充分条件便捷，只要求出函数的驻点，再求出函数在驻点处的二阶导数的值，就可以解决问题了，但是它对于一阶导数不存在的点，就无可奈何了. 第一充分条件尽管没有这种尴尬，当它必须讨论可能极值点两侧一阶导数的符号，一般来说，这是一件不容易办到的事情. 事物总是一分为二的，有利就有弊，究竟采用哪种方法更好，必须具体问题具体分析.

习题 3.3

1. 求下列函数的单调区间：

(1) $y = e^x - x - 1$；　　(2) $y = (2x - 5)\sqrt[3]{x^2}$；　　(3) $y = \ln(x + \sqrt{1 + x^2})$.

2. 求下列函数的极值：

(1) $f(x) = x^{\frac{1}{x}}(x > 0)$；　　(2) $y = x^3 - 3x^2 - 9x + 5$；　　(3) $f(x) = x - \frac{3}{2}x^{2/3}$.

数学家简介：

华罗庚的退步解题法

我国著名的数学家华罗庚出生于一个摆杂货店的家庭，从小体弱多病，但他凭借自己一股坚强的毅力和崇高的追求，终于成为一代数学宗师.

华罗庚先生曾经出过这样一个有趣的数学问题：有位老师，想辨别他的 3 个学生谁更聪明. 他采用如下的方法：事先准备好 3 顶白帽子，2 顶黑帽子，让他们看到，然后，叫他们闭上眼睛,分别给他们戴上帽子,藏起剩下的 2 顶帽子,最后,叫他们睁开眼,看着别人的帽子,说出自己所戴帽子的颜色.

3 个学生互相看了看,都踌躇了一会,并异口同声地说出自己戴的是白帽子.

为了解决上面的问题,我们先考虑"2 人 1 顶黑帽,2 顶白帽"问题. 因为,黑帽只有 1 顶,我戴了,对方立刻会说自己戴的是白帽. 但他踌躇了一会,可见我戴的是白帽.

这样,"3 人 2 顶黑帽,3 顶白帽"的问题也就容易解决了. 假设我戴的是黑帽子,则他们 2 人就变成"2 人 1 顶黑帽,2 顶白帽"问题,他们可以立刻回答出来,但他们都踌躇了一会,这就说明,我戴的是白帽子,3 人经过同样的思考,于是,都推出自己戴的是白帽子.

后来,华罗庚先生还将原来的问题复杂化,"n 个人,$n-1$ 顶黑帽子,若干(不少于 n)顶白帽子"的问题怎样解决呢?运用同样的方法,便可迎刃而解. 他并告诫我们:复杂的问题要善于"退",足够地"退","退"到最原始而不失去重要性的地方,是学好数学的一个诀窍.

第四节 最值问题

在工农业生产、科学技术研究、经营管理及实际生活中,常常会碰到如何做才能使"产量最高"、"材料最省"、"耗时最少"、"效率最高"、"利润最大"、"成本最低"、"面积最大"等最优化问题,这些问题归纳到数学上,就是求函数的最大值和最小值问题.

此类问题在数学上往往可归结为求某一函数(通常称为**目标函数**)的最大值或最小值问题.

在 1961 年至 2005 年期间,某国家小轿车的平均使用年限为 $f(t)$,t 以年计,$t=0$ 相当于 1961 年,$f(t)$ 的图像如图 3-17 所示.

从图中可以看出:这期间,该国小轿车的最高使用年限是 9 年,最低使用年限是 5.9 年. 这里数字 9 和 5.9 是函数 $f(t)$ 在整个定义域 $[0,44]$ 的最大值、最小值. 最大值在区间 $[0,44]$ 的端点 $t=0$ 取到,即 $f(0)=9$;最小值分别在 $t=12,t=23$ 取到,即 $f(12)=5.9$,$f(23)=5.9$.

这里最大(小)值与极大(小)值有较大区别. 极大(极小)值是函数的局部性质,而最大(最小)值是函数的整体性质. 最大(最小)值可以在区间的端点取到,而极大(极小)值只能在区间的内部取到(见图 3-18). 如果最大(最小)值在区间的内部取到,则最大(最小)值必定是极大(极小)值.

我们把 $[a,b]$ 上连续函数 $y=f(x)$ 的最大值和最小值求法归纳如下:

(1) 求出 $y=f(x)$ 在 (a,b) 内所有的驻点与不可导点,并求出它们的函数值;

(2) 求出两个端点处的函数值 $f(a)$ 与 $f(b)$;

(3) 比较上面各函数值的大小,其中最大的就是函数 $y=f(x)$ 的最大值,最小的就是函数 $y=f(x)$ 的最小值.

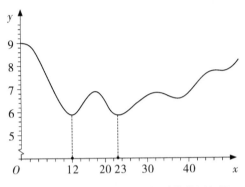

图 3-17 某国家小轿车的平均使用年限

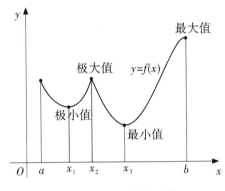

图 3-18 极值与最值

【例1】 求函数 $f(x)=x^2-4x+1$ 在 $[-3,3]$ 上的最大值和最小值.

解 $f'(x)=2x-4$,令 $f'(x)=0$ 得一个驻点 $x_1=2$,而 $f(2)=-3$. 又 $f(-3)=22,f(3)=-2$.

比较得：函数的最大值为 $f(-3)=22$,最小值为 $f(2)=-3$.

【例2】 求 $f(x)=(x-1)\sqrt[3]{x^2}$ 在 $[-1,\frac{1}{2}]$ 上的最大值和最小值.

解 因为 $f'(x)=x^{\frac{2}{3}}+\frac{2}{3}(x-1)x^{-\frac{1}{3}}=\frac{5x-2}{3x^{\frac{1}{3}}}$,

令 $f'(x)=0$,解得 $x=\frac{2}{5}$,而 $x=0$ 使得 $f'(x)$ 不存在,

所以 $f'(x)$ 可能的极值点为: $x=\frac{2}{5},x=0$.

由于 $f(0)=0,f(\frac{2}{5})=-\frac{3}{5}\cdot\frac{\sqrt[3]{4}}{25},f(-1)=-2,f(\frac{1}{2})=-\frac{1}{8}\cdot\sqrt[3]{2}$.

比较上述值的大小,可知函数 $f(x)$ 在 $x=0$ 时取最大值,$f_{最大}(0)=0$,$f(x)$ 在 $x=-1$ 时取最小值,$f_{最小}(-1)=-2$.

【例3】 设工厂 A 到铁路线的垂直距离为 20 km,垂足为 B. 铁路线上距离 B 为 100 km 处有一原料供应站 C,如图 3-19 所示. 现在要在铁路 BC 中间某处 D 修建一个原料中转车站,再由车站 D 向工厂修一条公路. 如果已知每千米的铁路运费与公路运费之比为 3∶5,那么,D 应选在何处,才能使原料供应站 C 运货到工厂 A 所需运费最省？

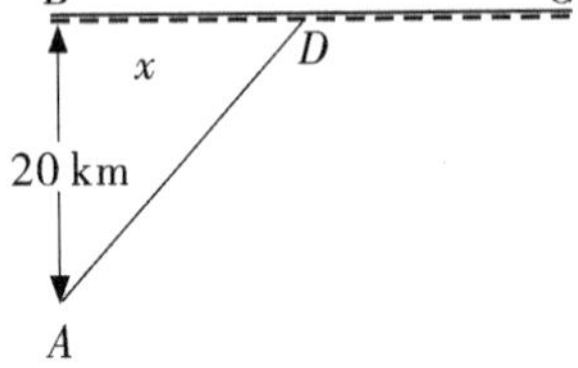

图 3-19 运输

解 $BD=x(\text{km})$,$CD=100-x(\text{km})$,$AD=\sqrt{20^2+x^2}$. 铁路每千米运费 $3k$,公路每千米 $5k$,(总运费)y 的函数关系式为

$$y=5k\cdot AD+3k\cdot CD,$$

即 $$y=5k\cdot\sqrt{400+x^2}+3k(100-x)(0\leqslant x\leqslant 100).$$

问题归结为:x 取何值时,目标函数 y 最小.

求导得 $y' = k\left(\dfrac{5x}{\sqrt{400+x^2}} - 3\right)$,令 $y' = 0$ 得 $x = 15(\text{km})$.

由于 $y(0) = 400k, y(15) = 380k, y(100) = 100\sqrt{26}k$. 从而当 $BD = 15$ km时,总运费省.

【例4】 如图3-20所示,有一块边长为 a 的正方形铁皮,从其四个角截去大小相同的四个小正方形,做成一个无盖的容器,问截去的小正方形的边长为多少时,该容器的体积最大?

解 设截去的小正方形的边长为 x,则做成的无盖容器的体积为:

$$V(x) = (a-2x)^2 x, \quad x \in \left(0, \dfrac{a}{2}\right).$$

问题归结为:求函数 $V(x) = (a-2x)^2 x$,在 $\left(0, \dfrac{a}{2}\right)$ 内的最大值.

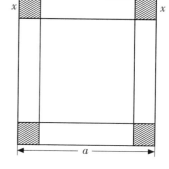

图3-20 无盖容器设计

因为 $V'(x) = (a-2x)(a-6x)$,令 $V'(x) = 0$ 得唯一解 $x = \dfrac{a}{6}$,于是有

$$V_{\max}\left(\dfrac{a}{6}\right) = \dfrac{2}{27} a^3,$$

即当截去的小正方形边长为 $\dfrac{a}{6}$ 时,体积最大为 $\dfrac{2}{27}a^3$.

下面举例说明经济学中的有关最优化问题.

一、最大利润问题

因为总利润 $L(q)$、总收入 $R(q)$ 和总成本 $C(q)$ 有如下关系:
$$L(q) = R(q) - C(q),$$
所以,$L'(q) = R'(q) - C'(q)$. 在这种情况下,获利最大的销售量 q 必满足:$L'(q) = 0$,这就是说,使边际收入与边际成本相等的销售量(或产量),能使利润最大.

【例5】 如果销售 q kg 的总利润函数为:$L(q) = -\dfrac{1}{3}q^3 + 6q^2 - 11q - 40$(万元),问销售多少千克能获利最大?

解 因为 $L'(q) = -q^2 + 12q - 11$,令 $L'(q) = 0$,得 $q = 11, q = 1$.

又因为 $L''(q) = -2q + 12$,所以,$L''(11) = -10 < 0$,$L''(1) = 10 > 0$.

所以,$q = 11$ 为 $L(q)$ 的极大值点(并且是唯一的),由于理论上最大利润是存在的,所以销售量 $q = 11$ kg 时利润最大. $L_{\max}(11) \approx 121.333$(万元).

二、成本最低的产量问题

【例6】 设某企业生产 q 个单位产品的总成本函数是:

$$C(q) = q^3 - 10q^2 + 50q.$$

(1) 求使得平均成本 $\overline{C}(q)$ 为最小的产量;

(2) 求最小平均成本以及相应的边际成本.

解 (1) $\overline{C}(q) = \dfrac{q^3 - 10q^2 + 50q}{q} = q^2 - 10q + 50$,那么,$\overline{C}'(q) = 2q - 10$.

令 $\overline{C}'(q) = 0$,解得 $q = 5$,又 $\overline{C}''(5) = 2 > 0$,所以 $q = 5$ 是 $\overline{C}(q)$ 唯一的极小值点,理论上 $\overline{C}(q)$ 的最小值是存在的,$q = 5$ 时平均成本 $\overline{C}(q)$ 为最小.

(2) $\overline{C}_{\min}(5) = 5^2 - 10 \times 5 + 50 = 25$;

$C'(5) = 3 \times 5^2 - 20 \times 5 + 50 = 25.$

一般而言,由于 $\overline{C}(q) = \dfrac{C(q)}{q}$,所以,

$$\overline{C}'(q) = \dfrac{qC'(q) - C(q)}{q^2} = \dfrac{1}{q}[C'(q) - \overline{C}(q)].$$

由此可见,最小平均成本等于相应的边际成本.

【例 7】 某房地产公司有 50 套公寓要出租,当每月每套租金为 180 元时,公寓会全部租出去,当每月每套租金增加 10 元时,就有一套公寓租不出去,而租出去的房子每月需花费 20 元的整修维护费,试问房租定为多少时可获得最大收入?

解 设每月每套租金定为 x 元,租出去的房子有 $50 - (\dfrac{x - 180}{10})$ 套,那么每月的总收入为

$$R(x) = (x - 20)[50 - (\dfrac{x - 180}{10})] = (x - 20)(68 - \dfrac{x}{10}),\ x \in [0, +\infty),$$

求导得

$$R'(x) = (68 - \dfrac{x}{10}) + (x - 20)(-\dfrac{1}{10}) = 70 - \dfrac{x}{5}.$$

令 $R'(x) = 0$ 得一个驻点,$x = 350$,而 $R(350) = (350 - 20)(68 - \dfrac{350}{10}) = 10\,890$(元),故每月每套租金为 350 元时,月收入最高为 10 890 元.

习题 3.4

1. 求 $y = 2x^3 + 3x^2 - 12x + 14$ 在 $[-3, 4]$ 上的最大值与最小值.

2. 某地区防空洞的截面积拟建成矩形加半圆(见下图),截面的面积为 $5\ \text{m}^2$,问底宽为多少时才能使截面的周长最小,从而使建造时所用的材料最省.

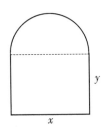

3. 设某工厂生产某种商品的固定成本为 200(百元),每生产一个单位商品,成本增加 5(百元),且已知需求函数 $Q = 100 - 2p$(其中为 p 价格,Q 为产量)这种商品在市场上是畅销的.

(1) 求出使该商品的总利润最大的产量;

(2) 求最大利润.

4. 某商品若定价每件 5 元,可卖出 1 000 件;假若每件每降低 0.01 元.估计可多卖 10 件,在此情形下,每件售价为多少时可获最大收益,最大收益是多少?

5. 设某工厂生产某种产品的日产量为 x 件,次品率为 $\dfrac{x}{x+100}$,若生产一件正品可获利 3 元,而出一件次品需损失 1 元,问日产量为多少时获利最大?

数学家简介:

阿尔伯特·爱因斯坦

他是公认的 20 世纪最杰出的科学家.

爱因斯坦

爱因斯坦生于德国乌尔姆一个经营电器作坊的小业主家庭.一年后,随全家迁居慕尼黑.1894 年,他的家迁到意大利米兰.1895 年他转学到瑞士阿劳市的州立中学.1896 年进苏黎世工业大学师范系学习物理学,1900 年毕业.1901 年取得瑞士国籍.1902 年被伯尔尼瑞士专利局录用为技术员,从事发明专利申请的技术鉴定工作.他利用业余时间开展科学研究,于 1905 年在物理学三个不同领域中取得了历史性成就,特别是狭义相对论的建立和光量子论的提出,推动了物理学理论的革命.同年,以论文《分子大小的新测定法》,取得苏黎世大学的博士学位.1899 年爱因斯坦在瑞士苏黎世联邦工业大学就读时,他的导师是数学家明可夫斯基.

有一次,爱因斯坦问明可夫斯基:"一个人,比如我吧,究竟怎样才能在科学领域、在人生道路上,留下自己的闪光足迹、做出自己的杰出贡献呢?"这是一个"尖端"的问题,明可夫斯基表示要好好想一想日后予以解答.三天后,明可夫斯基告诉爱因斯坦答案来了!他拉起爱因斯坦就朝一处建筑工地走去,而且径直踏上了建筑工人们刚刚铺平的水泥地面.在建筑工人们的呵斥声中,爱因斯坦被弄得一头雾水,不解地问明可夫斯基:"老师,您这不是领我误入'歧途'吗?""对、对,正是这样!"明可夫斯基说:"看到了吧?只有尚未凝固的水泥路面,才能留下深深的脚印.那些凝固很久的老路面,那些被无数人、无数脚步走过的地方,你别想再踩出脚印来……"听到这里,爱因斯坦沉思良久,意味深长地点了点头.

从此,一种非常强烈的创新和开拓意识,开始主导着爱因斯坦的思维和行动.用他自己的话说就是,"我从来不记忆和思考词典、手册里的东西,我的脑袋只用来记忆和思考那些还没载入书本的东西."于是,就在爱因斯坦走出校园、初涉世事的几年里,他作为伯尔尼专利局里默默无闻的小职员,利用业余时间进行科学研究,为人类做出了卓越的贡献,在科学史册上留下了深深的闪光的足迹.

复习题三

一、选择题

1. 设 $f(x)$ 一阶可导,且 $\lim\limits_{x\to 0}f'(x)=1$,则 $f(0)$ (   ).

   A. 一定是 $f(x)$ 的极大值 B. 一定是 $f(x)$ 的极小值
   C. 一定不是 $f(x)$ 的极值 D. 不一定是 $f(x)$ 的极值

2. 设 $f(x)$ 在 $[0,1]$ 上可导,且 $0<f(x)<1$,在 $(0,1)$ 上 $f'(x)\neq 1$,则方程 $f(x)-x=0$ 在 $(0,1)$ 上实根的个数为(   ).

   A. 0 B. 1 C. 2 D. $\geqslant 2$

二、填空题

1. 函数 $f(x)=x\sqrt{3-x}$ 在 $[0,3]$ 上满足罗尔定理的条件,由罗尔定理确定的 $\xi=$ _____.

2. $y=\sqrt[3]{6x^2-x^3}$ 在区间 _____ 内单调减少,在区间 _____ 内单调增加.

3. $y=x2^x$ 在 $x=$ _____ 处取得极小值.

4. $y=x+\sqrt{1-x}$ 在 $[-5,1]$ 的最大值点为 _____.

三、计算题

1. $\lim\limits_{x\to 0}\dfrac{\sqrt{1+\tan x}-\sqrt{1+\sin x}}{x^2\sin 3x}$;

2. $\lim\limits_{x\to 0}\dfrac{\arctan x-x}{\ln(1+2x^3)}$;

3. $\lim\limits_{x\to 0}\left(\dfrac{1}{x^2}-\dfrac{1}{\sin^2 x}\right)$.

四、应用题

生产某商品 x 百件的边际成本为 1,固定成本 $C_0=2$(万元),市场每年可销售这种商品 4 百件,设产量为 x 百件时的总收益为 $R(x)=\begin{cases}4x-\dfrac{1}{2}x^2, & 0\leqslant x\leqslant 4;\\ 8, & x>4\end{cases}$(万元). 问生产多少件商品时的利润最大?最大利润是多少?

第四章 不定积分

> 对任何真实的命题,都可以提出道理:一切真实都可以回到理性.
>
> —— 莱布尼茨

我们研究的大部分数学运算总是成对出现的:加法和减法,乘法和除法,乘方和开方等,第二个运算是第一个运算的逆运算. 在前面函数导数的学习中我们知道:在几何上,已知曲线方程为 $y = F(x)$,则该曲线在任一点 x 处的切线斜率为 $F'(x)$. 反过来,如果已知曲线任一点 x 处的切线斜率为 $f(x)$,能否求出曲线方程?这就是正运算与逆运算的问题. 经验告诉我们,逆运算相对于正运算来说要困难得多,但是,逆运算常常为我们引出新的结果. 比如减法引出了负数,除法引出了有理数等等. 这一章我们要研究微分运算的逆运算 —— 不定积分. 对不定积分概念本身是不难理解的,但要较好地解决它的计算,却有相当的难度.

为解决这类问题,就需要用到下面讲的不定积分.

第一节 不定积分的概念和性质

一、不定积分的有关概念

定义1 设函数 $f(x)$ 是定义在区间 I 上的已知函数,如果存在函数 $F(x)$,对 I 中任意 x,都有 $F'(x) = f(x)$ 或 $dF(x) = f(x)dx$,则称 $F(x)$ 是 $f(x)$ 的一个原函数.

例如,$(x^2)' = 2x$,故 x^2 是 $2x$ 在 R 上的一个原函数;而 $(\sin x)' = \cos x$,故 $\sin x$ 是 $\cos x$ 在 R 上的一个原函数. 同理,$\sin x + C$ 也是 $\cos x$ 在 R 上的原函数,因为 $(\sin x + C)' = \cos x$.

例如,在 $[0, T]$ 上,因为 $(\frac{1}{2}gt^2)' = gt$,所以函数 $s = \frac{1}{2}gt^2$ 是函数 $v = gt$ 的一个原函数.

给出原函数的概念之后,我们自然会提出以下几个问题:

1. $f(x)$ 在区间 I 上函数满足什么条件时才存在原函数?这属于原函数存在性的问题.

2. 如果 $f(x)$ 在区间 I 上存在原函数,它的原函数是否唯一?这属于原函数是否唯一的问题.

首先我们解决原函数存在性问题,于是有如下定理.

定理1(原函数存在定理)

如果 $f(x)$ 在闭区间 $[a,b]$ 上连续,则 $f(x)$ 在闭区间 $[a,b]$ 上必定存在原函数;

我们不难验证：

$\sin x+1$ 是 $\cos x$ 的原函数，$\sin x+2$ 也是 $\cos x$ 的原函数，$\sin x+\pi$ 还是 $\cos x$ 的原函数. 更一般地，$\sin x+C$（其中 C 是任意常数）依然是 $\cos x$ 的原函数.

同样不难验证：

$\frac{1}{2}x^2+3x$；$\frac{1}{2}x^2+3x-2$；$\frac{1}{2}x^2+3x+2$ 以及 $\frac{1}{2}x^2+3x+C$（其中 C 是任意常数）都是 $x+3$ 的原函数.

以上几个例子似乎说明，原函数如果存在的话，原函数就是不唯一的. 可事实上如何呢？

定理 2（原函数族定理） 如果函数 $F(x)$ 是 $f(x)$ 的一个原函数，则 $f(x)$ 有无限多个原函数，且 $F(x)+C$ 就是 $f(x)$ 的所有原函数（称为原函数族）.

证明 因为 $F(x)$ 是 $f(x)$ 的一个原函数，则有 $F'(x)=f(x)$，而
$$(F(x)+C)'=F'(x)+C'=f(x),$$
说明对任意的常数 C，$F(x)+C$ 都是 $f(x)$ 的原函数，即 $f(x)$ 有无穷多个原函数.

又设 $F(x)$ 和 $G(x)$ 是 $f(x)$ 的两个不同的原函数，则有
$$F'(x)=f(x) \text{ 和 } G'(x)=f(x),$$
从而有 $(F(x)-G(x))'=F'(x)-G'(x)=f(x)-f(x)=0,$
于是有 $F(x)-G(x)=C,$ 即 $F(x)=G(x)+C,$
说明 $f(x)$ 的任意两个原函数之间至多相差一个常数，则 $f(x)$ 的所有原函数可表示成 $F(x)+C$.

综上述可以得出：

如果 $f(x)$ 在区间 I 上存在原函数，那么 $f(x)$ 在区间 I 上存在无限多个原函数，并且任意两个原函数之间只相差一个常数.

值得特别指出的是：$\int f(x)\mathrm{d}x=F(x)+C$ 表示"$f(x)$ 在区间 I 上的所有原函数"，因此等式中的积分常数是不可疏漏的.

定义 2 若函数 $F(x)$ 是 $f(x)$ 的一个原函数，则把 $f(x)$ 的全体原函数 $F(x)+C$ 称为 $f(x)$ 的不定积分，记作 $\int f(x)\mathrm{d}x$，即 $\int f(x)\mathrm{d}x=F(x)+C$.

其中，$\int$ 叫积分号，$f(x)$ 叫被积函数，$f(x)\mathrm{d}x$ 叫被积表达式，x 叫积分变量. 由不定积分的定义可知：求已知函数的不定积分，只要求出它的一个原函数，再加上任意常数 C 即可.

【**例 1**】 求 $\int x^2\mathrm{d}x$.

解 由于 $\left(\frac{x^3}{3}\right)'=x^2$，所以，$\frac{1}{3}x^3$ 是 x^2 的一个原函数，因此
$$\int x^2\mathrm{d}x=\frac{1}{3}x^3+C.$$

因为 $\left(\frac{1}{\alpha+1}x^{\alpha+1}\right)'=x^\alpha$，所以有 $\int x^\alpha \mathrm{d}x=\frac{1}{\alpha+1}x^{\alpha+1}+C(\alpha\neq -1)$.

故对于幂函数的不定积分有公式：
$$\int x^\alpha dx = \frac{1}{\alpha+1}x^{\alpha+1}+C(\alpha \neq -1).$$

【例 2】 求 $\int \sqrt{x}dx$.

解 $\int \sqrt{x}dx = \int x^{\frac{1}{2}}dx = \frac{1}{\frac{1}{2}+1}x^{\frac{1}{2}+1}+C = \frac{2}{3}x^{\frac{3}{2}}+C.$

【例 3】 计算不定积分 $\int \sin x dx$.

解 因为 $(-\cos x)' = \sin x$，所以 $\int \sin x dx = -\cos x + C.$

【例 4】 求不定积分 $\int \frac{1}{x}dx(x \neq 0)$.

解 当 $x > 0$ 时，$(\ln x)' = \frac{1}{x}$，所以 $\int \frac{1}{x}dx = \ln x + C$；

当 $x < 0$ 时，$[\ln(-x)]' = \frac{1}{-x}(-1) = \frac{1}{x}$，所以 $\int \frac{1}{x}dx = \ln(-x) + C$，

由绝对值的性质有：
$$\ln|x| = \begin{cases} \ln x, x > 0; \\ \ln(-x), x < 0. \end{cases}$$

从而
$$\int \frac{1}{x}dx = \ln|x| + C(x \neq 0).$$

合并上面两式有：
$$\int \frac{1}{x}dx = \ln|x| + C.$$

【例 5】 某工厂生产某产品，每日生产的总成本 y 的变化率（边际成本）是 $y' = 5 + \frac{1}{\sqrt{x}}$，已知固定成本为 10 000 元，求总成本 y.

解 因为 $y' = 5 + \frac{1}{\sqrt{x}}$，所以 $y = \int (5 + \frac{1}{\sqrt{x}})dx = 5x + 2\sqrt{x} + C.$

又已知固定成本为 10 000 元，即当 $x = 0$ 时，$y = 10\ 000$，因此有 $C = 10\ 000$，从而有
$$y = 5x + 2\sqrt{x} + 10\ 000(x > 0).$$

即总成本 $y = 5x + 2\sqrt{x} + 10\ 000(x > 0).$

二、不定积分的基本公式

由于不定积分是导数的逆运算，由第二章的导数公式，我们得到以下基本积分公式：

(1) $\int 0 \mathrm{d}x = C$;

(2) $\int 1 \mathrm{d}x = x + C$;

(3) $\int x^{\alpha} \mathrm{d}x = \dfrac{x^{\alpha+1}}{\alpha+1} + C \ (\alpha \neq -1)$;

(4) $\int \dfrac{1}{x} \mathrm{d}x = \ln|x| + C$;

(5) $\int a^x \mathrm{d}x = \dfrac{a^x}{\ln a} + C \ (a > 0 \text{ 且} \neq 1)$;

(6) $\int e^x \mathrm{d}x = e^x + C$;

(7) $\int \cos x \mathrm{d}x = \sin x + C$;

(8) $\int \sin x \mathrm{d}x = -\cos x + C$;

(9) $\int \dfrac{1}{\sin^2 x} \mathrm{d}x = \int \csc^2 x \mathrm{d}x = -\cot x + C$;

(10) $\int \dfrac{1}{\cos^2 x} \mathrm{d}x = \int \sec^2 x \mathrm{d}x = \tan x + C$;

(11) $\int \sec x \tan x \mathrm{d}x = \sec x + C$;

(12) $\int \csc x \cot x \mathrm{d}x = -\csc x + C$;

(13) $\int \dfrac{1}{1+x^2} \mathrm{d}x = \arctan x + C = -\operatorname{arccot} x + C$;

(14) $\int \dfrac{1}{\sqrt{1-x^2}} \mathrm{d}x = \arcsin x + C = -\arccos x + C$.

三、不定积分的性质

【性质 1】 $\left[\int f(x)\mathrm{d}x\right]' = f(x)$ 或 $\mathrm{d}\int f(x)\mathrm{d}x = f(x)\mathrm{d}x$.

证明 设 $F(x)$ 为 $f(x)$ 的一个原函数，即 $F'(x) = f(x)$，

于是有 $\int f(x)\mathrm{d}x = F(x) + C$，

两边求导得 $\left[\int f(x)\mathrm{d}x\right]' = (F(x) + C)' = F'(x) = f(x)$.

【性质 2】 $\int F'(x)\mathrm{d}x = F(x) + C$ 或 $\int \mathrm{d}F(x) = F(x) + C$.

【性质 3】 $\int kf(x)\mathrm{d}x = k\int f(x)\mathrm{d}x$ （其中 $k \neq 0$，即非零常系数可以移到积分号之前）.

【性质 4】 $\int [f_1(x) \pm f_2(x) \pm \cdots \pm f_k(x)]\mathrm{d}x = \int f_1(x)\mathrm{d}x \pm \int f_2(x)\mathrm{d}x \pm \cdots \pm \int f_k(x)\mathrm{d}x$. （即若干个函数代数和的不定积分，等于若干个函数不定积分的代数和）

其证明略.

性质 1 表示一个函数 $f(x)$ 先求不定积分再求导，就是 $f(x)$ 本身；性质 2 表示一个函数 $f(x)$ 先求导数（或微分）再求不定积分，等于这个函数加上一个任意常数. 由此可见，从运算上微分与积分是一对互逆的运算.

根据不定积分上述性质可以求出更多函数的不定积分.

【例6】 求 $\int(\frac{1}{x^2}-2x+3\sin x)dx$.

解 $\int(\frac{1}{x^2}-2x+3\sin x)dx=\int x^{-2}dx-2\int xdx+\int 3\sin xdx$
$$=-\frac{1}{x}-x^2-3\cos x+C.$$

注意：解此例题的第二个等号后,由三个不定积分的计算应有三个任意常数,因为任意常数的非零常数倍仍是任意常数,任意常数的和、差仍是任意常数,所以只需写一个任意常数即可. 以后求不定积分都作此约定.

【例7】 求 $\int\frac{3x-x^2+4}{x}dx$.

解 $\int\frac{3x-x^2+4}{x}dx=3\int 1dx-\int xdx+4\int\frac{1}{x}dx=3x-\frac{1}{2}x^2+4\ln|x|+C.$

【例8】 设曲线通过点 $(1,2)$,且其上任一点处的切线斜率等于这点横坐标的两倍,求此曲线的方程.

解 设所求的曲线方程为 $y=f(x)$,按题设,曲线上任一点 (x,y) 处的切线斜率为 $\frac{dy}{dx}=2x$,即 $f(x)$ 是 $2x$ 的一个原函数. 因为 $\int 2xdx=x^2+C$,故必有某个常数 C 使 $f(x)=x^2+C$,即曲线方程为 $y=x^2+C$. 因所求曲线通过点 $(1,2)$,故 $2=1+C$, $C=1$. 于是所求曲线方程为 $y=x^2+1$.

函数 $f(x)$ 的原函数的图形称为 $f(x)$ 的积分曲线. 本例即是求函数 $2x$ 的通过点 $(1,2)$ 的那条积分曲线. 显然,这条积分曲线可以由另一条积分曲线(如 $y=x^2$)经 y 轴方向平移而得(见图 4-1).

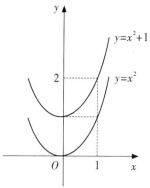

图 4-1 原函数曲线

几何意义：函数 $f(x)$ 的每一个原函数对应平面上的一条曲线,这种曲线称为 $f(x)$ 的积分曲线. 显然,求 $f(x)$ 的不定积分得到 $f(x)$ 的一族积分曲线,这一族积分曲线的特点是在相同横坐标处的切线斜率是相等的.

在本节,我们将按照被积函数的不同类型,给出不同的计算不定积分的方法.

【例9】 求 $\int(x^2+\cos x-\frac{1}{1+x^2})dx$.

解 $\int(x^2+\cos x-\frac{1}{1+x^2})dx=\int x^2dx+\int\cos xdx-\int\frac{1}{1+x^2}dx$
$$=\frac{1}{3}x^3+\sin x+\arctan x+C.$$

有些函数看上去不能利用基本公式和性质进行直接积分,但经过化简或恒等变形后,也可以直接进行积分.

【例10】 求 $\int 3^x\cdot e^x dx$.

解 $\int 3^x e^x dx = \int (3e)^x dx = \frac{(3e)^x}{\ln(3e)} + C = \frac{(3e)^x}{\ln 3 + 1} + C.$

【例 11】 求 $\int (x - \frac{1}{x})^2 dx.$

解 $\int (x - \frac{1}{x})^2 dx = \int (x^2 - 2 + \frac{1}{x^2}) dx = \frac{1}{3}x^3 - 2x - \frac{1}{x} + C.$

【例 12】 求 $\int \tan^2 x dx.$

解 因为 $\tan^2 x = \frac{\sin^2 x}{\cos^2 x} = \frac{1 - \cos^2 c}{\cos^2 x} = \frac{1}{\cos^2 x} - 1,$ 所以

$$\int \tan^2 dx = \int (\frac{1}{\cos^2 x} - 1) dx = \tan x - x + C.$$

【例 13】 求 $\int \cos^2 \frac{x}{2} dx.$

解 因为 $\cos^2 \frac{x}{2} = \frac{1}{2}(1 + \cos x),$ 所以，

$$原式 = \int \frac{1}{2}(1 + \cos x) dx = \frac{1}{2} \int (1 + \cos x) dx = \frac{1}{2}(x + \sin x) + C.$$

在以上函数的变形中，三角函数的恒等变换是比较灵活的，一定要先掌握好一些常用的三角恒等变换公式，如倍角公式、降幂公式等.

有兴趣的同学还可考虑：$\int \frac{1}{\sin^2 x \cdot \cos^2 x} dx, \int \frac{x^4}{1 + x^2} dx$ 等.

【例 14】 已知某产品总成本关于产量的变化率为 $C'(q) = 4 + q$(万元/百台)，固定成本为 $C(0) = 2$(万元)，求：

(1) 总成本函数 $C(q)$；

(2) 当产量 q 从 200 台增加到 400 台时，成本增加了多少？

解 (1) $C(q) = \int C'(q) dq = \int (4 + q) dq = 4 \int dq + \int q dq = 4q + \frac{1}{2}q^2 + C,$

将 $C(0) = 2,$ 即 $q = 0, C(q) = 2$ 代入上式得到 $C = 2.$

所以，成本函数 $C(q) = 4q + \frac{1}{2}q^2 + 2$(万元).

(2) 当产量 q 从 2 百台增加到 4 百台时，成本增加量为

$$C(4) - C(2) = [4 \cdot 4 + \frac{1}{2}(4)^2] - [4 \cdot 2 + \frac{1}{2}(2)^2] = 14,$$

故成本函数为 $C(q) = 4q + \frac{1}{2}q^2 + 2,$ 当产量 q 从 2 百台增加到 4 百台，成本增加了 14 万元.

【例 15】 某化工厂生产某种产品，每日生产的产品的总成本 y 的变化率(即边际成本)是日产量 x 的函数 $y' = 7 + \frac{25}{\sqrt{x}},$ 已知固定成本为 2 000 元，求总成本与日产量的函数关系.

解 因为总成本是总成本变化率 y 的原函数，所以有

$$y = \int (7 + \frac{25}{\sqrt{x}}) dx = 7x + 50\sqrt{x} + C.$$

已知固定成本为 2 000 元,即当 $x = 0$ 时, $y = 2\,000$, 因此有 $C = 2\,000$, 于是可得 $y = 7x + 50\sqrt{x} + 2\,000$, 这就是总成本 y 与日产量 x 的函数关系.

习题 4.1

求下列不定积分:

(1) $\int \sqrt{x\sqrt{x}}\, dx$;

(2) $\int \frac{1}{\sin^2 x \cos^2 x} dx$;

(3) $\int \frac{\cos 2x}{\sin^2 x} dx$;

(4) $\int 5^{-x} e^x dx$;

(5) $\int (\sqrt{x} + 4)^2 dx$;

(6) $\int \frac{1 + 2x^2}{x^2(1 + x^2)} dx$;

(7) $\int \sin^2 \frac{x}{2} dx$;

(8) $\int \frac{1 - 2x^2}{1 + x^2} dx$;

(9) $\int (\cos \frac{x}{2} + \sin \frac{x}{2})^2 dx$;

(10) $\int \sec x (\sec x - \tan x) dx$;

(11) $\int \frac{\sqrt{x} - 2\sqrt[3]{x^2} + 1}{\sqrt[4]{x}} dx$;

(12) $\int \frac{(1 - x)^2}{\sqrt{x}} dx$;

(13) $\int \frac{x^4 + 1}{x^2 + 1} dx$;

(14) $\int \frac{dx}{x(x + 1)}$;

(15) $\int \tan^2 x\, dx$.

第二节 不定积分的换元法

直接利用基本积分表和积分的性质计算不定积分要求我们记住积分公式,而这种方法能解决的问题是比较少的. 有的函数虽简单,但无论如何变换都难以利用基本公式计算,如 $\int \cos 2x\, dx$. 因此,有必要进一步研究不定积分的方法. 本节把复合函数的微分法反过来用于求不定积分,利用变量代换得到复合函数的积分法,称为换元积分法,简称换元法. 换元法通常分为第一类换元法和第二类换元法两类.

一、第一类换元积分法(凑微分法)

定理 1 若 $\int f(x) dx = F(x) + C$, 则有 $\int f[\varphi(x)] \cdot \varphi'(x) dx = F[\varphi(x)] + C$, 其中 $\varphi(x)$ 有连续的一阶导数.

证明 由于 $\varphi'(x) dx = d\varphi(x)$, 则 $\int f[\varphi(x)] \cdot \varphi'(x) dx = \int f[\varphi(x)] \cdot d\varphi(x)$. 令 $u = \varphi(x)$, 原式 $= \int f(u)\, du = F(u) + C = F[\varphi(x)] + C$.

上述证明中,用到了微分公式 $d\varphi(x) = \varphi'(x) dx$, 也称之为凑微分法. 在计算中,凑微分这一步至关重要.

第一换元积分法多用于被积函数是复合函数的情况. 其积分思路是:首先在被积函数

中找到复合函数的内层函数,把这个内层函数视为一个中间变量,然后在微分符号里凑出这个中间变量;换元:设这个中间变量为新的积分变量,在新的积分变量下,积分变得简单了.

【例 1】 求 $\int 2\cos 2x \, dx$.

解 被积函数中,$\cos 2x$ 是 $\cos u$ 与 $u = 2x$ 的复合函数,$u = 2x$ 是内层函数,根据微分的知识,$dx = \frac{1}{2} d2x$,换元令 $u = 2x$,便有

$$\int 2\cos 2x \, dx = \int 2\cos 2x \cdot \frac{1}{2} d2x = \int \cos 2x \, d2x,$$

令 $u = 2x, \int \cos u \, du = \sin u + C.$

再将 $u = 2x$ 代入,即得 $\int \cos 2x \, d2x = \sin 2x + C.$

【例 2】 求不定积分 $\int (2x+1)^{10} dx$.

解 利用凑微分公式 $dx = \frac{1}{a} d(ax+b)$,所以

$$\int (2x+1)^{10} dx = \frac{1}{2} \int (2x+1)^{10} d(2x+1) \underline{\underline{2x+1=u}} \frac{1}{2} \int u^{10} du = \frac{1}{2} \cdot \frac{u^{11}}{11} + C \underline{\underline{u=2x+1}} \frac{1}{22}(2x+1)^{11} + C.$$

【例 3】 求不定分 $\int \frac{1}{3+2x} dx$.

解 $\int \frac{1}{3+2x} dx = \frac{1}{2} \int \frac{1}{3+2x} \cdot (3+2x)' dx$

$$= \frac{1}{2} \int \frac{1}{3+2x} d(3+2x) \underline{\underline{3+2x=u}} \frac{1}{2} \int \frac{1}{u} du = \frac{1}{2} \ln|u| + C$$

$\underline{\underline{u=3+2x}} \frac{1}{2} \ln|3+2x| + C.$

更一般地,有:

$$\int f(ax+b) dx \underline{\underline{ax+b=u}} \frac{1}{a} \int f(u) du.$$

需要指出的是:在今后不定积分的计算过程中,可以根据需要在微分 dx 的变量 x 后面加上任意一个想加的常数,此时有 $d(x+C) = dx$.

【例 4】 求 $\int e^{kx} dx$(k 为非零常数).

解 原式 $= \frac{1}{k} \int e^{kx} d(kx)$,令 $u = kx$,$\frac{1}{k} \int e^{kx} d(kx) = \frac{1}{k} \int e^u du = \frac{1}{k} e^u + C.$

回代 $u = kx$,$\frac{1}{k} e^u + C = \frac{1}{k} e^{kx} + C.$

常用凑微分公式如下:

	积分类型	换元公式
第一换元积分法	1. $\int f(ax+b)\mathrm{d}x = \dfrac{1}{a}\int f(ax+b)\mathrm{d}(ax+b)\,(a\neq 0)$	$u = ax+b$
	2. $\int f(x^\mu)x^{\mu-1}\mathrm{d}x = \dfrac{1}{\mu}\int f(x^\mu)\mathrm{d}(x^\mu)\,(\mu\neq 0)$	$u = x^\mu$
	3. $\int f(\ln x)\cdot\dfrac{1}{x}\mathrm{d}x = \int f(\ln x)\mathrm{d}(\ln x)$	$u = \ln x$
	4. $\int f(\mathrm{e}^x)\cdot \mathrm{e}^x\mathrm{d}x = \int f(\mathrm{e}^x)\mathrm{d}\mathrm{e}^x$	$u = \mathrm{e}^x$
	5. $\int f(a^x)\cdot a^x\mathrm{d}x = \dfrac{1}{\ln a}\int f(a^x)\mathrm{d}a^x$	$u = a^x$
	6. $\int f(\sin x)\cdot \cos x\mathrm{d}x = \int f(\sin x)\mathrm{d}\sin x$	$u = \sin x$
	7. $\int f(\cos x)\cdot \sin x\mathrm{d}x = -\int f(\cos x)\mathrm{d}\cos x$	$u = \cos x$
	8. $\int f(\tan x)\sec^2 x\mathrm{d}x = \int f(\tan x)\mathrm{d}\tan x$	$u = \tan x$
	9. $\int f(\cot x)\csc^2 x\mathrm{d}x = -\int f(\cot x)\mathrm{d}\cot x$	$u = \cot x$
	10. $\int f(\arctan x)\dfrac{1}{1+x^2}\mathrm{d}x = \int f(\arctan x)\mathrm{d}(\arctan x)$	$u = \arctan x$
	11. $\int f(\arcsin x)\dfrac{1}{\sqrt{1-x^2}}\mathrm{d}x = \int f(\arcsin x)\mathrm{d}(\arcsin x)$	$u = \arcsin x$

注意：对变量代换比较熟练后，可省去书写中间变量的换元和回代过程．

【例 5】 求 $\int x\mathrm{e}^{x^2}\mathrm{d}x$．

解 $\int x\mathrm{e}^{x^2}\mathrm{d}x = \dfrac{1}{2}\int \mathrm{e}^{x^2}\mathrm{d}x^2 = \dfrac{1}{2}\mathrm{e}^{x^2} + C$．

【例 6】 求 $\int \sin x\cdot \cos x\mathrm{d}x$．

解 因 $\cos x\mathrm{d}x = \mathrm{d}(\sin x)$，则

原式 $= \int \sin x\mathrm{d}\sin x \xlongequal{\text{令}u=\sin x} \int u\mathrm{d}u = \dfrac{1}{2}u^2 + C = \dfrac{1}{2}\sin^2 x + C$．

【例 7】 求 $\int \dfrac{\mathrm{e}^x}{1+\mathrm{e}^x}\mathrm{d}x$．

解 原式 $= \int \dfrac{1}{1+\mathrm{e}^x}(\mathrm{e}^x)'\mathrm{d}x = \int \dfrac{1}{1+\mathrm{e}^x}\mathrm{d}(\mathrm{e}^x+1) = \ln(1+\mathrm{e}^x) + C$．

【例 8】 求 $\int \cos x\cdot \sin^2 x\mathrm{d}x$．

解 原式 $= \int \sin^2 x\,(\sin x)'\mathrm{d}x = \int \sin^2 x\mathrm{d}(\sin x) = \dfrac{1}{3}\sin^3 x + C$．

【例 9】 求 $\int \dfrac{\sqrt{\ln x}}{x} dx$.

解 由于 $\dfrac{1}{x} dx = d(\ln x)$, 所以原式 $= \int (\ln x)^{\frac{1}{2}} d(\ln x) = \dfrac{2}{3} (\ln x)^{\frac{3}{2}} + C$.

请思考：$\int \dfrac{\ln x + 1}{x} dx$, $\int \dfrac{1}{x \ln x} dx$.

二、第二类换元法

首先, 看积分 $\int \dfrac{1}{1 + \sqrt{1+x}} dx$ 应当如何计算呢？

在我们所掌握的基本公式中以及所能采用的恒等变换中, 很难找到一个很好的变换, 凑出简便的积分式. 从问题的分析角度来说, 棘手的就是这个根号, 如果能把根号消去的话, 问题是否会变得简单一点呢？不妨试试看：

令 $\sqrt{1+x} = t$, 于是 $x = t^2 - 1$, 这时 $dx = 2t dt$, 把这些关系式代入原式, 得

$$\int \dfrac{1}{1 + \sqrt{1+x}} dx = \int \dfrac{1}{1+t} 2t dt = \int \left(2 - \dfrac{2}{1+t}\right) dt,$$

这就得到了解决问题的办法, 这一方法就是我们将要介绍的第二换元积分法.

在第一类换元法中, 作变换 $u = \varphi(x)$, 把积分 $\int f[\varphi(x)] \cdot \varphi'(x) dx$ 变成 $\int f(u) du$ 后再直接积分. 有一类函数(最常见的是含有根式的)需要作以上相反的变换, 令 $x = \varphi(t)$, 把 $\int f(x) dx$ 化成 $\int f[\varphi(t)] \varphi'(t) dt$ 的形式以后再进行积分运算.

定理 2 如果 $x = \varphi(t)$ 单调、可导, 并且 $f\{\varphi(t)\} \varphi'(t)$ 存在原函数 $F(t)$, 那么

$$\int f(x) dx = \int f\{\varphi(t)\} \varphi'(t) dt = F(t) + C = F\{\varphi^{-1}(x)\} + C$$

事实上, $\dfrac{d}{dx} F\{\varphi^{-1}(x)\} = \dfrac{dF}{dt} \dfrac{dt}{dx} = f\{\varphi(t)\} \varphi'(t) \left(\dfrac{dx}{dt}\right)^{-1} = f(x)$, 所以等式成立.

从形式上来看, 第二换元积分法是第一换元积分法倒过来使用. 例如：

$$\int f\{\varphi(t)\} \varphi'(t) dt = \int f\{\varphi(t)\} d\varphi(t)$$

用右边求左边就是第一换元积分法；反之, 用左边求右边就是第二换元积分法.

当被积函数含根号, 方法就是去根号.

【例 10】 求 $\int \dfrac{1}{2(1+\sqrt{x})} dx$.

解 令 $x = t^2$, 则 $dx = 2t dt$,

原式 $= \int \dfrac{2t}{2(1+t)} dt = \int \left(1 - \dfrac{1}{t+1}\right) dt = t - \ln|t+1| + C = \sqrt{x} - \ln(\sqrt{x}+1) + C$.

【例 11】 求 $\int \dfrac{1}{\sqrt{x}(1+\sqrt[3]{x})} dx$.

解 令 $x = t^6$, 则 $dx = 6t^5 dt$,

原式 $= \int \dfrac{6t^5}{t^3(1+t^2)} dt = 6\int (1 - \dfrac{1}{1+t^2}) dt = 6(t - \arctan t) + C$
$= 6(\sqrt[6]{x} - \arctan \sqrt[6]{x}) + C.$

【例 12】 计算 $\int \sqrt{a^2 - x^2} dx.$ $(a > 0)$

解 令 $x = a\sin t, t \in \left[-\dfrac{\pi}{2}, \dfrac{\pi}{2}\right]$ 那么, $dx = da\sin t = a\cos x dt$, 所以有

$\int \sqrt{a^2 - x^2} dx = \int \sqrt{a^2 - a^2 \sin^2 t} \cos t dt = a^2 \int \cos^2 t dt$
$= a^2 \int \dfrac{1+\cos 2t}{2} dt = \dfrac{a^2}{2} t + \dfrac{a^2}{4} \sin 2t + C.$

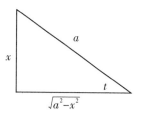

图 4-2 直角三角形

如图 4-2 所示,选择一个直角三角形,于是 $\sin t = \dfrac{x}{a}$,

$\cos t = \dfrac{\sqrt{a^2 - x^2}}{a}$; 所以, $\sin 2t = 2\sin t \cos t = \dfrac{2}{a^2} x \sqrt{a^2 - x^2}$,

所以 $\int \sqrt{a^2 - x^2} dx = \dfrac{a^2}{2} \arcsin \dfrac{x}{a} + \dfrac{x}{2} \sqrt{a^2 - x^2} + C.$

当然,上述方法只是在一般情况下可以这样考虑,它们只是解决问题的一种方法,它的基本思路就是**无理函数有理化**,这并不是说这种方法一定可行,更不一定最好. 有的情况下,这样做可能根本计算不出结果;有的情况下,即使能算出结果,但计算量相当大,至于如何合理使用它们,学习者只有在练习中总结,题目类型做得多了,思路自然就会开阔起来.

为了便于今后的应用,建议记住如下公式:

1. $\int \tan x dx = -\ln|\cos x| + C.$

2. $\int \cot x dx = \ln|\sin x| + C.$

3. $\int \sec x dx = \ln|\sec x + \tan x| + C.$

4. $\int \csc x dx = -\ln|\csc x + \cot x| + C.$

5. $\int \dfrac{1}{a^2 - x^2} dx = \dfrac{1}{2a} \ln\left|\dfrac{a+x}{a-x}\right| + C.$

6. $\int \dfrac{1}{a^2 + x^2} dx = \dfrac{1}{a} \arctan \dfrac{x}{a} + C.$

7. $\int \dfrac{1}{\sqrt{a^2 - x^2}} dx = \arcsin \dfrac{x}{a} + C.$

8. $\int \dfrac{1}{\sqrt{x^2 \pm a^2}} dx = \ln\left|x + \sqrt{x^2 \pm a^2}\right| + C.$

【例 13】 求 $\int \dfrac{dx}{\sqrt{4x^2 + 9}}.$

解 $\int \dfrac{dx}{\sqrt{4x^2 + 9}} = \int \dfrac{dx}{\sqrt{(2x)^2 + 3^2}} = \dfrac{1}{2} \int \dfrac{d(2x)}{\sqrt{(2x)^2 + 3^2}}.$

利用公式(8)，便得
$$\int \frac{\mathrm{d}x}{\sqrt{4x^2+9}} = \frac{1}{2}\ln(2x + \sqrt{4x^2+9}) + C.$$

上面这个例题，如果我们不知道公式，计算量是相当大的. 可见，在微积分的学习中，必要的记忆是不可缺少的.

习题 4.2

求下列不定积分：

(1) $\int \dfrac{1}{1-2x}\mathrm{d}x$；

(2) $\int \dfrac{1}{x^2+2x+2}\mathrm{d}x$；

(3) $\int \dfrac{\arctan x}{1+x^2}\mathrm{d}x$；

(4) $\int \dfrac{x^4}{(x^5+1)^4}\mathrm{d}x$；

(5) $\int \dfrac{\mathrm{d}x}{\sin^2 x + 4\cos^2 x}$；

(6) $\int \dfrac{\mathrm{e}^x}{1+\mathrm{e}^x}\mathrm{d}x$；

(7) $\int \dfrac{1}{\sqrt{x}(1+x)}\mathrm{d}x$；

(8) $\int \sin x \cos^3 x \, \mathrm{d}x$；

(9) $\int \dfrac{1}{1-x^2} \ln\dfrac{1+x}{1-x}\mathrm{d}x$；

(10) $\int \dfrac{\sin x - \cos x}{(\cos x + \sin x)^2}\mathrm{d}x$；

(11) $\int \mathrm{e}^{5x}\mathrm{d}x$；

(12) $\int \dfrac{1}{\sqrt[3]{2-3x}}\mathrm{d}x$；

(13) $\int \tan^{10} x \cdot \sec^2 x \, \mathrm{d}x$；

(14) $\int \dfrac{1}{x\ln x \ln\ln x}\mathrm{d}x$；

(15) $\int \dfrac{\mathrm{d}x}{\mathrm{e}^x + \mathrm{e}^{-x}}$；

(16) $\int x\mathrm{e}^{-x^2}\mathrm{d}x$；

(17) $\int \dfrac{x\mathrm{d}x}{x^2+2}$；

(18) $\int \dfrac{3x^3}{1-x^4}\mathrm{d}x$；

(19) $\int \dfrac{\sin x \cos x}{1+\sin^4 x}\mathrm{d}x$；

(20) $\int \dfrac{\mathrm{d}x}{1+\sqrt{2x}}$；

(21) $\int \dfrac{1}{\sqrt{1+\mathrm{e}^x}}\mathrm{d}x$；

(22) $\int \dfrac{\sin x}{\cos^3 x}\mathrm{d}x$；

(23) $\int \dfrac{\mathrm{d}x}{x\sqrt{x^2-1}}$；

(24) $\int \dfrac{2x-1}{\sqrt{1-x^2}}\mathrm{d}x$；

(25) $\int \dfrac{\sin x + \cos x}{\sqrt[3]{\sin x - \cos x}}\mathrm{d}x$；

(26) $\int \sin 2x \cdot \cos 3x \, \mathrm{d}x$；

(27) $\int \tan^3 x \cdot \sec x \, \mathrm{d}x$；

(28) $\int 10^{2\arccos x} \dfrac{\mathrm{d}x}{\sqrt{1-x^2}}$；

(29) $\int \dfrac{1+\ln x}{(x\ln x)^2}\mathrm{d}x$；

(30) $\int \dfrac{\sqrt{x^2-9}}{x}\mathrm{d}x$.

第三节　分部积分法

如果换元法失败了，可能要尝试分部积分法了. 这种方法基于对乘法求导公式的综合运用. $u = u(x), v = v(x)$，那么 $(uv)' = u'v + uv'$ 或者写成 $u'v = (uv)' - uv'$，两边同时积分可以得到 $\int u'v \mathrm{d}x = \int (uv)' \mathrm{d}x - \int uv' \mathrm{d}x$.

根据微分公式 $f'(x)\mathrm{d}x = \mathrm{d}f(x)$，有 $\int u \mathrm{d}v = uv - \int v \mathrm{d}u$.

定理 1　设 $u = u(x), v = v(x)$ 具有连续的导数，则有：
$$\int u(x) \cdot v'(x)\mathrm{d}x = u(x) \cdot v(x) - \int u'(x) \cdot v(x)\mathrm{d}x,$$

即
$$\int u \cdot v' \mathrm{d}x = u \cdot v - \int u' \cdot v \mathrm{d}x,$$

或
$$\int u(x)\mathrm{d}v(x) = u(x) \cdot v(x) - \int v(x)\mathrm{d}u(x), \text{即} \int u\mathrm{d}v = uv - \int v\mathrm{d}u.$$

定理 1 的主要作用是把左边的不定积分 $\int u(x)\mathrm{d}v(x)$ 转化为右边的不定积分 $\int v(x)\mathrm{d}u(x)$，显然后一个积分较前一个积分要容易，否则，该转化是无意义的. 如果 $\int uv'\mathrm{d}x = \int u\mathrm{d}v$ 有困难，而求 $\int v\mathrm{d}u$ 比较容易时，分部积分公式就可以发挥作用了.

【例 1】 计算下列不定积分：

(1) $\int x\cos x\mathrm{d}x$； (2) $\int xe^x\mathrm{d}x$； (3) $\int x^2 e^x \mathrm{d}x$.

分析：计算形如 $\int uv'\mathrm{d}x$ 的积分时，如果不能用换元积分法求解，则可考虑用分部积分法求解. 具体步骤如下：

(1) 凑微分：从被积函数中选择恰当的部分作为 $v'\mathrm{d}x$，凑微分 $v'\mathrm{d}x = \mathrm{d}v$，这样积分就变成 $\int u\mathrm{d}v$ 的形式；

(2) 代公式：$\int u\mathrm{d}v = uv - \int v\mathrm{d}u$，并计算出微分 $\mathrm{d}u = u'\mathrm{d}x$；

(3) 计算积分 $\int vu'\mathrm{d}x$.

解 (1) 设 $u(x) = x, v(x) = \sin x$,
$$\text{原式} = \int x\mathrm{d}\sin x = x\sin x - \int \sin x \mathrm{d}x = x\sin x + \cos x + C.$$

再考虑到 $\int x\cos x \mathrm{d}x = \int \cos x \mathrm{d}(\frac{1}{2}x^2)$，而设 $u(x) = \cos x, v(x) = \frac{1}{2}x^2$，则：
$$\int x\cos x \mathrm{d}x = \int \cos x \, \mathrm{d}(\frac{1}{2}x^2)$$
$$= \frac{1}{2}x^2 \cos x + \frac{1}{2}\int x^2 \sin x \mathrm{d}x.$$

上式右端的积分比原积分更不容易求出.

由此可见，如果 $u(x)$ 和 $v(x)$ 选取不当就求不出结果，所以应用分部积分法时，恰当选取 $u(x)$ 和 $v(x)$ 是关键，一般以 $\int v\mathrm{d}u$ 比 $\int u\mathrm{d}v$ 易求出为准则.

(2) 设 $u(x) = x, v(x) = e^x$,
$$\text{原式} = \int x(e^x)'\mathrm{d}x = \int x \mathrm{d}e^x = xe^x - \int e^x \mathrm{d}x = xe^x - e^x + C.$$

(3) $\int x^2 e^x \mathrm{d}x = \int x^2 \mathrm{d}e^x = x^2 e^x - \int e^x \mathrm{d}x^2 = x^2 e^x - \int 2xe^x \mathrm{d}x$

由于 $\int xe^x\mathrm{d}x$ 还不能直接积分，所以再做一次分部积分：

$$\int x e^x dx = \int x de^x = xe^x - \int e^x dx = xe^x - e^x + C,$$

因此,$\int x^2 e^x dx = x^2 e^x - 2(xe^x - e^x) + C = x^2 e^x - 2xe^x + 2e^x + C.$

【例 2】 求 $\int \ln x dx.$

解 设 $u(x) = \ln x, v(x) = x,$
$$\int \ln x dx = x\ln x - \int x d\ln x = x\ln x - \int x \frac{1}{x} dx = x\ln x - x + C.$$

【例 3】 求 $\int \arcsin x dx.$

解 设 $u(x) = \arcsin x, v(x) = x,$
$$原式 = \int \arcsin x dx = x\arcsin x - \int \frac{x}{\sqrt{1-x^2}} dx$$
$$= x\arcsin x + \frac{1}{2}\int \frac{1}{\sqrt{1-x^2}} d(1-x^2) = x\arcsin x + \sqrt{1-x^2} + C.$$

在求不定积分的运算时,可以把不定积分的分部积分法和换元法结合起来使用,如上面的例题即用到了分部积分法,又用了第一换元法.

习题 4.3

1. 求下列不定积分:

(1) $\int \arcsin x dx$;　　(2) $\int \ln(1+x^2) dx$;　　(3) $\int \arctan x dx$;　　(4) $\int x^2 \arctan x dx$;

(5) $\int x\cos\frac{x}{2} dx$;　　(6) $\int x\tan^2 x dx$;　　(7) $\int \ln^2 x dx$;　　(8) $\int x\ln(x-1) dx$;

(9) $\int \frac{\ln^2 x}{x^2} dx$;　　(10) $\int \cos\ln x dx$;　　(11) $\int x^2 e^{-x} dx$;　　(12) $\int \frac{\ln\ln x}{x} dx$;

(13) $\int xe^{3x} dx$;　　(14) $\int (x+1)e^x dx$;　　(15) $\int x^2 \cos x dx$;　　(16) $\int x\ln(x+1) dx.$

2. 求下列不定积分:

(1) $\int x\sin x\cos x dx$;　　(2) $\int x^2 \cos^2 \frac{x}{2} dx$;　　(3) $\int e^{\sqrt[3]{x}} dx$;

(4) $\int \frac{\ln(1+x)}{\sqrt{x}} dx$;　　(5) $\int \frac{\ln(1+e^x)}{e^x} dx$;　　(6) $\int x\ln\frac{1+x}{1-x} dx$;

(7) $\int \frac{dx}{\sin 2x\cos x}$;　　(8) $\int e^{-x}\cos x dx$;　　(9) $\int (x^2+1)e^{-x} dx.$

3. 设 $f(x)$ 的一个原函数为 $\frac{\sin x}{x}$, 求 $\int x^3 f'(x) dx.$

4. 设 $F(x)$ 是 $f(x)$ 的原函数, 且当 $x \geqslant 0$ 时有 $f(x) \cdot F(x) = \sin^2 2x$, 又 $F(0) = 1$, $F(x) \geqslant 0$, 求 $f(x).$

数学家简介:

德国的一位万能大师 —— 莱布尼茨(二)

德国有一位被世人誉为"万能大师"的通才,他就是莱布尼茨,他在数学、逻辑学、文学、史学和法学等方面都很有建树. 莱布尼茨生于莱比锡,6 岁时丧父,但作为大学伦理学教授的父亲给他留下了丰富的藏书,引起了他广泛的学习兴趣. 他 11 岁时自学了拉丁语和希腊语;15 岁时因不满足对古典文学和史学的研究,进入莱比锡大学学习法律,同时对逻辑学和哲学很感兴趣. 莱布尼茨思想活跃,不盲从,有主见,在 20 岁时就写出了《论组合的技巧》的论文,创立了关于"普遍特征"的"通用代数",即数理逻辑的新思想.

莱布尼茨还与英国数学家、大物理学家牛顿分别独立地创立了微积分学. 莱布尼茨是从哲学的角度来研究数学的,他终生奋斗的主要目标是寻求一种可以获得知识和创造发明的普遍方法,他的许多数学发现就是在这种目的的驱使下获得的. 牛顿建立微积分学主要是从物理学、运动学的观点出发,而莱布尼茨则从哲学、几何学的角度去考虑. 今天的积分号 $\int$(拉长的字母 S)、微分号 d 都是莱布尼茨首先使用的. 值得一提的是,他发明了能做乘法、除法的机械式计算机(十进制),并首先系统研究了二进制记数方法,这对于现代计算机的发明至关重要. 莱布尼茨从 21 岁起开始研究中国,41 岁研读了在巴黎出版的孔子论著和传记. 在罗马,他结识了耶稣会士闵敏我,并从闵敏我和其他耶稣会士那里获得许多介绍中国情况的材料. 1697 年,他把这些材料结集出版,书名为《中国现状》. 在该书的序言中,他热情讴歌中国的文明,还借用中国文明无情地揭露和猛烈抨击当时的基督教统治:"我们在过去没有谁会相信在这世界上还有比我们伦理更完善,立身处世之道更进步的民族存在,现在从东方的中国,竟然使我们觉醒了." 他忠告欧洲社会:"欧洲文化之特长乃数学的、思辨的科学……,但在实践哲学方面,欧洲人实不如中国人.""这样下去,我认为中国人在科学和艺术方面将会很快超过我们……我们生活得如此之混乱,道德沦落难以自拔,因此我认为必须请中国派遣圣哲到我们这里来,把治国艺术和被他们提高到如此完美的高度的那种自然神学教给我们,正如我们派遣教士到中国去传授上帝启示的神学一样."可见,莱布尼茨对中国文化是极为崇拜的,崇拜到要求中国派遣人员到欧洲传授中国文化的境地. 他认为中国儒家学说"是从约三千年以来建立的,并且极有权威,远在希腊人的哲学很久很久以前." 众所皆知,欧洲本土的古希腊文化具有多方面的成就,是公元前 11 世纪至公元前 2 世纪中叶的文化,它反映了古代欧洲的文明,并为西方哲学的发展提供了养料. 恩格斯说:"在希腊哲学的多种多样的形式中,差不多可以找到以后各种观点的胚胎、萌芽." 但是,莱布尼茨却认为早于古希腊哲学的中国儒家哲学远比古希腊哲学发达、先进、更具权威性. 因此,莱布尼茨对于那些非议中国哲学的言论给予坚决的反驳:"我们这些后来者,刚刚脱离野蛮状态,就想谴责一种古老的学说,理由是因为这种学说似乎首先和我们普通的经院哲学不相符合,这真是狂妄之极." 同时,他决心全力以赴地去研究中国文化，并为此而倡导建立了柏林、维尔纳、彼得堡的科学院，将中国文化与哲学的研究列为这些科学院的研究项目．

复习题 四

一、选择题

1. 已知函数 $(x+1)^2$ 为 $f(x)$ 的一个原函数，则下列函数中（　　）是 $f(x)$ 的原函数．
   A. x^2-1　　　　B. x^2+1　　　　C. x^2-2x　　　　D. x^2+2x

2. 已知 $\int e^x f(x) dx = e^x \sin x + C$，则 $\int f(x) dx = ($　　$)$．
   A. $\sin x + C$　　　　　　　　　　B. $\cos x + C$
   C. $-\cos x + \sin x + C$　　　　　D. $\cos x + \sin x + C$

3. 若 $\dfrac{\ln x}{x}$ 为 $f(x)$ 的一个原函数，则不定积分 $\int x f'(x) dx = ($　　$)$．
   A. $\dfrac{1-\ln x}{x} + C$　　　　　　B. $\dfrac{1+\ln x}{x} + C$

   C. $\dfrac{1-2\ln x}{x} + C$　　　　　D. $\dfrac{1+2\ln x}{x} + C$

4. 若函数 $f(x)$ 的一个原函数为 $\ln x$，则一阶导数 $f'(x) = ($　　$)$．
   A. $\dfrac{1}{x}$　　　　B. $-\dfrac{1}{x^2}$　　　　C. $\ln x$　　　　D. $x \ln x$

二、填空题

1. 函数 2^x 为_____的一个原函数．

2. 已知一阶导数 $\left(\int f(x) dx\right)' = \sqrt{1+x^2}$，则 $f'(1) = $_____．

3. 若 $\int x f(x) dx = \arctan x + C$，则 $\int \dfrac{1}{f(x)} dx = $_____．

4. 已知 $f(x)$ 二阶导数 $f''(x)$ 连续，则不定积分 $\int x f''(x) dx = $_____．

5. 不定积分 $\int \cos x \, d(e^{\cos x}) = $_____．

三、解答题

1. 计算 $\int \dfrac{dx}{x^2(1+x^2)}$．　　　　　　2. 计算 $\int \dfrac{dx}{1+e^x}$．

3. 计算 $\int \dfrac{x^3}{x^2+1} dx$．　　　　　　4. 计算 $\int \dfrac{dx}{x^2+5x+4}$．

5. 计算 $\int \dfrac{dx}{\sqrt[6]{x^5}+\sqrt{x}}$．　　　　　6. 计算 $\int x^3 e^{x^2} dx$．

第五章 定 积 分

> 别把数学想象为硬梆梆的、死绞蛮缠的、令人讨厌的、有悖于常识的东西,它只不过是赋予常识以灵性的东西.
>
> —— 开尔文

我们可以求规则图形的面积,如矩形面积、三角形面积、平行四边形面积和梯形面积. 一个有趣的问题是,如何求不规则图形的面积?如一片树叶的面积怎么求?本章学习的定积分可以很好地解决这类问题. 定积分起源于求图形的面积和体积等实际问题. 古希腊的阿基米德用"穷竭法",我国的刘徽用"割圆术",都曾计算过一些几何体的面积和体积,这些均为定积分的雏形. 直到 17 世纪中叶,牛顿和莱布尼茨先后提出了定积分的概念,并发现了积分与微分之间的内在联系,给出了计算定积分的一般方法. 但是,定积分的现代定义实际上是由黎曼(Riemann,1826—1866 年)给出的,从而使定积分成为解决有关实际问题的有力工具,并使各自独立的微分学与积分学联系在一起,构成完整的理论体系—— 微积分学.

第一节 定积分的概念

我们首先给出曲边梯形的概念:设一平面图形由直线 $x=a, x=b, y=0$ 和曲线 $y=f(x)$ 所围,求该平面图形的面积.

如上所述,我们通常把三边为直边,另一边为曲边的几何图形(见图 5-1)称为曲边梯形.

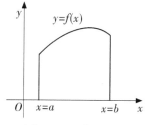

图 5-1 曲边梯形

一、定积分问题举例

【例 1】 设 $f(x)=x^2$,求以 $f(x)$ 为曲边在区间 $[0,1]$ 上的曲边梯形的面积.

先考虑这个曲边梯形面积 A 的近似值:

如图 5-2 所示,将区间 $[0,1]$ 分为 4 等分,得到 4 个小区间:

$$\left[0,\frac{1}{4}\right], \left[\frac{1}{4},\frac{1}{2}\right], \left[\frac{1}{2},\frac{3}{4}\right], \left[\frac{3}{4},1\right].$$

分别以这 4 个小区间为底,分别以 4 个小区间中点对应的函数值 $f\left(\frac{1}{8}\right), f\left(\frac{3}{8}\right), f\left(\frac{5}{8}\right), f\left(\frac{7}{8}\right)$ 为高作 4 个小矩形,因为每个小区间长度为 $\frac{1}{4}$,以这 4 个

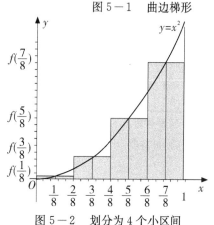

图 5-2 划分为 4 个小区间

小矩形的面积之和作为曲边梯形面积的近似值,得到:

$$A \approx \frac{1}{4}f\left(\frac{1}{8}\right) + \frac{1}{4}f\left(\frac{3}{8}\right) + \frac{1}{4}f\left(\frac{5}{8}\right) + \frac{1}{4}f\left(\frac{7}{8}\right)$$

$$= \frac{1}{4}\left[\left(\frac{1}{8}\right)^2 + \left(\frac{3}{8}\right)^2 + \left(\frac{5}{8}\right)^2 + \left(\frac{7}{8}\right)^2\right]$$

$$= \frac{1}{4}\left(\frac{1}{64} + \frac{9}{64} + \frac{25}{64} + \frac{49}{64}\right) = \frac{21}{64} \approx 0.328\,124.$$

如果将区间[0,1]分为8等分,如图5-3所示,用上述类似的方法,作8个小矩形,得到 A 的近似值为 0.332 031. 如果将区间[0,1]分为16等分,类似地有图5-4,得到 A 的近似值为 0.333 008.

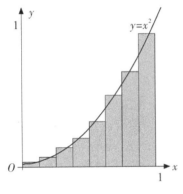

图5-3 划分为8个小区间

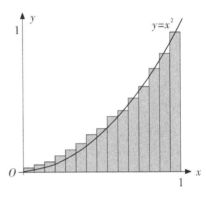

图5-4 划分为16个小区间

一般地,如果将区间[0,1]分为 n 等分,与前类似,可得到如下表所示的结果.

小矩形的数目 n	4	8	16	32	64	200
A 的近似值	0.328 125	0.332 031	0.333 008	0.333 252	0.333 313	0.333 331

由上面的近似计算我们看到,随着 n 越来越大,A 的近似值越来越趋于常数 $\frac{1}{3}$,这意味着常数 $\frac{1}{3}$ 为所求曲边梯形的面积.

在例1中,我们选择每一个小区间中点处 $f(x)$ 的值作为小矩形的高. 下面我们选取小区间的左端点处 $f(x)$ 的值作为小矩形的高,求例1中曲边梯形的面积. 得到的结果列表如下:

小矩形数目 n	4	16	32	64	100	300
A 的近似值	0.218 750	0.302 734	0.317 871	0.322 556	0.328 350	0.331 669

可见,无论是选取中点还是取左端点处 $f(x)$ 的值作为小矩形的高,随着 n 越来越大,A 的近似值都趋于常数 $\frac{1}{3}$.

例1给出了求在区间$[a,b]$上连续非负函数$f(x)$在区间$[a,b]$上的曲边梯形面积的方法:把区间$[a,b]$分为n等分,每个小区间的长度为$\Delta x = \dfrac{b-a}{n}$,然后在每个小区间上任取一点,分别记为$x_1,x_2,x_3,\cdots,x_n$,分别用$f(x_1),f(x_2),f(x_3),\cdots,f(x_n)$作为$n$个小矩形的高,因此$n$个小矩形的面积分别为$f(x_1)\Delta x, f(x_2)\Delta x, f(x_3)\Delta x,\cdots,f(x_n)\Delta x$,$A$的近似值为

$$A \approx f(x_1)\Delta x + f(x_2)\Delta x + f(x_3)\Delta x + \cdots f(x_n)\Delta x,$$

当n无限增大(即有$\Delta x \to 0$),如果上式中右边和式的极限存在,则称这个极限值为曲边梯形的面积A.即

$$A = \lim_{n\to\infty}[f(x_1)+f(x_2)+f(x_3)+\cdots+f(x_n)]\Delta x.$$

定义1 设$f(x)$在$[a,b]$上有界,在$[a,b]$中任意插入若干个分点

$$a = x_0 < x_1 < x_2 < \cdots < x_{n-1} < x_n = b$$

把区间$[a,b]$分割成n个小区间$[x_0,x_1],[x_1,x_2],\cdots,[x_{n-1},x_n]$,各小区间的长度依次为$\Delta x_1 = x_1 - x_0, \Delta x_2 = x_2 - x_1,\cdots,\Delta x_n = x_n - x_{n-1}$.在每个小区间$[x_{i-1},x_i]$上任取一点$\xi_i(x_{i-1}\leqslant \xi_i \leqslant x_i)$,作函数值$f(\xi_i)$与小区间长度$\Delta x_i$的乘积$f(\xi_i)\Delta x_i (i=1,2,\cdots,n)$,并作和式$S_n = \sum_{i=1}^{n} f(\xi_i)\Delta x_i$,记$\lambda = \max\{\Delta x_1, \Delta x_2,\cdots,\Delta x_n\}$,如果不论对$[a,b]$怎样的分法,也不论在小区间$[x_{i-1},x_i]$上点$\xi_i$怎样取法,只要当$\lambda \to 0$时,和$S_n$总趋于确定的极限$I$,我们就称这个极限$I$为函数$f(x)$在区间$[a,b]$上的定积分,记为:

$$\int_a^b f(x)\mathrm{d}x = I = \lim_{\lambda\to 0}\sum_{i=1}^{n} f(\xi_i)\Delta x_i.$$

其中,$f(x)$叫做被积函数,$f(x)\mathrm{d}x$叫做被积表达式,x叫做积分变量,$[a,b]$叫做积分区间.

注意:当和式$\sum_{i=1}^{n} f(\xi_i)\Delta x_i$的极限存在时,其极限值仅与被积函数$f(x)$及积分区间$[a,b]$有关,而与积分变量所用字母无关,即

$$\int_a^b f(x)\mathrm{d}x = \int_a^b f(t)\mathrm{d}t = \int_a^b f(u)\mathrm{d}u.$$

读者容易由定积分的定义或下面介绍的定积分的几何意义得到这一结论.

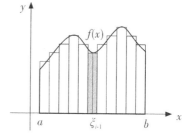

图 5-5 求曲边梯形的面积

如果$f(x)$在$[a,b]$上的定积分存在,我们就说$f(x)$在$[a,b]$上可积.由于这个定义是由黎曼首先给出的,所以这里的可积也称为黎曼可积,相应的积分和式$\sum_{i=1}^{n} f(\xi_i)\Delta x_i$也称为黎曼和.

对于定积分,有这样一个重要问题:函数$f(x)$在$[a,b]$满足怎样的条件,$f(x)$在$[a,b]$上一定可积?这个问题我们不作深入讨论,而只给出以下两个充分条件.

定理1 设$f(x)$在区间$[a,b]$上连续,则$f(x)$在$[a,b]$上可积.

定理2 设$f(x)$在区间$[a,b]$上有界,且只有有限个间断点,则$f(x)$在$[a,b]$上

可积.

【例2】 计算 $\int_0^1 x^2 \mathrm{d}x$.

解 因为 $f(x)=x^2$ 在 $[0,1]$ 上连续,由定理1,$f(x)$ 在 $[0,1]$ 上可积. 将 $[0,1]$ 分成 n 等份,于是各分点为:
$$x_0=0, x_1=\frac{1}{n}, \cdots, x_k=\frac{k}{n}, \cdots, x_n=1;$$

各小区间的长度为
$$\Delta x_k=\frac{1}{n}(k=1,2,\cdots,n),$$

取 $\xi_k=\frac{k}{n}$(见图 5-6),从而

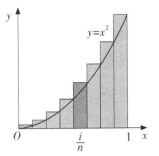

图 5-6 $y=x^2$ 在 $[0,1]$ 区间上的面积

$$\begin{aligned}\sum_{k=1}^n f(\xi_k)\cdot\Delta x_k &= \sum_{k=1}^n \xi_k^2\cdot\Delta x_k=\sum_{k=1}^n\left(\frac{k}{n}\right)^2\cdot\frac{1}{n} \\ &= \frac{1}{n^3}\sum_{k=1}^n k^2 \\ &= \frac{1}{n^3}(1+2^2+3^2+\cdots+n^2) \\ &= \frac{1}{n^3}\cdot\frac{n(n+1)(2n+1)}{6} \\ &= \frac{1}{6}\left(1+\frac{1}{n}\right)\cdot\left(2+\frac{1}{n}\right).\end{aligned}$$

此时 $\lambda=\frac{1}{n}$,所以,由定义 1:
$$\int_0^1 x^2\mathrm{d}x=\lim_{\lambda\to 0}\sum_{k=1}^n f(\xi_k)\cdot\Delta x_k=\lim_{n\to\infty}\frac{1}{6}\left(1+\frac{1}{n}\right)\cdot\left(2+\frac{1}{n}\right)=\frac{1}{3}.$$

利用定积分的定义,前面所讨论的实际问题可以分别表述如下:

曲线 $y=f(x)(f(x)\geqslant 0)$,x 轴及两条直线 $x=a,x=b$ 所围成的曲边梯形的面积 A 等于函数 $f(x)$ 在区间 $[a,b]$ 上的定积分. 即
$$A=\int_a^b f(x)\mathrm{d}x.$$

物体以变速 $v=v(t)[v(t)\geqslant 0]$ 作直线运动,从时刻 $t=T_1$ 到时刻 $t=T_2$,这物体经过的路程 s 等于函数 $v(t)$ 在区间 $[T_1,T_2]$ 上的定积分,即
$$s=\int_{T_1}^{T_2}v(t)\mathrm{d}t.$$

二、定积分的几何意义及经济意义

(一) 定积分的几何意义

在 $[a,b]$ 上 $f(x)>0$ 时,我们已经知道,定积分 $\int_a^b f(x)\mathrm{d}x$ 在几何上表示曲线 $y=f(x)$,两条直线 $x=a,x=b$ 与 x 轴所围成的曲边梯形的面积;在 $[a,b]$ 上 $f(x)<0$ 时,

由曲线 $y=f(x)$，两条直线 $x=a,x=b$ 与 x 轴所围成的曲边梯形位于 x 轴的下方，定积分 $\int_a^b f(x)\mathrm{d}x$ 在几何上表示上述曲边梯形面积的负值；在 $[a,b]$ 上 $f(x)$ 既取得正值又取得负值时，函数 $f(x)$ 的图形某些部分在 x 轴上方，而其他部分在 x 轴的下方（见图 5-7）。如果我们对面积赋以正负号，在 x 轴上方的图形面积赋以正号，在 x 轴下方的图形面积赋以负号，则在一般情形下，定积分 $\int_a^b f(x)\mathrm{d}x$ 的几何意义为：它是介于 x 轴、函数 $f(x)$ 的图形及两条直线 $x=a,x=b$ 之间各部分面积的代数和。

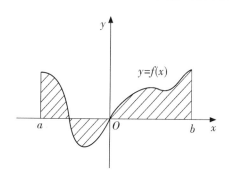

图 5-7 定积分的几何意义

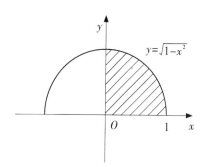

图 5-8 半径为 1，$\frac{1}{4}$ 圆的面积

【例 3】 利用定积分的几何意义，计算 $\int_0^1 \sqrt{1-x^2}\,\mathrm{d}x$。

解 显然，根据定积分的定义来求解是比较困难的。根据定积分的几何意义知，$\int_0^1 \sqrt{1-x^2}\,\mathrm{d}x$ 就是图 5-8 所示半径为 1 的圆在第一象限部分的面积，所以

$$\int_0^1 \sqrt{1-x^2}\,\mathrm{d}x = \frac{\pi}{4} \cdot 1^2 = \frac{\pi}{4}.$$

（二）定积分的经济意义

我们已知，某一经济总量函数的导数，是该经济量的变化率（边际），而已知某一经济量的变化率求其总量函数，用的是不定积分。如果已知某一经济量的变化率为 $f(x)$，则其定积分 $\int_a^b f(x)\mathrm{d}x$ 表示的是 x 在 $[a,b]$ 这一阶段的经济总量。

如设总收入 R 关于产量 x 的变化率为 $R(x)$，则 $\int_a^b R(x)\mathrm{d}x$ 的意义是：当产量从 a 变化到 b 时的总收入。

【例 4】 某企业生产一种产品，每天生产 x 吨的边际成本为 $C'(x)=0.4x+12$（万元），固定成本 5 万元，求产量从 0 增加到 10 吨时的总成本增量的表达式。

解 当产量从 0 到 10 吨时的总成本增量为：$C=\int_0^{10}(0.4x+12)\mathrm{d}x$（万元）。

三、定积分的性质

根据定积分的定义，我们不加证明也给出定积分的一些性质，这些性质对加深定积

分的理解及定积分的计算有比较重要的作用. 以下我们总假设函数在所考虑的区间上可积.

性质1 $\int_a^b f(x)dx = -\int_b^a f(x)dx$, 特别地有 $\int_a^a f(x)dx = 0$. 即对调积分上下限, 其值要变号.

性质2 两个函数代数和的定积分, 等于它们定积分的代数和, 即
$$\int_a^b [f(x) \pm g(x)]dx = \int_a^b f(x)dx \pm \int_a^b g(x)dx.$$

下面我们对性质2进行证明:
$$\int_a^b [f(x) \pm g(x)]dx = \lim_{\lambda \to 0} \sum_{i=1}^n [f(\xi_i) \pm g(\xi_i)] \Delta x_i$$
$$= \lim_{\lambda \to 0} \sum_{i=1}^n f(\xi_i) \Delta x_i \pm \lim_{\lambda \to 0} \sum_{i=1}^n g(\xi_i) \Delta x_i$$
$$= \int_a^b f(x)dx \pm \int_a^b g(x)dx.$$

性质3 被积函数的常数因子可以提到积分号外面, 即
$$\int_a^b k \cdot f(x)dx = k \cdot \int_a^b f(x)dx.$$

性质4 设 $a < c < b$, 则有
$$\int_a^b f(x)dx = \int_a^c f(x)dx + \int_c^b f(x)dx.$$

性质4称之为积分的区间可加性. 利用性质1, 可以证明: 无论 a, b, c 的位置如何, 上式都成立.

性质5 若在 $[a,b]$ 上, $f(x) \geqslant 0$, 则 $\int_a^b f(x)dx \geqslant 0$.

推论1 若在 $[a,b]$ 上, 恒有 $f(x) \leqslant g(x)$, 则 $\int_a^b f(x)dx \leqslant \int_a^b g(x)dx$.

上式称为定积分的比较性质.

性质6 设 $f(x)$ 在 $[a,b]$ 上有最大值 M 和最小值 m, 则有
$$m(b-a) \leqslant \int_a^b f(x)dx \leqslant M(b-a).$$

性质6称之为定积分的估计性质.

【例5】 比较下列定积分的大小:

(1) $\int_0^1 x^2 dx$ 与 $\int_0^1 x^3 dx$; (2) $\int_0^1 \frac{x}{1+x} dx$ 与 $\int_0^1 \ln(1+x) dx$.

解 (1) 当 $0 < x < 1$ 时, $x^2 > x^3$, 根据推论1有 $\int_0^1 x^2 dx > \int_0^1 x^3 dx$.

(2) 令 $f(x) = (1+x)\ln(1+x) - x$, 则 $f'(x) = \ln(1+x) > 0 (x > 0)$, 当 $x > 0$ 时, $f(x) > f(0) = 0$, 即 $\frac{x}{1+x} < \ln(1+x)$, 所以 $\int_0^1 \frac{x}{1+x} dx < \int_0^1 \ln(1+x) dx$.

性质7(定积分中值定理) 若 $f(x)$ 在 $[a,b]$ 上连续, 则在 $[a,b]$ 上至少有一点 ξ, 使

得下式成立：
$$\int_a^b f(x)\mathrm{d}x = f(\xi)(b-a).$$

性质 7 的几何意义如图 5-9 所示.

证明 把性质 7 中的不等式各除以 $b-a$ 得：
$$m \leqslant \frac{1}{b-a}\int_a^b f(x)\mathrm{d}x \leqslant M.$$

这表明，确定的数值 $\frac{1}{b-a}\int_a^b f(x)\mathrm{d}x$ 介于函数 $f(x)$ 的最小

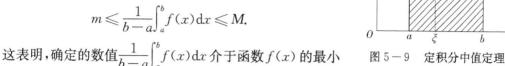

图 5-9 定积分中值定理

值 m 与最大值 M 之间. 根据闭区间上连续函数的介值定理，在$[a,b]$上至少存在一点 ξ，使得函数 $f(x)$ 在点 ξ 处的值与这个确定的数值相等，即应有：
$$\frac{1}{b-a}\int_a^b f(x)\mathrm{d}x = f(\xi)\quad(a \leqslant \xi \leqslant b).$$

两端各乘以 $b-a$，即得所要证的等式.

积分中值公式有如下的几何解释：在区间$[a,b]$上至少存在一点 ξ，使得以区间$[a,b]$为底边、以曲线 $y=f(x)$ 为曲边的曲边梯形的面积等于同一底边而高为 $f(\xi)$ 的一个矩形的面积(见图 5-9).

性质 8（偶倍奇零） 设 $f(x)$ 在对称区间 $[-a,a]$ 上连续，则有：

(1) 如果 $f(x)$ 为奇函数，则 $\int_{-a}^a f(x)\mathrm{d}x = 0$；

(2) 如果 $f(x)$ 为偶函数，则 $\int_{-a}^a f(x)\mathrm{d}x = 2\int_0^a f(x)\mathrm{d}x$.

这个性质完全可以用定积分的几何意义来理解，在下面的章节中，会有这个性质的严格证明.

习题 5.1

1. 利用定积分的几何意义求下列定积分：

(1) $\int_0^1 x\mathrm{d}x$；　　　　(2) $\int_0^k \sqrt{k^2-x^2}\mathrm{d}x$；　　　　(3) $\int_{-\pi}^\pi \sin x\mathrm{d}x$.

2. 比较下列定积分的大小：

(1) $\int_0^1 x^2\mathrm{d}x$ 与 $\int_0^1 x^3\mathrm{d}x$；　　　　(2) $\int_0^{\frac{\pi}{2}} x\mathrm{d}x$ 与 $\int_0^{\frac{\pi}{2}} \sin x\mathrm{d}x$；

(3) $\int_0^1 e^x\mathrm{d}x$ 与 $\int_0^1 x\mathrm{d}x$；　　　　(4) $\int_0^1 x\mathrm{d}x$ 与 $\int_0^1 \ln(1+x)\mathrm{d}x$.

3. 利用定积分的估值公式，估计定积分 $\int_{-1}^1 (4x^4 - 2x^3 + 5)\mathrm{d}x$ 的值.

第二节 微积分基本公式

积分学中要解决两个问题：第一个问题是原函数的求法问题，我们在第四章中已经对它进行了讨论；第二个问题就是定积分的计算问题. 如果我们要按定积分的定义来计算

定积分,那将是十分困难的. 因此,寻求一种计算定积分的有效方法便成为积分学发展的关键. 我们知道,不定积分作为原函数的概念与定积分作为和的极限的概念是完全不相干的两个概念. 但是,牛顿和莱布尼茨不仅发现而且找到了这两个概念之间存在着的深刻的内在联系. 即所谓的"微积分基本定理",并由此巧妙地开辟了求定积分的新途径——牛顿-莱布尼茨公式. 从而使积分学与微分学一起构成变量数学的基础学科——微积分学. 牛顿和莱布尼茨也因此作为微积分学的奠基人而载入史册.

一、变上限的定积分与原函数存在定理

定义1 设 $f(x)$ 在 $[a,b]$ 上可积,则对任意的 $x \in [a,b]$,$f(x)$ 在 $[a,x]$ 上可积,于是,$\int_a^x f(x) dx$ 存在,我们称此积分为变上限的定积分.

由于任意给定一个 $x \in [a,b]$,有一个积分值与之对应,该值是积分上限 x 的函数,所以,可以记 $\varphi(x) = \int_a^x f(x) dx$.

式中,积分变量与上限都可以 x 表示,但含义不同. 有时候为了区别起见,把积分变量用 t 表示,即

$$\varphi(x) = \int_a^x f(x) dx = \int_a^x f(t) dt, t \in [a,x].$$

定理1(原函数存在定理) 若 $f(x)$ 在 $[a,x]$ 上连续,则

$$\varphi'(x) = \left[\int_a^x f(t) dt\right]' = f(x).$$

定理1的重要意义:一方面肯定了连续函数的原函数是存在的,另一方面初步地揭示了积分学中的定积分与原函数之间的联系.

【例1】 求 $\dfrac{d}{dx}\int_0^x \sin t \, dt$.

解 因为 $\sin t$ 在 $\mathbf{R}$ 上连续,由定理1有 $\dfrac{d}{dx}\int_0^x \sin t \, dt = \sin x$.

【例2】 求极限 $\lim\limits_{x \to 0} \dfrac{\int_0^x \sin t \, dt}{2x^2}$.

解 此式为 $\dfrac{0}{0}$ 的未确定型,利用洛必达法则:原式 $= \lim\limits_{x \to 0} \dfrac{(\int_0^x \sin t \, dt)'}{(2x^2)'} = \lim\limits_{x \to 0} \dfrac{\sin x}{4x} = \dfrac{1}{4}$.

二、牛顿——莱布尼茨公式

定理2 设 $f(x)$ 在 $[a,b]$ 上连续,$F(x)$ 是 $f(x)$ 在 $[a,b]$ 上的任一个原函数,则有:

$$\int_a^b f(x) dx = F(b) - F(a) = F(x)\big|_a^b.$$

证明 取 $\varphi(x) = \int_a^x f(t) dt$,则 $\varphi(x)$ 也是 $f(x)$ 在 $[a,b]$ 上的一个原函数,它与 $F(x)$ 最多差一个常数,即 $\varphi(x) = F(x) + C$,或 $\int_a^x f(t) dt = F(x) + C.$

在上式中，令 $x = a$，有 $\quad 0 = F(a) + C$，即 $C = -F(a)$. (1)

又令 $x = b$，有 $\quad\displaystyle\int_a^b f(t)\mathrm{d}t = F(b) + C$. (2)

结合(1)、(2)两式有 $\quad\displaystyle\int_a^b f(t)\mathrm{d}t = F(b) - F(a)$，

即 $\quad\displaystyle\int_a^b f(x)\mathrm{d}x = F(b) - F(a)$.

这个定理将积分学中的两个重要概念不定积分与定积分联系到了一起，并把求定积分的过程大大简化了，所以，称之为微积分基本定理．同时，它是由牛顿和莱布尼茨各自单独创立的，故又称牛顿 — 莱布尼茨公式．

牛顿 — 莱布尼茨公式表明：一个连续函数在 $[a,b]$ 上的定积分等于它的任意一个原函数在 $[a,b]$ 上的改变量．这个公式进一步揭示了定积分与被积函数的原函数或不定积分之间的联系，给定积分提供了一个有效而简便的计算方法．

下面我们举几个应用定理 2 来计算定积分的简单例子．

【例 3】 计算 $\displaystyle\int_0^1 x^2 \mathrm{d}x$.

解 由于 $\dfrac{1}{3}x^3$ 是 x^2 的一个原函数，故由定理 2 有：$\displaystyle\int_0^1 x^2 \mathrm{d}x = \dfrac{1}{3}x^3 \Big|_0^1 = \dfrac{1}{3}$.

【例 4】 求 $\displaystyle\int_2^4 \dfrac{\mathrm{d}x}{x}$.

解 $\displaystyle\int_2^4 \dfrac{\mathrm{d}x}{x} = \ln|x| \Big|_2^4 = \ln 4 - \ln 2 = \ln 2$.

【例 5】 求 $\displaystyle\int_0^1 \dfrac{x^2}{1+x^2}\mathrm{d}x$.

解 原式 $= \displaystyle\int_0^1 \dfrac{x^2+1-1}{1+x^2}\mathrm{d}x = \int_0^1 \left(1 - \dfrac{1}{1+x^2}\right)\mathrm{d}x = (x - \arctan x)\Big|_0^1 = 1 - \dfrac{\pi}{4}$.

【例 6】 求 $\displaystyle\int_0^1 x\mathrm{e}^x \mathrm{d}x$.

解 因为 $\displaystyle\int x\mathrm{e}^x \mathrm{d}x = \int x \mathrm{d}\mathrm{e}^x = x\mathrm{e}^x - \mathrm{e}^x + C$，利用牛顿 — 莱布尼茨公式，即

$$\text{原式} = (x\mathrm{e}^x - \mathrm{e}^x)\Big|_0^1 = 0 + \mathrm{e}^0 = 1.$$

应注意的问题：如果函数在所讨论的区间上不满足可积条件，则牛顿—莱布尼茨公式不能用．

【例 7】 讨论 $f(x) = \dfrac{1}{x^2}$ 在 $[-1,1]$ 上的可积性．

解 如果直接利用牛顿—莱布尼茨公式，有：

$$\int_{-1}^1 \dfrac{1}{x^2}\mathrm{d}x = -\dfrac{1}{x}\Big|_{-1}^1 = -1 - 1 = -2;$$

显然这是错误的．因为根据性质，在 $[-1,1]$ 上有 $\dfrac{1}{x^2} \geqslant 0$，则 $\displaystyle\int_{-1}^1 \dfrac{1}{x^2}\mathrm{d}x \geqslant 0$，这显然与用

牛顿—莱布尼茨公式计算的结果相矛盾. 原因出在 $\dfrac{1}{x^2}$ 在 $[-1,1]$ 上不连续且无界, 所以, 它不满足牛顿—莱布尼茨公式的条件, 从而也就不能利用牛顿—莱布尼茨公式计算. 如何解决这个问题呢, 我们将在广义积分这一节做介绍.

【例 8】 汽车以每小时 36 km 的速度行驶, 到某处需要减速停车. 设汽车以等加速度 $a = -5$ m/s^2 刹车. 问从开始刹车到停车, 汽车驶过了多少距离?

解 首先要算出从开始刹车到停车经过的时间. 设开始刹车的时刻为 $t = 0$, 此时汽车速度为
$$v_0 = 36 \text{ km/h} = \frac{36 \times 1000}{3600} \text{ m/s} = 10 \text{ m/s}.$$
刹车后汽车减速行驶, 其速度为: $v(t) = v_0 + at = 10 - 5t$.
当汽车停住时, 速度 $v(t) = 0$, 故由 $v(t) = 10 - 5t = 0 \Rightarrow t = 10/5 = 2(\text{s})$.
于是这段时间内, 汽车所驶过的距离为:
$$s = \int_0^2 v(t) \mathrm{d}t = \int_0^2 (10 - 5t) \mathrm{d}t = \left[10t - 5 \times \frac{t^2}{2}\right]_0^2 = 10(\text{m}).$$
即在刹车后, 汽车需驶过 10 m 才能停住.

习题 5.2

1. 求下列函数的导数:

(1) $y = \int_0^x \cos t \mathrm{d}t$;   (2) $y = \int_0^{x^2} \mathrm{e}^t \mathrm{d}t$;

(3) $y = \int_{\ln x}^4 \arctan t \mathrm{d}t$;   (4) $y = \int_{x^2}^{x^4} \ln t \mathrm{d}t$.

2. 求下列极限:

(1) $\displaystyle\lim_{x \to 0} \frac{\int_0^x \cos t^2 \mathrm{d}t}{x}$;   (2) $\displaystyle\lim_{x \to 0} \frac{x - \int_0^x \mathrm{e}^{t^2} \mathrm{d}t}{x^2 \sin 2x}$;

(3) $\displaystyle\lim_{x \to 0} \frac{\left(\int_0^x \mathrm{e}^{t^2} \mathrm{d}t\right)^2}{\int_0^x t \mathrm{e}^{2t^2} \mathrm{d}t}$;   (4) $\displaystyle\lim_{x \to +\infty} \left(\int_0^x \mathrm{e}^{t^2} \mathrm{d}t\right)^{\frac{1}{x^2}}$.

3. 计算下列定积分:

(1) $\displaystyle\int_1^{\mathrm{e}^{\frac{1}{4}}} \frac{1}{x} \mathrm{d}x$;   (2) $\displaystyle\int_0^a (3x^2 - 2x + 1) \mathrm{d}x$;   (3) $\displaystyle\int_4^9 \sqrt{x}(1 + \sqrt{x}) \mathrm{d}x$;

(4) $\displaystyle\int_{\frac{\sqrt{3}}{3}}^{\sqrt{3}} \frac{1}{1 + x^2} \mathrm{d}x$;   (5) $\displaystyle\int_0^{\frac{1}{2}} \frac{1}{\sqrt{1 - x^2}} \mathrm{d}x$;   (6) $\displaystyle\int_0^{\sqrt{3}a} \frac{1}{a^2 + x^2} \mathrm{d}x$;

(7) $\displaystyle\int_0^1 \frac{3x^4 + 3x^2 + 1}{x^2 + 1} \mathrm{d}x$;   (8) $\displaystyle\int_{\mathrm{e}-1}^2 \frac{1}{1 + x} \mathrm{d}x$;   (9) $\displaystyle\int_0^{\frac{\pi}{2}} 2\sin^2 \frac{x}{2} \mathrm{d}x$.

第三节　定积分的换元法

从上节微积分学的基本公式知道, 求定积分 $\int_a^b f(x) \mathrm{d}x$ 的问题可以转化为求被积函数

$f(x)$ 在区间 $[a,b]$ 上的增量问题. 从而在求不定积分时应用的换元法和分部积分法在求定积分时仍适用,本节将具体讨论之,请读者注意其与不定积分的差异.

定理 1 设 $\varphi(x)$ 在 $[a,b]$ 上可导,$g(x) = f\{\varphi(x)\}\varphi'(x)$ 在 $[a,b]$ 上连续,则
$$\int_a^b g(x)\mathrm{d}x = \int_a^b f\{\varphi(x)\}\varphi'(x)\mathrm{d}x = \int_a^b f\{\varphi(x)\}\mathrm{d}\varphi(x)$$
$$= F\{\varphi(x)\}|_a^b = F\{\varphi(b)\} - F\{\varphi(a)\},$$

其中,$F'(u) = f(u)$.

证明 由于 $\dfrac{\mathrm{d}}{\mathrm{d}x}\{F(\varphi(x))\} = F'\{\varphi(x)\}\varphi'(x) = f\{\varphi(x)\}\varphi'(x)$,

所以 $F\{\varphi(x)\}$ 是 $g(x)$ 的一个原函数,由牛顿—莱布尼茨公式得:
$$\int_a^b g(x)\mathrm{d}x = F\{\varphi(x)\}|_a^b = F\{\varphi(b)\} - F\{\varphi(a)\}.$$

上面这个定理是定积分的第一换元法.

【例 1】 计算 $\int_0^\pi \dfrac{\sin x}{1+\cos^2 x}\mathrm{d}x$.

解 $\int_0^\pi \dfrac{\sin x}{1+\cos^2 x}\mathrm{d}x = \int_0^\pi \dfrac{-1}{1+\cos^2 x}\mathrm{d}\cos x = -\arctan\cos x|_0^\pi = -\left(-\dfrac{\pi}{4} - \dfrac{\pi}{4}\right) = \dfrac{\pi}{2}$.

定理 2 设函数 $f(x)$ 在闭区间 $[a,b]$ 上连续,函数 $x = \varphi(t)$ 满足条件:
(1) $\varphi(\alpha) = a, \varphi(\beta) = b$,且 $a \leqslant \varphi(t) \leqslant b$;
(2) $\varphi(t)$ 在 $[\alpha,\beta]$(或 $[\beta,\alpha]$)上具有连续导数,则有
$$\int_a^b f(x)\mathrm{d}x = \int_\alpha^\beta f[\varphi(t)]\varphi'(t)\mathrm{d}t.$$

证明 假设 $F(x)$ 是 $f(x)$ 的一个原函数,则
$$\int_a^b f(x)\mathrm{d}x = F(b) - F(a).$$

又由复合函数的求导法则知,$\Phi(t) = F[\varphi(t)](t \in (\alpha,\beta))$ 是 $f[\varphi(t)]\varphi'(t)$ 的一个原函数,

所以 $\int_\alpha^\beta f[\varphi(t)]\varphi'(t)\mathrm{d}t = F[\varphi(\beta)] - F[\varphi(\alpha)] = F(b) - F(a),$

故 $\int_a^b f(x)\mathrm{d}x = \int_\alpha^\beta f[\varphi(t)]\varphi'(t)\mathrm{d}t.$

这就证明了换元公式.

应用换元公式时应注意以下两点:

(1) 用 $x = \varphi(t)$ 把原来变量 x 代换成新变量 t 时,原积分限也要换成相应于新变量 t 的积分限;

(2) 求出 $f[\varphi(t)]\varphi'(t)$ 的一个原函数 $\Phi(t)$ 后,不必像计算不定积分那样把 $\Phi(t)$ 变换成原来变量 x 的函数,而只要把新变量 t 的上、下限分别代入 $\Phi(t)$ 中,然后相减即可.

【例 2】 求 $\int_0^8 \dfrac{\mathrm{d}x}{1+\sqrt[3]{x}}$.

解 令 $x = t^3$,有 $\mathrm{d}x = 3t^2\mathrm{d}t$,且当 $x = 0$ 时 $t = 0$,当 $x = 8$ 时 $t = 2$,于是
$$\int_0^8 \dfrac{\mathrm{d}x}{1+\sqrt[3]{x}}\mathrm{d}x = \int_0^2 \dfrac{1}{1+t} \cdot 3t^2 \mathrm{d}t = 3\int_0^2 \dfrac{t^2 - 1 + 1}{t+1}\mathrm{d}t = 3\int_0^2 \left(t - 1 + \dfrac{1}{t+1}\right)\mathrm{d}t$$

$$= 3\left[\frac{1}{2}t^2 - t + \ln(1+t)\right]\Big|_0^2 = 3\ln 3.$$

【例3】 求 $\int_1^e \frac{1}{x}\ln x \, dx$.

解 **方法一**：令 $x = e^t$（或 $t = \ln x$），则 $dx = e^t dt$，且当 $x = 1$ 时 $t = 0$，当 $x = e$ 时 $t = 1$，

所以 $$\int_1^e \frac{1}{x}\ln x \, dx = \int_0^1 \frac{1}{e^t} \cdot t \cdot e^t dt = \int_0^1 t \, dt = \frac{1}{2}t^2 \Big|_0^1 = \frac{1}{2}.$$

方法二：按照不定积分中第一类换元法的思路，

原式 $= \int_1^e \frac{1}{x}\ln x \, dx = \int_1^e \ln x \cdot d(\ln x) \xlongequal{\text{令} t = \ln x} \int_0^1 t \, dt = \frac{1}{2}t^2 \Big|_0^1 = \frac{1}{2}.$

方法三：还是按解方法二的思路，

原式 $= \int_1^e \frac{1}{x}\ln x \, dx = \int_1^e \ln x \, d(\ln x) = \frac{1}{2}\ln^2 x \Big|_1^e = \frac{1}{2}(\ln^2 e - \ln^2 1) = \frac{1}{2}.$

方法四：先求 $\frac{1}{x}\ln x$ 的原函数，$\int \frac{1}{x}\ln x \, dx = \int \ln x \, d(\ln x) = \frac{1}{2}(\ln x)^2 + C$，所以

$$\int_1^e \frac{1}{x}\ln x \, dx = \frac{1}{2}(\ln x)^2 \Big|_1^e = \frac{1}{2}.$$

【例4】 当 $f(x)$ 在 $[-a, a]$ 上连续，则

(1) 当 $f(x)$ 为偶函数，有 $\int_{-a}^a f(x) \, dx = 2\int_0^a f(x) \, dx$；

(2) 当 $f(x)$ 为奇函数，有 $\int_{-a}^a f(x) \, dx = 0$.

证明 $\int_{-a}^a f(x) \, dx = \int_{-a}^0 f(x) \, dx + \int_0^a f(x) \, dx$，在上式右端第一项中令 $x = -t$，则

$$\int_{-a}^0 f(x) \, dx = -\int_a^0 f(-t) \, dt = \int_0^a f(-t) \, dt = \int_0^a f(-x) \, dx.$$

(1) 当 $f(x)$ 为偶函数时，即 $f(-x) = f(x)$，$\int_{-a}^a f(x) \, dx = \int_{-a}^0 f(x) \, dx + \int_0^a f(x) \, dx = \int_0^a f(-x) \, dx + \int_0^a f(x) \, dx = 2\int_0^a f(x) \, dx$；

(2) 当 $f(x)$ 为奇函数，即 $f(-x) = -f(x)$，$\int_{-a}^a f(x) \, dx = \int_{-a}^0 f(x) \, dx + \int_0^a f(x) \, dx = 0.$

【例5】 计算 $\int_{-1}^1 \frac{2x^2 + x\cos x}{1 + \sqrt{1-x^2}} \, dx.$

解 原式 $= \underbrace{\int_{-1}^1 \frac{2x^2}{1+\sqrt{1-x^2}} \, dx}_{\text{偶函数}} + \underbrace{\int_{-1}^1 \frac{x\cos x}{1+\sqrt{1-x^2}} \, dx}_{\text{奇函数}}$

$= 4\int_0^1 \frac{x^2}{1+\sqrt{1-x^2}} \, dx = 4\int_0^1 \frac{x^2(1-\sqrt{1-x^2})}{1-(1-x^2)} \, dx = 4\int_0^1 (1 - \sqrt{1-x^2}) \, dx$

$= 4 - 4\underbrace{\int_0^1 \sqrt{1-x^2} \, dx}_{\text{单位圆的面积}} = 4 - \pi.$

在定积分的计算中,必须注意变换是否符合条件,不能不顾一切地进行变量代换,否则就会得出错误的结论.

比如,计算 $\int_{-1}^{1} \frac{1}{1+x^2} dx$,如果令 $x = \varphi(t) = \frac{1}{t}$,则 $dx = -\frac{1}{t^2} dt$,并且 $\varphi(-1) = -1$,$\varphi(1) = 1$,将上述关系代入原式得:

$$\int_{-1}^{1} \frac{1}{1+x^2} dx = \int_{-1}^{1} \frac{1}{1+t^{-2}} \left(-\frac{1}{t^2}\right) dt = -\int_{-1}^{1} \frac{1}{1+t^2} dt.$$

再根据定积分与积分变量选择无关的性质,有 $\int_{-1}^{1} \frac{1}{1+x^2} dx = -\int_{-1}^{1} \frac{1}{1+x^2} dx$,所以 $\int_{-1}^{1} \frac{1}{1+x^2} dx = 0$.

上述的计算结果显然是错误的,由定积分的性质,我们知道 $\int_{-1}^{1} \frac{1}{1+x^2} dx > 0$,那么问题出在哪里呢?仔细分析一下不难发现,我们所作变换 $x = \varphi(t) = \frac{1}{t}$ 已经不是 $[-1,1]$ 到 $[-1,1]$ 的对应关系了,当 $t \in [-1,1]$ 时,即使 $t \neq 0$,其相应的函数值已经超出 $[-1,1]$ 的范围了.(这时 $|\varphi(t)| \geqslant 1$)它根本就不满足第二换元积分法的条件,自然就不能这样进行了.

习题 5.3

1. 计算下列定积分:

(1) $\int_{\frac{\pi}{3}}^{\pi} \sin(x + \frac{\pi}{3}) dx$;

(2) $\int_{-2}^{1} \frac{dx}{(11+2x)^2}$;

(3) $\int_{0}^{\frac{\pi}{2}} \sin\theta \cdot \cos^3\theta d\theta$;

(4) $\int_{\frac{\pi}{6}}^{\frac{\pi}{2}} \cos^2 u \, du$;

(5) $\int_{0}^{1} \frac{1}{e^x + e^{-x}} dx$;

(6) $\int_{0}^{\sqrt{2}} \sqrt{2-y^2} dy$;

(7) $\int_{1}^{\sqrt{3}} \frac{1}{x^2 \sqrt{1+x^2}} dx$;

(8) $\int_{4}^{9} \frac{\sqrt{x}}{\sqrt{x}-1} dx$;

(9) $\int_{1}^{2} x^{-2} e^{\frac{1}{x}} dx$;

(10) $\int_{0}^{a} x^2 \sqrt{a^2 - x^2} dx$;

(11) $\int_{0}^{\sqrt{2}a} \frac{x dx}{\sqrt{3a^2 - x^2}}$;

(12) $\int_{-\frac{\pi}{2}}^{\frac{\pi}{2}} \cos t \cdot \cos 2t \, dt$;

(13) $\int_{0}^{\ln 2} (e^x + 1)^3 \cdot e^x dx$;

(14) $\int_{0}^{\frac{a}{2}} \frac{a}{(x-a)(x-2a)} dx$.

2. 计算下列对称区间的积分:

(1) $\int_{-\pi}^{\pi} e^{x^2} \sin x \, dx$;

(2) $\int_{-\frac{1}{2}}^{\frac{1}{2}} \frac{(\arcsin x)^2}{\sqrt{1-x^2}} dx$;

(3) $\int_{-3}^{3} \frac{x^5 \sin^2 x}{3x^4 + 2x^2 + 3} dx$;

(4) $\int_{-1}^{1} (x^3 + \sqrt{1-x^2})^2 dx$;

(5) $\int_{-1}^{1} \frac{\sin x + 1}{1 + \sqrt[3]{x^2}} dx$.

第四节 定积分的分部积分法及广义积分

一、定积分的分部积分法

我们知道，不定积分的分部积分公式是：$\int u\mathrm{d}v = uv - \int v\mathrm{d}u$，它主要来自于导数公式：

$$(uv)' = u'v + uv'$$

也就是说，uv 是 $u'v + uv'$ 的一个原函数. 因此，当 $u(x),v(x)$ 在 $[a,b]$ 上有连续导数时，由牛顿—莱布尼茨公式有：

$$\int_a^b (u'v + uv')\mathrm{d}x = uv\Big|_a^b$$

也就是：

$$\int_a^b u(x)\mathrm{d}v(x) = u(x)v(x)\Big|_a^b - \int_a^b v(x)\mathrm{d}u(x)$$

这就是**定积分的分部积分公式**.

【例 1】 求积分 $\int_1^5 \ln x \mathrm{d}x$.

解 $\int_1^5 \ln x \mathrm{d}x = x\ln x\Big|_1^5 - \int_1^5 x \cdot \dfrac{1}{x}\mathrm{d}x$
$= x\ln x\Big|_1^5 - x\Big|_1^5 = 5\ln 5 - 4.$

【例 2】 求积分 $\int_0^1 xe^x \mathrm{d}x$.

解 $\int_0^1 xe^x \mathrm{d}x = \int_0^1 x\mathrm{d}e^x = xe^x\Big|_0^1 - \int_0^1 e^x \mathrm{d}x = xe^x\Big|_0^1 - e^x\Big|_0^1 = 1.$

定积分的分部积分公式与不定积分的分部积分公式，在形式上完全是一样的，不同的是定积分中多了积分上下限.

【例 3】 求 $\int_0^{\frac{\pi}{2}} x^2 \sin x \mathrm{d}x$.

解 $\int_0^{\frac{\pi}{2}} x^2 \sin x \mathrm{d}x = \int_0^{\frac{\pi}{2}} x^2 \mathrm{d}(-\cos x)$（取 $u = x^2, v = -\cos x$）

$= -x^2\cos x\Big|_0^{\frac{\pi}{2}} + 2\int_0^{\frac{\pi}{2}} x\cos x \mathrm{d}x = 0 + 2\int_0^{\frac{\pi}{2}} x\mathrm{d}\sin x$ （再取 $u = x, v = \sin x$）

$= 2x\sin x\Big|_0^{\frac{\pi}{2}} - 2\int_0^{\frac{\pi}{2}} \sin x \mathrm{d}x = 2 \cdot \dfrac{\pi}{2} - 2 \cdot (-\cos x)\Big|_0^{\frac{\pi}{2}} = \pi - 2.$

二、广义积分

前面我们介绍了定积分的概念，必须满足两个前提条件：其一，被积函数 $f(x)$ 必须是有界函数；其二，积分区间必须是有限区间. 如果打破了这两个限制的话，就可以推广出两种类型的积分，一个是无穷区间上的积分，通常称为无穷区间上的广义积分，简称为无穷积分；另一个是有限区间上无界函数的积分，通常称为无界函数的广义积分，简称为瑕积分.计算无穷积分的方法与瑕积分类似,我们仅对无穷积分的计算进行说明.

（一）无穷区间上的广义积分

定义 1 设 $f(x)$ 在 $[a,+\infty)$ 上有定义,如果 $\forall b>a$ 函数 $f(x)$ 在 $[a,b]$ 上可积,那么极限式 $\lim\limits_{b\to+\infty}\int_a^b f(x)\mathrm{d}x$ 称为 $f(x)$ 在 $[a,+\infty)$ 上的广义积分,并记为：

$$\int_a^{+\infty} f(x)\mathrm{d}x = \lim_{b\to+\infty}\int_a^b f(x)\mathrm{d}x.$$

当 $\lim\limits_{b\to+\infty}\int_a^b f(x)\mathrm{d}x$ 存在时,称广义积分 $\int_a^{+\infty} f(x)\mathrm{d}x$ 是收敛的；否则称广义积分 $\int_a^{+\infty} f(x)\mathrm{d}x$ 发散.

同样的,若 $f(x)$ 在 $(-\infty,b]$ 上有定义,并且 $\forall a<b$ 函数 $f(x)$ 在 $[a,b]$ 上可积,那么极限式 $\lim\limits_{a\to-\infty}\int_a^b f(x)\mathrm{d}x$ 称为 $f(x)$ 在 $(-\infty,b]$ 上的广义积分,并记为：

$$\int_{-\infty}^b f(x)\mathrm{d}x = \lim_{a\to-\infty}\int_a^b f(x)\mathrm{d}x.$$

当 $\lim\limits_{a\to-\infty}\int_a^b f(x)\mathrm{d}x$ 存在时,称广义积分 $\int_{-\infty}^b f(x)\mathrm{d}x$ 是收敛的；否则称广义积分 $\int_{-\infty}^b f(x)\mathrm{d}x$ 发散.

更进一步地, $f(x)$ 在 $(-\infty,+\infty)$ 上有定义,并且 $\forall b>a$ 函数 $f(x)$ 在 $[a,b]$ 上可积,那么

$$\int_{-\infty}^{+\infty} f(x)\mathrm{d}x = \int_{-\infty}^a f(x)\mathrm{d}x + \int_a^{+\infty} f(x)\mathrm{d}x$$

称为 $f(x)$ 在 $(-\infty,+\infty)$ 上的广义积分,只有当 $\int_a^{+\infty} f(x)\mathrm{d}x$ 与 $\int_{-\infty}^a f(x)\mathrm{d}x$ 都收敛时,才称广义积分 $\int_{-\infty}^{+\infty} f(x)\mathrm{d}x$ 收敛,否则称广义积分 $\int_{-\infty}^{+\infty} f(x)\mathrm{d}x$ 发散.

注意：若 $F(x)$ 是 $f(x)$ 的一个原函数,则：

$$\int_a^{+\infty} f(x)\mathrm{d}x = \lim_{b\to+\infty}\int_a^b f(x)\mathrm{d}x = \lim_{b\to+\infty} F(x)\big|_a^b = \lim_{b\to+\infty} F(b) - F(a) = F(+\infty) - F(a);$$

$$\int_{-\infty}^b f(x)\mathrm{d}x = \lim_{a\to-\infty}\int_a^b f(x)\mathrm{d}x = \lim_{a\to-\infty} F(x)\big|_a^b = F(b) - \lim_{a\to-\infty} F(a) = F(b) - F(-\infty);$$

$$\int_{-\infty}^{+\infty} f(x)\mathrm{d}x = \lim_{b\to+\infty}\lim_{a\to-\infty}\int_a^b f(x) = \lim_{b\to+\infty}\lim_{a\to-\infty} F(x)\big|_a^b = \lim_{b\to+\infty} F(b) - \lim_{a\to-\infty} F(a)$$
$$= F(+\infty) - F(-\infty).$$

（二）广义积分的基本性质

我们仅以 $\int_a^{+\infty} f(x)\mathrm{d}x$ 类型给出广义积分的若干性质.

1. 若 $\int_a^{+\infty} f(x)\mathrm{d}x$ 收敛, k 为常数,则 $\int_a^{+\infty} kf(x)\mathrm{d}x$ 也收敛,并且

$$\int_a^{+\infty} kf(x)\mathrm{d}x = k\int_a^{+\infty} f(x)\mathrm{d}x.$$

2. 若 $\int_a^{+\infty} f(x)\mathrm{d}x$ 和 $\int_a^{+\infty} g(x)\mathrm{d}x$ 都收敛,则 $\int_a^{+\infty} \{f(x) \pm g(x)\}\mathrm{d}x$ 也收敛,并且

$$\int_a^{+\infty}\{f(x)\pm g(x)\}\mathrm{d}x=\int_a^{+\infty}f(x)\mathrm{d}x\pm\int_a^{+\infty}g(x)\mathrm{d}x.$$

3. 若 $\int_a^{+\infty}f(x)\mathrm{d}x$ 和 $\int_a^{+\infty}g(x)\mathrm{d}x$ 都收敛，并且 $f(x)\leqslant g(x)$，则

$$\int_a^{+\infty}f(x)\mathrm{d}x\leqslant\int_a^{+\infty}g(x)\mathrm{d}x.$$

4. 对任意 $b>a$，$\int_a^{+\infty}f(x)\mathrm{d}x$ 和 $\int_b^{+\infty}f(x)\mathrm{d}x$ 有完全相同的敛散性. 当它们收敛时有：

$$\int_a^{+\infty}f(x)\mathrm{d}x=\int_a^b f(x)\mathrm{d}x+\int_b^{+\infty}f(x)\mathrm{d}x.$$

注：广义积分 $\int_a^{+\infty}f(x)\mathrm{d}x$ 的几何意义与常义积分 $\int_a^b f(x)\mathrm{d}x$ 的几何意义非常类似，当 $f(x)\geqslant 0$ 时，如果 $\int_a^{+\infty}f(x)\mathrm{d}x$ 收敛的话，$\int_a^{+\infty}f(x)\mathrm{d}x$ 表示 $x=a,y=0$ 和 $y=f(x)$ 所围的平面图形的面积（见图 5－10）.

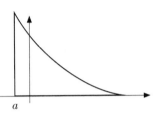

图 5－10 $\int_a^{+\infty}f(x)\mathrm{d}x$ 几何图形举例

【例 4】 求 $\int_0^{+\infty}x\mathrm{e}^{-x^2}\mathrm{d}x$.

解 $\int_0^{+\infty}x\mathrm{e}^{-x^2}\mathrm{d}x=\lim\limits_{t\to+\infty}\int_0^t x\mathrm{e}^{-x^2}\mathrm{d}x=\lim\limits_{t\to+\infty}\left(-\dfrac{1}{2}\mathrm{e}^{-x^2}\right)\Big|_0^t=\dfrac{1}{2}.$

【例 5】 计算无穷积分 $\int_{-\infty}^{+\infty}\dfrac{\mathrm{d}x}{1+x^2}$.

解 由定义有：

$$\int_{-\infty}^{+\infty}\frac{\mathrm{d}x}{1+x^2}=\int_{-\infty}^0\frac{\mathrm{d}x}{1+x^2}+\int_0^{+\infty}\frac{\mathrm{d}x}{1+x^2}=\lim_{s\to-\infty}\int_s^0\frac{\mathrm{d}x}{1+x^2}+\lim_{t\to+\infty}\int_0^t\frac{\mathrm{d}x}{1+x^2}$$

$$=\lim_{s\to-\infty}(\arctan x)\big|_s^0+\lim_{t\to+\infty}(\arctan x)\big|_0^t$$

$$=-\lim_{s\to-\infty}\arctan s+\lim_{t\to+\infty}\arctan t$$

$$=-\left(-\frac{\pi}{2}\right)+\frac{\pi}{2}=\pi.$$

习题 5.4

1. 计算下列定积分：

(1) $\int_0^{\frac{\pi}{2}}x\cos 2x\mathrm{d}x$；

(2) $\int_0^1(x+1)\mathrm{e}^{-x}\mathrm{d}x$；

(3) $\int_0^1 x\mathrm{e}^{2x}\mathrm{d}x$；

(4) $\int_0^{\mathrm{e}-1}\ln(x+1)\mathrm{d}x$；

(5) $\int_1^\mathrm{e} x\ln x\mathrm{d}x$；

(6) $\int_0^4(1+x\mathrm{e}^{-x})\mathrm{d}x$.

2. 下列广义积分是否收敛？若收敛，则求出其值.

(1) $\int_0^{+\infty}\dfrac{1}{x^2}\mathrm{d}x$；

(2) $\int_1^{+\infty}\mathrm{e}^{-100x}\mathrm{d}x$；

(3) $\int_0^{+\infty}x\mathrm{e}^{-2x}\mathrm{d}x$；

(4) $\int_1^{+\infty}\dfrac{1}{(x+1)^3}\mathrm{d}x$；

(5) $\int_0^{+\infty}\dfrac{\mathrm{d}x}{100+x^2}$；

(6) $\int_0^{+\infty}\dfrac{1}{x\ln x}\mathrm{d}x$.

第五节　定积分的应用

本节中,我们将运用前面学过的定积分理论来分析和解决一些实际问题.

一、定积分的几何应用

由定积分的几何意义知道,$\int_a^b f(x)\mathrm{d}x$ 是曲线 $y=f(x)$ 介于 $x=a$, $x=b$, x 轴上、下相应的曲边梯形面积的代数和,我们将从特殊到一般讨论其面积的计算方法.

一般地,由平面曲线所围平面图形的面积,在边界曲线为已知时,均可用定积分来求得.

现在,我们不妨以两条曲线 $y=f(x)$ 与 $y=g(x)$ 在 $[a,b]$ 中所围的区域进行讨论(见图 5-11).

$$A=\int_a^b |f(x)-g(x)|\mathrm{d}x.$$

类似地,以 y 为积分变量,如图 5-12 所示,$A=\int_c^d |\psi(y)-\varphi(y)|\mathrm{d}y$.

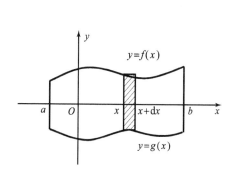

图 5-11　x 介于两个常数之间

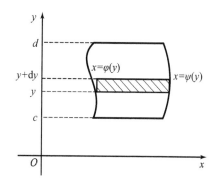

图 5-12　y 介于两个常数之间

【例 1】　计算由抛物线 $y=-x^2+1$ 与 $y=x^2-x$ 所围图形的面积 A(见图 5-13).

解　两抛物线的交点由方程组 $\begin{cases} y=-x^2+1, \\ y=x^2-x. \end{cases}$

解得 $\left(-\dfrac{1}{2},\dfrac{3}{4}\right)$ 及 $(1,0)$,于是图形位于直线 $x=-\dfrac{1}{2}$ 与 $x=1$ 之间(见图 5-13).取 x 为积分变量得

$$\begin{aligned} A &= \int_{-\frac{1}{2}}^{1} |(-x^2+1)-(x^2-x)|\mathrm{d}x \\ &= \int_{-\frac{1}{2}}^{1} (-2x^2+x+1)\mathrm{d}x \\ &= \left(-\frac{2}{3}x^3+\frac{1}{2}x^2+x\right)\Big|_{-\frac{1}{2}}^{1} = \frac{9}{8}. \end{aligned}$$

【例2】 计算抛物线 $y^2 = 2x$ 与直线 $y = x - 4$ 所围图形的面积 A.

解 先求两线交点,解方程组 $\begin{cases} y^2 = 2x, \\ y = x - 4 \end{cases}$ 得 $(2, -2)$ 及 $(8, 4)$. 这时宜取 y 为积分变量,因图形(见图 5-14)位于直线 $y = -2$ 和 $y = 4$ 之间,于是得

$$A = \int_{-2}^{4} \left| y + 4 - \frac{y^2}{2} \right| \mathrm{d}y = \left(\frac{y^2}{2} + 4y - \frac{y^3}{6} \right) \Big|_{-2}^{4} \mathrm{d}y = 18.$$

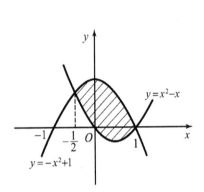

图 5-13 平面曲线所围图形的面积

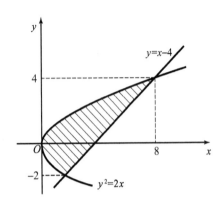

图 5-14 平面曲线所围图形的面积

【例3】 求椭圆 $\dfrac{x^2}{a^2} + \dfrac{y^2}{b^2} = 1$ 所围图形的面积 A.

解 因为椭圆关于两坐标轴对称(见图 5-15),所以椭圆所围图形的面积是第一象限内那部分面积的 4 倍,即有 $A = 4\int_0^a \dfrac{b}{a} \sqrt{a^2 - x^2} \mathrm{d}x$. 应用定积分换元法,令

$$x = a\cos t \left(0 \leqslant t \leqslant \frac{\pi}{2}\right),$$

则 $\dfrac{b}{a} \sqrt{a^2 - x^2} = b\sin t, \mathrm{d}x = -a\sin t \mathrm{d}t.$

当 $x = 0$ 时, $t = \dfrac{\pi}{2}$;当 $x = a$ 时, $t = 0$. 于是

$$\begin{aligned} A &= 4\int_{\frac{\pi}{2}}^{0} b\sin t \cdot (-a\sin t) \mathrm{d}t \\ &= 4ab \int_0^{\frac{\pi}{2}} \sin^2 t \mathrm{d}t = 4ab \cdot \frac{\pi}{4} = \pi ab. \end{aligned}$$

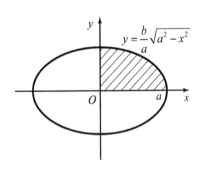

图 5-15 椭圆

二、定积分的经济学应用

由定积分的经济意义知道,已知某一经济量的边际函数为 $f(x)$,则定积分 $\int_a^b f(x) \mathrm{d}x$ 是关于 x 在区间 $[a, b]$ 上该经济的总量.

【例4】 已知生产某产品 x 单位总收入的变化率为 $R'(x) = 200 - \dfrac{x}{50}$(万元/单位),

试求:(1)生产 x 单位时的总收入及平均单位收入;(2)求生产 2 000 个单位时的总收入和平均单位收入.

解 (1) 总收入函数 $R(x) = \int \left(200 - \dfrac{x}{50}\right) \mathrm{d}x = 200x - \dfrac{x^2}{100} + C$,

由于 $R(0) = 0$, 所以 $R(x) = 200x - \dfrac{x^2}{100}$, 此时的平均单位收入 $\overline{R(x)} = \dfrac{R(x)}{x} = 200 - \dfrac{x}{100}$;

(2) 当生产 2 000 个单位产品时的总收入为:

$$R = \int_0^{2\,000} \left(200 - \dfrac{x}{50}\right) \mathrm{d}x = \left. \left(200x - \dfrac{1}{100}x^2\right) \right|_0^{2\,000} = 400\,000 - 40\,000 = 360\,000 (万元),$$

此时平均单位收入为: $\overline{R} = \dfrac{R(2\,000)}{2\,000} = \dfrac{360\,000}{2\,000} = 180$(万元).

习题 5.5

1. 求由下列曲线围成的平面图形的面积:

(1) $y = \dfrac{x^2}{2}$ 与 $x^2 + y^2 = 8$; (2) $y = \mathrm{e}^x, y = \mathrm{e}^{-x}$ 与直线 $x = 1$;

(3) $y = \ln x, y$ 轴与直线 $y = \ln a, y = \ln b (b > a > 0)$;

(4) $y = \dfrac{1}{x}, y = x, x = 2$; (5) $y = x^2 - 25, y = x - 13$.

2. 某产品的边际成本 $C'(x) = 2$(元/件),固定成本为 0,边际收益 $R'(x) = 12 - 0.02x$,问产量为多少时利润最大?在最大利润产量的基础上再生产 50 件,利润将会发生什么变化?

3. 生产某产品的边际成本为 $C'(x) = 0.2x$(万元/台),边际收入为 $R'(x) = 12 - 0.4x$(万元/台),其中 x 为产量,问:

(1) 产量为多少时,利润最大?

(2) 从利润最大时的产量再生产 10 台,利润有什么变化?

4. 已知某厂生产一种产品的需求函数为 $q = 720 - 80p$(单位:件),而生产 q 件该产品时的成本函数为 $C(q) = 4q + 160$(单位:元),且该厂最大生产能力为 1000 件,求:

(1) 要使平均成本最小,应生产多少件产品?

(2) 生产多少件产品时厂家获得的利润最大?

(3) 在最大利润产量的基础上再生产 50 件,利润将会发生什么变化?

数学家简介:

开尔文

开尔文(Lord Kelvin,1824—1907)是英国著名的物理学家、发明家,原名 W. 汤姆孙 (William Thomson). 1824 年 6 月 26 日生于爱尔兰的贝尔法斯特. 他从小聪慧好学,10 岁时就进格拉斯哥大学预科学习. 17 岁时,曾赋诗言志:"科学领路到哪里,就在哪里攀登不息."1845 年毕业于剑桥大学,在大学学习期间曾获兰格勒奖金第二名,史密斯奖金第一名. 毕业后他赴巴黎跟随物理学家和化学家 V. 勒尼奥从事实验工作一年, 1846 年受聘为格拉斯哥大学自然哲学(物理学当时的别名)教授, 任职达 53 年之久. 由于装设第一条大西洋海底电缆有功, 英政府于 1866 年封他为爵士, 并于 1892 年晋升为开尔文勋爵, 开尔文这个名字就是从此开始的.

开尔文一生谦虚勤奋, 意志坚强, 不怕失败, 百折不挠. 在对待困难问题上他讲:"我们都感到, 对困难必须正视, 不能回避; 应当把它放在心里, 希望能够解决它. 无论如何, 每个困难一定有解决的办法, 虽然我们可能一生没有能找到."他这种终生不懈地为科学事业奋斗的精神, 永远为后人敬仰. 1896 年在格拉斯哥大学庆祝

开尔文

他 50 周年教授生涯大会上, 他说:"有两个字最能代表我 50 年内在科学研究上的奋斗, 就是'失败'两字."这足以说明他的谦虚品德. 为了纪念他在科学上的功绩, 国际计量大会把热力学温标(即绝对温标)称为开尔文(开氏)温标, 热力学温度以开尔文为单位, 是现在国际单位制中七个基本单位之一.

复习题五

一、填空题

1. 已知 $\int_1^x f(t^2)\mathrm{d}t = x^3 - 1$, 则 $\int_0^1 f(x)\mathrm{d}x = $ _____.

2. 曲线 $y = \int_0^x (t-1)(t-2)\mathrm{d}t$ 在点 $(0,0)$ 处的切线方程是 _____.

3. 设 $f(x)$ 连续, $F(x) = \int_0^{x^2} f(t^2)\mathrm{d}t$, 则 $F'(x) = $ _____.

4. $\int_{-1}^1 (x + \sqrt{1-x^2})^2 \mathrm{d}x = $ _____.

5. 设函数 $f(x)$ 连续, 且 $\int_0^{x^3-1} f(t)\mathrm{d}t = x - 1$, 则 $f(7) = $ _____.

6. 设函数 $f(x)$ 连续, 且 $F(x) = \int_x^{\mathrm{e}^{-x}} f(t)\mathrm{d}t$, 则 $F'(x) = $ _____.

7. 设 $f(x)$ 为连续函数, 且 $F(x) = \dfrac{x^2}{x-a}\int_a^x f(t)\mathrm{d}t$, 则 $\lim\limits_{x \to a} F(x) = $ _____.

8. $\dfrac{\mathrm{d}}{\mathrm{d}x}\int_0^x \sin(x-t)\mathrm{d}t = $ _____.

9. 设方程 $\int_0^y (1+t^2)\mathrm{d}t + \int_x^0 \mathrm{e}^{t^2}\mathrm{d}t = 0$ 确定 y 是 x 的函数, 则 $\dfrac{\mathrm{d}y}{\mathrm{d}x} = $ _____.

10. $f(x) = x^2 + \dfrac{1}{2}\int_0^1 f(x)\mathrm{d}x$, 则 $\int_0^1 f(x)\mathrm{d}x = $ _____, $f(x) = $ _____.

二、选择题

1. 设 $f(x) = \int_1^x \ln(tx)\,dt\,(x>0)$,则 $f'(x) = ($ $)$.

   A. $2\ln x$ B. $\ln(x^2)-\ln x$ C. $1+2\ln x-\dfrac{1}{x}$ D. $1+2\ln x$

2. 若连续函数 $f(x)$ 满足 $f(x) = \int_0^{2x} f(\dfrac{t}{2})\,dt + \ln 2$,则 $f(x) = ($ $)$.

   A. $e^x \ln 2$ B. $e^{2x} \ln 2$ C. $e^x + \ln 2$ D. $e^{2x} + \ln 2$

3. 设 $f(x)$ 在 $[a,b]$ 上连续且 $f(x)>0$,在 (a,b) 内 $f'(x)>0$,则 $\int_a^b f(x)\,dx\,($ $)$.

   A. 大于 $f(b)(b-a)$ B. 等于 $f(b)(b-a)$

   C. 大于 $f(a)(b-a)$ D. 等于 $f(a)(b-a)$

4. 设函数 $f(x)$ 有一个原函数 $\dfrac{\sin x}{x}$,则 $\int_{\frac{\pi}{2}}^{\pi} xf'(x)\,dx = ($ $)$

   A. $\dfrac{\pi}{4}+1$ B. $\dfrac{\pi}{4}-1$ C. $\dfrac{4}{\pi}+1$ D. $\dfrac{4}{\pi}-1$

5. 设 $f(x)$ 为连续函数,且 $I = \int_1^{\frac{s}{t}} f(tx)\,dx$,其中 $s>0,t>0$,则 I 的值 $($ $)$.

   A. 仅依赖于 x,s,t B. 仅依赖于 x
   C. 仅依赖于 s,t D. 仅依赖于 x,t

6. 若 $f(x) = \begin{cases} \dfrac{\int_0^x (e^{t^2}-1)\,dt}{x^2}, & x \neq 0; \\ a, & x = 0. \end{cases}$ 且 $f(x)$ 在点 $x=0$ 处连续,则必有 $($ $)$.

   A. $a=1$ B. $a=2$ C. $a=0$ D. $a=-1$

7. 由 $y=f(x), x=a, x=b$ 及 x 轴围成的图形面积为 $($ $)$.

   A. $\int_a^b f(x)\,dx$ B. $\int_a^b |f(x)|\,dx$

   C. $\dfrac{1}{b-a}\int_a^b f(x)\,dx$ D. $\pi \int_a^b f^2(x)\,dx$

8. 设 $f(0)=0, F(x) = \begin{cases} \dfrac{\int_0^x tf(t)\,dt}{x^2}, & x \neq 0; \\ 0, & x = 0. \end{cases}$ 则 $F'(0)$ 之值为 $($ $)$.

   A. $f'(0)$ B. $\dfrac{1}{3}f'(0)$ C. 1 D. $\dfrac{1}{3}$

9. 曲线 $y=x^2$ 在点 $(1,1)$ 处的切线与 $x=y^2$ 所围成的平面图形的面积 $A = ($ $)$.

   A. $\dfrac{9}{16}$ B. $\dfrac{31}{48}$ C. $\dfrac{1}{3}$ D. $\dfrac{1}{24}$

三、解答题

1. $\lim\limits_{x\to 0}\dfrac{\int_0^x \left(\int_0^{u^2}\arctan(1+t)\,dt\right)du}{x(1-\cos x)}$;

2. $\int_0^{\frac{\pi}{2}}\sqrt{1-\sin 2x}\,dx$;

3. $\int_{-1}^{\frac{5}{4}}\sqrt{1+\sqrt{5-4x}}\,dx$;

4. $\int_1^2 x\sqrt{2x-x^2}\,dx$;

5. $\int_0^3 \arctan\sqrt{x}\,dx$;

6. $\int_0^{+\infty}\dfrac{dx}{e^x+e^{-x}}$.

第六章 多元函数微积分

> 没有任何问题可以像无穷那样深深地触动人的情感,很少有别的观念能像无穷那样激励理智产生富有成果的思想,然而也没有任何其他的概念能向无穷那样需要加以阐明.
>
> —— 希尔伯特(Hilbert)

在前面几章中,我们讨论的函数都只有一个自变量,这种函数称为一元函数. 但在许多实际问题中,我们往往要考虑多个变量之间的关系,反映到数学上,就是要考虑一个变量(因变量)与另外多个变量(自变量)的相互依赖关系. 由此引入了多元函数以及多元函数的微积分问题. 本章将在一元函数微积分学的基础上,进一步讨论多元函数的微积分学. 讨论中将以二元函数为主要对象,这不仅因为有关的概念和方法大多有比较直观的解释,便于理解,而且这些概念和方法大多能自然推广到二元以上的多元函数.

第一节 空间解析几何概述

一、空间直角坐标系

众所周知,实数 x 与数轴上的点是一一对应的,二元数组 (x,y) 与坐标平面上的点是一一对应的,从而可以用代数的方法讨论几何问题. 类似地,通过建立空间直角坐标系,把空间中的点与三元有序数组 (x,y,z) 建立一一对应关系,用代数的方法研究空间问题.

坐标系:以 O 为公共原点,作三条互相垂直的数轴 Ox 轴(横轴),Oy 轴(纵轴),Oz 轴(竖轴). 我们把点 O 叫做坐标原点,数轴 Ox,Oy,Oz 统称为坐标轴. xOy,yOz,zOx 为三个坐标面. 三个坐标面将空间分成八个部分,每一部分称为一个卦限(见图 6-1).

各轴正向之间的顺序通常按下述法则确定:以右手握住 z 轴,让右手的四指从 x 轴的正向以 $\frac{\pi}{2}$ 的角度转向 y 轴的正向,这时大拇指所指的方向就是 z 轴的正向. 这个法则叫做右手法则(见图 6-2).

点的坐标:设 M 为空间中的一点,过 M 点作三个平面分别垂直于三条坐标轴,它们与 x 轴,y 轴,z 轴的交点依次为 P,Q,R(见图 6-3),设 P,Q,R 三点在三个坐标轴的坐标依次为 x,y,z. 空间一点 M 就唯一地确定了一个有序数组 (x,y,z),称为 M 的直角坐标,x,y,z 分别称为点 M 的横坐标、纵坐标和竖坐标,记为 $M(x,y,z)$.

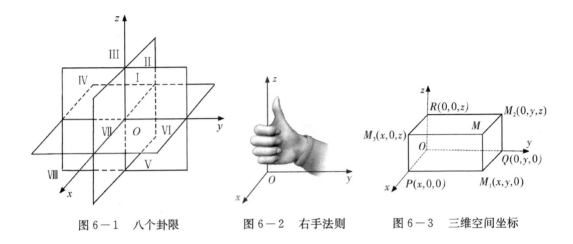

图 6-1 八个卦限　　图 6-2 右手法则　　图 6-3 三维空间坐标

二、空间两点间的距离公式

设空间两点 $M_1(x_1, y_1, z_1)$、$M_2(x_2, y_2, z_2)$，它们之间的距离 $d = |M_1M_2| = \sqrt{(x_2-x_1)^2 + (y_2-y_1)^2 + (z_2-z_1)^2}$.

特别地，点 $M(x,y,z)$ 与原点 $O(0,0,0)$ 的距离
$$d = |OM| = \sqrt{x^2+y^2+z^2}.$$

【例1】 已知 $A(1,2,3), B(2,-1,4)$，求线段 AB 的垂直平分面的方程.

解 设 $M(x,y,z)$ 是所求平面上的任一点，据题意有 $|MA|=|MB|$，
$$\sqrt{(x-1)^2+(y-2)^2+(z-3)^2} = \sqrt{(x-2)^2+(y+1)^2+(z-4)^2},$$
化简得所求方程 $2x-6y+2z-7=0$. 这个方程就是所求平面的方程.

【例2】 证明：以 $M_1(4,3,1), M_2(7,1,2), M_3(5,2,3)$ 三点为顶点的三角形是一个等腰三角形.

解 $|M_1M_2|^2 = (7-4)^2+(1-3)^2+(2-1)^2 = 14$,
$|M_2M_3|^2 = (5-7)^2+(2-1)^2+(3-2)^2 = 6$,
$|M_3M_1|^2 = (4-5)^2+(3-2)^2+(1-3)^2 = 6$,

因为 $|M_2M_3| = |M_3M_1|$，从而原结论成立.

习题 6.1

1. 已知点 $A(a,b,c)$，求它在各坐标平面上及各坐标轴上垂足的坐标(即投影点的坐标).

2. 求证以 $M_1(4,3,1), M_2(7,1,2), M_3(0,0,14)$ 三点为顶点的三角形是一个等腰三角形.

3. 一动点移动时，与 $A(4,0,0)$ 及 xOy 平面等距离，求该动点的轨迹方程.

第二节　空间曲面及空间曲线

一、空间曲面及曲面方程的概念

在日常生活中,我们经常遇到各种曲面,如反光镜的镜面、足球的外表面等.与在平面解析几何中将平面曲线作为动点的轨迹一样,在空间解析几何中,任何曲面都可看作动点的轨迹.因此,若曲面 S 上的所有点 $M(x,y,z)$ 的坐标都满足某一个三元方程 $F(x,y,z)=0$,反过来,坐标满足这个方程的点 $M(x,y,z)$ 都在曲面 S 上,则称方程 $F(x,y,z)=0$ 为曲面 S 的方程,而曲面 S 称为该方程的图形(见图 6-4).

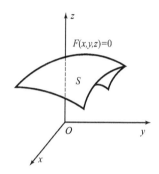

图 6-4　空间曲面

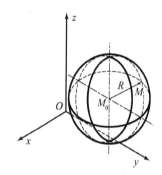

图 6-5　球面方程

【例 1】　求球心在 $M_0(x_0,y_0,z_0)$,半径为 R 的球面方程.

解　设球面上任一点 M 的坐标为 (x,y,z),根据球面上点的特征,即球面上任一点 M 到球心 M_0 的距离等于半径 R,有 $|M_0M|=R$,如图 6-5 所示.

根据两点间距离公式,球面上任一点的坐标满足:
$$\sqrt{(x-x_0)^2+(y-y_0)^2+(z-z_0)^2}=R.$$
因此,所求的球面方程为:$(x-x_0)^2+(y-y_0)^2+(z-z_0)^2=R^2$.

【例 2】　求方程 $x^2+y^2+z^2-2x-3y-2z+1=0$ 所表示的曲面.

解　先将方程变形为:$(x-1)^2+(y-\frac{3}{2})^2+(z-1)^2=\frac{13}{4}$.

设 (x,y,z) 为动点 P 的坐标,$(1,\frac{3}{2},1)$ 为点 P_0 的坐标,由上式可知动点 P 与定点 P_0 的距离恒为 $\frac{\sqrt{13}}{2}$,动点 $P(x,y,z)$ 的运动轨迹为以 $P_0(1,\frac{3}{2},1)$ 为球心,$\frac{\sqrt{13}}{2}$ 为半径的球面.也就是方程 $x^2+y^2+z^2-2x-3y-2z+1=0$ 所表示的曲面.

我们不仅要根据曲面上点的运动轨迹及曲面上的点的特征来建立曲面方程,也要通过研究曲面方程得到这个曲面的几何形状.

下面介绍两类特殊的空间曲面:

(一) 柱面

一动直线 L 沿给定曲线 C 平行移动所形成的曲面称为柱面. 定曲线 C 称为柱面的**准线**, 动直线 L 称为柱面的**母线** (见图 6-6).

现在来建立以 xOy 坐标面上的曲线 $C: F(x, y) = 0$ 为准线, 平行于 z 轴的直线 L 为母线的柱面方程 (见图 6-6).

这个柱面的特点是过柱面上任一点作 xOy 平面的垂线, 与 xOy 平面的交点一定在准线 C 上.

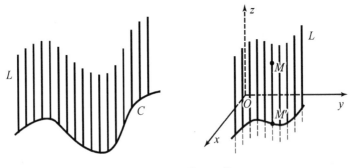

图 6-6 准线及母线

注意: (1) 母线平行于 z 轴的柱面方程的特点是方程中缺 z.

(2) 柱面方程与准线方程形式上都是 $f(x, y) = 0$, 但一个是曲面, 一个是 xOy 平面上的曲线. 比如方程 $x^2 + y^2 = 1$, 在平面解析几何中表示 xOy 平面上的以原点为圆心、以 1 为半径的圆. 而在空间解析几何中表示以 xOy 平面上的圆 $x^2 + y^2 = 1$ 为准线, 以平行于 z 轴的直线为母线的柱面.

类似地, 准线 C 为 xOz 平面上的定曲线 $f(x, z) = 0$, 母线为平行于 y 轴的直线的柱面方程为: $f(x, z) = 0$.

例如, 方程 $x^2 + y^2 = R^2$, 在 xOy 面上表示一个圆, 但在空间表示一个柱面, 称为圆柱面 (见图 6-7(a)).

又如 $z = x^2$, $x - y = 0$ 都表示柱面 (见图 6-7(b), (c)).

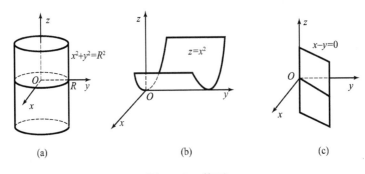

图 6-7 柱面

（二）旋转面

平面曲线 C 绕同一平面上的定直线 L 旋转所形成的图形称为**旋转面**，定直线 L 称为**旋转轴**.

设在 yOz 平面上有一已知曲线 C，它的方程为 $f(y,z) = 0$，求此曲线绕 z 轴旋转一周所得的旋转曲面的方程. 见图 6－8.

这个旋转曲面的特点是过这个曲面上的任一点作垂直于 z 轴的平面，该平面与这个旋转曲面的交线为一个圆，与曲线 C 交于一点.

在旋转曲面上任取一点 $M(x,y,z)$，过 M 作垂直于 z 轴的平面，设这个平面与这个旋转曲面的交线为圆 O'，与曲线 C 交于 M_0，可知 M_0 的坐标为 $(0,y_1,z_1)$，由于 M_0 在曲线 C 上，因而有

$$f(y_1, z_1) = 0. \tag{1}$$

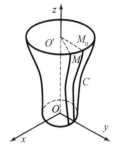

图 6－8　旋转面

由于点 M 与 M_0 都在圆 O' 上，于是有 $|y_1| = \sqrt{x^2+y^2}$，即

$$y_1 = \pm\sqrt{x^2+y^2}. \tag{2}$$

又点 M 与 M_0 都在垂直于 z 轴的平面上，有 $z = z_1$. $\tag{3}$

将(2)、(3) 式代入(1) 式，得 $f(\pm\sqrt{x^2+y^2}, z) = 0$.

也就是这个旋转曲面上任一点的坐标满足方程 $f(\pm\sqrt{x^2+y^2}, z) = 0$.

显然，满足方程 $f(\pm\sqrt{x^2+y^2}, z) = 0$ 的 x, y, z 所形成的点都在这个旋转曲面上. 所以，yOz 平面上的曲线 $f(y,z) = 0$ 绕 z 轴旋转一周所成的旋转曲面的方程为 $f(\pm\sqrt{x^2+y^2}, z) = 0$.

可见，在这个曲线 C 的方程 $f(y,z) = 0$ 中旋转轴的坐标变量 z 不变，而将非旋转轴的坐标变量 y 改为 $\pm\sqrt{x^2+y^2}$，便得到曲线 C 绕 z 轴旋转所成的旋转曲面的方程.

同理，yOz 平面上的曲线 $f(y,z) = 0$ 绕 y 轴旋转一周所成的旋转曲面的方程为 $f(y, \pm\sqrt{x^2+z^2}) = 0$.

对于其他坐标面上的曲线，绕这个坐标面上的一条坐标轴旋转的旋转曲面方程可类似得到.

注意：方程 $f(y, \pm\sqrt{x^2+z^2}) = 0$ 中，x^2 与 z^2 成对出现，这是这种旋转曲面的方程的显著特点. 一般地，若一个方程中至少有两个坐标变量的平方项系数相同，且这两个坐标变量没有其他项，则这个方程就表示这种类型的旋转曲面. 例如，方程 $4x^2 + 4y^2 - z = 0$，先对方程变形，用 x（也可用 y）替换方程中的 $\pm\sqrt{x^2+y^2}$，得 $4x^2 - z = 0$；则方程 $4x^2 + 4y^2 - z = 0$ 表示 xOz 平面上抛物线 $4x^2 - z = 0$ 绕 z 轴旋转一周所成的曲面.

【**例3**】 求下列平面曲线绕指定坐标轴旋转所得的旋转曲面方程：

(1) yOz 平面上的曲线 $z = y^2$ 绕 z 轴旋转；

(2) yOz 平面上的曲线 $z = ay(a > 0)$ 绕 y 轴旋转.

解 (1) 因 $z = y^2$ 绕 z 轴旋转，故将方程中的 y 用 $\pm\sqrt{x^2+y^2}$ 代入，即得所求旋转曲面的方程为 $z = x^2 + y^2$. 该曲面称为旋转抛物面，见图 6－9(a).

(2) 因 $z = ay(a > 0)$ 绕 y 轴旋转，故将方程中的 z 用 $\pm\sqrt{x^2+z^2}$ 代入，即得所求旋转曲面的方程为 $\pm\sqrt{x^2+z^2} = ay$ 或 $x^2 + z^2 = a^2 y^2$.

该曲面称为圆锥面，见图 6-9(b).

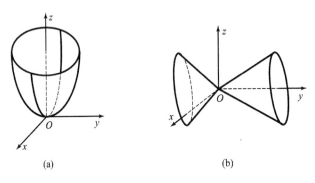

图 6-9　旋转面

二、二次曲面

称三元二次方程所表示的曲面为二次曲面. 下面我们利用截痕法来介绍几个常见的二次曲面的方程和形状. 所谓截痕法就是用一些平行于坐标平面的平面与曲面相截，考察其交线的形状，然后加以综合，进而了解曲面全貌的一种方法.

(一) 方程 $\dfrac{x^2}{a^2} + \dfrac{y^2}{b^2} + \dfrac{z^2}{c^2} = 1$

它所表示的曲面称为椭球面，a, b, c 均大于 0.

易知，$|x| \leqslant a, |y| \leqslant b, |z| \leqslant c$，为了解曲面形状，先以平行于 xOy 面的平面 $z = z_0$，$|z_0| \leqslant c$ 截曲面，得到截线方程为

$$\begin{cases} \dfrac{x^2}{a^2} + \dfrac{y^2}{b^2} = 1 - \dfrac{z^2}{c^2}, \\ z = z_0. \end{cases}$$

因 $1 - \dfrac{z^2}{c^2} \geqslant 0$，从而当 $|z_0| < c$ 时，截线是平面 $z = z_0$ 上一椭圆，而当 $|z| = c$ 时，截线退缩成一点 $(0, 0, |z_0|)$.

同理，以平面 $x = x_0(|x_0| \leqslant a)$ 和平面 $y = y_0(|y_0| \leqslant b)$ 截椭球面所得截线与上述情况类似，因此椭球面的形状如图 6-10 所示.

若 $a = b$，方程变为 $\dfrac{x^2}{a^2} + \dfrac{y^2}{a^2} + \dfrac{z^2}{c^2} = 1$，由旋转曲面的知识知，这个方程表示 xOz 面上的椭圆 $\dfrac{x^2}{a^2} + \dfrac{z^2}{c^2} = 1$ 绕 z 轴旋转而成的旋转椭球面.

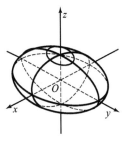

图 6-10　椭球面

若 $a = b = c$，方程变为 $x^2 + y^2 + z^2 = a^2$，它表示一个球心在原点，半径为 a 的球面.

（二）方程 $\dfrac{x^2}{2p}+\dfrac{y^2}{2q}=z$（$p,q$ 同号）

它所表示的曲面称为椭圆抛物面.

不妨设 p,q 均大于 0，我们用截痕法考察它的形状.

以平行于 xOy 面的平面 $z=z_0(z_0>0)$ 截椭圆抛物面，所得截线方程为
$$\begin{cases}\dfrac{x^2}{2p}+\dfrac{y^2}{2q}=z_0,\\ z=z_0.\end{cases}$$

它表示平面 $z=z_0$ 上一椭圆. 以 $z=0$ 截曲面，截得一点为原点.

以平行于 xOz 面的平面 $y=y_0$ 截曲面，截线方程为
$$\begin{cases}\dfrac{x^2}{2p}=z-\dfrac{y_0^2}{2q},\\ y=y_0.\end{cases}$$

这是平面 $y=y_0$ 上的一条抛物线.

同理，以平行于 yOz 面的平面 $x=x_0$ 截曲面所得截线是平面 $x=x_0$ 上的一条抛物线.

综上所述，椭圆抛物面的形状如图 6-11 所示.

若 p,q 均小于 0，则椭圆抛物面的开口朝下.

若 $p=q$，方程变为 $\dfrac{x^2}{2p}+\dfrac{y^2}{2p}=z$，它是由 xOz 面上的曲线 $z=\dfrac{x^2}{2p}$ 绕 z 轴旋转而成的旋转抛物面.

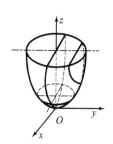

图 6-11 椭圆抛物面

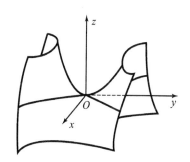

图 6-12 双曲抛物面

（三）方程 $-\dfrac{x^2}{2p}+\dfrac{y^2}{2q}=z$（$p,q$ 同号）

它所表示的曲面称为双曲抛物面（鞍形曲面）.

用截痕法进行讨论可知双曲抛物面的形状，如图 6-12 所示.

（四）方程 $\dfrac{x^2}{a^2}+\dfrac{y^2}{b^2}-\dfrac{z^2}{c^2}=1$

它所表示的曲面称为单叶双曲面，其中 a,b,c 均大于 0.

我们用截痕法讨论这一曲面的形状.

以平行于 xOy 面的平面 $z=z_0$ 截曲面,所得截线方程为
$$\begin{cases} \dfrac{x^2}{a^2}+\dfrac{y^2}{b^2}=1+\dfrac{z_0^2}{c^2}, \\ z=z_0. \end{cases}$$

这是平面 $z=z_0$ 上的一椭圆.

以平行于 xOz 面的平面 $y=y_0$ 截曲面,所得截线方程为
$$\begin{cases} \dfrac{x^2}{a^2}-\dfrac{z^2}{c^2}=1-\dfrac{y_0^2}{b^2}, \\ y=y_0. \end{cases}$$

这是平面 $y=y_0$ 上的一双曲线($y_0\neq\pm b$). 且易见,当 $1-\dfrac{y_0^2}{b^2}>0$,即 $y_0^2<b^2$ 时,虚轴平行于 z 轴,当 $1-\dfrac{y_0^2}{b^2}<0$,即 $y_0^2>b^2$ 时,虚轴平行于 x 轴.

当 $y_0=\pm b$ 时,截线为一对相交直线.

因此,单叶双曲面的形状如图 6－13 所示.

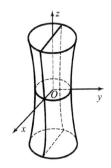

图 6－13　单叶双曲面

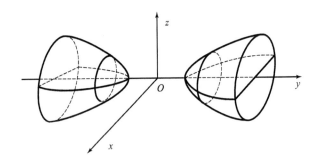

图 6－14　双叶双曲面

(五) 方程 $\dfrac{x^2}{a^2}-\dfrac{y^2}{b^2}+\dfrac{z^2}{c^2}=-1$

它所表示的曲面称为双叶双曲面,用截痕法讨论可知其形状,如图 6－14 所示.

习题 6.2

1. 求下列各球面的方程:
(1) 圆心$(2,-1,3)$,半径为 $R=6$;　　　(2) 圆心在原点,且经过点$(6,-2,3)$;
(3) 一条直径的两端点是$(2,-3,5)$ 与 $(4,1,-3)$;
(4) 通过原点与$(4,0,0),(1,3,0),(0,0,-4)$.

2. 指出下列曲面的名称:
(1) $\dfrac{x^2}{4}+\dfrac{z^2}{9}=1$;　　　　　(2) $y^2=2z$;　　　　　(3) $x^2+z^2=1$;
(4) $x^2+y^2+z^2-2x=0$;　　(5) $y^2+x^2=z^2$;　　(6) $4x^2-4y^2+z=1$;
(7) $\dfrac{x^2}{9}+\dfrac{y^2}{16}+z=1$;　　(8) $\dfrac{x^2}{4}-\dfrac{y^2}{9}+z^2=-1$;　　(9) $\dfrac{x^2}{4}+\dfrac{y^2}{3}+\dfrac{z^2}{3}=1$;

(10) $2x^2 + 2y^2 = 1 + 3z^2$.

3. 指出下列方程在平面解析几何和空间解析几何中分别表示什么图形?

(1) $y = x + 1$; (2) $x^2 + y^2 = 4$;
(3) $x^2 - y^2 = 1$; (4) $x^2 = 2y$.

4. 说明下列旋转曲面是怎样形成的?

(1) $\dfrac{x^2}{4} + \dfrac{y^2}{9} + \dfrac{z^2}{9} = 1$; (2) $x^2 - \dfrac{y^2}{4} + z^2 = 1$;
(3) $x^2 - y^2 - z^2 = 1$; (4) $(z-a)^2 = x^2 + y^2$.

第三节　多元函数的概念

函数 $y = f(x)$ 是因变量与一个自变量之间的关系,即因变量的值只依赖于一个自变量,称为一元函数.

但在许多实际问题中,往往需要研究因变量与几个自变量之间的关系,即因变量的值依赖于几个自变量.

例如,某种商品的市场需求量不仅仅与其市场价格有关,而且与消费者的收入以及这种商品的其他代用品的价格等因素有关,即决定该商品需求量的因素不是一个而是多个. 要深入研究这类问题,就需要引入多元函数的概念.

一、二元函数的概念

定义 1　设 D 是平面上的一个非空点集,如果对于每个点 $(x,y) \in D$,变量 z 按照一定的法则 f 总有唯一确定的值与之对应,则称 z 是变量 x,y 的二元函数,记为

$$z = f(x,y),$$

其中变量 x,y 称为自变量,z 称为因变量,集合 D 称为函数 $f(x,y)$ 的定义域,对应函数值的集合 $\{z \mid z = f(x,y), (x,y) \in D\}$ 称为该函数的值域.

类似地,可以定义三元函数 $u = f(x,y,z)$ 以及三元以上的函数. 二元以及二元以上的函数统称为多元函数.

与一元函数一样,定义域和对应法则是二元函数的两个要素.

【例1】　求函数 $z = \ln(y-x) \dfrac{\sqrt{x}}{\sqrt{1-x^2-y^2}}$ 的定义域 D,并画出 D 的图形.

解　要使函数的解析式有意义,必须满足

$$\begin{cases} y - x > 0, \\ x \geqslant 0, \\ 1 - x^2 - y^2 > 0, \end{cases}$$

即 $D = \{(x,y), \mid x \geqslant 0, x < y, x^2 + y^2 < 1\}$,如图 6-15 阴影部分所示.

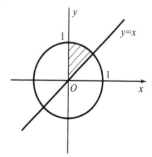

图 6-15　二元函数的定义域

【例2】　求下列二元函数的定义域,并绘出定义域的图形.

(1) $z = \sqrt{1-x^2-y^2}$; (2) $z = \ln(x+y)$;
(3) $z = \dfrac{1}{\ln(x+y)}$; (4) $z = \ln(xy-1)$.

解 (1) 要使函数 $z = \sqrt{1-x^2-y^2}$ 有意义,必须有 $1-x^2-y^2 \geqslant 0$,即有 $x^2+y^2 \leqslant 1$. 故所求函数的定义域为 $D = \{(x,y) \mid x^2+y^2 \leqslant 1\}$,如图 6-16 所示.

(2) 要使函数 $z = \ln(x+y)$ 有意义,必须有 $x+y > 0$. 故所有函数的定义域为 $D = \{(x,y) \mid x+y > 0\}$,如图 6-17 所示.

(3) 要使函数 $z = \dfrac{1}{\ln(x+y)}$ 有意义,必须有 $\ln(x+y) \neq 0$,即 $x+y > 0$ 且 $x+y \neq 1$. 故该函数的定义域为 $D = \{(x,y) \mid x+y > 0, x+y \neq 1\}$,如图 6-18 所示.

(4) 要使函数 $z = \ln(xy-1)$ 有意义,必须有 $xy-1 > 0$. 故该函数的定义域为 $D = \{(x,y) \mid xy > 1\}$,如图 6-19 所示.

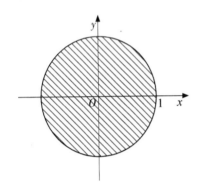

图 6-16 $z = \sqrt{1-x^2-y^2}$ 的定义域

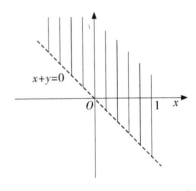

图 6-17 $z = \ln(x+y)$ 的定义域

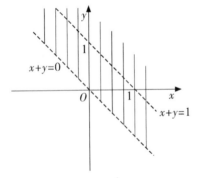

图 6-18 $z = \dfrac{1}{\ln(x+y)}$ 的定义域

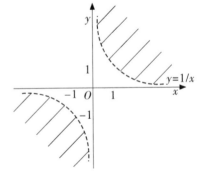

图 6-19 $z = \ln(xy-1)$ 的定义域

设函数 $z = f(x,y)$ 的定义域为 D,对于任意取定的 $P(x,y) \in D$,对应的函数值为 $z = f(x,y)$,这样,以 x 为横坐标、y 为纵坐标、z 为竖坐标在空间就确定一点 $M(x,y,z)$,当 $P(x,y)$ 取遍 D 上的一切点时,得一个空间点集 $\{(x,y,z) \mid z = f(x,y), (x,y) \in D\}$,这个点集称为二元函数 $z = f(x,y)$ 的图形,如图 6-20 所示,二元函数的图形通常为空间中的一张曲面.

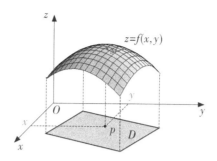

图 6-20　$z = f(x,y)$ 表示的空间曲面

具体地,如函数 $z = \sin xy$ 的图形为图 6-21;函数 $x^2 + y^2 + z^2 = a^2$ 的图形为一个球面,见图 6-22.

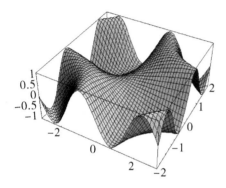

图 6-21　$z = \sin xy$ 的图形

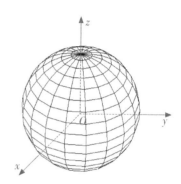

图 6-22　$x^2 + y^2 + z^2 = a^2$ 的图形

二、二元函数的极限与连续

在一元函数中,我们研究了当自变量趋于某一数值时函数的极限,而这时动点趋于定点的各种方式总是沿着坐标轴进行的.对于二元函数 $z = f(x,y)$,同样可以讨论当自变量 x 与 y 趋向于 x_0 和 y_0 时,函数 z 的变化状态.也就是说,研究当点 (x,y) 趋向 (x_0,y_0) 时,函数 $z = f(x,y)$ 的变化趋势.但是,二元函数的情况要比一元函数复杂得多.因为在坐标平面 xOy 上,(x,y) 趋向 (x_0,y_0) 的方式是多种多样的.

首先介绍邻域的概念.邻域:设 $P_0(x_0,y_0)$ 是 xOy 平面上的一个点,δ 是某一正数,与点 $P_0(x_0,y_0)$ 距离小于 δ 的点 $P(x,y)$ 的全体,称为点 P_0 的 δ 邻域,记为 $U(P_0,\delta)$,

$$U(P_0,\delta) = \{P \mid |PP_0| < \delta\} = \{(x,y) \mid \sqrt{(x-x_0)^2 + (y-y_0)^2} < \delta\}.$$

定义 2　设函数 $z = f(x,y)$ 在点 $P_0(x_0,y_0)$ 的某去心邻域内有定义($P_0(x_0,y_0)$ 点除外),如果当点 $P(x,y)$ 沿任何路径无限趋于 $P_0(x_0,y_0)$ 时,对应的函数值 $z = f(x,y)$ 都无限趋近于一个常数 A,则称当点 $P(x,y)$ 趋向于 $P_0(x_0,y_0)$ 时,函数 $z = f(x,y)$ 以 A 为极限.记为 $\lim\limits_{(x,y) \to (x_0,y_0)} f(x,y) = A$.二元函数极限也叫二重极限,可记为 $\lim\limits_{\substack{x \to x_0 \\ y \to y_0}} f(x,y) = A$.

在极限的计算中不是先 $x \to x_0$,再 $y \to y_0$,而是 $P(x,y)$ 以任意方式趋于 $P_0(x_0,y_0)$,

比一元函数的极限要复杂很多.

对一元函数而言,有极限存在的充要条件是:
$$\lim_{x\to x_0}f(x)=a \Leftrightarrow \lim_{x\to x_0^+}f(x)=a, \lim_{x\to x_0^-}f(x)=a.$$

但对二元函数 $z=f(x,y)$ 而言要复杂得多,也就是说,若动点 $P(x,y)$ 以平行于 x 轴或以平行于 y 轴的方式趋于定点 $P_0(x_0,y_0)$ 时有极限并且相等,即 $\lim\limits_{\substack{y=y_0\\x\to x_0}}f(x,y)=A$,$\lim\limits_{\substack{x=x_0\\y\to y_0}}f(x,y)=A$,也不能保证 $\lim\limits_{\substack{x\to x_0\\y\to y_0}}f(x,y)=A$. 进一步说即使是动点 $P(x,y)$ 以无穷多种方式趋近于定点 $P_0(x_0,y_0)$ 时有极限并且相等,也不能保证其有极限;因为动点在平面区域上趋于定点的方式可以是任意的. 下面以例题加以说明.

【例 3】 设 $f(x,y)=\begin{cases}\dfrac{xy}{x^2+y^2},x^2+y^2\neq 0;\\0,x^2+y^2=0.\end{cases}$ 判断极限 $\lim\limits_{\substack{x\to 0\\y\to 0}}f(x,y)$ 是否存在?

解 当 $P(x,y)$ 沿 x 轴趋于 $(0,0)$ 时,有 $y=0$,于是
$$\lim_{\substack{x\to 0\\y=0}}f(x,y)=\lim_{x\to 0}\frac{0}{x^2+0^2}=0;$$

当 $P(x,y)$ 沿 y 轴趋于 $(0,0)$ 时,有 $x=0$,于是
$$\lim_{\substack{x=0\\y\to 0}}f(x,y)=\lim_{y\to 0}\frac{0}{0^2+y^2}=0.$$

但不能因为 $P(x,y)$ 以上述两种特殊方式趋于 $(0,0)$ 时的极限存在且相等,就断定所考察的二重极限存在.

因为当 $P(x,y)$ 沿直线 $y=kx(k\neq 0)$ 趋于 $(0,0)$ 时,有
$$\lim_{\substack{x\to 0\\y=kx}}f(x,y)=\lim_{x\to 0}\frac{kx^2}{(1+k^2)x^2}=\frac{k}{1+k^2},$$

这个极限值随 k 不同而变化,故 $\lim\limits_{\substack{x\to 0\\y\to 0}}f(x,y)$ 不存在.

【例 4】 求下列函数的极限:

(1) $\lim\limits_{\substack{x\to 0\\y\to 0}}\dfrac{2-\sqrt{xy+4}}{xy}$; (2) $\lim\limits_{\substack{x\to 1\\y\to 0}}\dfrac{\ln(1+xy)}{y\sqrt{x^2+y^2}}$.

解 (1) $\lim\limits_{\substack{x\to 0\\y\to 0}}\dfrac{2-\sqrt{xy+4}}{xy}=\lim\limits_{\substack{x\to 0\\y\to 0}}\dfrac{-xy}{xy(2+\sqrt{xy+4})}=-\lim\limits_{\substack{x\to 0\\y\to 0}}\dfrac{1}{2+\sqrt{xy+4}}=-\dfrac{1}{4}.$

(2) $\lim\limits_{\substack{x\to 1\\y\to 0}}\dfrac{\ln(1+xy)}{y\sqrt{x^2+y^2}}=\lim\limits_{\substack{x\to 1\\y\to 0}}\dfrac{xy}{y\sqrt{x^2+y^2}}=\lim\limits_{\substack{x\to 1\\y\to 0}}\dfrac{x}{\sqrt{x^2+y^2}}=1.$

从例 4 可以看到,求二元函数极限的很多方法与一元函数相同.

定义 3 设函数 $z=f(x,y)$ 在点 $P_0(x_0,y_0)$ 的某一邻域内有定义,并且
$$\lim_{\substack{x\to x_0\\y\to y_0}}f(x,y)=f(x_0,y_0),$$

则称函数 $z=f(x,y)$ 在点 $P_0(x_0,y_0)$ 处连续. 否则称函数 $z=f(x,y)$ 在点 $P_0(x_0,y_0)$ 间断,点 $P_0(x_0,y_0)$ 称为该函数的间断点.

如果 $f(x,y)$ 在平面区域 D 内的每一点都连续,则称该函数在区域 D 内连续.

二元函数的连续性的概念与一元函数是类似的,并且具有类似的性质:在区域 D 内连续的二元函数图形是空间中的一个连续曲面;二元连续函数经过有限次的四则运算后仍为二元连续函数;定义在有界闭区域 D 上的连续函数 $f(x,y)$ 一定可以在 D 上取得最大值和最小值.

【例 5】 求 $\lim\limits_{\substack{x\to 0\\ y\to 1}}\left[\ln(y-x)+\dfrac{y}{\sqrt{1-x^2}}\right]$.

解 因为初等函数 $f(x,y)=\ln(y-x)+\dfrac{y}{\sqrt{1-x^2}}$ 在 $(0,1)$ 处连续,所以

$$\lim_{\substack{x\to 0\\ y\to 1}}\left[\ln(y-x)+\dfrac{y}{\sqrt{1-x}}\right]=\left[\ln(1-0)+\dfrac{1}{\sqrt{1-0^2}}\right]=1.$$

习题 6.3

1. 求下列各函数的定义域:

(1) $z=\dfrac{x^2+y^2}{x^2-y^2}$;

(2) $z=\ln(y-x)+\arcsin\dfrac{y}{x}$;

(3) $z=\ln(xy)$;

(4) $z=\sqrt{1-\dfrac{x^2}{a^2}-\dfrac{y^2}{b^2}}$;

(5) $z=\sqrt{x-\sqrt{y}}$;

(6) $u=\arccos\dfrac{z}{\sqrt{x^2+y^2}}$.

2. 设 $f\left(\dfrac{y}{x}\right)=\dfrac{\sqrt{x^2+y^2}}{x}$ $(x>0)$,求 $f(x)$.

第四节 偏导数与全微分

我们在研究一元函数的变化率时曾引入导数的概念,对于多元函数同样需要研究函数关于自变量的变化率问题.但多元函数的自变量不只一个,函数关系也比较复杂,通常的方法是只让一个变量变化,固定其他的变量(即视为常数),研究函数关于这个变量的变化率.我们把这种变化率称为偏导数.

一、多元函数的偏导数

定义 1 设函数 $z=f(x,y)$ 在点 (x_0,y_0) 的某一邻域内有定义,当 y 固定在 y_0,而 x 在 x_0 处有增量 Δx 时,相应地函数 $f(x,y)$ 有增量 $f(x_0+\Delta x,y_0)-f(x_0,y_0)$,如果

$$\lim_{\Delta x\to 0}\dfrac{f(x_0+\Delta x,y_0)-f(x_0,y_0)}{\Delta x}$$

存在,则称此极限为函数 $z=f(x,y)$ 在点 (x_0,y_0) 处对 x 的偏导数,记为

$$z'_x\Big|_{\substack{x=x_0\\ y=y_0}},\ f'_x(x_0,y_0),\ \dfrac{\partial f}{\partial x}\Big|_{\substack{x=x_0\\ y=y_0}} \text{ 或 } \dfrac{\partial z}{\partial x}\Big|_{\substack{x=x_0\\ y=y_0}}.$$

类似地,当 x 固定在 x_0,而 y 在 y_0 有增量 Δy,如果极限

$$\lim_{\Delta y \to 0} \frac{f(x_0, y_0 + \Delta y) - f(x_0, y_0)}{\Delta y}$$

存在,则称此极限为函数 $z = f(x,y)$ 在点 (x_0, y_0) 处对 y 的偏导数,记为

$$z'_y \Big|_{\substack{x=x_0 \\ y=y_0}}, f'_y(x_0, y_0), \frac{\partial f}{\partial y} \Big|_{\substack{x=x_0 \\ y=y_0}} \text{ 或 } \frac{\partial z}{\partial y} \Big|_{\substack{x=x_0 \\ y=y_0}}.$$

如果函数 $z = f(x,y)$ 在平面区域 D 内任一点 (x,y) 处都存在对 x(或 y)的偏导数,则称函数 $z = f(x,y)$ 在 D 内存在对 x(或 y)的偏导函数,简称函数 $f(x,y)$ 在 D 内有偏导数,记为

$$z'_x, f'_x(x,y), \frac{\partial f}{\partial x} \text{ 或 } \frac{\partial z}{\partial x},$$

$$z'_y, f'_y(x,y), \frac{\partial f}{\partial y} \text{ 或 } \frac{\partial z}{\partial y}.$$

从偏导数的定义可以看出,偏导数的实质就是把一个变量固定,而将二元函数 $z = f(x,y)$ 看成另一个变量的一元函数的导数.因此,求二元函数的偏导数,不需要引进新的方法,只须用一元函数的微分法,把一个自变量暂时视为常量,而对另一个自变量进行求导即可.即求 $\frac{\partial z}{\partial x}$ 时,把 y 视为常数而对 x 求导数;即求 $\frac{\partial z}{\partial y}$ 时,把 x 视为常数而对 y 求导数.

$f(x,y)$ 在点 (x_0,y_0) 处的偏导数 $f'_x(x_0,y_0), f'_y(x_0,y_0)$,就是偏导函数 $f'_x(x,y), f'_y(x,y)$ 在 (x_0,y_0) 处的函数值.

【例1】 设 $z = x^3 - 2x^2y + 3y^4$,求 $\frac{\partial z}{\partial x}, \frac{\partial z}{\partial y}, \frac{\partial z}{\partial x}\Big|_{(1,1)}$ 和 $\frac{\partial z}{\partial y}\Big|_{(1,-1)}$.

解 对 x 求偏导数,就是把 y 看作常量对 x 求导数,$\frac{\partial z}{\partial x} = 3x^2 - 4xy$;

对 y 求偏导数,就是把 x 看作常量对 y 求导数,$\frac{\partial z}{\partial y} = -2x^2 + 12y^3$;

$$\frac{\partial z}{\partial x}\Big|_{(1,1)} = 3x^2 - 4xy \Big|_{\substack{x=1 \\ y=1}} = -1; \frac{\partial z}{\partial y}\Big|_{(1,-1)} = -2x^2 + 12y^3 \Big|_{\substack{x=1 \\ y=-1}} = -14.$$

值得特别注意的是:对偏导数而言,$\frac{\partial z}{\partial x}$ 是整体看作一个符号,不能看作两个变量微分之商,这是与一元函数的区别.

【例2】 设二元函数 $z = f(x,y) = x^2 \sin 2y$,求 $\frac{\partial z}{\partial x}, \frac{\partial z}{\partial y}, f'_x(1, \frac{\pi}{2})$.

解 $\frac{\partial z}{\partial x} = 2x\sin 2y, \frac{\partial z}{\partial y} = 2x^2 \cos 2y, f'_x(1, \frac{\pi}{2}) = 2\sin 2 \cdot \frac{\pi}{2} = 0.$

在一元函数的微分里,函数 $f(x)$ 在某点可导必连续,但对二元函数 $f(x,y)$ 来说,即使它在某点对 x 和 y 的偏导数都存在,但函数在该点也不一定连续;这也是一元函数与多元函数的区别之处.

例如,函数 $f(x,y) = \begin{cases} 1, & \text{当 } x = 0, \text{或 } y = 0; \\ 0, & \text{当 } xy \neq 0 \end{cases}$ 在原点 $(0,0)$ 存在两个关于 x 和 y 的偏导数,但它在原点 $(0,0)$ 处不连续.

二、二元函数偏导数的几何意义

设 $M_0(x_0,y_0,f(x_0,y_0))$ 是曲面 $z=f(x,y)$ 上一点,过 M_0 作平面 $y=y_0$,与曲面相截得一条曲线(见图 6—23),其方程为 $\begin{cases} y=y_0 \\ z=f(x,y_0) \end{cases}$.

偏导数 $f'_x(x_0,y_0)$ 表示曲面 $z=f(x,y)$ 被平面 $y=y_0$ 所截得的曲线 $\begin{cases} y=y_0 \\ z=f(x,y_0) \end{cases}$,在点 M_0 处的切线 M_0T_1 对 x 轴的斜率. 同样,偏导数 $f'_y(x_0,y_0)$ 表示曲面 $z=f(x,y)$ 被平面 $x=x_0$ 所截得的曲线 $\begin{cases} x=x_0, \\ z=f(x_0,y) \end{cases}$ 在点 M_0 处的切线 M_0T_2 对 y 轴的斜率.

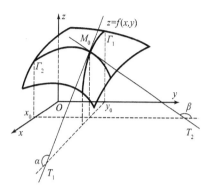

图 6—23 偏导数的几何意义

三、高阶偏导数

若函数 $z=f(x,y)$ 对于 x,y 的偏导数 $\dfrac{\partial z}{\partial x},\dfrac{\partial z}{\partial y}$ 仍是 x,y 的二元函数,自然地可以考虑 $\dfrac{\partial z}{\partial x}$ 和 $\dfrac{\partial z}{\partial y}$ 能不能再求偏导数. 如果 $\dfrac{\partial z}{\partial x},\dfrac{\partial z}{\partial y}$ 对自变量 x,y 的偏导数也存在,则它们的偏导数称为 $f(x,y)$ 的二阶偏导数.

按照对变量求导次序有下列四种二阶偏导数.

$$\frac{\partial}{\partial x}\left(\frac{\partial z}{\partial x}\right)=\frac{\partial^2 z}{\partial x^2}=f''_{xx}(x,y)=z''_{xx};$$

$$\frac{\partial}{\partial y}\left(\frac{\partial z}{\partial x}\right)=\frac{\partial^2 z}{\partial x\partial y}=f''_{xy}(x,y)=z''_{xy};$$

$$\frac{\partial}{\partial x}\left(\frac{\partial z}{\partial y}\right)=\frac{\partial^2 z}{\partial y\partial x}=f''_{yx}(x,y)=z''_{yx};$$

$$\frac{\partial}{\partial y}\left(\frac{\partial z}{\partial y}\right)=\frac{\partial^2 z}{\partial y^2}=f''_{yy}(x,y)=z''_{yy}.$$

其中,$f''_{xy}(x,y),f''_{yx}(x,y)$ 称为**二阶混合偏导数**. 类似地,有三阶、四阶和更高阶的偏导数,二阶及二阶以上的偏导数统称为**高阶偏导数**.

【例 3】 求函数 $z=x^3y^2-3xy^3-xy+1$ 的二阶偏导数.

解 因为函数的一阶偏导数为

$$\frac{\partial z}{\partial x}=3x^2y^2-3y^3-y,\frac{\partial z}{\partial y}=2x^3y-9xy^2-x,$$

所以,所求二阶偏导数为

$$\frac{\partial^2 z}{\partial x^2}=\frac{\partial}{\partial x}\left(\frac{\partial z}{\partial x}\right)=\frac{\partial}{\partial x}(3x^2y^2-3y^3-y)=6xy^2,$$

$$\frac{\partial^2 z}{\partial x \partial y} = \frac{\partial}{\partial y}\left(\frac{\partial z}{\partial x}\right) = \frac{\partial}{\partial y}(3x^2 y^2 - 3y^3 - y) = 6x^2 y - 9y^2 - 1,$$

$$\frac{\partial^2 z}{\partial y \partial x} = \frac{\partial}{\partial x}\left(\frac{\partial z}{\partial y}\right) = \frac{\partial}{\partial x}(2x^3 y - 9xy^2 - x) = 6x^2 y - 9y^2 - 1,$$

$$\frac{\partial^2 z}{\partial y^2} = \frac{\partial}{\partial y}\left(\frac{\partial z}{\partial y}\right) = \frac{\partial}{\partial y}(2x^3 y - 9xy^2 - x) = 2x^3 - 18xy.$$

此例中的两个二阶混合偏导数相等,但这个结论并非对于任意可求二阶偏导数的二元函数都成立,我们不加证明地指出下列定理.

定理 1 若函数 $z = f(x,y)$ 的两个二阶混合偏导数在点 (x,y) 处连续,则在该点处有 $\dfrac{\partial^2 z}{\partial x \partial y} = \dfrac{\partial^2 z}{\partial y \partial x}$.

对于三元以上的函数也可以类似地定义高阶偏导数,而且在偏导数连续时,混合偏导数也与求偏导的次序无关.

四、全微分

(一) 全微分的概念

我们已经知道,二元函数对某个自变量的偏导数表示当其中一个自变量固定时,因变量对另一个自变量的变化率. 根据一元函数微分学中增量与微分的关系,可得:

$$f(x + \Delta x, y) - f(x, y) \approx f'_x(x, y)\Delta x,$$
$$f(x, y + \Delta y) - f(x, y) \approx f'_y(x, y)\Delta y.$$

上面两式左端分别称为二元函数对 x 和对 y 的**偏增量**,而右端分别称为二元函数对 x 和对 y 的**偏微分**.

在实际问题中,有时需要研究多元函数中各个自变量都取得增量时因变量所获得的增量,即所谓全增量的问题. 下面以二元函数为例进行讨论.

如果函数 $z = f(x,y)$ 在点 $P(x,y)$ 的某邻域内有定义,并设 $P'(x + \Delta x, y + \Delta y)$ 为该邻域内的任意一点,则称 $f(x + \Delta x, y + \Delta y) - f(x,y)$ 为函数在点 P 对应于自变量增量 $\Delta x, \Delta y$ 的**全增量**,记为 Δz,即 $\Delta z = f(x + \Delta x, y + \Delta y) - f(x, y)$.

一般来说,计算全增量比较复杂. 与一元函数的情形类似,我们也希望利用关于自变量增量 $\Delta x, \Delta y$ 的线性函数来近似地代替函数的全增量 Δz,由此引入关于二元函数全微分的定义.

定义 2 如果函数 $z = f(x,y)$ 在点 (x,y) 的全增量 $\Delta z = f(x + \Delta x, y + \Delta y) - f(x,y)$ 可以表示为 $\Delta z = A\Delta x + B\Delta y + o(\rho)$,其中 A,B 不依赖于 $\Delta x, \Delta y$ 而仅与 x,y 有关,$\rho = \sqrt{(\Delta x)^2 + (\Delta y)^2}$,则称函数 $z = f(x,y)$ 在点 (x,y) 可微分,$A\Delta x + B\Delta y$ 称为函数 $z = f(x,y)$ 在点 (x,y) 的全微分,记为 $\mathrm{d}z$,即 $\mathrm{d}z = A\Delta x + B\Delta y$.

若函数在区域 D 内各点处可微分,则称这函数在 D 内可微分.

由定义可知,若函数 $z = f(x,y)$ 在点 $P(x,y)$ 处可微,则它在此点连续,这是可微的必要条件. 也就是说,若函数在某点不连续,则此函数在该点不可微.

与一元函数相似,二元函数的可微与偏导数之间是否也存在充要条件关系呢?

定理 2(必要性) 若函数 $z = f(x,y)$ 在点 $P(x,y)$ 处可微,则函数 $z = f(x,y)$ 在

点 $P(x,y)$ 处的偏导数 $\frac{\partial z}{\partial x}, \frac{\partial z}{\partial y}$ 必存在,且 $dz = \frac{\partial z}{\partial x}\Delta x + \frac{\partial z}{\partial y}\Delta y$.

证明 因函数 $z = f(x,y)$ 在点 $P(x,y)$ 处可微,所以有
$$\Delta z = A\Delta x + B\Delta y + o(\rho),$$
当 $\Delta y = 0$ 时,有 $\Delta_x z = A\Delta x + o(\rho) = A\Delta x + o(|\Delta x|)$,

所以
$$\lim_{\Delta x \to 0} \frac{\Delta_x z}{\Delta x} = \lim_{\Delta x \to 0} \frac{A\Delta x + o(|\Delta x|)}{\Delta x} = A = \frac{\partial z}{\partial x},$$

同理可得 $\frac{\partial z}{\partial y} = B$,故 $dz = \frac{\partial z}{\partial x}\Delta x + \frac{\partial z}{\partial y}\Delta y$.

在一元函数里,可微和可导是等价的,定理 2 告诉我们,二元函数可微一定存在偏导数,反过来,是否成立呢?也就是说,若二元函数 $z = f(x,y)$ 在点 $P(x,y)$ 处存在偏导数,那么二元函数 $z = f(x,y)$ 在 $P(x,y)$ 点是否可微呢?回答是否定的. 例如,函数
$$f(x,y) = \begin{cases} \dfrac{2xy}{x^2 + y^2}, & (x^2 + y^2 \neq 0); \\ 0, & x^2 + y^2 = 0 \end{cases}$$

在原点 $(0,0)$ 存在且偏导数 $\left.\frac{\partial f}{\partial x}\right|_{(0,0)} = 0, \left.\frac{\partial f}{\partial y}\right|_{(0,0)} = 0$. 但是,当 $(x,y) \to (0,0)$ 时,此函数的极限不存在,所以不连续. 不连续显然不可微.

由此可见,偏导数存在是二元函数可微的必要条件,而不是充分条件. 在什么样的情况下,偏导数存在,二元函数才可微呢?下面的定理回答了这个问题.

定理3（充分性） 若函数 $z = f(x,y)$ 在 $P(x,y)$ 点邻域内存在关于 x,y 的两个偏导数 $\frac{\partial z}{\partial x}, \frac{\partial z}{\partial y}$,且它们在该点连续,则函数 $z = f(x,y)$ 在点 $P(x,y)$ 处可微.

证明略.

此定理告诉我们,只有当二元函数的两个偏导数在该点还连续的话,就能保证其可微.

习惯上,我们把自变量的改变量 $\Delta x, \Delta y$ 分别记作 dx, dy,并称为自变量的微分. 所以,二元函数的全微分可以表示为: $dz = f'_x dx + f'_y dy$.

类似地,二元函数的微分及性质可以推广到三元以及三元以上的函数.

【例4】 求函数 $z = 4xy^3 + 5x^2 y^6$ 的全微分.

解 因为
$$\frac{\partial z}{\partial x} = 4y^3 + 10xy^6, \frac{\partial z}{\partial y} = 12xy^2 + 30x^2 y^5,$$
$$dz = (4y^3 + 10xy^6)dx + (12xy^2 + 30x^2 y^5)dy.$$

【例5】 求函数 $z = \ln\sqrt{1 + x^2 + y^2}$ 在点 $(1,1)$ 的全微分.

解 因 $\frac{\partial z}{\partial x} = \frac{1}{2}\frac{(1+x^2+y^2)^{-\frac{1}{2}} 2x}{\sqrt{1+x^2+y^2}} = \frac{x}{1+x^2+y^2},$

$\frac{\partial z}{\partial x} = \frac{1}{2}\frac{(1+x^2+y^2)^{-\frac{1}{2}} 2x}{\sqrt{1+x^2+y^2}} = \frac{x}{1+x^2+y^2},$

所以，$\dfrac{\partial z}{\partial x}\Big|_{(1,1)} = \dfrac{1}{3}, \dfrac{\partial z}{\partial x}\Big|_{(1,1)} = \dfrac{1}{3}, \mathrm{d}z = \dfrac{1}{3}\mathrm{d}x + \dfrac{1}{3}\mathrm{d}y.$

习题 6.4

1. 求下列函数的一阶偏导数：

(1) $z = xy + \dfrac{x}{y}$；

(2) $z = \ln\tan\dfrac{x}{y}$；

(3) $z = \mathrm{e}^{xy}$；

(4) $z = \dfrac{x^2 + y^2}{xy}$；

(5) $z = x^2\ln(x^2 + y^2)$；

(6) $z = \sqrt{\ln(xy)}$；

(7) $z = \sec(xy)$；

(8) $z = (1 + xy)^y$；

(9) $u = \arctan(x - y)^z$；

(10) $u = \left(\dfrac{x}{y}\right)^z$.

2. 设 $z = xy + x\mathrm{e}^{\frac{y}{x}}$，证明 $x\dfrac{\partial z}{\partial x} + y\dfrac{\partial z}{\partial y} = xy + z.$

3. 求下列函数的二阶偏函数：

(1) 已知 $z = x^3\sin y + y^3\sin x$，求 $\dfrac{\partial^2 z}{\partial x \partial y}$；

(2) 已知 $z = y^{\ln x}$，求 $\dfrac{\partial^2 z}{\partial x \partial y}$；

(3) 已知 $z = \ln(x + \sqrt{x^2 + y^2})$，求 $\dfrac{\partial^2 z}{\partial x^2}$ 和 $\dfrac{\partial^2 z}{\partial x \partial y}$；

(4) 已知 $z = \arctan\dfrac{y}{x}$，求 $\dfrac{\partial^2 z}{\partial x^2}, \dfrac{\partial^2 z}{\partial y^2}, \dfrac{\partial^2 z}{\partial x \partial y}$ 和 $\dfrac{\partial^2 z}{\partial y \partial x}$.

4. 验证：

(1) $y = \mathrm{e}^{-kn^2 t}\sin nx$ 满足 $\dfrac{\partial y}{\partial t} = k\dfrac{\partial^2 y}{\partial x^2}$；

(2) $r = \sqrt{x^2 + y^2 + z^2}$ 满足 $\dfrac{\partial^2 r}{\partial x^2} + \dfrac{\partial^2 r}{\partial y^2} + \dfrac{\partial^2 r}{\partial z^2} = \dfrac{2}{r}$.

5. 求下列函数的全微分：

(1) $u = \dfrac{s^2 + t^2}{s^2 - t^2}$；

(2) $z = (x^2 + y^2)\mathrm{e}^{\frac{x^2 + y^2}{xy}}$；

(3) $z = \arcsin\dfrac{x}{y}(y > 0)$；

(4) $z = \mathrm{e}^{-\left(\frac{y}{x} + \frac{x}{y}\right)}$；

(5) $u = \ln(x^2 + y^2 + z^2)$；

(6) $u = x^{yz}$.

第五节　多元复合函数与隐函数的微分法

本节我们将一元函数中复合函数的求导法则推广到多元复合函数的情形.

一、多元复合函数的微分法

在一元函数中，复合函数的求导法则是求导的灵魂，起到了非常重要的作用，对于多元函数也是如此. 本节讨论多元复合函数求导法则.

（一）中间变量是一元函数的情况

定理 1 如果函数 $u=\varphi(t)$ 及 $v=\psi(t)$ 都在点 t 可导,函数 $z=f(u,v)$ 在对应点 (u,v) 具有连续偏导数,则复合函数 $z=f[\varphi(t),\psi(t)]$ 在点 t 可导,且有：

$$\frac{\mathrm{d}z}{\mathrm{d}t}=\frac{\partial z}{\partial u}\frac{\mathrm{d}u}{\mathrm{d}t}+\frac{\partial z}{\partial v}\frac{\mathrm{d}v}{\mathrm{d}t}.\qquad\text{——全导数}$$

证明 由条件知,当 $\Delta t\to 0$ 时,$\Delta u\to 0$,$\Delta v\to 0$,$\frac{\Delta u}{\Delta t}\to\frac{\mathrm{d}u}{\mathrm{d}t}$,$\frac{\Delta v}{\Delta t}\to\frac{\mathrm{d}v}{\mathrm{d}t}$.

由于函数 $z=f(u,v)$ 在点 (u,v) 有连续偏导数,有

$$\Delta z=\frac{\partial z}{\partial u}\Delta u+\frac{\partial z}{\partial v}\Delta v+\alpha_1\Delta u+\alpha_2\Delta v,$$

$$\frac{\Delta z}{\Delta t}=\frac{\partial z}{\partial u}\cdot\frac{\Delta u}{\Delta t}+\frac{\partial z}{\partial v}\cdot\frac{\Delta v}{\Delta t}+\alpha_1\frac{\Delta u}{\Delta t}+\alpha_2\frac{\Delta v}{\Delta t}.$$

当 $\Delta u\to 0$,$\Delta v\to 0$ 时,$\alpha_1\to 0$,$\alpha_2\to 0$,所以,

$$\frac{\mathrm{d}z}{\mathrm{d}t}=\lim_{\Delta t\to 0}\frac{\Delta z}{\Delta t}=\frac{\partial z}{\partial u}\cdot\frac{\mathrm{d}u}{\mathrm{d}t}+\frac{\partial z}{\partial v}\cdot\frac{\mathrm{d}v}{\mathrm{d}t}.$$

全导数的公式可用图 6-24 清楚地表示出来. $z=f(u,v)$,z 有两个直接变量 u 和 v,画两个箭头,u 和 v 都有变量 t,画两个箭头.箭头表示求偏导数,两个箭头连起来是相乘关系,z 关于 t 的导数就是两条路径之和.

图 6-24 复合函数求导之一

【例 1】 设 $z=uv$,而 $u=\mathrm{e}^t$,$v=\cos t$,求全导数 $\frac{\mathrm{d}z}{\mathrm{d}t}$.

解 $\frac{\mathrm{d}z}{\mathrm{d}t}=\frac{\partial z}{\partial u}\frac{\mathrm{d}u}{\mathrm{d}t}+\frac{\partial z}{\partial v}\frac{\mathrm{d}v}{\mathrm{d}t}=v\mathrm{e}^t-u\sin t=\mathrm{e}^t\cos t-\mathrm{e}^t\sin t,$

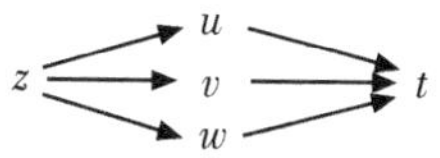

对两个以上中间变量的全导数类似可求,如有三个中间变量,$z=f(u,v,w)$,u,v,w 都是 t 的函数（见图 6-25）,则：

图 6-25 复合函数求导之二

$$\frac{\mathrm{d}z}{\mathrm{d}t}=\frac{\partial z}{\partial u}\frac{\mathrm{d}u}{\mathrm{d}t}+\frac{\partial z}{\partial v}\frac{\mathrm{d}v}{\mathrm{d}t}+\frac{\partial z}{\partial w}\frac{\mathrm{d}w}{\mathrm{d}t}.$$

（二）中间变量是多元函数的情况

定理 2 设 $u=\varphi(x,y)$,$v=\psi(x,y)$ 都在点 (x,y) 有偏导数,而 $z=f(u,v)$ 在对应点 (u,v) 具有连续偏导数,则复合函数 $z=f[\varphi(x,y),\psi(x,y)]$ 在对应点 (x,y) 的两个偏导数均存在,且有：

$$\frac{\partial z}{\partial x}=\frac{\partial z}{\partial u}\frac{\partial u}{\partial x}+\frac{\partial z}{\partial v}\frac{\partial v}{\partial x},\quad\frac{\partial z}{\partial y}=\frac{\partial z}{\partial u}\frac{\partial u}{\partial y}+\frac{\partial z}{\partial v}\frac{\partial v}{\partial y}.$$

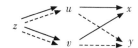

图 6-26 多元复合函数求导之一

$\frac{\partial z}{\partial x},\frac{\partial z}{\partial y}$ 这两个计算公式可由图 6-26 清楚地表示出来.

【例 2】 设 $z=\mathrm{e}^u\sin v$,而 $u=xy$,$v=x+y$,求 $\frac{\partial z}{\partial x}$ 和 $\frac{\partial z}{\partial y}$.

解 $\frac{\partial z}{\partial x}=\frac{\partial z}{\partial u}\frac{\partial u}{\partial x}+\frac{\partial z}{\partial v}\frac{\partial v}{\partial x}=\mathrm{e}^u\sin v\cdot y+\mathrm{e}^u\cos v\cdot 1=\mathrm{e}^u(y\sin v+\cos v),$

$$\frac{\partial z}{\partial y} = \frac{\partial z}{\partial u}\frac{\partial u}{\partial y} + \frac{\partial z}{\partial v}\frac{\partial v}{\partial y} = e^u \sin v \cdot x + e^u \cos v \cdot 1 = e^u(x\sin v + \cos v).$$

【例 3】 设 $z = u^2 \ln v$，其中 $u = \dfrac{x}{y}, v = 2x - y$，求 $\dfrac{\partial z}{\partial x}$ 和 $\dfrac{\partial z}{\partial y}$.

解
$$\frac{\partial z}{\partial x} = \frac{\partial z}{\partial u}\frac{\partial u}{\partial x} + \frac{\partial z}{\partial v}\frac{\partial v}{\partial x} = 2u\ln v \cdot \frac{1}{y} + \frac{u^2}{v} \cdot 2 = \frac{2x}{y^2}\ln(2x-y) + \frac{2x^2}{y^2(2x-y)},$$

$$\frac{\partial z}{\partial y} = \frac{\partial z}{\partial u}\frac{\partial u}{\partial y} + \frac{\partial z}{\partial v}\frac{\partial v}{\partial y} = 2u\ln v \cdot \left(-\frac{x}{y^2}\right) + \frac{u^2}{v} \cdot (-1) = -\frac{2x^2}{y^3}\ln(2x-y) - \frac{x^2}{y^2(2x-y)}.$$

两个以上中间变量情况有类似的公式和图形表示，例如三个中间变量，见图 6-27.

$$\frac{\partial z}{\partial x} = \frac{\partial z}{\partial u}\frac{\partial u}{\partial x} + \frac{\partial z}{\partial v}\frac{\partial v}{\partial x} + \frac{\partial z}{\partial w}\frac{\partial w}{\partial x},$$

$$\frac{\partial z}{\partial y} = \frac{\partial z}{\partial u}\frac{\partial u}{\partial y} + \frac{\partial z}{\partial v}\frac{\partial v}{\partial y} + \frac{\partial z}{\partial w}\frac{\partial w}{\partial y}.$$

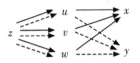

图 6-27　多元复合函数求导之二

多元复合函数的复合关系是多种多样的，不可能把所有的公式都写出来，也没必要这样做，只要我们把握住函数间的复合关系就可以了，并且牢记：复合函数对某自变量的偏导数等于通向这个自变量的各条路径上函数对中间变量的导数与中间变量对这个自变量导数乘积之和.

【例 4】 设 $u = f(x,y,z) = e^{x^2+y^2+z^2}, z = x^2\sin y$，求 $\dfrac{\partial u}{\partial x}$ 和 $\dfrac{\partial u}{\partial y}$.

解
$$\frac{\partial u}{\partial x} = \frac{\partial f}{\partial x} + \frac{\partial f}{\partial z}\frac{\partial z}{\partial x} = 2xu + 2zu \cdot 2x\sin y = 2x(1 + 2x^2\sin^2 y)e^{x^2+y^2+x^4\sin^2 y},$$

$$\frac{\partial u}{\partial y} = \frac{\partial f}{\partial y} + \frac{\partial f}{\partial z} \cdot \frac{\partial z}{\partial y} = 2yu + 2zu \cdot x^2\cos y = 2(y + x^4\sin y\cos y)e^{x^2+y^2+x^4\sin^2 y}.$$

二、隐函数的微分法

在一元微分学中，我们曾引入了隐函数的概念，并介绍了不经过显化而直接由方程
$$F(x,y) = 0$$
来求它所确定的隐函数导数的方法. 这里将进一步从理论上阐明隐函数的存在性，并通过多元复合函数求导的链式法则建立隐函数的求导公式，给出一套"隐式"求导法.

定理 3 设函数 $F(x,y)$ 在点 $P(x_0,y_0)$ 的某一邻域内具有连续的偏导数，且 $F(x_0,y_0) = 0, F'_y(x_0,y_0) \neq 0$，则方程 $F(x,y) = 0$ 在点 $P(x_0,y_0)$ 的某一邻域内恒能唯一确定一个连续且具有连续导数的函数 $y = f(x)$，它满足 $y_0 = f(x_0)$，并有 $\dfrac{dy}{dx} = -\dfrac{F'_x}{F'_y}$.

【例 5】 求由方程 $xy - e^x + e^y = 0$ 所确定的隐函数 $y = f(x)$ 的导数 $\dfrac{dy}{dx}, \dfrac{dy}{dx}\bigg|_{x=0}$.

解　令 $F = xy - e^x + e^y$，则
$$F'_x = y - e^x, F'_y = x + e^y, \frac{dy}{dx} = -\frac{F'_x}{F'_y} = \frac{e^x - y}{x + e^y},$$

由原方程知 $x = 0$ 时，$y = 0$，所以 $\dfrac{dy}{dx}\bigg|_{x=0} = \dfrac{e^x - y}{x + e^y}\bigg|_{\substack{x=0 \\ y=0}} = 1$.

定理 4 设函数 $F(x,y,z)$ 在点 $P(x_0,y_0,z_0)$ 的某一邻域内有连续的偏导数，且
$$F(x_0,y_0,z_0)=0, \quad F'_z(x_0,y_0,z_0)\neq 0,$$
则方程 $F(x,y,z)=0$ 在点 $P(x_0,y_0,z_0)$ 的某一邻域内恒能唯一确定一个连续且具有连续偏导数的函数 $z=f(x,y)$，它满足条件 $z_0=f(x_0,y_0)$，并有
$$\frac{\partial z}{\partial x}=-\frac{F'_x}{F'_z}, \quad \frac{\partial z}{\partial y}=-\frac{F'_y}{F'_z}.$$

【例 6】 设 $\cos^2 x+\cos^2 y+\cos^2 z=1$，求 $\frac{\partial z}{\partial x}, \frac{\partial z}{\partial y}$.

解 设 $F(x,y,z)=\cos^2 x+\cos^2 y+\cos^2 z-1$，则
$$\frac{\partial z}{\partial x}=-\frac{F'_x}{F'_z}=-\frac{-2\cos x\sin x}{-2\cos z\sin z}=-\frac{\sin 2x}{\sin 2z},$$
$$\frac{\partial z}{\partial y}=-\frac{F'_y}{F'_z}=-\frac{-2\cos y\sin y}{-2\cos z\sin z}=-\frac{\sin 2y}{\sin 2z}.$$

习题 6.5

1. 设 $u=e^{x-2y}, x=\sin t, y=t^3$，求 $\frac{du}{dt}$.

2. 设 $z=\arccos(u-v)$，而 $u=4x^3, v=3x$，求 $\frac{dz}{dx}$.

3. 设 $z=u^2v-uv^2, u=x\cos y, v=x\sin y$，求 $\frac{\partial z}{\partial x}, \frac{\partial z}{\partial y}$.

4. 设 $z=u^2\ln v$，而 $u=3x+2y, v=\frac{y}{x}$，求 $\frac{\partial z}{\partial x}, \frac{\partial z}{\partial y}$.

5. 设 $\ln\sqrt{x^2+y^2}=\arctan\frac{y}{x}$，求 $\frac{dy}{dx}$.

6. 求由方程 $xyz+\sqrt{x^2+y^2+z^2}=\sqrt{2}$ 所确定的函数 $z=z(x,y)$ 在点 $(1,0,-1)$ 处的全微分 dz.

第六节 偏导数的应用

在一元函数中，我们利用函数的导数求得函数的极值，进一步解决了有关实际问题的最优化问题. 但在工程技术、管理技术、经济分析等实际问题中，往往涉及多元函数的极值和最值问题. 本节就来重点讨论二元函数的极值问题，进而可以类推到更多元函数的极值问题.

一、多元函数的极值

实例：某商店卖两种牌子的矿泉水，本地牌子每瓶进价 1 元，外地牌子每瓶进价 1.2 元，店主估计，如果本地牌子每瓶卖 x 元，外地牌子每瓶卖 y 元，则每天可卖出 $70-5x+4y$ 瓶本地牌子的矿泉水，$80+6x-7y$ 瓶外地牌子的矿泉水. 问：店主每天以什么价格卖两种牌子的矿泉水可取得最大收益？

每天收益的目标函数为 $f(x,y)=(x-1)(70-5x+4y)+(y-1.2)(80+6x-7y)$.

求最大收益问题就是求此二元函数的最大值问题. 要解决此问题, 必须首先来讨论二元函数的极值问题.

定义 1　设函数 $z=f(x,y)$ 在点 $P_0(x_0,y_0)$ 的某邻域内有定义, 对于该邻域内的任意异于 $P_0(x_0,y_0)$ 的点 $P(x,y)$, 都有不等式 $f(x,y)<f(x_0,y_0)$, 则称函数在 $P_0(x_0,y_0)$ 有极大值 $f(x_0,y_0)$; 如果都有不等式 $f(x,y)>f(x_0,y_0)$, 则称函数在 $P_0(x_0,y_0)$ 有极小值 $f(x_0,y_0)$.

极大值、极小值统称为极值, 使函数取得极值的点统称为**极值点**.

【例 1】　讨论下列函数在原点 $(0,0)$ 处是否取得极值.

(1) $z=3x^2+4y^2$；　　　　(2) $z=-\sqrt{x^2+y^2}$；　　　　(3) $z=xy$.

解　(1) 从函数 $z=3x^2+4y^2$ 的特点看出: 在 $(0,0)$ 的去心邻域内, 函数值均大于 0, 即 $f(x,y)>f(0,0)$. 故在 $(0,0)$ 处此函数取得极小值 $f(0,0)=0$.

(2) 从函数 $z=-\sqrt{x^2+y^2}$ 的特点看出: 在 $(0,0)$ 的去心邻域内, 函数值均小于 0, 即 $f(x,y)<f(0,0)$. 故在 $(0,0)$ 处此函数取得极大值 $f(0,0)=0$.

(3) 函数 $z=xy$ 在 $(0,0)$ 的去心邻域内, 显然, 有大于 $f(0,0)=0$ 的函数值, 也有小于 $f(0,0)=0$ 的函数值. 故 $f(0,0)=0$ 不是函数的极值.

求极值关键在于求出极值点, 类似于一元函数的极值我们有下列定理.

定理 1（极值存在的必要条件）　设函数 $z=f(x,y)$ 在点 (x_0,y_0) 具有偏导数, 且在点 (x_0,y_0) 处有极值, 则它在该点的偏导数必然为零. 即

$$f'_x(x_0,y_0)=0, f'_y(x_0,y_0)=0.$$

证明　因为点 (x_0,y_0) 是函数 $f(x,y)$ 的极值点, 若固定 $f(x,y)$ 中的变量 $y=y_0$, 则 $z=f(x,y_0)$ 是一个一元函数, 且在点 $x=x_0$ 处取得极值.

由一元函数极值的必要条件知 $f'(x_0,y_0)=0$, 即 $f'_x(x_0,y_0)=0$, 同理可得 $f'_y(x_0,y_0)=0$.

使 $f'_x(x,y)=0, f'_y(x,y)=0$ 同时成立的点 (x,y), 称为函数 $z=f(x,y)$ 的驻点.

定理 2（极值存在的充分条件）　设函数 $z=f(x,y)$ 在点 (x_0,y_0) 的某邻域内具有连续的二阶偏导数, 且点 (x_0,y_0) 是函数的驻点, 即 $f'_x(x_0,y_0)=0, f'_y(x_0,y_0)=0$. 若记 $f''_{xx}(x_0,y_0)=A, f''_{xy}(x_0,y_0)=B, f''_{yy}(x_0,y_0)=C$, 则

(1) 当 $B^2-AC<0$ 时, 点 (x_0,y_0) 是极值点, 且若 $A<0$, 点 (x_0,y_0) 是极大值点; 若 $A>0$, 点 (x_0,y_0) 是极小值点.

(2) 当 $B^2-AC>0$ 时, 点 (x_0,y_0) 是非极值点.

(3) 当 $B^2-AC=0$ 时, 不能确定点 (x_0,y_0) 是否为极值点, 需另作讨论.

【例 2】　求函数 $f(x,y)=x^3-y^3+3x^2+3y^2-9x$ 的极值.

解　令 $\begin{cases} f'_x=3x^2+6x-9=0, \\ f'_y=-3y^2+6y=0 \end{cases}$ 得驻点: $(1,0),(1,2),(-3,0),(-3,2)$.

$A=f''_{xx}=6x+6, B=f''_{xy}=0, C=f''_{yy}=-6y+6$, 得 $B^2-AC=36(x+1)(y-1)$.

列表如下:

驻点	A	B	C	$B^2 - AC$	结论
$(1,0)$	$12 > 0$	0	$6 > 0$	$-72 < 0$	极小值点
$(1,2)$	$12 > 0$	0	$-6 < 0$	$72 > 0$	非极值点
$(-3,0)$	$-12 < 0$	0	$6 > 0$	$72 > 0$	非极值点
$(-3,2)$	$-12 < 0$	0	$-6 < 0$	$-72 < 0$	极大值点

故在点 $(1,0)$ 处函数取得极小值 $f(1,0) = -5$；在点 $(-3,2)$ 处函数取得极大值 $f(-3,2) = 31$.

由上面解题过程可以归纳出求函数 $z = f(x,y)$ 极值的一般步骤：

(1) 求一阶偏导数，并解方程组 $\begin{cases} f'_x(x,y) = 0, \\ f'_y(x,y) = 0 \end{cases}$ 得驻点；

(2) 对于每一个驻点 (x_0, y_0)，求出二阶偏导数的值 A, B, C，然后确定 $B^2 - AC$ 的符号(驻点较多时，可列表显示)；

(3) 由定理 2 确定驻点是否为极值点，若是极值点求出极值.

二、多元函数的最值

与一元函数相类似，对于有界闭区域 D 上连续的二元函数 $f(x,y)$，一定能在该区域上取得最大值和最小值. 使函数取得最值的点既可能在 D 的内部，也可能在 D 的边界上.

若函数的最值在区域 D 的内部取得，这个最值也是函数的极值，它必在函数的驻点或偏导数不存在的点处取得.

若函数的最值在区域 D 的边界上取得，往往比较复杂，在实际应用中可根据问题的具体性质来判断.

综上所述，求有界闭区域 D 上的连续函数 $f(x,y)$ 最值的方法和步骤为：

(1) 求出在 D 的内部可能的极值点，并计算出在这些点处的函数值；

(2) 求出 $f(x,y)$ 在 D 边界上的最值；

(3) 比较上述函数值的大小，最大者就是函数的最大值，最小值就是函数的最小值.

【例 3】 某工厂生产两种产品甲和乙，出售单价分别为 10 元与 9 元，生产 x 单位的产品甲与生产 y 单位的产品乙的总费用是
$$400 + 2x + 3y + 0.01(3x^2 + xy + 3y^2) \text{ 元},$$
求取得最大利润时，两种产品的产量各为多少？

解 $L(x,y)$ 表示获得的总利润，则总利润等于总收益与总费用之差，即有

利润目标函数 $L(x,y) = (10x + 9y) - [400 + 2x + 3y + 0.01(3x^2 + xy + 3y^2)]$
$= 8x + 6y - 0.01(3x^2 + xy + 3y^2) - 400 \ (x > 0, y > 0)$,

令 $\begin{cases} L'_x = 8 - 0.01(6x + y) = 0, \\ L'_y = 6 - 0.01(x + 6y) = 0, \end{cases}$ 解得唯一驻点 $(120, 80)$.

又因 $A = L''_{xx} = -0.06 < 0, B = L''_{xy} = -0.01, C = L''_{yy} = -0.06$，得
$$AC - B^2 = 3.5 \times 10^{-3} > 0.$$

得极大值 $L(120,80) = 320$. 根据实际情况,此极大值就是最大值. 故生产 120 单位产品甲与 80 单位产品乙时所得利润最大 320 元.

三、条件极值拉格朗日乘数法

对自变量有约束条件的极值问题,称为**条件极值问题**;而对自变量除了限制在定义域内外,并无其他条件的极值问题称为**无条件极值问题**.

对于条件极值问题,如果能从条件中表示出一个变量,代入目标函数,就把有条件的极值问题转化为无条件极值问题了. 但在许多情形,我们不能由条件解得这样的表达式,因此需研究其他的求解条件极值问题的方法 —— **拉格朗日乘数法**.

求函数 $z = f(x,y)$ 在约束条件 $\varphi(x,y) = 0$ 下求极值的步骤为:

(1) 构造辅助函数(称为拉格朗日函数)
$$F(x,y,\lambda) = f(x,y) + \lambda\varphi(x,y),$$
其中 λ 为待定常数,称为拉格朗日乘数;

(2) 求解方程组 $\begin{cases} F'_x(x,y,\lambda) = f'_x(x,y) + \lambda\varphi'_x(x,y) = 0, \\ F'_y(x,y,\lambda) = f'_y(x,y) + \lambda\varphi'_y(x,y) = 0, \\ F'_\lambda(x,y,\lambda) = \varphi(x,y) = 0, \end{cases}$

得出所有可能的极值点 (x,y);

(3) 判别求出的点 (x,y) 是否为极值点,通常可以根据问题的实际意义直接判定.

【例4】 某工厂生产两种商品的日产量分别为 x 和 y(件),总成本函数
$$C(x,y) = 8x^2 - xy + 12y^2 (元).$$
商品的限额为 $x + y = 42$,求最小成本.

解 约束条件为 $\varphi(x,y) = x + y - 42 = 0$,

构造拉格朗日函数 $F(x,y,\lambda) = 8x^2 - xy + 12y^2 + \lambda(x + y - 42)$,

解方程组 $\begin{cases} F'_x = 16x - y + \lambda = 0, \\ F'_y = -x + 24y + \lambda = 0, \\ F'_\lambda = x + y - 42 = 0, \end{cases}$ 得唯一驻点 $(x,y) = (25,17)$,

由实际情况知,$(x,y) = (25,17)$ 就是使总成本最小的点,最小成本为 $C(25,17) = 8\,043$(元).

【例5】 设销售收入 R(单位:万元)与花费在两种广告宣传的费用 x,y(单位:万元)之间的关系为 $R = \dfrac{200x}{x+5} + \dfrac{100y}{10+y}$,利润额相当五分之一的销售收入,并要扣除广告费用. 已知广告费用总预算金是 25 万元,试问如何分配两种广告费用使利润最大?

解 设利润为 z,有 $z = \dfrac{1}{5}R - x - y = \dfrac{40x}{x+5} + \dfrac{20y}{10+y} - x - y$,限制条件为 $x + y = 25$. 这是条件极值问题. 令 $L(x,y,\lambda) = \dfrac{40x}{x+5} + \dfrac{20y}{10+y} - x - y + \lambda(x + y - 25)$,

从而 $L'_x = \dfrac{200}{(5+x)^2} - 1 + \lambda = 0, L'_y = \dfrac{200}{(10+y)^2} - 1 + \lambda = 0$,所以有:
$$(5+x)^2 = (10+y)^2.$$

又 $y = 25 - x$,解得 $x = 15, y = 10$. 根据问题本身的意义及驻点的唯一性即知,当投入两种广告的费用分别为 15 万元和 10 万元时,可使利润最大.

习题 6.6

1. 设 $a > 0$,求函数 $f(x,y) = 3axy - x^3 - y^3$ 的极值.
2. 求函数 $z = 4(x-y) - x^2 - y^2$ 的极值.
3. 求函数 $z = x^2 + y^2 + 1$ 在指定条件 $x + y - 3 = 0$ 下的条件极值.
4. 求三个正数,使它们的和为 50 而它们的积最大.
5. 设生产某种产品的数量 P 与所用两种原料 A, B 的数量 x, y 间的函数关系是 $P = P(x,y) = 0.005x^2y$. 欲用 150 万元资金购料,已知 A, B 原料的单价分别为 1 万元／吨和 2 万元／吨,问购进两种原料各多少时,可使生产的产品数量最多?

第七节 二 重 积 分

一、二重积分的定义及几何意义

二重积分是多元函数积分学的一个重要内容. 在一元函数积分学中我们讨论了定积分,定积分就是一种特殊和式的极限,如果将定积分的基本思想和方法应用到定义在平面区域的二元函数上,就可以得到二重积分的概念.

下面讨论如何定义并计算曲顶柱体的体积 V. 曲顶柱体如图 6-28 所示,顶面方程 $z = f(x,y) \geqslant 0$ 为二元连续函数.

曲顶柱体,由于其顶部的高度是变化的,因此它的体积不能用平顶柱体体积公式(体积 = 底面积 × 高) 计算. 但我们可以像讨论曲边梯形面积那样,采用"分割、取近似、作和、取极限"的步骤来解决曲顶柱体的体积问题.

用任意曲线网将区域 D 分成 n 个小闭区域 ΔD_1, $\Delta D_2, \cdots, \Delta D_n$,小闭区域 ΔD_i 的面积记作 $\Delta \sigma_i (i = 1, 2, \cdots, n)$,设以 ΔD_i 为底的细曲顶柱体的体积为

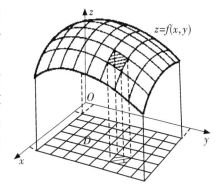

图 6-28 曲顶柱体的体积

$\Delta V_i (i = 1, 2, \cdots, n)$,则原曲顶柱体的体积为 $V = \sum_{i=1}^{n} \Delta V_i$.

在 ΔD_i 上任取一点 (ξ_i, η_i),以 $f(\xi_i, \eta_i)$ 为高的细平顶柱体的体积 $f(\xi_i, \eta_i) \Delta \sigma_i$ 可近似当作细曲顶柱体的体积: $\Delta V_i \approx f(\xi_i, \eta_i) \Delta \sigma_i (i = 1, 2, \cdots, n)$.

从而所求曲顶柱体体积近似地等于这 n 个细平顶柱体体积之和:

$$V = \sum_{i=1}^{n} \Delta V_i \approx \sum_{i=1}^{n} f(\xi_i, \eta_i) \Delta \sigma_i.$$

各个小区域的直径的最大值记为 λ,如果当 $\lambda \to 0$ 时上式右端和式的极限存在,那么

就定义此极限为所求曲顶柱体的体积 V,即

$$V = \lim_{\lambda \to 0} \sum_{i=1}^{n} f(\xi_i, \eta_i) \Delta \sigma_i.$$

上述问题是一个几何问题,我们将所求的量最终归结为一种和式的极限. 另外,还有许多物理、几何、经济学上的量也都可以归结为这种和式的极限,因此有必要在普遍意义下研究这种形式的极限. 于是,我们先抽象出二重积分的定义.

定义 1 设 $f(x,y)$ 是有界闭区域 D 上的有界函数,将闭区域 D 任意划分成 n 个小闭区域 $\Delta D_1, \Delta D_2, \cdots, \Delta D_n$,记小闭区域 ΔD_i 的面积为 $\Delta \sigma_i (i=1,2,\cdots,n)$. 在每个 ΔD_i 上任取一点 (ξ_i, η_i),作乘积 $f(\xi_i, \eta_i) \Delta \sigma_i (i=1,2,\cdots,n)$,再作和 $\sum_{i=1}^{n} f(\xi_i, \eta_i) \Delta \sigma_i$. 如果不论对区域 D 怎样划分,也不论在 ΔD_i 上怎样选取 (ξ_i, η_i),当所有小区域的直径的最大值 $\lambda \to 0$ 时,和 $\sum_{i=1}^{n} f(\xi_i, \eta_i) \Delta \sigma_i$ 的极限存在,那么称此极限为函数 $f(x,y)$ 在闭区域 D 上的二重积分,记作 $\iint\limits_{D} f(x,y) d\sigma$,即 $\iint\limits_{D} f(x,y) d\sigma = \lim_{\lambda \to 0} \sum_{i=1}^{n} f(\xi_i, \eta_i) \Delta \sigma_i$.

其中,$f(x,y)$ 称为被积函数,$f(x,y) d\sigma$ 称为被积表达式,$d\sigma$ 称为面积元素,x,y 称为积分变量,D 称为积分区域.

注意: 1. 函数 $f(x,y)$ 在有界闭区域 D 上连续时二重积分 $\iint\limits_{D} f(x,y) d\sigma$ 必定存在.

2. 曲顶柱体的体积就是其高度函数 $f(x,y)$ 在底面 D 上的二重积分,即

$$V = \iint\limits_{D} f(x,y) d\sigma.$$

这就是 $f(x,y) \geqslant 0$ 时二重积分 $\iint\limits_{D} f(x,y) d\sigma$ 的几何意义.

3. 如果在直角坐标系中用平行于坐标轴的直线网来划分区域 D 时,可把面积元素 $d\sigma$ 记作 $dxdy$,把二重积分记作 $\iint\limits_{D} f(x,y) dxdy$.

【例 1】 一球冠所在的球的半径为 R,球冠的高为 h,底圆半径为 a. 试用二重积分将球冠的体积表示出来.

解 如图 6-29 所示,设球心在 z 轴上,底圆中心在原点 O,球面方程为 $x^2 + y^2 + [z-(h-R)]^2 = R^2$,球冠看作球体被 xOy 平面所截的上部分立体,其顶部就是二元函数 $z = h - R + \sqrt{R^2 - x^2 - y^2}$ 所表示的上半球面的一部分,其底部 D 是圆域 $x^2 + y^2 \leqslant a^2$,由二重积分的几何意义,得 $V = \iint\limits_{D} (h - R + \sqrt{R^2 - x^2 - y^2}) d\sigma$.

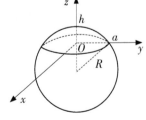

图 6-29 球冠的体积

二、二重积分的计算

由于二重积分定义与一重积分定义是同一类型和式的极限,因此它们有类似的性质. 下面介绍其主要性质.

设 D 是 xOy 平面上的有界闭区域,σ 为 D 的面积,那么有:

性质 1 常数因子可以提到积分号外面,即 $\iint\limits_{D} kf(x,y)\mathrm{d}\sigma = k\iint\limits_{D} f(x,y)\mathrm{d}\sigma$.

性质 2 函数和或差的积分等于各函数积分的和或差,即
$$\iint\limits_{D}[f(x,y)\pm g(x,y)]\mathrm{d}\sigma = \iint\limits_{D} f(x,y)\mathrm{d}\sigma \pm \iint\limits_{D} g(x,y)\mathrm{d}\sigma.$$

性质 3 如果积分区域 D 分割成 D_1 与 D_2 两部分,则有:
$$\iint\limits_{D} f(x,y)\mathrm{d}\sigma = \iint\limits_{D_1} f(x,y)\mathrm{d}\sigma + \iint\limits_{D_2} f(x,y)\mathrm{d}\sigma.$$

类似于一重积分,直接按定义来计算二重积分是不切实际的. 下面介绍将二重积分转化为二次积分进行计算的方法.

(一)利用直角坐标计算二重积分

考虑积分区域的两种基本图形.

Ⅰ. 积分区域为 X-型:设积分区域 D 可用不等式 $y_1(x) \leqslant y \leqslant y_2(x), a \leqslant x \leqslant b$ 来表示,其中 $y_1(x), y_2(x)$ 在 $[a,b]$ 上连续,如图 6-30 所示.

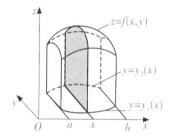

图 6-30 曲顶柱体体积

首先假定 $f(x,y) \geqslant 0$. 由二重积分几何意义知,$\iint\limits_{D} f(x,y)\mathrm{d}\sigma$ 的值等于以 D 为底、以 $z=f(x,y)$ 为顶的曲顶柱体的体积. 我们用定积分来计算这个曲顶柱体的体积. 过区间 $[a,b]$ 上任一点 x 的截面的面积为 $S(x) = \int_{y_1(x)}^{y_2(x)} f(x,y)\mathrm{d}y$,再对 $S(x)$ 求一次积分得到曲顶柱体的体积 $V = \int_a^b S(x)\mathrm{d}x = \int_a^b \left[\int_{y_1(x)}^{y_2(x)} f(x,y)\mathrm{d}y\right]\mathrm{d}x = \int_a^b \mathrm{d}x \int_{y_1(x)}^{y_2(x)} f(x,y)\mathrm{d}y.$

于是
$$\iint\limits_{D} f(x,y)\mathrm{d}\sigma = \int_a^b \mathrm{d}x \int_{y_1(x)}^{y_2(x)} f(x,y)\mathrm{d}y. \tag{1}$$

在上面讨论中事先假定了 $f(x,y) \geqslant 0$,但实际上公式(1)的成立并不受此限制.

Ⅱ. 积分区域为 Y-型:类似地,如果积分区域可以用不等式 $x_1(y) \leqslant x \leqslant x_2(y), c \leqslant y \leqslant d$ 来表示,其中 $x_1(y), x_2(y)$ 在 $[c,d]$ 上连续,则二重积分 $\iint\limits_{D} f(x,y)\mathrm{d}\sigma$ 可以化成二次积分
$$\iint\limits_{D} f(x,y)\mathrm{d}\sigma = \int_c^d \mathrm{d}y \int_{x_1(y)}^{x_2(y)} f(x,y)\mathrm{d}x \tag{2}$$

注:1. 在用公式(1)或(2)计算二重积分时,关键是确定定积分的上、下限,这往往需

要画出区域 D,借助直观图思考.

2. 以上两种积分区域 D 都满足条件:过 D 的内部、且平行于 x 轴或 y 轴的直线与 D 的边界曲线相交不多于两点.如果 D 不满足此条件(见图 6-32),可将 D 分成若干部分,使其每一部分都符合这个条件,再利用二重积分性质 3 解决二重积分的计算问题.

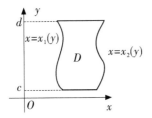

图 6-31 曲顶柱体体积

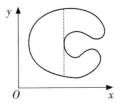

图 6-32 分割积分区域

【例 2】 将二重积分 $\iint\limits_{D} f(x,y)\mathrm{d}\sigma$ 化为二次积分,其中积分区域 D 由抛物线 $y=x^2$ 与直线 $y=x$ 所围成.

解 求得抛物线与直线的交点为 $(0,0)$、$(1,1)$,画出 D 如图 6-33 所示,它可表示为:$x^2 \leqslant y \leqslant x$, $0 \leqslant x \leqslant 1$,利用公式(1) 得

$$\iint\limits_{D} f(x,y)\mathrm{d}\sigma = \int_0^1 \mathrm{d}x \int_{x^2}^{x} f(x,y)\mathrm{d}y.$$

也可表示为 $y \leqslant x \leqslant \sqrt{y}$, $0 \leqslant y \leqslant 1$,则由公式(2) 得:

$$\iint\limits_{D} f(x,y)\mathrm{d}\sigma = \int_0^1 \mathrm{d}y \int_y^{\sqrt{y}} f(x,y)\mathrm{d}x$$

【例 3】 计算 $\iint\limits_{D} \dfrac{y\sin x}{x}\mathrm{d}\sigma$,其中 D 由抛物线 $y^2 = x$ 与直线 $y=x$ 围成.

解 求得抛物线与直线的交点为 $(0,0)$、$(1,1)$,画出 D 如图 6-34 所示,它可表示为 $x \leqslant y \leqslant \sqrt{x}$, $0 \leqslant x \leqslant 1$,则由公式(1) 得:

$$\iint\limits_{D} \frac{y\sin x}{x}\mathrm{d}\sigma = \int_0^1 \mathrm{d}x \int_x^{\sqrt{x}} \frac{y\sin x}{x}\mathrm{d}y = \int_0^1 \frac{\sin x}{x} \cdot \left[\frac{y^2}{2}\right]_x^{\sqrt{x}} \mathrm{d}x$$

$$= \frac{1}{2}\int_0^1 (1-x)\sin x\,\mathrm{d}x = \frac{1}{2}\left[-(1-x)\cos x - \sin x\right]_0^1 = \frac{1}{2}(1-\sin 1).$$

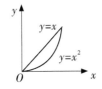

图 6-33 积分区域

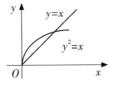

图 6-34 积分区域

如果利用公式(2),则有

$$\iint\limits_{D} \frac{y\sin x}{x}\mathrm{d}\sigma = \int_0^1 \mathrm{d}y \int_{y^2}^{y} \frac{y\sin x}{x}\mathrm{d}x.$$

由于 $\frac{\sin x}{x}$ 的原函数不是初等函数,所以这时的积分无法计算.

【例 4】 计算 $\iint\limits_{D} 2xy^2 d\sigma$,其中 D 由抛物线 $y^2 = x$ 与直线 $y = x - 2$ 围成,如图 6-35 所示.

解 求得抛物线与直线的交点为 $(4,2)$、$(-1,1)$,它可表示为 $y^2 \leqslant x \leqslant y+2, -1 \leqslant y \leqslant 2$.

由公式(2)得

$$\iint\limits_{D} 2xy^2 d\sigma = \int_{-1}^{2} dy \int_{y^2}^{y+2} 2xy^2 dx = \int_{-1}^{2} y^2 \left[x^2 \right]_{y^2}^{y+2} dy$$

$$= \int_{-1}^{2} (y^4 + 4y^3 + 4y^2 - y^6) dy = 15 \frac{6}{35}.$$

如果用公式(1),就必须用直线 $x = 1$ 将区域 D 分成 $D_1: -\sqrt{x} \leqslant y \leqslant \sqrt{x}, 0 \leqslant x \leqslant 1$ 和 $D_2: x-2 \leqslant y \leqslant \sqrt{x}, 1 \leqslant x \leqslant 4$ 两部分,如图 6-36 所示,由二重积分的性质得:

$$\iint\limits_{D} 2xy^2 d\sigma = \iint\limits_{D_1} 2xy^2 d\sigma + \iint\limits_{D_2} 2xy^2 d\sigma$$

$$= \int_{0}^{1} dx \int_{-\sqrt{x}}^{\sqrt{x}} 2xy^2 dy + \int_{1}^{4} dx \int_{x-2}^{\sqrt{x}} 2xy^2 dy.$$

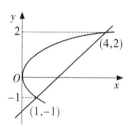

图 6-35 积分区域

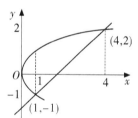

图 6-36 积分区域

显然,这种做法比用公式(2)麻烦.

以上两例说明,在二重积分的计算中,积分次序的选取是十分重要的,选取时应兼顾以下两个方面:① 使每一次积分都能容易计算;② 使积分区域尽量不分块或少分块.

（二）利用极坐标计算二重积分

当极坐标系的极点、极轴分别与直角坐标系的原点、x 轴正半轴重合时,引入极坐标变换:$x = r\cos\theta, y = r\sin\theta$,则被积函数 $f(x,y) = f(r\cos\theta, r\sin\theta)$,面积元素 $d\sigma = r dr d\theta$,从而有 $\iint\limits_{D} f(x,y) dx dy = \iint\limits_{D} f(r\cos\theta, r\sin\theta) r dr d\theta$.

上式右边的二重积分的计算仍是化为二次积分来计算.下面对三种情形的积分区域给出极坐标下二重积分的计算公式.

Ⅰ. 极点在积分区域 D 的外部. 如图 6-37 所示,这时 D 可以用不等式 $r_1(\theta) \leqslant r \leqslant r_2(\theta), \alpha \leqslant \theta \leqslant \beta$ 来表示,则极坐标系中的二重积分可化为如下的二次积分:

$$\iint_D f(r\cos\theta, r\sin\theta)r\mathrm{d}r\mathrm{d}\theta = \int_\alpha^\beta \mathrm{d}\theta \int_{r_1(\theta)}^{r_2(\theta)} f(r\cos\theta, r\sin\theta)r\mathrm{d}r. \tag{3}$$

Ⅱ. 极点在积分区域 D 的边界上. 如图 6-38 所示, 这时 D 可用不等式 $0\leqslant r\leqslant r(\theta)$, $\alpha\leqslant\theta\leqslant\beta$ 来表示, 则极坐标系中的二重积分可化为如下的二次积分:

$$\iint_D f(r\cos\theta, r\sin\theta)r\mathrm{d}r\mathrm{d}\theta = \int_\alpha^\beta \mathrm{d}\theta \int_0^{r(\theta)} f(r\cos\theta, r\sin\theta)r\mathrm{d}r. \tag{4}$$

Ⅲ. 极点在积分区域 D 的内部. 这时积分区域 D 由曲线 $r=r(\theta)$ 围成, 极点在 D 的内部, 图 6-39 所示, D 可表示为: $0\leqslant r\leqslant r(\theta), 0\leqslant\theta\leqslant 2\pi$, 则极坐标系中的二重积分可化为如下的二次积分:

$$\iint_D f(r\cos\theta, r\sin\theta)r\mathrm{d}r\mathrm{d}\theta = \int_0^{2\pi} \mathrm{d}\theta \int_0^{r(\theta)} f(r\cos\theta, r\sin\theta)r\mathrm{d}r. \tag{5}$$

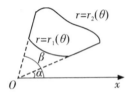
图 6-37　极坐标的积分区域

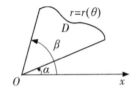
图 6-38　极点在积分区域 D 的边界上

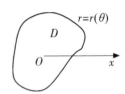
图 6-39　极点在积分区域 D 的内部

注意: 以上所涉及的方程 $r=r_1(\theta)$、$r=r_2(\theta)$ 及 $r=r(\theta)$ 都是曲线的极坐标方程, 所以当积分区域 D 的边界曲线是以直角坐标方程的形式给出时, 应该先将曲线方程化为极坐标方程 (把方程中的 x,y 分别换成 $r\cos\theta, r\sin\theta$ 后化简即可), 再选择适当的公式来计算二重积分.

【**例5**】 计算二重积分 $\iint_D (x^2+y^2)\mathrm{d}x\mathrm{d}y$, 其中 D 为圆环域的一部分: $1\leqslant x^2+y^2\leqslant 4, x\geqslant 0, y\geqslant 0$.

解 积分区域 D 如图 6-40 所示, 作极坐标变换, 化圆 $x^2+y^2=1$ 和 $x^2+y^2=4$ 的极坐标方程为 $r=1$ 和 $r=2$, D 可表示为:

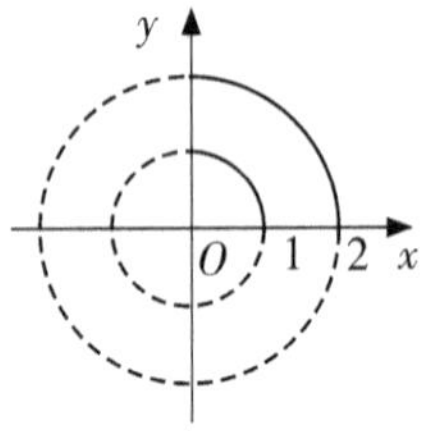

$$1\leqslant r\leqslant 2, 0\leqslant\theta\leqslant\frac{\pi}{2},$$

图 6-40　极坐标的积分区域

则由公式(3)有:

$$\iint_D (x^2+y^2)\mathrm{d}x\mathrm{d}y = \iint_D r^2\cdot r\mathrm{d}r\mathrm{d}\theta = \int_0^{\frac{\pi}{2}} \mathrm{d}\theta \int_1^2 r^3\mathrm{d}r$$
$$= \int_0^{\frac{\pi}{2}} \left[\frac{r^4}{4}\right]_1^2 \mathrm{d}\theta = \int_0^{\frac{\pi}{2}} \frac{15}{4}\mathrm{d}\theta = \frac{15}{8}\pi$$

注意: 在计算熟练后, 可直接有:

$$\int_0^{\frac{\pi}{2}} \mathrm{d}\theta \int_1^2 r^2\cdot r\mathrm{d}r = \left(\int_0^{\frac{\pi}{2}} \mathrm{d}\theta\right)\left(\int_1^2 r^3\mathrm{d}r\right) = \frac{\pi}{2}\cdot\frac{15}{4} = \frac{15}{8}\pi.$$

【**例 6**】 计算 $\iint\limits_{D} xy^2 \mathrm{d}x\mathrm{d}y$，其中 D 为半圆域：$x^2+y^2 \leqslant 4, x \geqslant 0$.

解 积分区域 D 如图 $6-41$ 所示，圆 $x^2+y^2=4$ 的极坐标方程为 $r=2$，则 D 可表示为：$0 \leqslant r \leqslant 2, -\dfrac{\pi}{2} \leqslant \theta \leqslant \dfrac{\pi}{2}$，于是由公式(4) 得：

$$\iint\limits_{D} xy^2 \mathrm{d}x\mathrm{d}y = \iint\limits_{D} r\cos\theta \cdot r^2\sin^2\theta \cdot r\mathrm{d}r\mathrm{d}\theta$$
$$= \int_{-\frac{\pi}{2}}^{\frac{\pi}{2}} \mathrm{d}\theta \int_0^2 \cos\theta\sin^2\theta \cdot r^4 \mathrm{d}r$$
$$= \int_{-\frac{\pi}{2}}^{\frac{\pi}{2}} \cos\theta\sin^2\theta \left[\dfrac{r^5}{5}\right]_0^2 \mathrm{d}\theta$$
$$= \dfrac{32}{5} \int_{-\frac{\pi}{2}}^{\frac{\pi}{2}} \cos\theta\sin^2\theta \mathrm{d}\theta = \dfrac{64}{15}.$$

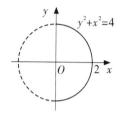

图 $6-41$　极点在积分区域 D 的边界上

【**例 7**】 计算 $\iint\limits_{D} \mathrm{e}^{-x^2-y^2} \mathrm{d}x\mathrm{d}y$，其中 D 为圆域：$x^2+y^2 \leqslant a^2$.

解 积分区域 D 如图 $6-42$ 所示，圆 $x^2+y^2=a^2$ 的极坐标方程为 $r=a$，则 D 可表示为：$0 \leqslant r \leqslant a, 0 \leqslant \theta \leqslant 2\pi$，于是由公式(5) 得：

$$\iint\limits_{D} \mathrm{e}^{-x^2-y^2} \mathrm{d}x\mathrm{d}y = \iint\limits_{D} \mathrm{e}^{-r^2} r\mathrm{d}r\mathrm{d}\theta = \int_0^{2\pi} \mathrm{d}\theta \int_0^a \mathrm{e}^{-r^2} r\mathrm{d}r$$
$$= \int_0^{2\pi} \left[-\dfrac{1}{2}\mathrm{e}^{-r^2}\right]_0^a \mathrm{d}\theta = \pi(1-\mathrm{e}^{-a^2}).$$

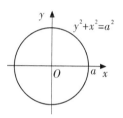

图 $6-42$　极点在积分区域 D 的内部

此题如果采用直角坐标来计算，则会遇到积分 $\int \mathrm{e}^{-x^2} \mathrm{d}x$，它不能用初等函数来表示，因而无法计算，由此可见利用极坐标计算二重积分的优越性.

另外，由上述例题可以看到，当二重积分的被积函数含有 x^2+y^2，积分区域为圆域或圆域的一部分时，利用极坐标计算往往比较简单.

与定积分类似，二重积分的概念也是从实践中抽象出来的，它是定积分的推广，其中的数学思想与定积分一样，也是一种"和式的极限". 所不同的是：定积分的被积函数是一元函数，积分范围是一个区间；而二重积分的被积函数是二元函数，积分范围是平面上的一个区域. 它们之间存在着密切的联系，二重积分可以通过定积分来计算.

习题 6.7

1. 计算下列二重积分：

(1) $\iint\limits_{D} (x^2+y^2) \mathrm{d}\sigma$，其中 $D = \{(x,y) \mid |x| \leqslant 1, |y| \leqslant 1\}$；

(2) $\iint\limits_{D} (3x+2y) \mathrm{d}\sigma$，其中 D 是由两坐标轴及直线 $x+y=2$ 所围成的闭区域；

(3) $\iint\limits_{D} (x^3+3x^2y+y^3) \mathrm{d}\sigma$，其中 $D = \{(x,y) \mid 0 \leqslant x \leqslant 1, 0 \leqslant y \leqslant 1\}$；

(4) $\iint\limits_{D} x\cos(x+y)\mathrm{d}\sigma$,其中 D 是顶点分别为 $(0,0),(\pi,0)$ 和 (π,π) 的三角形闭区域.

2. 画出积分区域,并计算下列二重积分:

(1) $\iint\limits_{D} x\sqrt{y}\mathrm{d}\sigma$,其中 D 是由两条抛物线 $y=\sqrt{x},y=x^2$ 所围成的闭区域;

(2) $\iint\limits_{D} xy^2\mathrm{d}\sigma$,其中 D 是由圆周 $x^2+y^2=4$ 及 y 轴所围成的右半闭区域;

(3) $\iint\limits_{D} e^{x+y}\mathrm{d}\sigma$,其中 $D=\{(x,y)\mid\mid x\mid+\mid y\mid\leqslant 1\}$;

(4) $\iint\limits_{D} (x^2+y^2-x)\mathrm{d}\sigma$,其中 D 是由直线 $y=2,y=x$ 及 $y=2x$ 所围成的闭区域.

3. 化二重积分 $I=\iint\limits_{D} f(x,y)\mathrm{d}\sigma$ 为二次积分(分别列出对两个变量先后次序不同的两个二次积分),其中积分区域 D 是:

(1) 由直线 $y=x$ 及抛物线 $y^2=4x$ 所围成的闭区域;

(2) 由 x 轴及半圆周 $x^2+y^2=r^2(y\geqslant 0)$ 所围成的闭区域.

4. 计算由四个平面 $x=0,y=0,x=1,y=1$ 所围成柱体被平面 $z=0$ 及 $2x+3y+z=6$ 截得的立体的体积.

数学家简介:

希尔伯特

于 1900 年 8 月 8 日在巴黎第二届国际数学家大会上,提出了新世纪数学家应当努力解决的 23 个数学问题,被认为是 20 世纪数学的制高点,对这些问题的研究有力推动了 20 世纪数学的发展,在世界上产生了深远的影响.希尔伯特领导的数学学派是 19 世纪末 20 世纪初数学界的一面旗帜,希尔伯特被称为"数学界的无冕之王".

(著名的哥德巴赫猜想也是问题之一,以陈景润为代表的中国数学家获得了重大突破,但还没有彻底解决.)

希尔伯特生于东普鲁士哥尼斯堡(前苏联加里宁格勒)附近的

希尔伯特

韦劳,中学时代他就是一名勤奋好学的学生,对于科学特别是数学表现出浓厚的兴趣,善于灵活和深刻地掌握以至应用老师讲课的内容.他与 17 岁便拿下数学大奖的著名数学家闵可夫斯基(爱因斯坦的老师)结为好友,同进入哥尼斯堡大学,最终超越了他.1880 年,他不顾父亲让他学法律的意愿,进入哥尼斯堡大学攻读数学,并于 1884 年获得博士学位,后留校取得讲师资格和升任副教授.1893 年他被任命为正教授,1895 年转入格廷根大学任教授,此后一直在数学之乡格廷根生活和工作.他于 1930 年退休.在此期间,他成为柏林科学院通讯院士,并曾获得施泰讷奖、罗巴切夫斯基奖和波约伊奖.1930 年获得瑞典科学院的米塔格—莱福勒奖,1942 年成为柏林科学院荣誉院士.希尔伯特是一位正直的科学家,第一次世界大战前夕,他拒绝在德国政府为进行欺骗宣传而发表的《告文明世界书》上签字.战争期间,他敢于公开发表文章悼念"敌人的数学家"达布.希特勒上台后,他抵制并上书反对纳粹政府排斥和迫害犹太科学家的政策.由于纳粹政府的反动政策日益加剧,许多科学家被迫移居外国,其中多数流亡于美国,曾经盛极一时的格廷根学派衰落了,希尔伯特也于1943年在孤独中逝世.但由于大量数学家的到来,美国成为了当时的数学中心.

希尔伯特是对20世纪数学有深刻影响的数学家之一.他领导了著名的格廷根学派,使格廷根大学成为当时世界数学研究的重要中心,并培养了一批对现代数学发展做出重大贡献的杰出数学家.希尔伯特的数学工作可以划分为几个不同的时期,每个时期他几乎都集中精力研究一类问题.按时间顺序,他的主要研究内容有:不变量理论、代数数域理论、几何基础、积分方程、物理学、一般数学基础,其间穿插的研究课题有:狄利克雷原理和变分法、华林问题、特征值问题、"希尔伯特空间"等.在这些领域中,他都做出了重大的或开创性的贡献.希尔伯特认为,科学在每个时代都有它自己的问题,而这些问题的解决对于科学发展具有深远意义.他指出:"只要一门科学分支能提出大量的问题,它就充满着生命力,而问题缺乏则预示着独立发展的衰亡和终止."

在1900年巴黎国际数学家代表大会上,希尔伯特发表了题为《数学问题》的著名讲演.他根据过去特别是19世纪数学研究的成果和发展趋势,提出了23个最重要的数学问题.这23个问题通称希尔伯特问题,后来成为许多数学家力图攻克的难关,对现代数学的研究和发展产生了深刻的影响,并起了积极的推动作用.希尔伯特问题中有些现已得到圆满解决,有些至今仍未解决.他在讲演中所阐发的相信每个数学问题都可以解决的信念,对于数学工作者是一种巨大的鼓舞.他说:"在我们中间,常常听到这样的呼声:这里有一个数学问题,去找出它的答案!你能通过纯思维找到它,因为在数学中没有不可知."30年后,1930年,在接受哥尼斯堡荣誉市民称号的讲演中,针对一些人信奉的不可知论观点,他再次满怀信心地宣称:"我们必须知道,我们必将知道."

希尔伯特的《几何基础》(1899)是公理化思想的代表作,书中把欧几里德几何学加以整理,成为建立在一组简单公理基础上的纯粹演绎系统,并开始探讨公理之间的相互关系与研究整个演绎系统的逻辑结构.1904年,又着手研究数学基础问题,经过多年酝酿,于20世纪20年代初,提出了如何论证数论、集合论或数学分析一致性的方案.他建议从若干形式公理出发将数学形式化为符号语言系统,并从不假定实无穷的有穷观点出发,建立相应的逻辑系统.然后再研究这个形式语言系统的逻辑性质,从而创立了元数学和证明论.希尔伯特的目的是试图对某一形式语言系统的无矛盾性给出绝对的证明,以便克服悖论所引起的危机,一劳永逸地消除对数学基础以及数学推理方法可靠性的怀疑.然而,1930年,年青的奥地利数理逻辑学家哥德尔(K. Gödel,1906—1978)获得了否定的结果,证明了希尔伯特方案是不可能实现的.但正如哥德尔所说,希尔伯特有关数学基础的方案"仍不失其重要性,并继续引起人们的高度兴趣".希尔伯特的著作有《希尔伯特全集》(三卷,其中包括他的著名的《数论报告》)、《几何基础》、《线性积分方程一般理论基础》等,与其他人合著有《数学物理方法》、《理论逻辑基础》、《直观几何学》、《数学基础》.

问题：希尔伯特提出的 23 个数学问题是什么呢？

复习题六

1. 在"充分"、"必要"和"充分必要"三者中选择一个正确的填入下列空格内：

(1) $f(x,y)$ 在点 (x,y) 可微分是 $f(x,y)$ 在该点连续的_____条件, $f(x,y)$ 在点 (x,y) 连续是 $f(x,y)$ 在该点可微分的_____条件.

(2) $z = f(x,y)$ 在点 (x,y) 的偏导数 $\frac{\partial z}{\partial x}$ 及 $\frac{\partial z}{\partial y}$ 存在是 $f(x,y)$ 在该点可微分的_____条件. $z = f(x,y)$ 在点 (x,y) 可微分是函数在该点的偏导数 $\frac{\partial z}{\partial x}$ 及 $\frac{\partial z}{\partial y}$ 存在的_____条件.

(3) $z = f(x,y)$ 的偏导数 $\frac{\partial z}{\partial x}$ 及 $\frac{\partial z}{\partial y}$ 在点 (x,y) 存在且连续是 $f(x,y)$ 在该点可微分的_____条件.

(4) 函数 $z = f(x,y)$ 的两个二阶混合偏导数 $\frac{\partial^2 z}{\partial x \partial y}$ 及 $\frac{\partial^2 z}{\partial y \partial x}$ 在区域 D 内连续是这两个二阶混合偏导数在 D 内相等的_____条件.

2. 求函数 $z = \sqrt{\frac{x^2+y^2-x}{2x-x^2-y^2}}$ 的定义域.

3. 设 $f(x+y, x-y) = x^2 - y^2$，求 $f(x,y)$.

4. 求 $\lim\limits_{(x,y) \to (1,0)} \frac{\ln(x+e^y)}{\sqrt{x^2+y^2}}$ 的极限.

5. 讨论函数 $f(x,y) = \frac{x^2 y^2}{x^2 y^2 + (x-y)^2}$ 当 $(x,y) \to (0,0)$ 时的极限存在性.

6. 讨论下面函数的连续性：
$$f(x,y) = \begin{cases} \frac{\tan(x^2 y)}{y}, & y \neq 0; \\ x, & y = 0. \end{cases}$$

7. 设 $f(x,y) = x^2 e^{y^2} + (x-1)\arcsin\frac{y}{x}$，求 $f_x(1,0)$ 和 $f_y(1,0)$.

8. 求下列函数的一阶和二阶偏导数：

(1) $z = \ln(x+y^2)$；　　　　　　　　(2) $z = x^y$.

9. 求下列函数的全微分：

(1) 设 $z = z(x,y)$ 是由方程 $x^2 + y^2 + z^2 = ye^z$ 所确定的隐函数，求 dz；

(2) 设 $u = x^y y^z z^x$，求 du.

10. 设 $z = xy + \frac{x}{y}$，其中 $x = \varphi(t), y = \psi(t)$ 均可微，求 $\frac{dz}{dt}$.

11. 设 $u = yf\left(\dfrac{x}{y}\right) + xg\left(\dfrac{y}{x}\right)$，其中函数 f, g 具有二阶连续导数，求 $x\dfrac{\partial^2 u}{\partial x^2} + y\dfrac{\partial^2 u}{\partial x \partial y}$.

12. 设函数 $y = y(x)$ 由 $(\cos x)^y + (\sin y)^x = 1$ 确定，求 $\dfrac{\mathrm{d}y}{\mathrm{d}x}$.

13. 计算 $\iint\limits_{D} \mathrm{e}^{-y^2} \mathrm{d}x\mathrm{d}y$，其中 D 是由 $y = x, y = 1$ 和 y 轴所围成的区域.

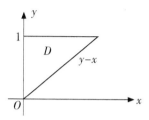

第七章 行列式与矩阵

在数学的领域中，提出问题的艺术比解答问题的艺术更为重要.

——康托尔

在科学研究和实际生产中，碰到的许多问题都可以直接或近似地表示成一些变量之间的线性关系，因此，线性关系的研究就显得非常重要. 行列式与矩阵是研究线性关系的重要工具. 本章将介绍行列式与矩阵的一些基本概念、性质和运算.

第一节 行 列 式

一、二阶、三阶行列式

用消元法解二元线性方程组 $\begin{cases} a_{11}x_1 + a_{12}x_2 = b_1, \\ a_{21}x_1 + a_{22}x_2 = b_2. \end{cases}$ (1)

当 $a_{11}a_{22} - a_{12}a_{21} \neq 0$ 时，得 $x_1 = \dfrac{b_1 a_{22} - b_2 a_{12}}{a_{11}a_{22} - a_{12}a_{21}}, x_2 = \dfrac{a_{11}b_2 - a_{21}b_1}{a_{11}a_{22} - a_{12}a_{21}}$.

为了便于记忆，我们引进二阶行列式的概念.

定义 1 用 2^2 个数组成的记号 $\begin{vmatrix} a_{11} & a_{12} \\ a_{21} & a_{22} \end{vmatrix}$，表示数值 $a_{11}a_{22} - a_{12}a_{21}$，称为二阶行列式，$a_{11}, a_{12}, a_{21}, a_{22}$ 称为行列式的元素，横排称行，竖排称列.

利用二阶行列式的概念，当二元线性方程组(1)的系数组成的行列式 $D \neq 0$ 时，它的解可以用行列式表示为

$$x_1 = \frac{\begin{vmatrix} b_1 & a_{12} \\ b_2 & a_{22} \end{vmatrix}}{\begin{vmatrix} a_{11} & a_{12} \\ a_{21} & a_{22} \end{vmatrix}} = \frac{D_1}{D}, \qquad x_2 = \frac{\begin{vmatrix} a_{11} & b_1 \\ a_{21} & b_2 \end{vmatrix}}{\begin{vmatrix} a_{11} & a_{12} \\ a_{21} & a_{22} \end{vmatrix}} = \frac{D_2}{D}.$$

其中，D_1 和 D_2 是以 b_1, b_2 分别替换系数行列式 D 中第一列、第二列的元素所得到的两个二阶行列式.

【例 1】 用行列式解线性方程组 $\begin{cases} 2x_1 - x_2 = 3, \\ 3x_1 + 5x_2 = 1. \end{cases}$

解 因为 $D = \begin{vmatrix} 2 & -1 \\ 3 & 5 \end{vmatrix} = 13, D_1 = \begin{vmatrix} 3 & -1 \\ 1 & 5 \end{vmatrix} = 16, D_2 = \begin{vmatrix} 2 & 3 \\ 3 & 1 \end{vmatrix} = -7.$

所以 $x_1 = \dfrac{D_1}{D} = \dfrac{16}{13}, x_2 = \dfrac{D_2}{D} = -\dfrac{7}{13}.$

类似地,用 3^2 个数组成的记号 $\begin{vmatrix} a_{11} & a_{12} & a_{13} \\ a_{21} & a_{22} & a_{23} \\ a_{31} & a_{32} & a_{33} \end{vmatrix}$,表示数值 $a_{11}a_{22}a_{33}+a_{12}a_{23}a_{31}+a_{13}a_{21}a_{32}-a_{13}a_{22}a_{31}-a_{12}a_{21}a_{33}-a_{11}a_{23}a_{32}$ 称为三阶行列式,即

$$\begin{vmatrix} a_{11} & a_{12} & a_{13} \\ a_{21} & a_{22} & a_{23} \\ a_{31} & a_{32} & a_{33} \end{vmatrix}=a_{11}a_{22}a_{33}+a_{12}a_{23}a_{31}+a_{13}a_{21}a_{32}-a_{13}a_{22}a_{31}-a_{12}a_{21}a_{33}-a_{11}a_{23}a_{32}.$$

它由 3 行 3 列共 9 个元素构成,是 6 项代数和. 这 9 个元素排成 3 行 3 列,从左上角到右下角的对角线称为主对角线,从右上角到左下角的对角线称为次对角线. 上式也可以用对角线法则记忆,如图 7-1 所示. 实线上三个元素的乘积取正号,虚线上三个元素的乘积取负号.

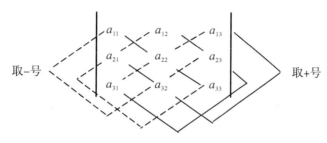

图 7-1　对角线法则

【例 2】　计算三阶行列式 $\begin{vmatrix} 3 & 1 & 2 \\ 2 & 0 & -3 \\ -1 & 5 & 4 \end{vmatrix}$.

解　原式 $=3\times0\times4+1\times(-3)\times(-1)+2\times5\times2-2\times0\times(-1)-1\times2\times4-(-3)\times5\times3=0+3+20-0-8+45=60.$

【例 3】　解不等式 $\begin{vmatrix} x & 1 & 0 \\ 1 & x & 0 \\ 4 & 1 & 1 \end{vmatrix}>0.$

解　因为 $\begin{vmatrix} x & 1 & 0 \\ 1 & x & 0 \\ 4 & 1 & 1 \end{vmatrix}=x^2-1$,原不等式化为 $x^2-1>0.$

故不等式的解集为 $\{x\,|\,x>1\text{ 或 }x<-1\}.$

二、n 阶行列式的定义

定义 2　由 n^2 个数组成的一个算式 $D=\begin{vmatrix} a_{11} & a_{12} & \cdots & a_{1n} \\ a_{21} & a_{22} & \cdots & a_{2n} \\ \vdots & \vdots & & \vdots \\ a_{n1} & a_{n2} & \cdots & a_{nn} \end{vmatrix}$,称为 n 阶行列式,其中

a_{ij} 称为 D 的第 i 行第 j 列的元素 $(i,j=1,2,\cdots,n)$.

当 $n=1$ 时,规定 $D=|a_{11}|=a_{11}$. n 阶行列式简记为 $|a_{ij}|$.

定义 3 在 n 阶行列式 $D=|a_{ij}|$ 中去掉元素 a_{ij} 所在的第 i 行和第 j 列后,余下的 $n-1$ 阶行列式称为元素 a_{ij} 的余子式,记为 M_{ij}.

将 $(-1)^{i+j}M_{ij}$ 叫做元素 a_{ij} 的代数余子式,记为 A_{ij},即有 $A_{ij}=(-1)^{i+j}M_{ij}$.

设 $n-1$ 阶行列式已定义,则 n 阶行列式

$$D = a_{11}A_{11}+a_{12}A_{12}+\cdots+a_{1n}A_{1n} = \sum_{j=1}^{n}a_{1j}A_{1j}. \tag{2}$$

例如,当 $n=3$ 时,

$$\begin{vmatrix} a_{11} & a_{12} & a_{13} \\ a_{21} & a_{22} & a_{23} \\ a_{31} & a_{32} & a_{33} \end{vmatrix} = a_{11}A_{11}+a_{12}A_{12}+a_{13}A_{13}.$$

【例 4】 写出四阶行列式 $\begin{vmatrix} 2 & 5 & -1 & 7 \\ 14 & -9 & 6 & 3 \\ -8 & 12 & 9 & 13 \\ 1 & 2 & 4 & 11 \end{vmatrix}$ 的元素 a_{32} 的余子式和代数余子式.

解 $M_{32}=\begin{vmatrix} 2 & -1 & 7 \\ 14 & 6 & 3 \\ 1 & 4 & 11 \end{vmatrix}$, $A_{32}=(-1)^{3+2}M_{32}=-\begin{vmatrix} 2 & -1 & 7 \\ 14 & 6 & 3 \\ 1 & 4 & 11 \end{vmatrix}$.

【例 5】 计算三阶行列式 $\begin{vmatrix} -2 & 0 & 0 \\ 14 & 6 & 0 \\ 1 & 4 & 1 \end{vmatrix}$ 的值.

解 根据公式:$\begin{vmatrix} a_{11} & a_{12} & a_{13} \\ a_{21} & a_{22} & a_{23} \\ a_{31} & a_{32} & a_{33} \end{vmatrix} = a_{11}A_{11}+a_{12}A_{12}+a_{13}A_{13}$,$\begin{vmatrix} -2 & 0 & 0 \\ 14 & 6 & 0 \\ 1 & 4 & 1 \end{vmatrix} = (-2)\times$

$A_{11}+0\times A_{12}+0\times A_{13}=(-2)\times(-1)^{1+1}\begin{vmatrix} 6 & 0 \\ 4 & 1 \end{vmatrix}=(-2)\times 6\times 1=-12$.

形如下列形式的行列式分别称为 n 阶对角行列式和 n 阶下三角行列式,由 (2) 式可知,它们的值都是主对角线上元素的乘积.

$$\begin{vmatrix} a_{11} & 0 & \cdots & 0 \\ 0 & a_{22} & 0 & 0 \\ \vdots & \vdots & & \vdots \\ 0 & 0 & \cdots & a_{nn} \end{vmatrix} = a_{11}a_{22}\cdots a_{nn}, \quad \begin{vmatrix} a_{11} & 0 & \cdots & 0 \\ a_{21} & a_{22} & \cdots & 0 \\ \vdots & \vdots & & \vdots \\ a_{n1} & a_{n2} & \cdots & a_{nn} \end{vmatrix} = a_{11}a_{22}\cdots a_{nn}.$$

用代数余子式来计算行列式相对复杂,在下一节我们将学习计算 n 阶行列式的简单办法.

习题 7.1

1. 计算行列式的值.

(1) $\begin{vmatrix} -2 & 3 \\ -1 & 5 \end{vmatrix}$;

(2) $\begin{vmatrix} \cos\alpha & -\sin\alpha \\ \sin\alpha & \cos\alpha \end{vmatrix}$;

(3) $\begin{vmatrix} \log_a b & 1 \\ 1 & \log_b a \end{vmatrix}$;

(4) $\begin{vmatrix} a+1 & 1 \\ a^3 & a^2-a+1 \end{vmatrix}$;

(5) $\begin{vmatrix} 1 & -1 & 3 \\ 2 & -1 & 1 \\ 1 & 2 & 0 \end{vmatrix}$;

(6) $\begin{vmatrix} 2 & 7 & -3 \\ -5 & -4 & 1 \\ 10 & 3 & 7 \end{vmatrix}$;

(7) $\begin{vmatrix} 0 & -a & b \\ a & 0 & -c \\ -b & c & 0 \end{vmatrix}$;

(8) $\begin{vmatrix} 1 & -c & -b \\ c & 1 & -a \\ b & a & 1 \end{vmatrix}$.

2. 求解未知数 x.

(1) $\begin{vmatrix} 4 & x & 0 \\ x & 3 & 1 \\ 2 & 2 & 1 \end{vmatrix} = 1$;

(2) $\begin{vmatrix} x & x & 2 \\ 0 & -1 & 1 \\ 1 & 2 & x \end{vmatrix} = 0$.

3. 已知行列式为 $\begin{vmatrix} -2 & 0 & 4 \\ 5 & -1 & 2 \\ 3 & -1 & 1 \end{vmatrix}$，求元素 5 的代数余子式，元素 2 的代数余子式.

4. 求函数 $f(x) = \begin{vmatrix} a_{11} & a_{12} & a_{13} & x \\ a_{21} & a_{22} & x & a_{24} \\ a_{31} & x & a_{33} & a_{34} \\ x & a_{42} & a_{43} & a_{44} \end{vmatrix}$ 中 x^3 的系数.

第二节 行列式的性质

根据 n 阶行列式的定义直接计算行列式，当行列式的阶数 n 较大时，一般是很麻烦的，为了简化 n 阶行列式的计算，我们有必要讨论 n 阶行列式的性质.

如果把 n 阶行列式 $D = \begin{vmatrix} a_{11} & a_{12} & \cdots & a_{1n} \\ a_{21} & a_{22} & \cdots & a_{2n} \\ \vdots & \vdots & & \vdots \\ a_{n1} & a_{n2} & \cdots & a_{nn} \end{vmatrix}$ 中的行与列按顺序互换，得到一个新的

行列式 $D^T = \begin{vmatrix} a_{11} & a_{21} & \cdots & a_{n1} \\ a_{12} & a_{22} & \cdots & a_{n2} \\ \vdots & \vdots & & \vdots \\ a_{1n} & a_{2n} & \cdots & a_{nn} \end{vmatrix}$，$D^T$ 称为行列式 D 的转置行列式. 显然，D 也是 D^T 的

转置行列式.

性质 1 行列式 D 与它的转置行列式 D^T 的值相等，即 $D = D^T$.

例如，二阶行列式
$$D=\begin{vmatrix} a_{11} & a_{12} \\ a_{21} & a_{22} \end{vmatrix}=a_{11}a_{22}-a_{12}a_{21},$$
$$D^T=\begin{vmatrix} a_{11} & a_{21} \\ a_{12} & a_{22} \end{vmatrix}=a_{11}a_{22}-a_{12}a_{21}.$$

显然，$D=D^T$. 对于 n 阶行列式，可以用数学归纳法加以证明，这里略去.

性质 1 说明，行列式中"行"与"列"的地位是相同的，所以凡是对行成立的性质，对列也同样成立.

由性质 1 和 n 阶下三角行列式的结论，可以得到 n 阶上三角行列式的值等于它的主对角线上元素的乘积，即
$$\begin{vmatrix} a_{11} & a_{12} & \cdots & a_{1n} \\ 0 & a_{22} & \cdots & a_{2n} \\ \vdots & \vdots & & \vdots \\ 0 & 0 & \cdots & a_{nn} \end{vmatrix}=a_{11}a_{22}\cdots a_{nn}.$$

性质 2 n 阶行列式 $D=|a_{ij}|$ 等于它的任意一行（或列）的各元素与其对应代数余子式的乘积之和，即 $D=a_{i1}A_{i1}+a_{i2}A_{i2}+\cdots+a_{in}A_{in}=\sum_{k=1}^{n}a_{ik}A_{ik}(i=1,2,3,\cdots,n)$，

或
$$D=a_{1j}A_{1j}+a_{2j}A_{2j}+\cdots+a_{nj}A_{nj}=\sum_{k=1}^{n}a_{kj}A_{kj}(j=1,2,3,\cdots,n). \quad (1)$$

【例 1】 设三阶行列式 $D=\begin{vmatrix} 3 & 1 & 3 \\ -5 & 3 & 2 \\ 2 & 5 & 1 \end{vmatrix}$，按第二行展开，并求其值.

解 因为 $A_{21}=(-1)^{2+1}M_{21}=-\begin{vmatrix} 1 & 3 \\ 5 & 1 \end{vmatrix}=-(1-15)=14$，

$A_{22}=(-1)^{2+2}M_{22}=\begin{vmatrix} 3 & 3 \\ 2 & 1 \end{vmatrix}=-3$，$A_{23}=(-1)^{2+3}M_{23}=-\begin{vmatrix} 3 & 1 \\ 2 & 5 \end{vmatrix}=-13$，

所以 $D=a_{21}A_{21}+a_{22}A_{22}+a_{23}A_{23}$
$=-5\times14+3\times(-3)+2\times(-13)=-105.$

性质 3 互换行列式的其中两行（或列）位置，行列式值改变符号.

例如，二阶行列式
$$D=\begin{vmatrix} a_{11} & a_{12} \\ a_{21} & a_{22} \end{vmatrix}=a_{11}a_{22}-a_{12}a_{21},$$

交换两行后得到的行列式
$$\begin{vmatrix} a_{21} & a_{22} \\ a_{11} & a_{12} \end{vmatrix}=a_{21}a_{12}-a_{22}a_{11}=-D.$$

推论 如果行列式其中有两行（或列）完全相同，那么行列式的值为零.

事实上，交换相同的两行，由性质 2 得，$D=-D$，于是 $D=0$.

性质 4 行列式某一行（或列）的公因子可以提到行列式符号的外面，即

$$\begin{vmatrix} a_{11} & a_{12} & \cdots & a_{1n} \\ \vdots & \vdots & \vdots & \vdots \\ \lambda a_{i1} & \lambda a_{i2} & \cdots & \lambda a_{in} \\ \vdots & \vdots & \vdots & \vdots \\ a_{n1} & a_{n2} & \cdots & a_{nn} \end{vmatrix} = \lambda \begin{vmatrix} a_{11} & a_{12} & \cdots & a_{1n} \\ \vdots & \vdots & \vdots & \vdots \\ a_{i1} & a_{i2} & \cdots & a_{in} \\ \vdots & \vdots & \vdots & \vdots \\ a_{n1} & a_{n2} & \cdots & a_{nn} \end{vmatrix}.$$

推论 1 如果行列式中有一行(或列)的元素全为零,那么此行列式的值为零.

推论 2 如果行列式其中有两行(或列)元素对应成比例,那么行列式等于零.

推论 3 行列式中任意一行(或列)的元素与另一行(或列)对应元素的代数余子式的乘积之和等于零.

例如,对于行列式

$$D = \begin{vmatrix} a_{11} & a_{12} & a_{13} \\ a_{21} & a_{22} & a_{23} \\ a_{31} & a_{32} & a_{33} \end{vmatrix}, 有 \; a_{11}A_{21} + a_{12}A_{22} + a_{13}A_{23} = 0,$$

$a_{31}A_{11} + a_{32}A_{12} + a_{33}A_{13} = 0, \cdots$.

性质 5 如果行列式的某一行(或列)元素可以写成两数之和,那么可以把行列式表示成两个行列式的和,即

$$\begin{vmatrix} a_{11} & a_{12} & \cdots & a_{1n} \\ \vdots & \vdots & \vdots & \vdots \\ b_{i1}+c_{i1} & b_{i2}+c_{i2} & \cdots & b_{in}+c_{in} \\ \vdots & \vdots & \vdots & \vdots \\ a_{n1} & a_{n2} & \cdots & a_{nn} \end{vmatrix} = \begin{vmatrix} a_{11} & a_{12} & \cdots & a_{1n} \\ \vdots & \vdots & \vdots & \vdots \\ b_{i1} & b_{i2} & \cdots & b_{in} \\ \vdots & \vdots & \vdots & \vdots \\ a_{n1} & a_{n2} & \cdots & a_{nn} \end{vmatrix} + \begin{vmatrix} a_{11} & a_{12} & \cdots & a_{1n} \\ \vdots & \vdots & \vdots & \vdots \\ c_{i1} & c_{i2} & \cdots & c_{in} \\ \vdots & \vdots & \vdots & \vdots \\ a_{n1} & a_{n2} & \cdots & a_{nn} \end{vmatrix}.$$

例如,二阶行列式 $\begin{vmatrix} a_{11}+b_{11} & a_{12} \\ a_{21}+b_{21} & a_{22} \end{vmatrix} = \begin{vmatrix} a_{11} & a_{12} \\ a_{21} & a_{22} \end{vmatrix} + \begin{vmatrix} b_{11} & a_{12} \\ b_{21} & a_{22} \end{vmatrix}$.

性质 6 把行列式某一行(或列)的元素同乘以数 k,加到另一行(或列)对应的元素上去,行列式的值不变,即

$$\begin{vmatrix} a_{11} & a_{12} & \cdots & a_{1n} \\ \vdots & \vdots & \vdots & \vdots \\ a_{i1} & a_{i2} & \cdots & a_{in} \\ \vdots & \vdots & \vdots & \vdots \\ a_{j1} & a_{j2} & \cdots & a_{jn} \\ \vdots & \vdots & \vdots & \vdots \\ a_{n1} & a_{n2} & \cdots & a_{nn} \end{vmatrix} = \begin{vmatrix} a_{11} & a_{12} & \cdots & a_{1n} \\ \vdots & \vdots & \vdots & \vdots \\ a_{i1}+ka_{j1} & a_{i2}+ka_{j2} & \cdots & a_{in}+ka_{jn} \\ \vdots & \vdots & \vdots & \vdots \\ a_{j1} & a_{j2} & \cdots & a_{jn} \\ \vdots & \vdots & \vdots & \vdots \\ a_{n1} & a_{n2} & \cdots & a_{nn} \end{vmatrix}.$$

证明 设原行列式为 D,变形后得到的行列式为 D_1,由性质 5 和推论 2 得,

$$D_1 = \begin{vmatrix} a_{11} & a_{12} & \cdots & a_{1n} \\ \vdots & \vdots & \vdots & \vdots \\ a_{i1} & a_{i2} & \cdots & a_{in} \\ \vdots & \vdots & \vdots & \vdots \\ a_{j1} & a_{j2} & \cdots & a_{jn} \\ \vdots & \vdots & \cdots & \vdots \\ a_{n1} & a_{n2} & \vdots & a_{nn} \end{vmatrix} + \begin{vmatrix} a_{11} & a_{12} & \cdots & a_{1n} \\ \vdots & \vdots & \vdots & \vdots \\ ka_{j1} & ka_{j2} & \cdots & ka_{jn} \\ \vdots & \vdots & \vdots & \vdots \\ a_{j1} & a_{j2} & \cdots & a_{jn} \\ \vdots & \vdots & \cdots & \vdots \\ a_{n1} & a_{n2} & \vdots & a_{nn} \end{vmatrix} = D + 0 = D.$$

为了便于书写,在行列式计算过程中约定采用下列标记法:

(1) 用 r 代表行,c 代表列.

(2) 第 i 行和第 j 行互换,记为 $r_i \leftrightarrow r_j$,第 i 列和第 j 列互换,记为 $c_i \leftrightarrow c_j$.

(3) 把第 j 行(或第 j 列)的元素同乘以数 k,加到第 i 行(或第 i 列)对应的元素上去,记为 $kr_j + r_i$(或 $kc_j + c_i$).

(4) 行列式的第 i 行(或第 i 列)中所有元素都乘以 k,记为 kr_i(或 kc_i).

行列式的基本计算方法之一是根据行列式的特点,利用行列式的性质,把它逐步化为上(或下)三角行列式,由前面的结论可知,这时行列式的值就是主对角线上元素的乘积. 这种行列式的计算方法称为"化三角形法".

【例2】 计算 $D = \begin{vmatrix} 2 & 0 & 1 & -1 \\ -5 & 1 & 3 & -4 \\ 1 & -5 & 3 & -3 \\ 3 & 1 & -1 & 2 \end{vmatrix}$.

解 $D = \begin{vmatrix} 2 & 0 & 1 & -1 \\ -5 & 1 & 3 & -4 \\ 1 & -5 & 3 & -3 \\ 3 & 1 & -1 & 2 \end{vmatrix} \xrightarrow{c_1 \leftrightarrow c_3} \begin{vmatrix} 1 & 0 & 2 & -1 \\ 3 & 1 & -5 & -4 \\ 3 & -5 & 1 & -3 \\ -1 & 1 & 3 & 2 \end{vmatrix}$

$\xrightarrow[\substack{-3r_1 + r_3 \\ -3r_1 + r_2 \\ r_1 + r_4}]{} \begin{vmatrix} 1 & 0 & 2 & -1 \\ 0 & 1 & -11 & -1 \\ 0 & -5 & -5 & 0 \\ 0 & 1 & 5 & 1 \end{vmatrix} \xrightarrow[\substack{5r_2 + r_3 \\ -r_2 + r_4}]{} \begin{vmatrix} 1 & 0 & 2 & -1 \\ 0 & 1 & -11 & -1 \\ 0 & 0 & -60 & -5 \\ 0 & 0 & 16 & 2 \end{vmatrix}$

$\xrightarrow[\substack{-\frac{1}{5}r_3 \\ \frac{1}{2}r_4}]{} 10 \begin{vmatrix} 1 & 0 & 2 & -1 \\ 0 & 1 & -11 & -1 \\ 0 & 0 & 12 & 1 \\ 0 & 0 & 8 & 1 \end{vmatrix} \xrightarrow{c_3 \leftrightarrow c_4} -10 \begin{vmatrix} 1 & 0 & -1 & 2 \\ 0 & 1 & -1 & -11 \\ 0 & 0 & 1 & 12 \\ 0 & 0 & 1 & 8 \end{vmatrix}$

$\xrightarrow{-r_3 + r_4} -10 \begin{vmatrix} 1 & 0 & -1 & 2 \\ 0 & 1 & -1 & -11 \\ 0 & 0 & 1 & 12 \\ 0 & 0 & 0 & -4 \end{vmatrix} = -10 \times (-4) = 40.$

计算行列式的另一种基本方法是选择零元素最多的行(或列)展开;也可以先利用性质把某一行(或列)的元素化为仅有一个非零元素,再按这一行(或列)展开. 这种方法称为降阶法.

【例3】 计算 $D=\begin{vmatrix} 2 & -1 & 1 & 6 \\ 4 & -1 & 5 & 0 \\ -1 & 2 & 0 & -5 \\ 1 & 4 & -2 & -2 \end{vmatrix}$.

解 $D=\begin{vmatrix} 2 & -1 & 1 & 6 \\ 4 & -1 & 5 & 0 \\ -1 & 2 & 0 & -5 \\ 1 & 4 & -2 & -2 \end{vmatrix} \xrightarrow[-5c_1+c_4]{2c_1+c_2} \begin{vmatrix} 2 & 3 & 1 & -4 \\ 4 & 7 & 5 & -20 \\ -1 & 0 & 0 & 0 \\ 1 & 6 & -2 & -7 \end{vmatrix}$

$=(-1)\times(-1)^{3+1}\begin{vmatrix} 3 & 1 & -4 \\ 7 & 5 & -20 \\ 6 & -2 & -7 \end{vmatrix} \xrightarrow{-5r_1+r_2} -\begin{vmatrix} 3 & 1 & -4 \\ -8 & 0 & 0 \\ 6 & -2 & -7 \end{vmatrix}$

$=-(-8)\times(-1)^{2+1}\begin{vmatrix} 1 & -4 \\ -2 & -7 \end{vmatrix}=120$.

【例4】 证明 $D=\begin{vmatrix} a^2 & (a+1)^2 & (a+2)^2 & (a+3)^2 \\ b^2 & (b+1)^2 & (b+2)^2 & (b+3)^2 \\ c^2 & (c+1)^2 & (c+2)^2 & (c+3)^2 \\ d^2 & (d+1)^2 & (d+2)^2 & (d+3)^2 \end{vmatrix}=0$.

证 设此行列式为 D,将 D 化简,把第一列乘以 (-1) 分别加到以后各列,有

$D=\begin{vmatrix} a^2 & 2a+1 & 4a+4 & 6a+9 \\ b^2 & 2b+1 & 4b+4 & 6b+9 \\ c^2 & 2c+1 & 4c+4 & 6c+9 \\ d^2 & 2d+1 & 4d+4 & 6d+9 \end{vmatrix} \xrightarrow[-3c_2+c_4]{-2c_2+c_3} \begin{vmatrix} a^2 & 2a+1 & 2 & 6 \\ b^2 & 2b+1 & 2 & 6 \\ c^2 & 2c+1 & 2 & 6 \\ d^2 & 2d+1 & 2 & 6 \end{vmatrix}=0$.

【例5】 计算 n 阶行列式 $D=\begin{vmatrix} a & b & \cdots & b \\ b & a & \cdots & b \\ \vdots & \vdots & & \vdots \\ b & b & \cdots & a \end{vmatrix}$.

解 从行列式 D 的元素排列特点看,每一列 n 个元素的和都相等,把第 $2,3,\cdots,n$ 行同时加到第 1 行,提出公因子 $a+(n-1)b$,然后各行减去第一行的 b 倍,有

$D=\begin{vmatrix} a+(n-1)b & a+(n-1)b & \cdots & a+(n-1)b \\ b & a & \cdots & b \\ \vdots & \vdots & & \vdots \\ b & b & \cdots & a \end{vmatrix}$

$=[a+(n-1)b]\begin{vmatrix} 1 & 1 & \cdots & 1 \\ b & a & \cdots & b \\ \vdots & \vdots & & \vdots \\ b & b & \cdots & a \end{vmatrix}=[a+(n-1)b]\begin{vmatrix} 1 & 1 & \cdots & 1 \\ 0 & a-b & \cdots & 0 \\ \vdots & \vdots & & \vdots \\ 0 & 0 & \cdots & a-b \end{vmatrix}$

$=[a+(n-1)b](a-b)^{n-1}$.

【例6】 解方程

$$\begin{vmatrix} a_1 & a_2 & a_3 & \cdots & a_{n-1} & a_n \\ a_1 & a_1+a_2-x & a_3 & \cdots & a_{n-1} & a_n \\ a_1 & a_2 & a_2+a_3-x & \cdots & a_{n-1} & a_n \\ \vdots & \vdots & \vdots & & \vdots & \vdots \\ a_1 & a_2 & a_3 & \cdots & a_{n-2}+a_{n-1}-x & a_n \\ a_1 & a_2 & a_3 & \cdots & a_{n-1} & a_{n-1}+a_n-x \end{vmatrix} = 0. \ (a_1 \neq 0)$$

解 把方程左边的行列式,第一行乘以 −1 加到其余各行上,得

$$\begin{vmatrix} a_1 & a_2 & a_3 & \cdots & a_{n-1} & a_n \\ 0 & a_1-x & 0 & \cdots & 0 & 0 \\ 0 & 0 & a_2-x & \cdots & 0 & 0 \\ \vdots & \vdots & \vdots & & \vdots & \vdots \\ 0 & 0 & 0 & \cdots & a_{n-2}-x & 0 \\ 0 & 0 & 0 & \cdots & 0 & a_{n-1}-x \end{vmatrix} = a_1(a_1-x)(a_2-x)\cdots(a_{n-1}-x).$$

原方程化为 $a_1(a_1-x)(a_2-x)\cdots(a_{n-1}-x)=0$.

故方程有 $n-1$ 个解,$x_1=a_1, x_2=a_2, \cdots, x_{n-1}=a_{n-1}$.

注意 计算行列式有下列方法:

(1) 二阶、三阶行列式利用定义计算;

(2) 利用展开式公式计算,选择 0 元素较多的行(或列)进行展开;

(3) 利用行列式的性质,化为三角行列式进行计算;

(4) 先利用行列式的性质把某行(或列)化为只有一个元素不为零,再利用展开式公式;交替使用性质、定理来计算.

习题 7.2

1. 求解下列行列式的值:

(1) $\begin{vmatrix} 1 & 1 & 1 & 1 \\ 1 & 2 & 3 & 4 \\ 1 & 3 & 6 & 10 \\ 1 & 4 & 10 & 20 \end{vmatrix}$;

(2) $\begin{vmatrix} 4 & 1 & 2 & 4 \\ 1 & 2 & 0 & 2 \\ 10 & 5 & 2 & 0 \\ 0 & -1 & -1 & -7 \end{vmatrix}$;

(3) $\begin{vmatrix} 3 & 1 & 1 & 1 \\ 1 & 3 & 1 & 1 \\ 1 & 1 & 3 & 1 \\ 1 & 1 & 1 & 3 \end{vmatrix}$;

(4) $\begin{vmatrix} 2 & 6 & 1 & 1 & 3 \\ 1 & 0 & 2 & 0 & 4 \\ 2 & 1 & 3 & 5 & 0 \\ 1 & 3 & 4 & 1 & 0 \\ 3 & 0 & 3 & 6 & 9 \end{vmatrix}$;

(5) $\begin{vmatrix} 1 & 1 & 1 & 1 \\ a & b & c & d \\ a^2 & b^2 & c^2 & d^2 \\ a^4 & b^4 & c^4 & d^4 \end{vmatrix}$;

(6) $\begin{vmatrix} 1+a & b & c & d \\ a & 1+b & c & d \\ a & b & 1+c & d \\ a & b & c & 1+d \end{vmatrix}$;

(7) $\begin{vmatrix} ab & ac & ae \\ bd & -cd & de \\ bf & cf & -ef \end{vmatrix}$.

第三节　矩阵及性质

矩阵是一个重要的数学工具,是进行网络设计、电路分析等强有力的数学工具,也是利用计算机进行数据处理和分析的数学基础.它不仅在经济模型中有着很实际的应用,而且目前国际认可的最优化的科技应用软件——MATLAB就是以矩阵作为基本的数据结构,从矩阵的数据分析、处理发展起来的被广泛应用的软件包.本节主要介绍矩阵的概念、运算及应用广泛的初等变换.

一、矩阵的概念

在许多问题中,我们会遇到一些变量要用另外一些变量线性表示.

设变量 $y_1, y_2, \cdots, y_m$ 能用变量 $x_1, x_2, \cdots, x_n$ 线性表示,即

$$\begin{cases} y_1 = a_{11}x_1 + a_{12}x_2 + \cdots + a_{1n}x_n \\ y_2 = a_{21}x_1 + a_{22}x_2 + \cdots + a_{2n}x_n \\ \quad \vdots \\ y_m = a_{m1}x_1 + a_{m2}x_2 + \cdots + a_{mn}x_n \end{cases} \tag{1}$$

其中,a_{ij} 为常数 $(i=1,2,\cdots,m, j=1,2,\cdots,n)$,这种从变量 $x_1, x_2, \cdots, x_n$ 到变量 $y_1, y_2, \cdots, y_m$ 的变换叫做线性变换.

这种变换取决于变量 $x_1, x_2, \cdots, x_n$ 的系数,这些系数按它们在变换中原来的顺序构成一个矩形数表 $\begin{pmatrix} a_{11} & a_{12} & \cdots & a_{1n} \\ a_{21} & a_{22} & \cdots & a_{2n} \\ \vdots & \vdots & \vdots & \vdots \\ a_{m1} & a_{m2} & \cdots & a_{mn} \end{pmatrix}$.

又如,在物资调运中,某物资有两个产地上海、南京,三个销售地广州、深圳、厦门,调运方案见下表.

产地＼数量＼销售地	广州	深圳	厦门
上海	17	25	20
南京	26	32	23

这个调运方案可以简写成一个 2 行 3 列的数表:

$$\begin{pmatrix} 17 & 25 & 20 \\ 26 & 32 & 23 \end{pmatrix}.$$

下面给出矩阵的定义.

定义 1 由 $m \times n$ 个数 a_{ij} $(i=1,2,\cdots,m, j=1,2,\cdots,n)$ 排成一个 m 行 n 列的矩形数表

$$\begin{bmatrix} a_{11} & a_{12} & \cdots & a_{1n} \\ a_{21} & a_{22} & \cdots & a_{2n} \\ \vdots & \vdots & & \vdots \\ a_{m1} & a_{m2} & \cdots & a_{mn} \end{bmatrix} \text{ 或 } \begin{bmatrix} a_{11} & a_{12} & \cdots & a_{1n} \\ a_{21} & a_{22} & \cdots & a_{2n} \\ \vdots & \vdots & & \vdots \\ a_{m1} & a_{m2} & \cdots & a_{mn} \end{bmatrix}$$

称为 m 行 n 列矩阵,简称为 $m \times n$ 矩阵,其中 a_{ij} 叫做矩阵的第 i 行第 j 列的元素. i 称为元素 a_{ij} 的行标,j 称为元素 a_{ij} 的列标. 通常用大写字母 $A,B,C,\cdots$ 或 $(a_{ij})\cdots$ 表示矩阵,例如上述矩阵可以记作 A 或 $A_{m \times n}$,有时也记作 $A=(a_{ij})_{m \times n}$.

几种特殊的矩阵:

1. 方阵:矩阵 A 的行数与列数相等,即 $m=n$ 时,矩阵 A 称为 n 阶方阵,记作 A_n,左上角到右下角的连线称为主对角线,主对角线上的元素 $a_{11}, a_{22}, \cdots, a_{nn}$ 称为主对角线元素.

2. 行矩阵:只有一行的矩阵 $A=(a_{11} \quad a_{12} \quad \cdots \quad a_{1n})$ 称为行矩阵.

3. 列矩阵:只有一列的矩阵 $A=\begin{bmatrix} a_{11} \\ a_{21} \\ \vdots \\ a_{m1} \end{bmatrix}$ 称为列矩阵.

4. 零矩阵:所有元素全为零的矩阵称为零矩阵,记作 $O_{m \times n}$ 或 O.

5. 对角矩阵:除主对角线外,其他元素全为零的方阵称为对角矩阵. 为了方便,采用如下记号 $A=\begin{bmatrix} a_{11} & & & \\ & a_{22} & & \\ & & \ddots & \\ & & & a_{nn} \end{bmatrix}$.

6. 单位矩阵:主对角线上的元素全为 1 的对角矩阵称为单位矩阵,记作 E_n 或 E.

7. 三角矩阵:主对角线以下(上)的元素全为零的方阵称为上(下)三角矩阵.

$A=\begin{bmatrix} a_{11} & a_{12} & \cdots & a_{1n} \\ & a_{22} & \cdots & a_{2n} \\ & & \ddots & \vdots \\ & & & a_{nn} \end{bmatrix}$ 为上三角矩阵. $A=\begin{bmatrix} a_{11} & & & \\ a_{21} & a_{22} & & \\ \vdots & \vdots & \ddots & \\ a_{n1} & a_{n2} & \cdots & a_{nn} \end{bmatrix}$ 为下三角矩阵.

8. 对称矩阵:满足条件 $a_{ij}=a_{ji}(i,j=1,2,\cdots,n)$ 的方阵 $(a_{ij})_{n \times n}$ 称为对称矩阵.

9. 数量矩阵:主对角线上元素都是非零常数 a,其余元素全都是零的 n 阶矩阵,称为 n 阶数量矩阵.

10. 负矩阵:在矩阵 $A=(a_{ij})_{m \times n}$ 中的各个元素的前面都添加上负号(即取相反数)得到的矩阵,称为 A 的负矩阵,记为 $-A$,即 $-A=(-a_{ij})_{m \times n}$.

注意:矩阵与行列式是有本质区别的. 行列式是一个算式,而矩阵是一个数表,它的行数和列数可以不同. 对于 n 阶方阵 A,有时也要计算它的行列式(记为 $detA$ 或 $|A|$),但方阵 A 和方阵行列式 $|A|$ 是不同的概念.

二、矩阵的运算

(一)矩阵的相等

如果两个矩阵 A,B 行数和列数分别相同,且它们对应位置上的元素也相等,即 $a_{ij}=b_{ij}(i=1,2,\cdots,m;j=1,2,\cdots,n)$,则称矩阵 A,B 相等,记作 $A=B$.

(二)矩阵的加(减)法

设 $A=(a_{ij})_{m\times n}, B=(b_{ij})_{m\times n}$ 是两个 $m\times n$ 矩阵,规定:

$$A+B=(a_{ij}+b_{ij})_{m\times n}=\begin{pmatrix} a_{11}+b_{11} & a_{12}+b_{12} & \cdots & a_{1n}+b_{1n} \\ a_{21}+b_{21} & a_{22}+b_{22} & \cdots & a_{2n}+b_{2n} \\ \vdots & \vdots & & \vdots \\ a_{m1}+b_{m1} & a_{m2}+b_{m2} & \cdots & a_{mn}+b_{mn} \end{pmatrix}$$

称矩阵 $A+B$ 为 A 与 B 的和.

如果 $A=(a_{ij})_{m\times n}, B=(b_{ij})_{m\times n}$,由矩阵加法运算和负矩阵的概念,我们规定:

$$A-B=A+(-B)=(a_{ij})_{m\times n}+(-b_{ij})_{m\times n}=(a_{ij}-b_{ij})_{m\times n},$$

称矩阵 $A-B$ 为 A 与 B 的差.

(三)矩阵的数乘

设 k 是任意一个实数,A 是一个 $m\times n$ 矩阵,k 与 A 的乘积为:

$$kA=(ka_{ij})_{m\times n}=\begin{pmatrix} ka_{11} & ka_{12} & \cdots & ka_{1n} \\ ka_{21} & ka_{22} & \cdots & ka_{2n} \\ \vdots & \vdots & & \vdots \\ ka_{m1} & ka_{m2} & \cdots & ka_{mn} \end{pmatrix}.$$

矩阵的加(减)法与矩阵的数乘叫做矩阵的线性运算.

设 A,B,C 都是 $m\times n$ 矩阵,不难验证,矩阵的线性运算满足下列运算规律:

交换律 $\qquad A+B=B+A$;

结合律 $\qquad A+(B+C)=(A+B)+C$;

分配律 $\qquad k(A+B)=kA+kB$;

$\qquad\qquad (k+l)A=kA+lA \quad (k,l\in \mathbf{R})$;

数乘矩阵的结合律 $\qquad k(lA)=(kl)A$.

【例1】 设 $A=\begin{pmatrix} 2 & 5 \\ -1 & 3 \\ 2 & 0 \end{pmatrix}, B=\begin{pmatrix} -3 & 4 \\ -2 & 0 \\ 2 & 5 \end{pmatrix}$,求 $2A-3B$.

解 $2A-3B=2\begin{pmatrix} 2 & 5 \\ -1 & 3 \\ 2 & 0 \end{pmatrix}-3\begin{pmatrix} -3 & 4 \\ -2 & 0 \\ 2 & 5 \end{pmatrix}=\begin{pmatrix} 4 & 10 \\ -2 & 6 \\ 4 & 0 \end{pmatrix}-\begin{pmatrix} -9 & 12 \\ -6 & 0 \\ 6 & 15 \end{pmatrix}=\begin{pmatrix} 13 & -2 \\ 4 & 6 \\ -2 & -15 \end{pmatrix}.$

【例2】 设矩阵 X,满足 $\begin{pmatrix} 1 & 2 & 4 \\ 2 & 0 & 1 \end{pmatrix}+2X=3\begin{pmatrix} 3 & -1 & 2 \\ 1 & 2 & 5 \end{pmatrix}$,求 X.

解 由题可得 $2X=3\begin{pmatrix} 3 & -1 & 2 \\ 1 & 2 & 5 \end{pmatrix}-\begin{pmatrix} 1 & 2 & 4 \\ 2 & 0 & 1 \end{pmatrix}$,

即有
$$2X=\begin{pmatrix} 8 & -5 & 2 \\ 1 & 6 & 14 \end{pmatrix},$$

所以
$$X=\begin{pmatrix} 4 & -\frac{5}{2} & 1 \\ \frac{1}{2} & 3 & 7 \end{pmatrix}.$$

(四) 矩阵的乘法

【例 3】 设有两家连锁超市出售三种奶粉,某日销售量(单位:包)见表 1,每种奶粉的单价和利润见表 2.求各超市出售奶粉的总收入和总利润.

表 1

超市\货类	奶粉Ⅰ	奶粉Ⅱ	奶粉Ⅲ
甲	5	8	10
乙	7	5	6

表 2　　　　　　　　　　　　　　　　　　　　　单位:元

	单价	利润
奶粉Ⅰ	15	3
奶粉Ⅱ	12	2
奶粉Ⅲ	20	4

解 各个超市奶粉的总收入＝奶粉Ⅰ数量×单价＋奶粉Ⅱ数量×单价＋奶粉Ⅲ数量×单价.

列表分析如下

单位:元

	总收入	总利润
超市甲	5×15+8×12+10×20	5×3+8×2+10×4
超市乙	7×15+5×12+6×20	7×3+5×2+6×4

设 $A=\begin{pmatrix} 5 & 8 & 10 \\ 7 & 5 & 6 \end{pmatrix}$, $B=\begin{pmatrix} 15 & 3 \\ 12 & 2 \\ 20 & 4 \end{pmatrix}$, C 为各超市出售奶粉的总收入和总利润,则

$$C=\begin{pmatrix} 5\times15+8\times12+10\times20 & 5\times3+8\times2+10\times4 \\ 7\times15+5\times12+6\times20 & 7\times3+5\times2+6\times4 \end{pmatrix}=\begin{pmatrix} 371 & 71 \\ 285 & 55 \end{pmatrix}.$$

矩阵 C 中第一行第一列的元素等于矩阵 A 第一行元素与矩阵 B 的第一列对应元素

乘积之和. 同样,矩阵 C 中第 i 行第 j 列的元素等于矩阵 A 第 i 行元素与矩阵 B 的第 j 列对应元素乘积之和.

定义 2 设 A 是一个 $m \times s$ 矩阵,B 是一个 $s \times n$ 矩阵,则由元素
$$c_{ij} = a_{i1}b_{1j} + a_{i2}b_{2j} + \cdots + a_{is}b_{sj} \quad (i=1,2,\cdots,m; j=1,2,\cdots,n)$$
构成的 $m \times n$ 矩阵 $C = (c_{ij})_{m \times n}$,称为矩阵 A 与矩阵 B 的乘积,记作 $C = AB$.

【例 4】 设矩阵 $A = \begin{pmatrix} 2 & -1 \\ -4 & 0 \\ 3 & 5 \end{pmatrix}, B = \begin{pmatrix} 9 & -8 \\ -7 & 10 \end{pmatrix}$,求 AB.

解 $AB = \begin{pmatrix} 2 & -1 \\ -4 & 0 \\ 3 & 5 \end{pmatrix} \begin{pmatrix} 9 & -8 \\ -7 & 10 \end{pmatrix}$

$= \begin{pmatrix} 2 \times 9 + (-1) \times (-7) & 2 \times (-8) + (-1) \times 10 \\ -4 \times 9 + 0 \times (-7) & -4 \times (-8) + 0 \times 10 \\ 3 \times 9 + 5 \times (-7) & 3 \times (-8) + 5 \times 10 \end{pmatrix}$

$= \begin{pmatrix} 25 & -26 \\ -36 & 32 \\ -8 & 26 \end{pmatrix}.$

【例 5】 设矩阵 $A = \begin{pmatrix} 6 & 3 \\ 2 & 1 \end{pmatrix}, B = \begin{pmatrix} -2 & 6 \\ 1 & -3 \end{pmatrix}, C = \begin{pmatrix} -1 & 5 \\ -1 & -1 \end{pmatrix}$,求 AB 和 AC.

解 $AB = \begin{pmatrix} 6 & 3 \\ 2 & 1 \end{pmatrix} \begin{pmatrix} -2 & 6 \\ 1 & -3 \end{pmatrix} = \begin{pmatrix} -9 & 27 \\ -3 & 9 \end{pmatrix}$;

$BA = \begin{pmatrix} -2 & 6 \\ 1 & -3 \end{pmatrix} \begin{pmatrix} 6 & 3 \\ 2 & 1 \end{pmatrix} = \begin{pmatrix} 0 & 0 \\ 0 & 0 \end{pmatrix}$;

$AC = \begin{pmatrix} 6 & 3 \\ 2 & 1 \end{pmatrix} \begin{pmatrix} -1 & 5 \\ -1 & -1 \end{pmatrix} = \begin{pmatrix} -9 & 27 \\ -3 & 9 \end{pmatrix}.$

注意:(1) 矩阵乘法一般不满足交换律,因此,矩阵相乘时必须注意顺序,AB 叫做(用)A 左乘 B,BA 叫做(用)A 右乘 B,一般 $AB \neq BA$.

(2) 两个非零矩阵的乘积可能是零矩阵.

(3) 矩阵乘法不满足消去律. 即当乘积矩阵 $AB = AC$ 且 $A \neq O$ 时,不能消去矩阵 A,得到 $B = C$.

(4) 同阶方阵 A 与 B 的乘积的行列式等于矩阵 A 的行列式与矩阵 B 的行列式的乘积. 即 $|AB| = |A| \cdot |B|$(方阵 A 的行列式记作 $|A|$).

(5) 若 A 是一个 n 阶方阵,则 $A^m = \underbrace{AA \cdots A}_{m \text{个} A}$ 称为 A 的 m 次幂.

不难验证,矩阵乘法满足下列运算规律:

结合律 $(AB)C = A(BC)$;

分配律 $A(B+C) = AB + AC$,

$(A+B)C = AC + BC$;

数乘矩阵的结合律　　$(kA)B=A(kB)=k(AB)$.

(五)矩阵的转置

定义 3　将 $m\times n$ 型矩阵 $A=(a_{ij})_{m\times n}$ 的行与列互换得到的 $n\times m$ 型矩阵,称为矩阵 A 的转置矩阵,记为 A^T. 即如果

$$A=\begin{pmatrix} a_{11} & a_{12} & \cdots & a_{1n} \\ a_{21} & a_{22} & \cdots & a_{2n} \\ \vdots & \vdots & & \vdots \\ a_{m1} & a_{m2} & \cdots & a_{mn} \end{pmatrix}, 则 A^T=\begin{pmatrix} a_{11} & a_{21} & \cdots & a_{m1} \\ a_{12} & a_{22} & \cdots & a_{m2} \\ \vdots & \vdots & & \vdots \\ a_{1n} & a_{2n} & \cdots & a_{mn} \end{pmatrix}$$

容易验证,转置矩阵具有下列性质:

(1) $(A^T)^T=A$;　　　　　　(2) $(kA)^T=kA^T$;
(3) $(A+B)^T=A^T+B^T$;　　(4) $(AB)^T=B^TA^T$.

【例 6】　若 $A=\begin{pmatrix} 1 & -1 & 3 \\ 2 & 0 & 1 \end{pmatrix}$, $C=\begin{pmatrix} -1 & 3 \\ 2 & 1 \\ 0 & 2 \end{pmatrix}$,求 AC,CA 以及 A^T,C^T.

解　利用矩阵乘法,有

$$AC=\begin{pmatrix} 1 & -1 & 3 \\ 2 & 0 & 1 \end{pmatrix}\begin{pmatrix} -1 & 3 \\ 2 & 1 \\ 0 & 2 \end{pmatrix}$$

$$=\begin{pmatrix} 1\times(-1)+(-1)\times 2+3\times 0 & 1\times 3+(-1)\times 1+3\times 2 \\ 2\times(-1)+0\times 2+1\times 0 & 2\times 3+0\times 1+1\times 2 \end{pmatrix}=\begin{pmatrix} -3 & 8 \\ -2 & 8 \end{pmatrix}.$$

$$CA=\begin{pmatrix} -1 & 3 \\ 2 & 1 \\ 0 & 2 \end{pmatrix}\begin{pmatrix} 1 & -1 & 3 \\ 2 & 0 & 1 \end{pmatrix}$$

$$=\begin{pmatrix} (-1)\times 1+3\times 2 & (-1)\times(-1)+3\times 0 & (-1)\times 3+3\times 1 \\ 2\times 1+1\times 2 & 2\times(-1)+1\times 0 & 2\times 3+1\times 1 \\ 0\times 1+2\times 2 & 0\times(-1)+2\times 0 & 0\times 3+2\times 1 \end{pmatrix}$$

$$=\begin{pmatrix} 5 & 1 & 0 \\ 4 & -2 & 7 \\ 4 & 0 & 2 \end{pmatrix}.$$

由转置矩阵的定义,有

$$A^T=\begin{pmatrix} 1 & 2 \\ -1 & 0 \\ 3 & 1 \end{pmatrix}, \quad C^T=\begin{pmatrix} -1 & 2 & 0 \\ 3 & 1 & 2 \end{pmatrix}.$$

三、矩阵的初等变换

在解线性方程组时,经常对方程实施下列三种变换:

(1) 交换方程组中某两个方程的位置;

(2) 用一个非零常数 k 乘以某一个方程；

(3) 将某一个方程的 k 倍$(k\neq 0)$加到另一个方程上去.

显然,这三类变换并不会改变方程组的解,我们称这三种方程的运算为方程组的初等变换. 把这三类初等变换转移到矩阵上,就是矩阵的初等行变换：

(1) 对换矩阵两行的位置；

(2) 用一个非零的数 k 遍乘矩阵的某一行元素；

(3) 将矩阵某一行的 k 倍数加到另一行上.

其中,(1) 为对换变换,(2) 为倍乘变换,(3) 为倍加变换.

若把对矩阵施行的三种"行"变换,改为"列"变换,即可得到对矩阵的三种列变换,并将其称为矩阵的初等列变换. 矩阵的初等行变换和初等列变换统称为初等变换.

为了方便,引入以下记号：

行初等变换表示为：① $r_i \leftrightarrow r_j$；② $kr_i(k\neq 0)$；③ $kr_i + r_j$.

列初等变换表示为：① $c_i \leftrightarrow c_j$；② $kc_i(k\neq 0)$；③ $kc_i + c_j$.

定义 4 如果矩阵 A 经过若干次初等变换后变为 B,则称 A 与 B 是等价的,记作

$$A \sim B.$$

显然,等价是同型矩阵间的一种关系,具有反身性、对称性、传递性.

矩阵等价有很多性质,将在我们以后的学习中陆续接触到.

定理 1 任意矩阵 $A=(a_{ij})_{m\times n}$ 都可通过初等变换化为等价标准形,即

$$A \sim D = \begin{pmatrix} E_r & K \\ O & O \end{pmatrix}.$$

【例 7】 将矩阵 $A = \begin{pmatrix} 1 & 2 & 3 & 5 \\ -1 & 0 & 1 & 1 \\ 2 & 1 & 0 & 1 \end{pmatrix}$ 化为等价标准形.

解 $A = \begin{pmatrix} 1 & 2 & 3 & 5 \\ -1 & 0 & 1 & 1 \\ 2 & 1 & 0 & 1 \end{pmatrix} \xrightarrow[-2r_1+r_3]{r_1+r_2} \begin{pmatrix} 1 & 2 & 3 & 5 \\ 0 & 2 & 4 & 6 \\ 0 & -3 & -6 & -9 \end{pmatrix}.$

$\xrightarrow[\frac{1}{3}r_3]{\frac{1}{2}r_2} \begin{pmatrix} 1 & 2 & 3 & 5 \\ 0 & 1 & 2 & 3 \\ 0 & -1 & -2 & -3 \end{pmatrix} \xrightarrow[-2r_2+r_1]{r_2+r_3} \begin{pmatrix} 1 & 0 & -1 & -1 \\ 0 & 1 & 2 & 3 \\ 0 & 0 & 0 & 0 \end{pmatrix}.$

定义 5 对单位矩阵 E 进行一次初等变换得到的矩阵,称为初等矩阵.

初等矩阵有以下三种：

(1) 对矩阵 E 交换两行(或列)所得的初等矩阵：

$$E(ij) = \begin{pmatrix} 1 & & & & & & & \\ & \ddots & & & & & & \\ & & 0 & \cdots & 1 & & & \\ & & \vdots & & \vdots & & & \\ & & 1 & \cdots & 0 & & & \\ & & & & & \ddots & & \\ & & & & & & 1 \end{pmatrix} \begin{matrix} \\ \\ i \\ \\ j \\ \\ \end{matrix}.$$

(2) 对矩阵 E 的第 i 行(或列)乘以常数 k 得到的初等矩阵：

$$E[i(k)] = \begin{pmatrix} 1 & & & & \\ & \ddots & & & \\ & & k & & \\ & & & \ddots & \\ & & & & 1 \end{pmatrix} i.$$

(3) 对矩阵 E 的第 j 行(或第 i 列)乘以常数 l 加到第 i 行(或第 j 列)上,得到的初等矩阵：

$$E[ij(l)] = \begin{pmatrix} 1 & & & & & & & \\ & \ddots & & & & & & \\ & & 1 & \cdots & l & & & \\ & & \vdots & & \vdots & & & \\ & & 0 & \cdots & 1 & & & \\ & & & & & \ddots & & \\ & & & & & & 1 \end{pmatrix} \begin{matrix} \\ \\ i \\ \\ j \\ \\ \end{matrix}.$$

容易验证：对于矩阵 E,左乘或右乘初等矩阵相当于对矩阵 E 作一次初等变换.

定理 2　对 $m \times n$ 矩阵 A 的行(或列)作一次初等变换所得到的矩阵 B,等于用一个相应的 m 阶(或 n 阶)初等矩阵左(或右)乘 A.

【例 8】 以矩阵 $A = \begin{pmatrix} 3 & 0 & 1 \\ 1 & -1 & 2 \\ 0 & 1 & 1 \end{pmatrix}$ 为例验证定理 2.

解　(1) 交换矩阵 A 的第二、三行,得到的矩阵 $A_1 = \begin{pmatrix} 3 & 0 & 1 \\ 0 & 1 & 1 \\ 1 & -1 & 2 \end{pmatrix}$.

初等矩阵 $E(23) = \begin{pmatrix} 1 & 0 & 0 \\ 0 & 0 & 1 \\ 0 & 1 & 0 \end{pmatrix}$ 左乘矩阵 A,得到的矩阵为：

$$A_2 = \begin{pmatrix} 1 & 0 & 0 \\ 0 & 0 & 1 \\ 0 & 1 & 0 \end{pmatrix} \begin{pmatrix} 3 & 0 & 1 \\ 1 & -1 & 2 \\ 0 & 1 & 1 \end{pmatrix} = \begin{pmatrix} 3 & 0 & 1 \\ 0 & 1 & 1 \\ 1 & -1 & 2 \end{pmatrix}.$$

显然,有 $A_1 = E(23)A = A_2$.

(2) 将矩阵 A 的第 2 行乘以常数 3 加到第一行上,得到的矩阵为

$$B=\begin{pmatrix} 6 & -3 & 7 \\ 1 & -1 & 2 \\ 0 & 1 & 1 \end{pmatrix};$$

初等矩阵 $E[12(3)]=\begin{pmatrix} 1 & 3 & 0 \\ 0 & 1 & 0 \\ 0 & 0 & 1 \end{pmatrix}$ 左乘矩阵 A,得到的矩阵为

$$C=\begin{pmatrix} 1 & 3 & 0 \\ 0 & 1 & 0 \\ 0 & 0 & 1 \end{pmatrix} \cdot \begin{pmatrix} 3 & 0 & 1 \\ 1 & -1 & 2 \\ 0 & 1 & 1 \end{pmatrix} = \begin{pmatrix} 6 & -3 & 7 \\ 1 & -1 & 2 \\ 0 & 1 & 1 \end{pmatrix}.$$

显然,有 $B=E[12(3)]A=C$.

(3) 由读者验证,将矩阵 A 的第 2 行乘以常数 3 等于初等矩阵左乘 $E[2(3)]$ 矩阵 A.

习题 7.3

1. 设 $A=\begin{pmatrix} 1 & 1 & 1 \\ 1 & 1 & -1 \\ 1 & -1 & 1 \end{pmatrix}$, $B=\begin{pmatrix} 1 & 2 & 3 \\ -1 & -2 & 4 \\ 0 & 5 & 1 \end{pmatrix}$,求 $3AB-2A$.

2. 计算下列乘积:

(1) $\begin{pmatrix} 4 & 3 & 1 \\ 1 & -2 & 3 \\ 5 & 7 & 0 \end{pmatrix} \begin{pmatrix} 7 \\ 2 \\ 1 \end{pmatrix};$

(2) $(1 \quad 2 \quad 3)\begin{pmatrix} 3 \\ 2 \\ 1 \end{pmatrix};$

(3) $\begin{pmatrix} 2 \\ 1 \\ 3 \end{pmatrix}(-1 \quad 2);$

(4) $\begin{pmatrix} 2 & 1 & 4 & 0 \\ 1 & -1 & 3 & 4 \end{pmatrix}\begin{pmatrix} 1 & 3 & 1 \\ 0 & -1 & 2 \\ 1 & -3 & 1 \\ 4 & 0 & -2 \end{pmatrix};$

(5) $(x_1 \quad x_2 \quad x_3)\begin{pmatrix} a_{11} & a_{12} & a_{13} \\ a_{12} & a_{22} & a_{23} \\ a_{13} & a_{23} & a_{33} \end{pmatrix}\begin{pmatrix} x_1 \\ x_2 \\ x_3 \end{pmatrix};$

(6) $\begin{pmatrix} 1 & 2 & 1 & 0 \\ 0 & 1 & 0 & 1 \\ 0 & 0 & 2 & 1 \\ 0 & 0 & 0 & 3 \end{pmatrix}\begin{pmatrix} 1 & 0 & 3 & 1 \\ 0 & 1 & 2 & -1 \\ 0 & 0 & -2 & 3 \\ 0 & 0 & 0 & -3 \end{pmatrix}.$

3. 设 $A=\begin{pmatrix} 1 & 2 \\ 1 & 3 \end{pmatrix}$, $B=\begin{pmatrix} 1 & 0 \\ 1 & 2 \end{pmatrix}$,问:

(1) $AB=BA$ 吗?

(2) $(A+B)^2=A^2+2AB+B^2$ 吗?

(3) $(A+B)(A-B)=A^2-B^2$ 吗?

4. 举反列说明下列命题是错误的:

(1) 若 $A^2=0$,则 $A=0$;

(2) 若 $A^2=A$,则 $A=0$ 或 $A=E$;

(3) 若 $AX=AY$,且 $A\neq 0$,则 $X=Y$.

5. 设 $A=\begin{pmatrix} 1 & 0 \\ \lambda & 1 \end{pmatrix}$，求 $A^2, A^3, \cdots, A^k$.

6. 设 $A=\begin{pmatrix} \lambda & 1 & 0 \\ 0 & \lambda & 1 \\ 0 & 0 & \lambda \end{pmatrix}$，求 A^k.

第四节 矩阵的秩与逆矩阵

一、矩阵的秩

矩阵的秩是线性代数中非常有用的一个概念,它不仅与讨论可逆矩阵的问题有密切关系,而且在讨论线性方程组解的情况中也有重要应用.

(一) 矩阵的 k 阶子式

定义 1 设 A 是 $m \times n$ 矩阵,在 A 中位于任意选定的 k 行 k 列交点上的 k^2 个元素按原来次序组成的 k 阶行列式,称为矩阵 A 的一个 k 阶子式,其中 $k \leqslant \min\{m, n\}$.

例如,矩阵 $A = \begin{pmatrix} 1 & 2 & 3 \\ 2 & 4 & 1 \\ 0 & 0 & 1 \end{pmatrix}$,

取 A 的第一、二行,第一、三列的相交元素,排成行列式

$$\begin{vmatrix} 1 & 3 \\ 2 & 1 \end{vmatrix},$$

该式为 A 的一个二阶子式.

由子式的定义知:子式的行、列是从原行列式的行、列中任取的,所以可以组成 $C_3^2 C_3^2 = 9$ 个二阶子式. 对一般情况,共有 $C_m^k C_n^k$ 个 k 阶子式.

注意: k 阶子式是行列式. 非零子式就是行列式的值不等于零的子式.

(二) 矩阵的秩

定义 2 如果矩阵 A 中存在一个 r 阶非零子式,而任一 $r+1$ 阶子式(如果存在的话)的值全为零,即矩阵 A 的非零子式的最高阶数是 r,则称 r 为 A 的秩,记作 $r(A)=r$.

注意：即矩阵 A 的秩为 A 中最高阶非零子式的阶数.

【例 1】 求矩阵 $A = \begin{pmatrix} 1 & 2 & 2 & 11 \\ 1 & -3 & -3 & -14 \\ 3 & 1 & 1 & 8 \end{pmatrix}$ 的秩.

解 因为 A 的一个二阶子式

$$\begin{vmatrix} 1 & 2 \\ 1 & -3 \end{vmatrix} = -5 \neq 0,$$

所以,A 的非零子式的最高阶数至少是 2,即 $r(A) \geqslant 2$. A 的所有三阶子式:$C_3^3 C_4^3 = 4$ 个.

$$\begin{vmatrix} 1 & 2 & 2 \\ 1 & -3 & -3 \\ 3 & 1 & 1 \end{vmatrix} = 0, \begin{vmatrix} 1 & 2 & 11 \\ 1 & -3 & -14 \\ 3 & 1 & 8 \end{vmatrix} = 0, \begin{vmatrix} 1 & 2 & 11 \\ 1 & -3 & -14 \\ 3 & 1 & 8 \end{vmatrix} = 0, \begin{vmatrix} 2 & 2 & 11 \\ -3 & -3 & -14 \\ 1 & 1 & 8 \end{vmatrix} = 0.$$

即所有的三阶子式均为零,故 $r(A)=2$.

不难得到,矩阵的秩具有下列性质:

(1) $r(A)=r(A^T)$;

(2) $0 \leqslant r(A) \leqslant \min\{m,n\}$.

若 $r(A)=\min\{m,n\}$,则称矩阵 A 为满秩矩阵.并规定零矩阵 O 的秩为零,即 $r(O)=0$.若矩阵 A 为 n 阶方阵,当 $|A| \neq 0$ 时,有 $r(A)=n$,称 A 为满秩矩阵.

用定义求矩阵的秩,必须从一阶子式开始计算,直到某阶子式都为零时才能确定,显然非常麻烦,为此我们来研究阶梯形矩阵.

(三)阶梯形矩阵

定义 3 满足下列条件的矩阵称为阶梯形矩阵.

(1) 矩阵若有零行(元素全部为零的行),零行全部在下方;

(2) 各非零行的第一个不为零的元素(称为首非零元)的列标随着行标的递增而严格增大.

由定义可知,如果阶梯形矩阵 A 有 r 个非零行,且第一行的第一个不为零的元素是 a_{1j_1},第二行的第一个不为零的元素是 a_{2j_2},$\cdots$,第 r 行的一个不为零的元素是 a_{rj_r},则有 $1 \leqslant j_1 \leqslant \cdots \leqslant j_r \leqslant n$,其中 n 是阶梯形矩阵 A 的列数.

其一般形式为:

$$A_{m \times n} = \begin{bmatrix} a_{1j_1} & a_{12} & \cdots & a_{1r} & \cdots & a_{1n} \\ 0 & a_{2j_2} & \cdots & a_{2r} & \cdots & a_{2n} \\ \cdots & \cdots & \cdots & \cdots & \cdots & \cdots \\ 0 & 0 & \cdots & a_{rj_r} & \cdots & a_{rn} \\ 0 & 0 & 0 & 0 & 0 & 0 \\ \cdots & \cdots & \cdots & \cdots & \cdots & \cdots \\ 0 & 0 & 0 & 0 & 0 & 0 \end{bmatrix},$$

其中,$a_{ij_r} \neq 0 (i=1,2,\cdots,r)$,而下方 $m-r$ 行的元素全为 0.

注意:(1) 阶梯形矩阵的秩就是非零行的行数 r.

(2) 任意矩阵通过初等变换都能化为阶梯形矩阵.

(3 如果阶梯形矩阵的非零行的首非零元素都是 1,且所有首非零元素所在的列的其余元素都是零,则称此矩阵为**行简化阶梯形矩阵**.

定理 1 初等变换不改变矩阵的秩.

由此得到求矩阵秩的有效方法:通过初等变换把矩阵化为阶梯形矩阵,其非零行的行数就是矩阵的秩.

【例 2】 求矩阵 $A = \begin{pmatrix} -2 & 1 & 1 \\ 1 & -2 & 1 \\ 1 & 1 & -2 \end{pmatrix}$ 的秩.

解 $A = \begin{pmatrix} -2 & 1 & 1 \\ 1 & -2 & 1 \\ 1 & 1 & -2 \end{pmatrix} \xrightarrow{r_1 \leftrightarrow r_2} \begin{pmatrix} 1 & -2 & 1 \\ -2 & 1 & 1 \\ 1 & 1 & -2 \end{pmatrix} \xrightarrow[2r_1+r_2]{-r_1+r_3} \begin{pmatrix} 1 & -2 & 1 \\ 0 & -3 & 3 \\ 0 & 3 & -3 \end{pmatrix}$

$$\xrightarrow{r_2+r_3} \begin{pmatrix} 1 & -2 & 1 \\ 0 & -3 & 3 \\ 0 & 0 & 0 \end{pmatrix}.$$

所以,矩阵 A 的秩为 2,即 $r(A)=2$.

二、逆矩阵

(一)逆矩阵的概念

代数方程 $ax=b$,当 $a\neq 0$ 时,有解 $x=b\div a=a^{-1}b$(其中 $a^{-1}a=aa^{-1}=1$).类似地,对于矩阵方程 $AX=B$,它的解 X 是否也能表示为 $A^{-1}B$? 若能,这里的 A^{-1} 是矩阵吗? 如何求得 A^{-1}?

定义 4 设 A 是 n 阶方阵,如果存在一个 n 阶方阵 B,使
$$AB=BA=E \tag{1}$$
则称矩阵 A 是可逆矩阵,简称 A 可逆,并把方阵 B 称为 A 的逆矩阵,记为 A^{-1},即 $B=A^{-1}$.

例如,
$$A=\begin{pmatrix} 2 & 2 & 3 \\ 1 & -1 & 0 \\ -1 & 2 & 1 \end{pmatrix}, B=\begin{pmatrix} 1 & -4 & -3 \\ 1 & -5 & -3 \\ -1 & 6 & 4 \end{pmatrix}$$

因为
$$AB=\begin{pmatrix} 2 & 2 & 3 \\ 1 & -1 & 0 \\ -1 & 2 & 1 \end{pmatrix}\begin{pmatrix} 1 & -4 & -3 \\ 1 & -5 & -3 \\ -1 & 6 & 4 \end{pmatrix}=\begin{pmatrix} 1 & 0 & 0 \\ 0 & 1 & 0 \\ 0 & 0 & 1 \end{pmatrix},$$

$$BA=\begin{pmatrix} 1 & -4 & -3 \\ 1 & -5 & -3 \\ -1 & 6 & 4 \end{pmatrix}\begin{pmatrix} 2 & 2 & 3 \\ 1 & -1 & 0 \\ -1 & 2 & 1 \end{pmatrix}=\begin{pmatrix} 1 & 0 & 0 \\ 0 & 1 & 0 \\ 0 & 0 & 1 \end{pmatrix},$$

即 A,B 满足 $AB=BA=E$,所以矩阵 A 可逆,其逆矩阵 $A^{-1}=B$.

在公式(1)中,A 与 B 的地位是平等的,因此也可以称 B 为可逆矩阵,称 A 为 B 的逆矩阵,即 $B^{-1}=A$.

注意:(1)单位矩阵 E 的逆矩阵就是它本身,因为 $E^{-1}=E$.

(2)任何 n 阶零矩阵都不可逆.因为对任何与 n 阶零矩阵同阶的方阵 B,都有 $BO=OB=O$.

(3)如果方阵 A 是可逆的,那么 A 的逆矩阵是唯一的.

(二)逆矩阵的求法

对矩阵 A,何时可逆? 若 A 可逆,又如何求 A^{-1} 呢?

1. 利用伴随矩阵求逆矩阵.

定义 5 设 n 阶方阵 $A^T=\begin{pmatrix} a_{11} & a_{21} & \cdots & a_{n1} \\ a_{12} & a_{22} & \cdots & a_{n2} \\ \vdots & \vdots & & \vdots \\ a_{1n} & a_{2n} & \cdots & a_{nn} \end{pmatrix}$,将行列式 $|A|$ 的 n^2 个代数余子式

A_{ij} 排成下列 n 阶矩阵,并记为 A^*:

$$A^* = \begin{pmatrix} A_{11} & A_{21} & \cdots & A_{n1} \\ A_{12} & A_{22} & \cdots & A_{n2} \\ \vdots & \vdots & & \vdots \\ A_{1n} & A_{2n} & \cdots & A_{nn} \end{pmatrix},$$

则矩阵 A^* 叫做矩阵 A 的伴随矩阵.

伴随矩阵的特点是什么呢?

定理 2 (求 A^{-1} 的一种方法——伴随矩阵法) n 阶方阵 A 为可逆矩阵的充分必要条件是 $|A| \neq 0$,且当 A 可逆时,$A^{-1} = \dfrac{1}{|A|} A^*$.

证 必要性.

因为 A 可逆,即有 A^{-1},使 $AA^{-1} = E$,故 $|AA^{-1}| = |A||A^{-1}| = |E| = 1$,所以 $|A| \neq 0$.

充分性.

设 $A = \begin{pmatrix} a_{11} & a_{12} & \cdots & a_{1n} \\ a_{21} & a_{22} & \cdots & a_{2n} \\ \vdots & \vdots & & \vdots \\ a_{n1} & a_{n2} & \cdots & a_{nn} \end{pmatrix}$,且 $|A| \neq 0$.

由矩阵乘法和行列式的性质,有

$$AA^* = \begin{pmatrix} a_{11} & a_{12} & \cdots & a_{1n} \\ a_{21} & a_{22} & \cdots & a_{2n} \\ \vdots & \vdots & & \vdots \\ a_{n1} & a_{n2} & \cdots & a_{nn} \end{pmatrix} \begin{pmatrix} A_{11} & A_{21} & \cdots & A_{n1} \\ A_{12} & A_{22} & \cdots & A_{n2} \\ \vdots & \vdots & & \vdots \\ A_{1n} & A_{2n} & \cdots & A_{nn} \end{pmatrix} = \begin{pmatrix} |A| & 0 & \cdots & 0 \\ 0 & |A| & \cdots & 0 \\ \vdots & \vdots & & \vdots \\ 0 & 0 & \cdots & |A| \end{pmatrix} = |A|E.$$

因为 $|A| \neq 0$,所以 $\dfrac{1}{|A|}(AA^*) = E.$

于是,得 $A\left(\dfrac{1}{|A|} A^*\right) = E.$

同理可证 $\left(\dfrac{1}{|A|} A^*\right) A = E.$

所以有 $A^{-1} = \dfrac{1}{|A|} A^*.$

定理得证.

【例 3】 求方阵 $A = \begin{pmatrix} 0 & 1 & 2 \\ 1 & 1 & 4 \\ 2 & -1 & 0 \end{pmatrix}$ 的逆矩阵.

解 因为 $|A| = 2 \neq 0$,所以矩阵 A 可逆.

$A_{11} = (-1)^{1+1} \begin{vmatrix} 1 & 4 \\ -1 & 0 \end{vmatrix} = 4; A_{21} = (-1)^{2+1} \begin{vmatrix} 1 & 2 \\ -1 & 0 \end{vmatrix} = -2,$

$A_{31}=(-1)^{3+1}\begin{vmatrix}1&2\\1&4\end{vmatrix}=2, A_{12}=(-1)^{1+2}\begin{vmatrix}1&4\\2&0\end{vmatrix}=8, A_{22}=(-1)^{2+2}\begin{vmatrix}0&2\\2&0\end{vmatrix}=-4,$

$A_{32}=(-1)^{3+2}\begin{vmatrix}0&2\\1&4\end{vmatrix}=2, A_{13}=(-1)^{1+3}\begin{vmatrix}1&1\\2&-1\end{vmatrix}=-3, A_{23}=(-1)^{2+3}\begin{vmatrix}0&1\\2&-1\end{vmatrix}=2,$

$A_{33}=(-1)^{3+3}\begin{vmatrix}0&1\\1&1\end{vmatrix}=-1.$

所以,$A^{-1}=\dfrac{1}{|A|}A^{*}=\dfrac{1}{2}\begin{pmatrix}4&-2&2\\8&-4&2\\-3&2&-1\end{pmatrix}=\begin{pmatrix}2&-1&1\\4&-2&1\\-\dfrac{3}{2}&1&-\dfrac{1}{2}\end{pmatrix}.$

2. 利用初等行变换求逆矩阵.

可以证明:由方阵 A 作矩阵 $(A \vdots E)$,用矩阵的初等行变换将 $(A \vdots E)$ 化为 $(E \vdots C)$,C 即为 A 的逆阵 A^{-1}.

【例 4】 求方阵 $A=\begin{pmatrix}1&1&2\\2&1&-1\\1&-2&1\end{pmatrix}$ 的逆矩阵.

解

$(A \vdots E) \rightarrow A = \begin{pmatrix}1&1&2&\vdots&1&0&0\\2&1&-1&\vdots&0&1&0\\1&-2&1&\vdots&0&0&1\end{pmatrix} \xrightarrow[-r_1+r_3]{-2r_1+r_2} \begin{pmatrix}1&1&2&\vdots&1&0&0\\0&-1&-5&\vdots&-2&1&0\\0&-3&-1&\vdots&-1&0&1\end{pmatrix}$

$\xrightarrow{-r_2}\begin{pmatrix}1&1&2&\vdots&1&0&0\\0&1&5&\vdots&2&-1&0\\0&-3&-1&\vdots&-1&0&1\end{pmatrix} \xrightarrow[-r_2+r_1]{3r_2+r_3}\begin{pmatrix}1&0&-3&\vdots&-1&1&0\\0&1&5&\vdots&2&-1&0\\0&0&14&\vdots&5&-3&1\end{pmatrix}$

$\xrightarrow{\frac{1}{14}r_3}\begin{pmatrix}1&0&-3&\vdots&-1&1&0\\0&1&5&\vdots&2&-1&0\\0&0&1&\vdots&\dfrac{5}{14}&-\dfrac{3}{14}&\dfrac{1}{14}\end{pmatrix} \xrightarrow[3r_3+r_1]{-5r_3+r_2}\begin{pmatrix}1&0&0&\vdots&\dfrac{1}{14}&\dfrac{5}{14}&\dfrac{3}{14}\\0&1&0&\vdots&\dfrac{3}{14}&\dfrac{1}{14}&-\dfrac{5}{14}\\0&0&1&\vdots&\dfrac{5}{14}&-\dfrac{3}{14}&\dfrac{1}{14}\end{pmatrix}$

所以 $A^{-1}=\begin{pmatrix}\dfrac{1}{14}&\dfrac{5}{14}&\dfrac{3}{14}\\\dfrac{3}{14}&\dfrac{1}{14}&-\dfrac{5}{14}\\\dfrac{5}{14}&-\dfrac{3}{14}&\dfrac{1}{14}\end{pmatrix}.$

(三)逆矩阵的运算性质

1. 若 $AB=E$(或 $BA=E$),则 $B=A^{-1}, A=B^{-1}$.

事实上,由 $AB=E$,得 $|AB|=|A||B|=|E|=1$,故 $|A|\neq 0$,于是 A 可逆,在等式 $AB=E$ 两边同时左乘 A^{-1},即得 $B=A^{-1}$,同理易得 $A=B^{-1}$.

这一结论说明,如果要验证 B 是 A 的逆矩阵,只要验证一个等式 $AB=E$ 或 $BA=E$

即可,不必再按定义验证两个等式.

2. $(A^{-1})^{-1}=A$.

3. 若 A 可逆,则 A^{T} 也可逆,且 $(A^{\mathrm{T}})^{-1}=(A^{-1})^{\mathrm{T}}$.

事实上,由于 A 可逆,则 $AA^{-1}=E$,所以 $(AA^{-1})^{\mathrm{T}}=E^{\mathrm{T}}=E$,即 $(A^{-1})^{\mathrm{T}}A^{\mathrm{T}}=E$,由逆矩阵的运算性质(1),得 $(A^{\mathrm{T}})^{-1}=(A^{-1})^{\mathrm{T}}$.

4. 若 A,B 均可逆,则 AB 也可逆,且 $(AB)^{-1}=B^{-1}A^{-1}$.

【例 5】 设 $A=\begin{pmatrix}0 & 1 & 2\\ 1 & 1 & 4\\ 2 & -1 & 0\end{pmatrix}, B=\begin{pmatrix}2 & 1\\ 5 & 3\end{pmatrix}, C=\begin{pmatrix}1 & 3\\ 2 & 0\\ 3 & 1\end{pmatrix}$,

求满足 $AXB=C$ 的矩阵 X.

解 若 A^{-1},B^{-1} 存在,则在 $AXB=C$ 的两边同时左乘 A^{-1},右乘 B^{-1},得 $A^{-1}AXBB^{-1}=A^{-1}CB^{-1}$,即

$$X=A^{-1}CB^{-1}.$$

由例 3 知 $A^{-1}=\begin{pmatrix}2 & -1 & 1\\ 4 & -2 & 1\\ -\dfrac{3}{2} & 1 & -\dfrac{1}{2}\end{pmatrix}$,又求得 $B^{-1}=\begin{pmatrix}3 & -1\\ -5 & 2\end{pmatrix}$.

从而 $X=A^{-1}CB^{-1}=\begin{pmatrix}2 & -1 & 1\\ 4 & -2 & 1\\ -\dfrac{3}{2} & 1 & -\dfrac{1}{2}\end{pmatrix}\begin{pmatrix}1 & 3\\ 2 & 0\\ 3 & 1\end{pmatrix}\begin{pmatrix}3 & -1\\ -5 & 2\end{pmatrix}$

$=\begin{pmatrix}3 & 7\\ 3 & 13\\ -1 & -5\end{pmatrix}\begin{pmatrix}3 & -1\\ -5 & 2\end{pmatrix}=\begin{pmatrix}-26 & 11\\ -56 & 23\\ 22 & -9\end{pmatrix}.$

【例 6】 已知 x_1,x_2,x_3 到 y_1,y_2,y_3 的线性变换为

$$\begin{cases}y_1=x_2+2x_3,\\ y_2=x_1+x_2+4x_3,\\ y_3=2x_1-x_2,\end{cases}$$

试求从 y_1,y_2,y_3 到 x_1,x_2,x_3 的线性变换.

解 设 $A=\begin{pmatrix}0 & 1 & 2\\ 1 & 1 & 4\\ 2 & -1 & 0\end{pmatrix}, X=\begin{pmatrix}x_1\\ x_2\\ x_3\end{pmatrix}, Y=\begin{pmatrix}y_1\\ y_2\\ y_3\end{pmatrix}$,

则所给线性变换的矩阵形式为 $Y=AX$.若 A^{-1} 存在,则两边左乘 A^{-1},得到 $X=A^{-1}Y$,

由例 3 可知 A^{-1} 存在,于是

$$X=A^{-1}Y=\begin{pmatrix}2 & -1 & 1\\ 4 & -2 & 1\\ -\dfrac{3}{2} & 1 & -\dfrac{1}{2}\end{pmatrix}\begin{pmatrix}y_1\\ y_2\\ y_3\end{pmatrix}=\begin{pmatrix}2y_1-y_2+y_3\\ 4y_1-2y_2+y_3\\ -\dfrac{3}{2}y_1+y_2-\dfrac{1}{2}y_3\end{pmatrix}$$

从而,得到从 y_1, y_2, y_3 到 x_1, x_2, x_3 的线性变换为：
$$\begin{cases} x_1 = 2y_1 - y_2 + y_3, \\ x_2 = 4y_1 - 2y_2 + y_3, \\ x_3 = -\dfrac{3}{2}y_1 + y_2 - \dfrac{1}{2}y_3. \end{cases}$$

习题 7.4

1. 用初等变换把下面矩阵化为行简化阶梯形矩阵：

(1) $\begin{bmatrix} 1 & 2 & 2 & -1 \\ 2 & 3 & 3 & 1 \\ 3 & 4 & 4 & 3 \end{bmatrix}$; (2) $\begin{bmatrix} 0 & 2 & -3 & 1 \\ 0 & 3 & -4 & 3 \\ 0 & 4 & -7 & -1 \end{bmatrix}$; (3) $\begin{bmatrix} 1 & -1 & 3 & -4 & 3 \\ 3 & -3 & 5 & -4 & 1 \\ 2 & -2 & 3 & -2 & 6 \\ 3 & -3 & 4 & -2 & -1 \end{bmatrix}$.

2. 求下列方阵的逆矩阵：

(1) $\begin{bmatrix} 3 & 2 & 1 \\ 3 & 1 & 5 \\ 3 & 2 & 3 \end{bmatrix}$; (2) $\begin{bmatrix} 3 & -2 & 0 & -1 \\ 0 & 2 & 2 & 1 \\ 1 & -2 & -3 & -2 \\ 0 & 1 & 2 & 1 \end{bmatrix}$;

(3) $\begin{bmatrix} 1 & 1 & 1 & 1 \\ 1 & 1 & -1 & -1 \\ 1 & -1 & 1 & -1 \\ 1 & -1 & -1 & 1 \end{bmatrix}$; (4) $\begin{bmatrix} 1 & 0 & 0 & 0 \\ 2 & 1 & 0 & 0 \\ 3 & 2 & 1 & 0 \\ 4 & 3 & 2 & 1 \end{bmatrix}$.

3. 解下列矩阵方程：

(1) $\begin{pmatrix} 2 & 5 \\ 1 & 3 \end{pmatrix} X = \begin{pmatrix} 4 & -6 \\ 2 & 1 \end{pmatrix}$; (2) $X \begin{pmatrix} 2 & 1 & -1 \\ 2 & 1 & 0 \\ 1 & -1 & 1 \end{pmatrix} = \begin{pmatrix} 1 & -1 & 3 \\ 4 & 3 & 2 \end{pmatrix}$;

(3) $\begin{pmatrix} 1 & 4 \\ -1 & 2 \end{pmatrix} X \begin{pmatrix} 2 & 0 \\ -1 & 1 \end{pmatrix} = \begin{pmatrix} 3 & 1 \\ 0 & -1 \end{pmatrix}$;

(4) $\begin{pmatrix} 0 & 1 & 0 \\ 1 & 0 & 0 \\ 0 & 0 & 1 \end{pmatrix} X \begin{pmatrix} 1 & 0 & 0 \\ 0 & 0 & 1 \\ 0 & 1 & 0 \end{pmatrix} = \begin{pmatrix} 1 & -4 & 3 \\ 2 & 0 & -1 \\ 1 & -2 & 0 \end{pmatrix}$.

4. 利用逆矩阵解下列线性方程组：

(1) $\begin{cases} x_1 + 2x_2 + 3x_3 = 1 \\ 2x_1 + 2x_2 + 5x_3 = 2; \\ 3x_1 + 5x_2 + x_3 = 3 \end{cases}$ (2) $\begin{cases} x_1 - x_2 - x_3 = 2 \\ 2x_1 - x_2 - 3x_3 = 1 \\ 3x_1 + 2x_2 - 5x_3 = 0 \end{cases}$.

数学家简介：

康托尔

康托尔

康托尔，1862 年入苏黎世大学学工，翌年转入柏林大学攻读数学和神学，受教于库默尔（Kummer, Ernst Eduard, 1810—1893）、维尔斯特拉斯（Weierstrass, Karl Theodor Wilhelm, 1815—1897）和克罗内克（Kronecker, Leopold, 1823—1891）。1866 年曾去格丁根学习一学期。1867 年在库默尔指导下博士学位。毕业后受魏尔斯特拉斯的直接影响，由数论转向严格的分析理论的研究，不久崭露头角。他在哈雷大学任教（1869—1913 年）的初期证明了复合变量函数三角级数展开的唯一性，继而用有理数列极限定义无理数。康托尔爱好广泛，极有个性，终身信奉宗教。早期在数学方面的兴趣是数论，1870 年开始研究三角级数并由此导致 19 世纪末、20 世纪初最伟大的数学成就——集合论和超穷数理论的建立。除此之外，他还努力探讨在新理论创立过程中所涉及的数理哲学问题。1888—1893 年康托尔任柏林数学会第一任会长，1890 年领导创立德国数学家联合会并任首届主席。

复习题七

1. 设三阶行列式 $D = \det(a_{ij}) = 1$，则 $a_{11}A_{21} + a_{12}A_{22} + a_{13}A_{23} = $ _____.

2. 设三阶行列式 $D = \begin{vmatrix} 3 & -4 & 1 \\ 8 & 3 & 8 \\ 8 & 8 & 3 \end{vmatrix}$，则元素 a_{13} 的代数余子式 $A_{13} = $ _____.

3. 如果 $\begin{vmatrix} a & 3 & 1 \\ b & 0 & 1 \\ c & 2 & 1 \end{vmatrix} = 1$，则 $\begin{vmatrix} a-3 & b-3 & c-3 \\ 5 & 2 & 4 \\ 1 & 1 & 1 \end{vmatrix} = $ _____.

4. 行列式 $\begin{vmatrix} 5 & 0 & 4 & 2 \\ 1 & -1 & 2 & 1 \\ 4 & 1 & 2 & 0 \\ 1 & 1 & 1 & 1 \end{vmatrix} = $ _____.

5. 行列式 $\begin{vmatrix} 3 & 2 & 0 & 0 \\ 4 & 3 & 0 & 0 \\ 0 & 0 & 2 & 1 \\ 0 & 0 & 3 & 2 \end{vmatrix} = $ _____.

6. 行列式 $\begin{vmatrix} 1 & 1 & 1 & 1 \\ 2 & 3 & 4 & 5 \\ 2^2 & 3^2 & 4^2 & 5^2 \\ 2^3 & 3^3 & 4^3 & 5^3 \end{vmatrix} = $ _____.

7. 方程组 $\begin{cases} 2x+5y-3z=3, \\ 3x+6y-2z=1, \\ 2x+4y-3z=4 \end{cases}$ 的解是_____.

8. 设多项式 $f(x)=\begin{vmatrix} 5x & 1 & 2 & 3 \\ x & x & x & 1 \\ 1 & 0 & x & 3 \\ x & 2 & 1 & x \end{vmatrix}$,则多项式的次数为_____.

9. 四阶行列式 $\begin{vmatrix} 3 & 0 & 4 & 0 \\ 2 & 2 & 2 & 2 \\ 0 & -7 & 0 & 0 \\ 5 & 3 & -2 & 2 \end{vmatrix}$ 的第四行各元素代数余子式之和的值为_____.

10. 设方程 $\begin{cases} \lambda x+y+z=0, \\ x+\lambda y-z=0, \\ 2x-y+z=0 \end{cases}$ 有非零解,则 $\lambda=$_____.

11. 若 $\begin{pmatrix} 2 & -1 & 6 \\ x & 9 & 0 \end{pmatrix}=\begin{pmatrix} 2 & -1 & y \\ 2 & 9 & 0 \end{pmatrix}$,则 $x=$_____,$y=$_____.

12. 设 A 为三阶方阵,且 $|A|=\frac{1}{2}$,则 $|(3A)^{-1}-2A^*|=$_____.

13. 设 $A=\begin{pmatrix} 5 & 6 \\ -8 & -7 \end{pmatrix}$,$B=\begin{pmatrix} 6 & -1 \\ 6 & -8 \end{pmatrix}$,则 $2A-3B=$_____.

14. 设 $\begin{pmatrix} 2 & 5 \\ 1 & 3 \end{pmatrix}X=\begin{pmatrix} 4 & -6 \\ 2 & 1 \end{pmatrix}$,则 $X=$_____.

15. 已知 $A=\begin{pmatrix} 2 & 2 & 3 \\ 1 & -1 & 0 \\ -1 & 2 & 1 \end{pmatrix}$,则 $A^{-1}=$_____.

16. 解矩阵方程 $AX+B=X$,其中 $A=\begin{pmatrix} 0 & 1 & 0 \\ -1 & 1 & 1 \\ -1 & 0 & -1 \end{pmatrix}$,$B=\begin{pmatrix} 1 & -1 \\ 2 & 0 \\ 5 & -3 \end{pmatrix}$,$X=$_____.

17. 已知方阵 A,B 满足 $A^2-AB=E$,其中 $A=\begin{pmatrix} 1 & 1 & -1 \\ 0 & 1 & 1 \\ 0 & 0 & -1 \end{pmatrix}$,则 $B=$_____.

18. 设 A,B 均为三阶方阵,已知 $AB=2A+B$,其中 $B=\begin{pmatrix} 2 & 0 & 2 \\ 0 & 4 & 0 \\ 2 & 0 & 2 \end{pmatrix}$,证明 $A-E$ 可逆,且 $(A-E)^{-1}=$_____.

19. 设 $\begin{pmatrix} 0 & 1 & 0 \\ 1 & 0 & 0 \\ 0 & 0 & 1 \end{pmatrix} A \begin{pmatrix} 1 & 0 & 1 \\ 0 & 1 & 0 \\ 0 & 0 & 1 \end{pmatrix}=\begin{pmatrix} 1 & 2 & 3 \\ 4 & 5 & 6 \\ 7 & 8 & 9 \end{pmatrix}$,则 $A=$_____.

第八章 线性方程组

一个人就好像一个分数,他的实际才能好比分子,而他对自我的估价好比分母. 分母越大,则分数的值就越小.

——托尔斯泰

第一节 线性方程组的概念与克莱姆法则

第七章我们学习了行列式和矩阵的计算,这些都是为本章求解线性方程组做准备的. 线性代数的核心问题就是求解线性方程组.

生产活动和科学技术中的许多问题经常可以归结为解一个线性方程组. 虽然在中学我们已经学过用加减消元法或代入消元法解二元或三元一次方程组,又知道二元一次方程组的解的情况只可能有三种:有唯一解、有无穷多解、无解. 但是,在许多实际问题中,我们遇到的方程组中未知数个数常常超过三个,而且方程组中未知数个数与方程的个数也不一定相同. 例如:

$$\begin{cases} 2x_1+2x_2-3x_3-4x_4-7x_5=0, \\ x_1+x_2-x_3+2x_4+3x_5=-1, \\ -x_1-x_2+2x_3-x_4+3x_5=2. \end{cases}$$

这样的线性方程组是否有解呢? 如果有解,解是否唯一? 如果解不唯一,解的结构如何呢? 在有解的情况下,如何求解?

一、线性方程组的概念

与二元、三元线性方程组类似,含 n 个未知量,由 m 个线性方程构成的线性方程组的一般形式为

$$\begin{cases} a_{11}x_1+a_{12}x_2+\cdots+a_{1n}x_n=b_1, \\ a_{21}x_1+a_{22}x_2+\cdots+a_{2n}x_n=b_2, \\ \vdots \quad\quad \vdots \quad\quad\quad\quad \vdots \\ a_{m1}x_1+a_{m2}x_2+\cdots+a_{mn}x_n=b_m. \end{cases}$$

方程组可以用矩阵表示为 $AX=B$.

其中 $A=\begin{pmatrix} a_{11} & a_{12} & \cdots & a_{1n} \\ a_{21} & a_{22} & \cdots & a_{2n} \\ \vdots & \vdots & & \vdots \\ a_{m1} & a_{m2} & \cdots & a_{mn} \end{pmatrix}$ 称为方程组的系数矩阵,$B=\begin{pmatrix} b_1 \\ b_2 \\ \vdots \\ b_m \end{pmatrix}$ 称为方程组的常数

项矩阵，$X=\begin{bmatrix} x_1 \\ x_2 \\ \vdots \\ x_n \end{bmatrix}$ 称为方程组的未知量矩阵．

实例：大学生在饮食方面存在很多问题，多数大学生不重视吃早餐，日常饮食也没有规律，为了身体的健康就需要注意日常饮食中的营养．大学生每天的配餐中需要摄入一定的蛋白质、脂肪和碳水化合物，下表给出了这三种食物提供的营养以及大学生的正常所需营养(它们的质量以适当的单位计量)．

营养	单位食物所含的营养			所需营养
	食物 1	食物 2	食物 3	
蛋白质	36	51	13	33
脂肪	0	7	1.1	3
碳水化合物	52	34	74	45

设 x_1, x_2, x_3 分别为三种食物的摄入量，则由上表中的数据可以列出下列方程组

$$\begin{cases} 36x_1+51x_2+13x_3=33 \\ 7x_2+1.1x_3=3 \\ 52x_1+34x_2+74x_3=45 \end{cases}$$

如果未知量的个数 n 与方程的个数 m 相等，那么未知量的系数就可以构成一个行列式．此时就能利用行列式来研究方程组的有关解的问题——克莱姆法则．

二、克莱姆法则

定理 1(克莱姆法则) 设含有 n 个未知量 $x_1, x_2, \cdots, x_n$，由 n 个方程所组成的线性方程组

$$\begin{cases} a_{11}x_1+a_{12}x_2+\cdots+a_{1n}x_n=b_1, \\ a_{21}x_1+a_{22}x_2+\cdots+a_{2n}x_n=b_2, \\ \vdots \quad \vdots \quad \vdots \\ a_{n1}x_1+a_{n2}x_2+\cdots+a_{nn}x_n=b_n. \end{cases} \tag{1}$$

如果的系数行列式不等于零，即 $D=\begin{vmatrix} a_{11} & a_{12} & \cdots & a_{1n} \\ a_{21} & a_{22} & \cdots & a_{2n} \\ \vdots & \vdots & & \vdots \\ a_{n1} & a_{n2} & \cdots & a_{nn} \end{vmatrix} \neq 0$，

那么，方程组有唯一解 $x_j=\dfrac{D_j}{D}(j=1,2,\cdots,n)$．

其中，行列式 $D_j(j=1,2,\cdots,n)$ 是把 D 的第 j 列元素用方程组右端的常数项代替后得到的 n 阶行列式．即

$$D_j = \begin{vmatrix} a_{11} & \cdots & a_{1,j-1} & b_1 & a_{1,j+1} & \cdots & a_{1n} \\ a_{21} & \cdots & a_{2,j-1} & b_2 & a_{2,j+1} & \cdots & a_{2n} \\ \vdots & & \vdots & \vdots & \vdots & & \vdots \\ a_{n1} & \cdots & a_{n,j-1} & b_n & a_{n,j+1} & \cdots & a_{nn} \end{vmatrix}.$$

【例 1】 用克莱姆法则解方程组 $\begin{cases} 2x_1+x_2-5x_3+x_4=8, \\ x_1-3x_2-6x_4=9, \\ 2x_2-x_3+2x_4=-5, \\ x_1+4x_2-7x_3+6x_4=0. \end{cases}$

解：$D = \begin{vmatrix} 2 & 1 & -5 & 1 \\ 1 & -3 & 0 & -6 \\ 0 & 2 & -1 & 2 \\ 1 & 4 & -7 & 6 \end{vmatrix} \xrightarrow[r_1-2r_2]{r_4-r_2} \begin{vmatrix} 0 & 7 & -5 & 13 \\ 1 & -3 & 0 & -6 \\ 0 & 2 & -1 & 2 \\ 0 & 7 & -7 & 12 \end{vmatrix} \xrightarrow{\text{展开} c_1} -\begin{vmatrix} 7 & -5 & 13 \\ 2 & -1 & 2 \\ 7 & -7 & 12 \end{vmatrix}$

$\xrightarrow[c_1+2c_2]{c_3+2c_2} -\begin{vmatrix} -3 & -5 & 3 \\ 0 & -1 & 0 \\ -7 & -7 & -2 \end{vmatrix} \xrightarrow{\text{展开} r_2} \begin{vmatrix} -3 & 3 \\ -7 & -2 \end{vmatrix} = 27 \neq 0$, 线性方程组有解，

$D_1 = \begin{vmatrix} 8 & 1 & -5 & 1 \\ 9 & -3 & 0 & -6 \\ -5 & 2 & -1 & 2 \\ 0 & 4 & -7 & 6 \end{vmatrix} = 81, D_2 = \begin{vmatrix} 2 & 8 & -5 & 1 \\ 1 & 9 & 0 & -6 \\ 0 & -5 & -1 & 2 \\ 1 & 0 & -7 & 6 \end{vmatrix} = -108,$

$D_3 = \begin{vmatrix} 2 & 1 & 8 & 1 \\ 1 & -3 & 9 & -6 \\ 0 & 2 & -5 & 2 \\ 1 & 4 & 0 & 6 \end{vmatrix} = -27, D_4 = \begin{vmatrix} 2 & 1 & -5 & 8 \\ 1 & -3 & 0 & 9 \\ 0 & 2 & -1 & -5 \\ 1 & 4 & -7 & 0 \end{vmatrix} = 27,$

所以 $x_1 = \dfrac{D_1}{D} = \dfrac{81}{27} = 3$, $x_2 = \dfrac{D_2}{D} = \dfrac{-108}{27} = -4$, $x_3 = \dfrac{D_3}{D} = \dfrac{-27}{27} = -1$, $x_4 = \dfrac{D_4}{D} = \dfrac{27}{27} = 1$.

【例 2】 一个城市有三个重要的企业：一个煤矿，一个发电厂和一条地方铁路。开采一块钱的煤，煤矿必须支付 0.25 元的运输费。而生产一块钱的电力，发电厂需支付煤矿 0.65 元的燃料费，自己亦需支付 0.05 元的电费来驱动辅助设备及支付 0.05 元的运输费。而提供一块钱的运输费铁路需支付煤矿 0.55 元的燃料费，0.10 元的电费驱动它的辅助设备。某个星期内，煤矿从外面接到 50 000 元煤的订货，发电厂从外面接到 25 000 元电力的订货，外界对地方铁路没有要求。问这三个企业在那一个星期的生产总值各为多少时才能精确地满足它们本身的要求和外界的要求？

解：各企业产出一元钱的产品所需费用为

产品费用 \ 企业	煤矿	发电厂	铁路
燃料费(元)	0	0.65	0.55
电力费(元)	0	0.05	0.10
运输费(元)	0.25	0.05	0

对于一个星期的周期,设 x_1 表示煤矿的总产值,x_2 表示电厂的总产值,x_3 表示铁路的总产值. 列方程组得:

$$\begin{cases} x_1-0.65x_2-0.55x_3=50\ 000, \\ 0.95x_2-0.10x_3=25\ 000, \\ -0.25x_1-0.05x_2+x_3=0. \end{cases}$$

上述方程组可化为 $AX=b$,其中

$$A=\begin{pmatrix} 1 & -0.65 & -0.55 \\ 0 & 0.95 & -0.10 \\ -0.25 & -0.05 & 1 \end{pmatrix}, X=\begin{pmatrix} x_1 \\ x_2 \\ x_3 \end{pmatrix}, b=\begin{pmatrix} 50\ 000 \\ 25\ 000 \\ 0 \end{pmatrix},$$

根据克莱姆法则,其解为 $X=\begin{pmatrix} 80\ 423 \\ 28\ 583 \\ 21\ 535 \end{pmatrix}$.

所以,煤矿总产值为 80 423 元,发电厂总产值为 28 583 元,铁路总产值为 21 535 元.

克莱姆法则给出的结论很完美,讨论了方程组(1)解的存在性、唯一性和求解公式,在理论上有重大价值. 不考虑克莱姆法则中的求解公式,可以得到下面重要的定理.

定理 2 如果线性方程组(1)的系数行列式 $D\neq 0$,那么方程组一定有解,且解是唯一的.

在线性方程组(1)中,右端的常数 $b_1,b_2,\cdots,b_n$ 不全为 0 时,称为非齐次线性方程组. 当 $b_1,b_2,\cdots,b_n$ 全为 0 时,称为齐次线性方程组

$$\begin{cases} a_{11}x_1+a_{12}x_2+\cdots+a_{1n}x_n=0, \\ a_{21}x_1+a_{22}x_2+\cdots+a_{2n}x_n=0, \\ \vdots \\ a_{n1}x_1+a_{n2}x_2+\cdots+a_{nn}x_n=0. \end{cases} \quad (2)$$

显然,$x_1=x_2=\cdots x_n=0$ 一定是它的一组解,这个解叫做齐次线性方程组的零解. 如果有一组不全为零的数是它的解,则它叫做齐次线性方程组的非零解.

齐次线性方程组一定有零解,但不一定有非零解.

对于齐次线性方程组应用定理,则可以得到以下定理:

定理 3 如果齐次线性方程组 $\begin{cases} a_{11}x_1+a_{12}x_2+\cdots+a_{1n}x_n=0, \\ a_{21}x_1+a_{22}x_2+\cdots+a_{2n}x_n=0, \\ \vdots \\ a_{n1}x_1+a_{n2}x_2+\cdots+a_{nn}x_n=0 \end{cases}$ 的系数行列式 $D\neq 0$,

则方程组只有零解.

根据定理3,如果齐次线性方程组有非零解,则它的系数行列式必为零. 即 $D=0$ 是齐次线性方程组有非零解的必要条件,可以证明这一条件也是充分条件.

定理 4 齐次线性方程组 $\begin{cases} a_{11}x_1+a_{12}x_2+\cdots+a_{1n}x_n=0, \\ a_{21}x_1+a_{22}x_2+\cdots+a_{2n}x_n=0, \\ \vdots \\ a_{n1}x_1+a_{n2}x_2+\cdots+a_{nn}x_n=0 \end{cases}$ 有非零解的充分必要条件

为系数行列式 $D=0$.

【例3】 问 λ 取何值时, 齐次线性方程组

$$\begin{cases} (\lambda+3)x_1+x_2+2x_3=0, \\ \lambda x_1+x_3=0, \\ 2\lambda x_2+(\lambda+3)x_3=0 \end{cases}$$

有非零解?

解 若方程组存在非零解, 由定理 4 知, 它的系数行列式

$$D=\begin{vmatrix} \lambda+3 & 1 & 2 \\ \lambda & 0 & 1 \\ 0 & 2\lambda & \lambda+3 \end{vmatrix}=0.$$

即 $\lambda(\lambda-9)=0$. 解得 $\lambda=0$ 或 $\lambda=9$. 故 $\lambda=0$ 或 $\lambda=9$ 时方程组有非零解.

【例4】 判断下列齐次线性方程组解的情况:

(1) $\begin{cases} x_1+x_2+x_3-x_4=0, \\ x_1+x_2-x_3+x_4=0, \\ x_1-x_2+x_3+x_4=0, \\ -x_1+x_2+x_3+x_4=0; \end{cases}$ (2) $\begin{cases} 2x_1+x_2-x_3+x_4=0, \\ -x_1+3x_2+x_3-x_4=0, \\ 0x_1+x_2+2x_3-2x_4=0, \\ 3x_1+0x_2-2x_3+2x_4=0. \end{cases}$

解 (1) 系数行列式

$$D=\begin{vmatrix} 1 & 1 & 1 & -1 \\ 1 & 1 & -1 & 1 \\ 1 & -1 & 1 & 1 \\ -1 & 1 & 1 & 1 \end{vmatrix}=\begin{vmatrix} 0 & 2 & 2 & 0 \\ 0 & 2 & 0 & 2 \\ 0 & 0 & 2 & 2 \\ -1 & 1 & 1 & 1 \end{vmatrix}=\begin{vmatrix} 2 & 2 & 0 \\ 2 & 0 & 2 \\ 0 & 2 & 2 \end{vmatrix}=-16\neq 0.$$

所以 方程组仅有零解 $x_1=x_2=x_3=x_4=0$.

(2) 系数行列式

$$D=\begin{vmatrix} 2 & 1 & -1 & 1 \\ -1 & 3 & 1 & -1 \\ 0 & 1 & 2 & -2 \\ 3 & 0 & -2 & 2 \end{vmatrix},$$

最后两列元素对应成比例, 所以 $D=0$. 故方程组除零解 $x_1=x_2=x_3=x_4=0$ 外, 还有非零解.

可以验证 $x_1=x_2=0, x_3=1, x_4=1$ 是方程组的解(非零解)且 $x_1=x_2=0, x_3=c, x_4=c, c$ 为任何实数都是方程组的解. 这说明方程组有无穷多组非零解.

克莱姆法则的优点是解的形式简明, 理论上有重要价值. 但当 n 较大时, 计算量很大. 应用克莱姆法则求解方程组时, 要注意克莱姆法则只适用于系数行列式不等于零的 n 个方程的 n 元线性方程组, 它不适用于系数行列式等于零或方程个数与未知量个数不等的线性方程组.

习题 8.1

1. 求解方程组 $\begin{cases} x_1+x_2+x_3+x_4=5, \\ x_1+2x_2-x_3+4x_4=-2, \\ 2x_1-3x_2-x_3-5x_4=-2, \\ 3x_1+x_2+2x_3+11x_4=0. \end{cases}$

2. k 为何值时,方程组 $\begin{cases} kx+y+z=0, \\ x+ky+z=0, \\ x+y+kz=0. \end{cases}$ 有非零解

第二节 求解线性方程组

在第一节我们研究了方程的个数与未知量的个数相等,且系数行列式不等于零的线性方程组可以利用克莱姆法则来求解,但方程的个数与未知量的个数不相等或系数行列式的值为零时,克莱姆法则失效,这就需要来研究方程组的消元解法.

一、线性方程组的增广矩阵

若 m 个方程,n 个未知量的线性方程组

$$\begin{cases} a_{11}x_1+a_{12}x_2+\cdots+a_{1n}x_n=b_1, \\ a_{21}x_1+a_{22}x_2+\cdots+a_{2n}x_n=b_2, \\ \vdots \quad \vdots \quad \vdots \\ a_{m1}x_1+a_{m2}x_2+\cdots+a_{mn}x_n=b_m. \end{cases} \tag{1}$$

当 $b_1,b_2,\cdots,b_m$ 不全为零时,称为非齐次线性方程组,否则称为齐次线性方程组.

$$A=\begin{pmatrix} a_{11} & a_{12} & \cdots & a_{1n} \\ a_{21} & a_{22} & \cdots & a_{2n} \\ \vdots & \vdots & & \vdots \\ a_{m1} & a_{m2} & \cdots & a_{mn} \end{pmatrix}, \widetilde{A}=\begin{pmatrix} a_{11} & a_{12} & \cdots & a_{1n} & b_1 \\ a_{21} & a_{22} & \cdots & a_{2n} & b_2 \\ \vdots & \vdots & & \vdots & \vdots \\ a_{m1} & a_{m2} & \cdots & a_{mn} & b_m \end{pmatrix}, B=\begin{pmatrix} b_1 \\ b_2 \\ \vdots \\ b_m \end{pmatrix}.$$

矩阵 A 和矩阵 $\widetilde{A}$ 分别称为方程组的系数矩阵和增广矩阵. 增广矩阵也可以表示为 $(A \vdots B)$,很显然用增广矩阵可以清楚地表示线性方程组 $AX=B$,因此对方程组的变换就是对增广矩阵的变换.

二、解线性方程组的消元法

(一)消元法的实质

消元法的实质是对线性方程组进行如下变换:
(1)用一个非零的数乘某个方程的两端;
(2)用一个非零的数乘某个方程后加到另一个方程上去;
(3)互换两个方程的位置.

显然,这三种变换不改变方程组的解,即线性方程组经过上述任意一种变换,所得的

方程组与原线性方程组同解.

（二）用消元法解线性方程组

解线性方程组的消元法的基本思想是：利用对方程组的同解变换，逐步消元，最后得到只含一个未知数的方程，求出这个未知数后，再逐步回代，求出其他未知数. 由于线性方程组由其增广矩阵唯一确定，所以对线性方程组进行上述变换，相当于对其增广矩阵施行相应的初等行变换，这种解法叫做高斯消元法.

已知任意矩阵 $A=(a_{ij})_{m\times n}$ 都可通过初等变换化为等价标准形，即

$$A \sim D = \begin{pmatrix} E_r & K \\ O & O \end{pmatrix}.$$

不过，其中可能需要对矩阵进行交换两列变换. 如果只限于进行初等行变换，E_r 中的元素 1 可能会分布在其他列中，但这并不影响我们对方程组的简化目的. 我们暂不考虑这种例外的情况.

也就是说，增广矩阵 $\widetilde{A}$ 可以通过初等行变换转化为如下的阶梯形矩阵

$$P = \begin{pmatrix} 1 & 0 & \cdots & 0 & p_{1,r+1} & \cdots & p_{1n} & d_1 \\ 0 & 1 & \cdots & 0 & p_{2,r+1} & \cdots & p_{2n} & d_2 \\ \vdots & \vdots & & \vdots & \vdots & & \vdots & \vdots \\ 0 & 0 & \cdots & 1 & p_{r,r+1} & \cdots & p_{rn} & d_r \\ 0 & 0 & \cdots & 0 & 0 & \cdots & 0 & d_{r+1} \\ \vdots & \vdots & & \vdots & \vdots & & \vdots & \vdots \\ 0 & 0 & \cdots & 0 & 0 & \cdots & 0 & 0 \end{pmatrix} \quad (r \leqslant n).$$

初等行变换将方程组转化为同解方程组，即原方程组与以阶梯形矩阵 P 为增广矩阵的方程组是同解方程组.

【例 1】 求解线性方程组 $\begin{cases} 2x_2 - x_3 = 1, \\ 2x_1 + 2x_2 + 3x_3 = 5, \\ x_1 + 2x_2 + 2x_3 = 4. \end{cases}$

解 对增广矩阵实施初等行变换，将其化为阶梯形的最简形.

$$\widetilde{A} = \begin{pmatrix} 0 & 2 & -1 & 1 \\ 2 & 2 & 3 & 5 \\ 1 & 2 & 2 & 4 \end{pmatrix} \xrightarrow{r_1 \leftrightarrow r_3} \begin{pmatrix} 1 & 2 & 2 & 4 \\ 2 & 2 & 3 & 5 \\ 0 & 2 & -1 & 1 \end{pmatrix}$$

$$\xrightarrow{-2r_1 + r_2} \begin{pmatrix} 1 & 2 & 2 & 4 \\ 0 & -2 & -1 & -3 \\ 0 & 2 & -1 & 1 \end{pmatrix} \xrightarrow[r_2 + r_3]{r_2 + r_1} \begin{pmatrix} 1 & 0 & 1 & 1 \\ 0 & -2 & -1 & -3 \\ 0 & 0 & -2 & -2 \end{pmatrix}$$

$$\xrightarrow{-\frac{1}{2}r_3} \begin{pmatrix} 1 & 0 & 1 & 1 \\ 0 & -2 & -1 & -3 \\ 0 & 0 & 1 & 1 \end{pmatrix} \xrightarrow[r_3 + r_2]{-r_3 + r_1} \begin{pmatrix} 1 & 0 & 0 & 0 \\ 0 & -2 & 0 & -2 \\ 0 & 0 & 1 & 1 \end{pmatrix} \xrightarrow{-\frac{1}{2}r_2} \begin{pmatrix} 1 & 0 & 0 & 0 \\ 0 & 1 & 0 & 1 \\ 0 & 0 & 1 & 1 \end{pmatrix}.$$

所以，原方程组的同解方程组为 $\begin{cases} x_1 = 0, \\ x_2 = 1, \\ x_3 = 1, \end{cases}$ 即为线性方程组的解.

【例2】 求解线性方程组 $\begin{cases} -3x_1-3x_2+14x_3+29x_4=-16, \\ x_1+x_2+4x_3-x_4=1, \\ -x_1-x_2+2x_3+7x_4=-4. \end{cases}$ (2)

解 对增广矩阵实施初等行变换,将其化为行简化阶梯形矩阵:

$$\widetilde{A}=\begin{pmatrix} -3 & -3 & 14 & 29 & -16 \\ 1 & 1 & 4 & -1 & 1 \\ -1 & -1 & 2 & 7 & -4 \end{pmatrix} \rightarrow \begin{pmatrix} 1 & 1 & 4 & -1 & 1 \\ -3 & -3 & 14 & 29 & -16 \\ -1 & -1 & 2 & 7 & -4 \end{pmatrix}$$

$$\rightarrow \begin{pmatrix} 1 & 1 & 4 & -1 & 1 \\ 0 & 0 & 26 & 26 & -13 \\ 0 & 0 & 6 & 6 & -3 \end{pmatrix} \rightarrow \begin{pmatrix} 1 & 1 & 4 & -1 & 1 \\ 0 & 0 & 2 & 2 & -1 \\ 0 & 0 & 6 & 6 & -3 \end{pmatrix}$$

$$\rightarrow \begin{pmatrix} 1 & 1 & 4 & -1 & 1 \\ 0 & 0 & 2 & 2 & -1 \\ 0 & 0 & 0 & 0 & 0 \end{pmatrix} \rightarrow \begin{pmatrix} 1 & 1 & 4 & -1 & 1 \\ 0 & 0 & 1 & 1 & -\dfrac{1}{2} \\ 0 & 0 & 0 & 0 & 0 \end{pmatrix}$$

$$\rightarrow \begin{pmatrix} 1 & 1 & 0 & -5 & 3 \\ 0 & 0 & 1 & 1 & -\dfrac{1}{2} \\ 0 & 0 & 0 & 0 & 0 \end{pmatrix}.$$

所以,原方程组的同解方程组为 $\begin{cases} x_1+x_2-5x_4=3, \\ x_3+x_4=-\dfrac{1}{2}. \end{cases}$

将含未知量 x_2,x_4 的项移到等式右边,得

$$\begin{cases} x_1=-x_2+5x_4+3, \\ x_3=-x_4-\dfrac{1}{2}. \end{cases} \tag{3}$$

其中 x_2,x_4 可以取任意实数.

显然,只要未知量 x_2,x_4 分别任意取定一个值,如 $x_2=1,x_4=0$ 代入表达式(3)中均可以得到一组相应的值:$x_1=2,x_3=-0.5$,从而得到方程组(2)的一个解

$$\begin{cases} x_1=2, \\ x_2=1, \\ x_3=-0.5, \\ x_4=0. \end{cases}$$

由于未知量 x_2,x_4 的取值是任意实数,故方程组(2)的解有无穷多个.由此可知,表达式(3)表示了方程组(2)的所有解.表达式(3)中等号右端的未知量 x_2,x_4 称为自由未知量,用自由未知量表示其他未知量的表达式(3)称为方程组(2)的通解,当表达式(3)中的未知量 x_2,x_4 取定一组解(如 $x_2=1,x_4=0$)得到方程组(2)的一个解(如 $x_1=2, x_2=1,x_3=-0.5,x_4=0$),称之为方程组(2)的特解.

如果将表达式(3)中的自由未知量 x_2,x_4 取任意实数 C_1,C_2,得方程组(2)的通解为

$$\begin{cases} x_1 = -C_1 + 5C_2 + 3, \\ x_2 = C_1, \\ x_3 = -C_2 - \dfrac{1}{2}, \\ x_4 = C_2. \end{cases}$$

三、线性方程组有解的条件

我们知道线性方程组的增广矩阵都可以化为如下形式的阶梯形矩阵

$$P = \begin{pmatrix} 1 & 0 & \cdots & 0 & p_{1,r+1} & \cdots & p_{1n} & d_1 \\ 0 & 1 & \cdots & 0 & p_{2,r+1} & \cdots & p_{2n} & d_2 \\ \vdots & \vdots & & \vdots & \vdots & & \vdots & \vdots \\ 0 & 0 & \cdots & 1 & p_{r,r+1} & \cdots & p_{rn} & d_r \\ 0 & 0 & \cdots & 0 & 0 & \cdots & 0 & d_{r+1} \\ \vdots & \vdots & & \vdots & \vdots & & \vdots & \vdots \\ 0 & 0 & \cdots & 0 & 0 & \cdots & 0 & 0 \end{pmatrix}.$$

方程组化为如下同解方程组：

$$\begin{cases} x_1 + p_{1,r+1} x_{r+1} + \cdots + p_{1n} x_n = d_1, \\ x_2 + p_{2,r+2} x_{r+1} + \cdots + p_{2n} x_n = d_2, \\ \vdots \qquad\qquad \vdots \qquad\qquad \vdots \\ x_r + p_{r,r+1} x_{r+1} + \cdots + p_{rn} x_n = d_r, \\ 0 = d_{r+1}. \end{cases}$$

容易得到如下定理：

定理 1 线性方程组(1)有解的充分必要条件是方程组的系数矩阵 A 与增广矩阵 $\tilde{A}$ 的秩相等，即 $r(A) = r(\tilde{A})$.

定理 2 若线性方程组(1)有解，即 $r(A) = r(\tilde{A}) = r$，则

(1) 若 $r = n$，方程组有唯一解；

(2) 若 $r < n$，方程组有无穷多个解.

推论 对于齐次线性方程组

(1) 若 $r(A) = n$，则方程组有唯一的零解；

(2) 若 $r(A) = r < n$，则方程组有无穷多个解.

【例 3】 当 λ 取何值时，非齐次线性方程组 $\begin{cases} -2x_1 + x_2 + x_3 = -2, \\ x_1 - 2x_2 + x_3 = \lambda, \\ x_1 + x_2 - 2x_3 = \lambda^2 \end{cases}$ 有解？并求出它的解.

解 $\tilde{A} = \begin{pmatrix} -2 & 1 & 1 & -2 \\ 1 & -2 & 1 & \lambda \\ 1 & 1 & -2 & \lambda^2 \end{pmatrix} \xrightarrow{\frac{1}{2} r_1} \begin{pmatrix} -1 & \dfrac{1}{2} & \dfrac{1}{2} & -1 \\ 1 & -2 & 1 & \lambda \\ 1 & 1 & -2 & \lambda^2 \end{pmatrix}$

$$\xrightarrow[r_1+r_3]{r_1+r_2}\begin{pmatrix} -1 & \frac{1}{2} & \frac{1}{2} & -1 \\ 0 & -\frac{3}{2} & \frac{3}{2} & \lambda-1 \\ 0 & \frac{3}{2} & -\frac{3}{2} & \lambda^2-1 \end{pmatrix}\xrightarrow{r_2+r_3}\begin{pmatrix} -1 & \frac{1}{2} & \frac{1}{2} & -1 \\ 0 & -\frac{3}{2} & \frac{3}{2} & \lambda-1 \\ 0 & 0 & 0 & (\lambda-1)(\lambda+2) \end{pmatrix}.$$

当 $\lambda=1$ 或 $\lambda=-2$ 时，$r(A)=r(\widetilde{A})=2<3$，方程组有解且有无穷多个解.

(1) 当 $\lambda=1$ 时，$\begin{pmatrix} -1 & \frac{1}{2} & \frac{1}{2} & -1 \\ 0 & -\frac{3}{2} & \frac{3}{2} & 0 \\ 0 & 0 & 0 & 0 \end{pmatrix}\to\begin{pmatrix} 1 & 0 & -1 & 1 \\ 0 & 1 & -1 & 0 \\ 0 & 0 & 0 & 0 \end{pmatrix}$，对应的同解方程组为

$\begin{cases} x_1=x_3+1, \\ x_2=x_3. \end{cases}$ 设 $x_3=C$，则方程组的通解为 $x_1=C+1, x_2=C, x_3=C$（C 为任意常数）.

(2) 当 $\lambda=-2$ 时，$\begin{pmatrix} -1 & \frac{1}{2} & \frac{1}{2} & -1 \\ 0 & -\frac{3}{2} & \frac{3}{2} & -3 \\ 0 & 0 & 0 & 0 \end{pmatrix}\to\begin{pmatrix} 1 & 0 & -1 & 2 \\ 0 & 1 & -1 & 2 \\ 0 & 0 & 0 & 0 \end{pmatrix}$，对应的同解方程组为

$$\begin{cases} x_1=x_3+2, \\ x_2=x_3+2. \end{cases}$$

设 $x_3=C$，则方程组的通解为
$$x_1=C+2, x_2=C+2, x_3=C\ (C\text{ 为任意常数}).$$

【例 4】 假设你是一个建筑师，某小区要建设一栋 16 层公寓，现在有一个模块构造计划方案需要你来设计，根据基本建筑面积每个楼层可以有三种设置户型的方案，如下表所示．如果要设计出含有 136 套一居室，74 套两居室，66 套三居室，是否可行？设计方案是否唯一？

方案	一居室(套)	两居室(套)	三居室(套)
A	8	7	3
B	8	4	4
C	9	3	5

解 设公寓的每层采用同一种方案，有 x_1 层采用方案 A，有 x_2 层采用方案 B，有 x_3 层采用方案 C，根据题意，可得 $\begin{cases} x_1+x_2+x_3=16, \\ 8x_1+8x_2+9x_3=136, \\ 7x_1+4x_2+3x_3=74, \\ 3x_1+4x_2+5x_3=66. \end{cases}$

$$\widetilde{A}=\begin{pmatrix}1 & 1 & 1 & 16\\ 8 & 8 & 9 & 136\\ 7 & 4 & 3 & 74\\ 3 & 4 & 5 & 66\end{pmatrix}\to\begin{pmatrix}1 & 0 & 0 & 6\\ 0 & 1 & 0 & 2\\ 0 & 0 & 1 & 8\\ 0 & 0 & 0 & 0\end{pmatrix}, r(A)=r(\widetilde{A})=3,$$方程有唯一解. 矩阵对应的

方程组为 $\begin{cases} x_1=6,\\ x_2=2,\\ x_3=8. \end{cases}$

所以,设计方案可行且唯一,设计方案为:6 层采用方案 A,2 层采用方案 B,8 层采用方案 C.

习题 8.2

1. 求解下列非齐次线性方程组:

(1) $\begin{cases} 4x_1+2x_2-x_3=2,\\ 3x_1-x_2+2x_3=10,\\ 11x_1+3x_2=8; \end{cases}$ (2) $\begin{cases} 2x+3y+z=4,\\ x-2y+4z=-5,\\ 3x+8y-2z=13,\\ 4x-y+9z=-6. \end{cases}$

2. 问 λ 取何值时,非齐次线性方程组 $\begin{cases} \lambda x_1+x_2+x_3=1,\\ x_1+\lambda x_2+x_3=\lambda,\\ x_1+x_2+\lambda x_3=\lambda^2. \end{cases}$

(1) 有唯一解;(2) 无解;(3) 有无穷个解?

第三节 向量组的线性相关性

向量组的线性相关性在线性代数中起到贯穿始终的作用. 线性相关性这个概念在许多数学专业课程中都有体现,如微分几何、高等代数和偏微分方程等. 它是线性代数理论的基本概念. 因此,掌握线性相关性这个概念有着非常重要的意义,也是解决方程组基础解系的重要理论依据.

一、向量组线性相关性的相关定义及性质

定义 1 定义在 P 上的线性空间 V,对于给定的一组向量 $x_1, x_2, \cdots, x_n$,如果存在 n 个不全为 0 的数 $\lambda_1, \lambda_2, \cdots, \lambda_n$,使得 $\lambda_1 x_1 + \lambda_2 x_2 + \cdots + \lambda_n x_n = 0$. 那么称 $x_1, x_2, \cdots, x_n$ 是线性相关的. 否则称 $x_1, x_2, \cdots, x_n$ 是线性无关的.

性质 1 若 $x_1, x_2, \cdots, x_n$ 线性相关,则其中至少有一个向量可由其余 $n-1$ 个向量线性表示.

下面我们来证明性质 1.

证明 1. 充分性. 若这 n 个向量线性相关,那么
$$\lambda_1 x_1 + \lambda_2 x_2 + \cdots + \lambda_n x_n = 0,$$
其中,λ_i 不全为 0,不妨设 $\lambda_i \neq 0$,那么可解得

$$x_i = -\frac{\lambda_1}{\lambda_i}x_1 - \cdots - \frac{\lambda_n}{\lambda_i}x_n.$$

所以,该结论是成立的.

2.必要性.如果其中一个向量可由其余向量线性表示,那么这 n 个向量是线性相关的.这是因为,如果设

$$x_i = k_1 x_1 + k_2 x_2 + \cdots + k_{i-1} x_{i-1} + k_{i+1} x_{i+1} + \cdots + k_n x_n,$$

那么,移项得

$$k_1 x_1 + k_2 x_2 + \cdots + k_{i-1} x_{i-1} + k_{i+1} x_{i+1} + \cdots + k_n x_n + (-x_i) = 0.$$

显然,x_i 的系数为 -1,那么由线性相关的定义知,这 n 个向量是线性相关的.

性质 2 含有零向量的向量组必是线性相关的.

性质 3 单个向量线性相关的充要条件是这个向量是零向量.

性质 4 若向量组 $\alpha_1,\alpha_2,\cdots,\alpha_n$ 线性无关,$\alpha_1,\alpha_2,\cdots,\alpha_n,\beta$ 线性相关,那么 β 可由 $\alpha_1,\alpha_2,\cdots,\alpha_n$ 线性表示.

性质 5 如果向量组 $\beta_1,\beta_2,\cdots,\beta_n$ 的部分组

$$\beta_{k_1},\beta_{k_2},\cdots,\beta_{k_m}(k_j \in \{1,2,\cdots,n\})$$

线性相关,那么 $\beta_1,\beta_2,\cdots,\beta_n$ 也一定是线性相关的.即部分组线性相关,则整体线性相关.

向量组的线性相关与线性无关的概念也可应用于线性方程组.当方程组中有某个方程是其余方程的线性组合时,这个方程就是多余的,那么称方程组是线性相关的.反之,它们是线性无关的.

二、向量组线性相关性的判定方法

(一)定义法

定义法是判定向量组的线性相关性最基本的方法.对给定的 n 个向量 $x_1,x_2,\cdots,x_n$,只需令 $\lambda_1 x_1 + \lambda_2 x_2 + \cdots + \lambda_n x_n = 0$.

根据题中的条件去求 $\lambda_1,\lambda_2,\cdots,\lambda_n$ 即可.

当 $\lambda_1,\lambda_2,\cdots,\lambda_n$ 不全为 0 时,$x_1,x_2,\cdots,x_n$ 是线性相关的.当 $\lambda_1,\lambda_2,\cdots,\lambda_n$ 全为 0 时,$x_1,x_2,\cdots,x_n$ 是线性无关的.

【例 1】 设 $\alpha_1,\alpha_2,\alpha_3$ 线性无关,证明 $\alpha_1+\alpha_2,\alpha_2+\alpha_3,\alpha_3+\alpha_1$ 也线性无关.

证明 设 $k_1(\alpha_1+\alpha_2)+k_2(\alpha_2+\alpha_3)+k_3(\alpha_3+\alpha_1)=0$.

整理得 $(k_1+k_3)\alpha_1+(k_1+k_2)\alpha_2+(k_2+k_3)\alpha_3=0$.

由于 $\alpha_1,\alpha_2,\alpha_3$ 线性无关,得 $\begin{cases} k_1+k_3=0, \\ k_1+k_2=0, \\ k_2+k_3=0, \end{cases}$ 解得 $\begin{cases} k_1=0, \\ k_2=0, \\ k_3=0. \end{cases}$ 所以,$\alpha_1+\alpha_2,\alpha_2+\alpha_3,\alpha_3+\alpha_1$ 也线性无关.

(二)用向量组线性相关性的性质进行判定

利用向量组的线性相关性的性质也可以判定很多题目.

【例 2】 判断 $\alpha_1 = \begin{pmatrix} 1 \\ 0 \\ 0 \end{pmatrix}, \alpha_2 = \begin{pmatrix} 0 \\ 2 \\ 0 \end{pmatrix}, \alpha_3 = \begin{pmatrix} 1 \\ 1 \\ 0 \end{pmatrix}$ 的相关性.

证明　$\alpha_3 = \alpha_1 + \dfrac{1}{2}\alpha_2$,那么由性质 1 知,$\alpha_1,\alpha_2,\alpha_3$ 是线性相关的.

这种判定方法适用于具体的题目,一般不用于理论分析.

定理 2　n 维向量空间中任意 $n+1$ 个向量是线性相关的.

从上面的例题可以看出,运用线性相关性的性质判断相关性是比较方便的,因此熟练地掌握线性相关性的性质显得尤其重要.

(三) 利用齐次线性方程组的解进行判定

在应用定义法解一个齐次线性方程组时,需由该方程组的解去判定这个向量组的相关性.

一般地,要判断一个向量组 $\alpha_i = (a_{i1}, a_{i2}, \cdots, a_{in})$ 是否线性相关,就是看方程
$$x_1\alpha_1 + x_2\alpha_2 + \cdots + x_n\alpha_n = 0 \tag{1}$$
有无非零解. 从这里可以看出,如果向量组线性无关,那么在每一个向量上添加一个分量得到的 $n+1$ 维的向量组 $\beta_i = (a_{i1}, a_{i2}, \cdots, a_{in}, a_{in+1})$ 也是线性无关的.

把(1) 写出来就是
$$\begin{cases} x_1 a_{11} + x_2 a_{12} + \cdots + x_n a_{1n} = 0, \\ x_1 a_{21} + x_2 a_{22} + \cdots + x_n a_{2n} = 0, \\ \vdots \qquad \vdots \qquad \vdots \\ x_1 a_{n1} + x_2 a_{n2} + \cdots + x_n a_{nn} = 0. \end{cases} \tag{2}$$

因此,(1) 线性相关的充要条件是(2) 有非零解.

因此,具体判断一个向量组是线性相关还是线性无关的问题可以归结为解方程组的问题.

【例 3】　设 $x_1 = (-1, 1, 1), x_2 = (-2, 1, 2), x_3 = (-1, 2, -1)$,试判断它们是否线性相关.

解　令 $k_1 x_1 + k_2 x_2 + k_3 x_3 = 0$.

即 $\begin{cases} -k_1 - 2k_2 - k_3 = 0, \\ k_1 + k_2 + 2k_3 = 0, \\ k_1 + 2k_2 - k_3 = 0, \end{cases}$ 解得 $\begin{cases} k_1 = 0, \\ k_2 = 0, \\ k_3 = 0. \end{cases}$ 故 x_1, x_2, x_3 是线性无关的.

(四) 利用矩阵的秩判定向量组的线性相关性

定理 3　设向量组 $\alpha_1, \alpha_2, \cdots, \alpha_m$ 是由 m 个 n 维列向量所组成的向量组,则向量组 $\alpha_1, \alpha_2, \cdots, \alpha_m$ 的线性相关性可由该向量组所构成的矩阵 $A = (\alpha_1, \alpha_2, \cdots, \alpha_m)$ 的秩来决定.

(1) 若 $R(A) = m$,则 $\alpha_1, \alpha_2, \cdots, \alpha_m$ 是无关的;

(2) 若 $R(A) < m$,那么 $\alpha_1, \alpha_2, \cdots, \alpha_m$ 就是相关的.

对矩阵 A^T 进行初等行变换化为阶梯型矩阵 B 的过程,实质上是对 $\alpha_1, \alpha_2, \cdots, \alpha_m$ 进行行向量的线性运算. 如果 B 中出现零行,那么 $\alpha_1, \alpha_2, \cdots, \alpha_m$ 中一定有某个向量能被其余的 $m-1$ 个向量线性表示,即 $\alpha_1, \alpha_2, \cdots, \alpha_m$ 线性相关. 相反地,若 B 中无零行,那么可知 $\alpha_1,$

$\alpha_2, \cdots, \alpha_m$ 是线性无关的.

【例 4】 判断向量组 $\beta_1 = (1,3,-4,6,2), \beta_2 = (2,4,-5,3,2), \beta_3 = (4,6,-7,8,3)$ 的相关性.

解 将 $\beta_1, \beta_2, \beta_3$ 以行排成矩阵,且经过一系列行初等变换,即

$$A = \begin{pmatrix} \beta_1 \\ \beta_2 \\ \beta_3 \end{pmatrix} = \begin{pmatrix} 1 & 3 & -4 & 6 & 2 \\ 2 & 4 & -5 & 3 & 2 \\ 4 & 6 & -7 & 8 & 3 \end{pmatrix} \to \begin{pmatrix} 1 & 3 & -4 & 6 & 2 \\ 0 & -2 & 2 & -9 & -2 \\ 0 & 0 & 3 & 11 & 1 \end{pmatrix}.$$

由于矩阵 A 化为阶梯型之后没有出现零行,所以它们线性无关. 另一方面,矩阵 A 化为阶梯型之后很容易发现它的秩为 3,等于向量的个数. 根据定理 3,这三个向量线性无关.

本方法把对向量组相关性的判别方法转化为矩阵的初等行变换,简单易懂.

(五)利用行列式的值来判定向量组的线性相关性

定理 4 如果向量组 $\alpha_1, \alpha_2, \cdots, \alpha_n$ 是由 n 个 n 维列向量所组成的向量组,向量组所构成的矩阵 $A = (\alpha_1, \alpha_2, \cdots, \alpha_n)$,那么

(1) 若 $|A| = 0$,则向量组 $\alpha_1, \alpha_2, \cdots, \alpha_n$ 是线性相关的;

(2) 若 $|A| \neq 0$,则向量组 $\alpha_1, \alpha_2, \cdots, \alpha_n$ 是线性无关的.

【例 5】 已知 $\alpha_1 = \begin{pmatrix} 1 \\ 1 \\ 1 \end{pmatrix}, \alpha_2 = \begin{pmatrix} 2 \\ 3 \\ 4 \end{pmatrix}, \alpha_3 = \begin{pmatrix} 1 \\ 4 \\ 2 \end{pmatrix}$,试讨论它们的线性相关性.

证明 由于 $|A| = |\alpha_1, \alpha_2, \alpha_3| = \begin{vmatrix} 1 & 2 & 1 \\ 1 & 3 & 4 \\ 1 & 4 & 2 \end{vmatrix} = \begin{vmatrix} 1 & 2 & 1 \\ 0 & 1 & 3 \\ 0 & 2 & 1 \end{vmatrix} = \begin{vmatrix} 1 & 2 & 1 \\ 0 & 1 & 3 \\ 0 & 0 & -5 \end{vmatrix} = -5$,

所以 $\alpha_1, \alpha_2, \alpha_3$ 线性无关.

行列式的值的判定性质实质上是根据克莱姆法则判定以向量组作为系数向量的齐次线性方程组是否有非零解,然后再对向量组的线性相关性作出判定. 但是,该方法的局限性在于只有符合向量组的个数和单个向量的分量个数相等的条件时才用此法.

习题 8.3

1. 判别下列向量组的线性相关性:

(1) $(1,1,0), (0,1,1), (3,0,0)$;

(2) $(2,-1,7,3), (1,4,11,-2), (3,-6,3,8)$;

(3) $(1,0,0,2), (2,1,0,3), (3,0,1,5)$.

2. 将 b 表示为 a_1, a_2, a_3 的线性组合.

(1) $a_1 = (1,1,-1)^T, a_2 = (1,2,1)^T, a_3 = (0,0,1)^T, b = (1,0,-2)^T$;

(2) $a_1 = (1,2,3)^T, a_2 = (1,0,4)^T, a_3 = (1,3,1)^T, b = (3,1,11)^T$.

第四节　线性方程组解的结构

上一节我们学习了线性相关、线性无关的相关判定. 这些知识是为求解线性方程组做准备的. 当方程组 $Ax=0(Ax=b)$ 有无穷解时,可以用有限个解表示出来,这有限个解就是解集的基础解系,一个基础解系也就是一个最大线性无关向量组.

一、最大无关向量组

定义 1　设有向量组 $A: \alpha_1, \alpha_2, \cdots, \alpha_r, \cdots, \alpha_m$,满足

(1) 有 r 个向量线性无关,不妨设向量组 $T: \alpha_1, \alpha_2, \cdots, \alpha_r$ 线性无关;

(2) 向量组 A 中任意 $r+1$ 个向量(若有的话)都线性相关.

称向量组 T 是向量组 A 的一个最大线性无关向量组(也称最大无关组或极大线性无关向量组). 最大无关组所含向量的个数 r 称为向量组的秩,记作 R 或 $R(\alpha_1, \alpha_2, \cdots, \alpha_m)$.

例: 向量组 $\binom{1}{0}, \binom{0}{1}, \binom{2}{3}$ 是线性相关的.

但 $T_1: \binom{1}{0}, \binom{0}{1}; T_2: \binom{0}{1}, \binom{2}{3}; T_3: \binom{1}{0}, \binom{2}{3}$ 都是线性无关,都是最大无关组.

定义 1 有等价的描述形式如下:

定义 1′　设有向量组 $A: \alpha_1, \alpha_2, \cdots, \alpha_r, \cdots, \alpha_m$,满足

(1) 有 r 个向量线性无关,不妨设向量组 $T: \alpha_1, \alpha_2, \cdots, \alpha_r$ 线性无关;

(2) 向量组 A 中任一向量都能由向量组 T 线性表示;

称向量组 T 是向量组 A 的一个最大线性无关向量组.

证明　由定义 1 证明定义 1′.

在向量组(1)中任取一个向量 α,若 α 在 $\alpha_1, \alpha_2, \cdots, \alpha_r$ 中,则 α 可由所在的向量组线性表示,如 $\alpha_r = 0\alpha_1 + \cdots + 0\alpha_{r-1} + 1\alpha_r$. 若 α 不在 $\alpha_1, \alpha_2, \cdots, \alpha_r$ 中,由 $\alpha_1, \alpha_2, \cdots, \alpha_r$ 的线性无关性及向量组 A 中任意 $r+1$ 都线性相关性知, α 可由 $\alpha_1, \alpha_2, \cdots, \alpha_r$ 线性表示.

注意:

(1) 向量组最大无关组一般不唯一;

(2) 最大无关组中所含向量个数相同,即向量组的秩唯一;

(3) 若向量组线性无关,它的最大无关组是唯一的,就是它本身.

二、齐次线性方程组解的结构

对齐次线性方程组

$$\begin{cases} a_{11}x_1 + a_{12}x_2 + \cdots + a_{1n}x_n = 0 \\ a_{21}x_1 + a_{22}x_2 + \cdots + a_{2n}x_n = 0 \\ \vdots \quad\quad \vdots \quad\quad\quad\quad \vdots \\ a_{m1}x_1 + a_{m2}x_2 + \cdots + a_{mn}x_n = 0 \end{cases}, \tag{1}$$

系数矩阵 $A=\begin{pmatrix} a_{11} & a_{12} & \cdots & a_{1n} \\ a_{21} & a_{22} & \cdots & a_{2n} \\ \vdots & \vdots & & \vdots \\ a_{m1} & a_{m2} & \cdots & a_{mn} \end{pmatrix}$, $X=\begin{pmatrix} x_1 \\ x_2 \\ \vdots \\ x_n \end{pmatrix}$.

则方程组(1)的矩阵方程为：
$$AX=0. \tag{2}$$

我们也称方程(2)的解 $X=\begin{pmatrix} x_1 \\ x_2 \\ \vdots \\ x_n \end{pmatrix}$ 为方程组(1)的解向量.

齐次线性方程组(1)的解具有下列性质：

定理 1 如果 X_1,X_2 是齐次线性方程组(1)的两个解, C_1,C_2 为任意常数, 则 $X=C_1X_1+C_2X_2$ 也是它的解.

证明 因为 X_1,X_2 是齐次线性方程组(1)的两个解, 因此有 $AX_1=0$, $AX_2=0$,
得 $A(C_1X_1+C_2X_2)=C_1AX_1+C_2AX_2=C_1 0+C_2 0=0$,
所以, $C_1X_1+C_2X_2$ 也是齐次线性方程组(1)的解.

由定理 1 可推得下面结论成立：

如果 $X_1,X_2,\cdots,X_s$ 都是齐次线性方程组(1)的解, $C_1,C_2,\cdots,C_s$ 是任意常数, 则 $X=C_1X_1+C_2X_2+\cdots+C_sX_s$ 也是它的解.

当一个齐次线性方程组有无穷多个解时，每一个解就是一个 n 维解向量，这无穷多个解向量构成了一个向量组(称为解向量组), 记作 S. 此时, 如果能找到 S 的一个最大线性无关组, 我们就得到了齐次线性方程组的全部解. 这是因为齐次线性方程组(1)的每一个解都可以用其线性表示.

定义 2 如果 $\xi_1,\xi_2,\cdots,\xi_s$ 是齐次线性方程组(1)的解空间 S 的一个最大线性无关组, 则称 $\xi_1,\xi_2,\cdots,\xi_s$ 是齐次线性方程组(1)的一个基础解系.

显然，齐次线性方程组的基础解系不唯一.

定理 2 如果齐次线性方程组(1)的系数矩阵 A 的秩 $R(A)=r<n$, 则齐次线性方程组的基础解系一定存在, 且每个基础解系中恰恰含有 $n-r$ 个解.

证明 因为 $R(A)=r<n$, 所以齐次线性方程组有无穷多个解, 同解方程可表示为：
$$\begin{cases} x_1=-K_{1r+1}x_{r+1}-K_{1r+2}x_{r+2}-\cdots-K_{1n}x_n, \\ x_2=-K_{2r+1}x_{r+1}-K_{2r+2}x_{r+2}-\cdots-K_{2n}x_n, \\ \cdots\cdots \\ x_r=-K_{rr+1}x_{r+1}-K_{rr+2}x_{r+2}-\cdots-K_{rn}x_n, \end{cases} \tag{3}$$

其中, $x_{r+1},x_{r+2},\cdots,x_n$ 为自由未知量. 对 $n-r$ 个自由未知量分别取

$$\begin{pmatrix} 1 \\ 0 \\ \vdots \\ 0 \end{pmatrix}, \begin{pmatrix} 0 \\ 1 \\ \vdots \\ 0 \end{pmatrix}, \cdots, \begin{pmatrix} 0 \\ 0 \\ \vdots \\ 1 \end{pmatrix}.$$

代入(3)可得齐次线性方程组的 $n-r$ 个解：

$$\xi_1=\begin{pmatrix}-K_{1r+1}\\-K_{2r+1}\\\vdots\\-K_{rr+1}\\1\\0\\\vdots\\0\end{pmatrix},\xi_2=\begin{pmatrix}-K_{1r+2}\\-K_{2r+2}\\\vdots\\-K_{rr+2}\\0\\1\\\vdots\\0\end{pmatrix},\cdots,\xi_{n-r}=\begin{pmatrix}-K_{1n}\\-K_{2n}\\\vdots\\-K_{rn}\\0\\0\\\vdots\\1\end{pmatrix}. \qquad (4)$$

下面证明 $\xi_1,\xi_2,\cdots,\xi_{n-r}$ 是齐次线性方程组的一个基础解系，首先证明 $\xi_1,\xi_2,\cdots,\xi_{n-r}$ 线性无关。因为向量组 $\begin{pmatrix}1\\0\\\vdots\\0\end{pmatrix},\begin{pmatrix}0\\1\\\vdots\\0\end{pmatrix},\cdots,\begin{pmatrix}0\\0\\\vdots\\1\end{pmatrix}$ 线性无关，易知 $\xi_1,\xi_2,\cdots,\xi_{n-r}$ 线性无关。

再证齐次线性方程组的任意一个解 $X=\begin{pmatrix}d_1\\d_2\\\vdots\\d_n\end{pmatrix}$ 都可由 $\alpha_1,\alpha_2,\cdots,\alpha_{n-r}$ 线性表示。

因为 $X=\begin{pmatrix}d_1\\d_2\\\vdots\\d_n\end{pmatrix}$ 是齐次线性方程组的解，所以满足(3)式：

$$\begin{cases}d_1=-K_{1r+1}d_{r+1}-K_{1r+2}d_{r+2}-\cdots-K_{1n}d_n,\\d_2=-K_{2r+1}d_{r+1}-K_{2r+2}d_{r+2}-\cdots-K_{2n}d_n,\\\cdots\cdots\\d_r=-K_{rr+1}d_{r+1}-K_{rr+2}d_{r+2}-\cdots-K_{rn}d_n.\end{cases}$$

从而，

$$X=\begin{pmatrix}-K_{1r+1}d_{r+1}-K_{1r+2}d_{r+2}-\cdots-K_{1n}d_n\\-K_{2r+1}d_{r+1}-K_{2r+2}d_{r+2}-\cdots-K_{2n}d_n\\\cdots\cdots\\-K_{rr+1}d_{r+1}-K_{rr+2}d_{r+2}-\cdots-K_{rn}d_n\\d_{r+1}\\d_{r+2}\\\ddots\\d_n\end{pmatrix}$$

$$=d_{r+1}\begin{pmatrix}-K_{1r+1}\\-K_{2r+1}\\\vdots\\-K_{rr+1}\\1\\0\\\vdots\\0\end{pmatrix}+d_{r+2}\begin{pmatrix}-K_{1r+2}\\-K_{2r+2}\\\vdots\\-K_{rr+2}\\0\\1\\\vdots\\0\end{pmatrix}+\cdots+d_n\begin{pmatrix}-K_{1n}\\-K_{2n}\\\vdots\\-K_{rn}\\0\\0\\\vdots\\1\end{pmatrix}=d_{r+1}\xi_1+d_{r+2}\xi_2+\cdots+d_n\xi_{n-r}.$$

即 X 是 $\xi_1,\xi_2,\cdots,\xi_{n-r}$ 的线性组合,所以 $\xi_1,\xi_2,\cdots,\xi_{n-r}$ 是齐次线性方程组的一个基础解系.

【例 1】 解线性方程组 $\begin{cases}x_1+x_2+x_3+x_4+x_5=0,\\3x_1+2x_2+x_3+x_4-3x_5=0,\\x_2+2x_3+2x_4+6x_5=0,\\5x_1+4x_2+3x_3+3x_4-x_5=0.\end{cases}$

解 将系数矩阵 A 化为简化阶梯形矩阵:

$$A=\begin{pmatrix}1&1&1&1&1\\3&2&1&1&-3\\0&1&2&2&6\\5&4&3&3&-1\end{pmatrix}\xrightarrow[r_1\times(-5)+r_4]{r_1\times(-3)+r_2}\begin{pmatrix}1&1&1&1&1\\0&-1&-2&-2&-6\\0&1&2&2&6\\0&-1&-2&-2&-6\end{pmatrix}$$

$$\xrightarrow[\substack{r_2+r_1\\r_2+r_3}]{\substack{r_2\times(-1)+r_4\\(-1)\times r_2}}\begin{pmatrix}1&0&-1&-1&-5\\0&1&2&2&6\\0&0&0&0&0\\0&0&0&0&0\end{pmatrix}.$$

可得 $r(A)=2<n$,则方程组有无穷多个解,其同解方程组为

$\begin{cases}x_1=x_3+x_4+5x_5,\\x_2=-2x_3-2x_4-6x_5.\end{cases}$ (其中 x_3,x_4,x_5 为自由未知量)

令 $x_3=1,x_4=0,x_5=0$,得 $x_1=1,x_2=-2$;令 $x_3=0,x_4=1,x_5=0$,得 $x_1=1,x_2=-2$;令 $x_3=0,x_4=0,x_5=1$,得 $x_1=5,x_2=-6$,于是得到原方程组的一个基础解系为:

$$\xi_1=\begin{pmatrix}1\\-2\\1\\0\\0\end{pmatrix},\xi_2=\begin{pmatrix}1\\-2\\0\\1\\0\end{pmatrix},\xi_3=\begin{pmatrix}5\\-6\\0\\0\\1\end{pmatrix}.$$

所以,原方程组的通解为

$$X=k_1\xi_1+k_2\xi_2+k_3\xi_3(k_1,k_2,k_3\in\mathbf{R}).$$

本例题在求基础解系的时候可以直接使用(4)式.

【例 2】 求齐次线性方程组 $\begin{cases}2x_1-4x_2+5x_3+3x_4=0,\\3x_1-6x_2+4x_3+2x_4=0,\\4x_1-8x_2+17x_3+11x_4=0\end{cases}$ 的一个基础解系,并用此基

础解系表示它的全部解.

解 先将方程组的系数矩阵化为行最简形

$$A = \begin{pmatrix} 2 & -4 & 5 & 3 \\ 3 & -6 & 4 & 2 \\ 4 & -8 & 17 & 11 \end{pmatrix} \rightarrow \begin{pmatrix} 2 & -4 & 5 & 3 \\ 1 & -2 & -1 & -1 \\ 4 & -8 & 17 & 11 \end{pmatrix} \rightarrow \begin{pmatrix} 1 & -2 & -1 & -1 \\ 2 & -4 & 5 & 3 \\ 4 & -8 & 17 & 11 \end{pmatrix}$$

$$\rightarrow \begin{pmatrix} 1 & -2 & -1 & -1 \\ 0 & 0 & 7 & 5 \\ 0 & 0 & 7 & 5 \end{pmatrix} \rightarrow \begin{pmatrix} 1 & -2 & 0 & -\frac{2}{7} \\ 0 & 0 & 1 & \frac{5}{7} \\ 0 & 0 & 0 & 0 \end{pmatrix}.$$

因为 $r(A)=2<4$,所以齐次线性方程组有无穷多解. 取自由未知量为 x_2, x_4,原方程组与方程组 $\begin{cases} x_1 = 2x_2 + \frac{2}{7}x_4, \\ x_3 = -\frac{5}{7}x_4 \end{cases}$ 同解.

对自由未知量分别取 $\begin{bmatrix} x_2 \\ x_4 \end{bmatrix} = \begin{pmatrix} 1 \\ 0 \end{pmatrix}, \begin{pmatrix} 0 \\ 1 \end{pmatrix}$,代入上式得到齐次线性方程组的一个基础解系

$$\boldsymbol{\xi}_1 = \begin{pmatrix} 2 \\ 1 \\ 0 \\ 0 \end{pmatrix}, \boldsymbol{\xi}_2 = \begin{pmatrix} \frac{2}{7} \\ 0 \\ -\frac{5}{7} \\ 1 \end{pmatrix}.$$

则齐次线性方程组的全部解为

$$X = C_1 \boldsymbol{\xi}_1 + C_2 \boldsymbol{\xi}_2 \ (C_1, C_2 \in \mathbf{R}).$$

注意:也可令 $\begin{bmatrix} x_2 \\ x_4 \end{bmatrix} = \begin{pmatrix} 1 \\ 0 \end{pmatrix}, \begin{pmatrix} 0 \\ 7 \end{pmatrix}$,则得到基础解系:

$$\boldsymbol{\eta}_1 = \begin{pmatrix} 2 \\ 1 \\ 0 \\ 0 \end{pmatrix}, \boldsymbol{\eta}_2 = \begin{pmatrix} 2 \\ 0 \\ -5 \\ 7 \end{pmatrix}.$$

齐次线性方程组的全部解为:

$$X = C_1 \boldsymbol{\eta}_1 + C_2 \boldsymbol{\eta}_2 \ (C_1, C_2 \in \mathbf{R}).$$

【例3】 求齐次线性方程组 $\begin{cases} x_1 + x_2 + 2x_3 - x_4 = 0, \\ 2x_1 + x_2 + x_3 - x_4 = 0, \\ 2x_1 + 2x_2 + x_3 + 2x_4 = 0 \end{cases}$ 的一个基础解系.

解 $A = \begin{pmatrix} 1 & 1 & 2 & -1 \\ 2 & 1 & 1 & -1 \\ 2 & 2 & 1 & 2 \end{pmatrix} \rightarrow \begin{pmatrix} 1 & 1 & 2 & -1 \\ 0 & -1 & -3 & 1 \\ 0 & 0 & -3 & 4 \end{pmatrix} \rightarrow \begin{pmatrix} 1 & 0 & 0 & -\frac{4}{3} \\ 0 & 1 & 0 & 3 \\ 0 & 0 & 1 & -\frac{4}{3} \end{pmatrix}$

因为 $r(A)=3<4$,所以齐次线性方程组有无穷多个解.取自由未知量为 x_4,原方程组与方程组 $\begin{cases} x_1 = \frac{4}{3}x_4, \\ x_2 = -3x_4, \\ x_3 = \frac{4}{3}x_4 \end{cases}$ 同解.

取自由未知量 $x_4=1$ 代入上式,得齐次线性方程组的一个基础解系为：

$$\xi = \begin{pmatrix} \frac{4}{3} \\ -3 \\ \frac{4}{3} \\ 1 \end{pmatrix}.$$

齐次线性方程组的全部解为 $X=C\xi(C\in \mathbf{R})$.

三、非齐次线性方程组解的结构

对非齐次线性方程组

$$\begin{cases} a_{11}x_1 + a_{12}x_2 + \cdots + a_{1n}x_n = b_1, \\ a_{21}x_1 + a_{22}x_2 + \cdots + a_{2n}x_n = b_2, \\ \cdots \cdots \\ a_{m1}x_1 + a_{m2}x_2 + \cdots + a_{mn}x_n = b_m, \end{cases} \tag{5}$$

它也可写作向量方程

$$AX=b. \tag{6}$$

下面讨论非齐次线性方程组的解和它的导出组解之间的关系.

定理 3 （1）如果 η 是非齐次线性方程组 $AX=b$ 的解,α 是其导出组 $AX=0$ 的一个解,则 $\alpha+\eta$ 是非齐次线性方程组 $AX=b$ 的解.

（2）如果 η_1,η_2 是非齐次线性方程组 $AX=b$ 的两个解,则 $\eta_1-\eta_2$ 是其导出组 $AX=0$ 的解.

证明 （1）由已知得 $A\eta=b,A\alpha=0$,所以有：
$$A(\alpha+\eta)=A\alpha+A\eta=0+b=b,$$
即 $\alpha+\eta$ 是非齐次线性方程组 $Ax=b$ 的解.

（2）由 $A\eta_1=b,A\eta_2=b$ 得：
$$A(\eta_1-\eta_2)=A\eta_1-A\eta_2=b-b=0,$$
即 $\eta_1-\eta_2$ 是其导出组 $AX=0$ 的解.

定理 4 如果 η_0 是非齐次线性方程组的一个特解, α 是其导出组的全部解, 则 $\eta_0+\alpha$ 是非齐次线性方程组的全部解.

由此可知, 如果非齐次线性方程组有无穷多个解, 则其导出组一定有非零解, 且非齐次线性方程组的全部解(通解)可表示为:
$$X=\eta_0+C_1\xi_1+C_2\xi_2+\cdots+C_{n-r}\xi_{n-r}, (C_1,C_2,\cdots C_{n-r}\in R)$$
其中, η_0 是非齐次线性方程组的一个特解, $\xi_1,\xi_2,\cdots,\xi_{n-r}$ 是导出组的一个基础解系.

【例 4】 求非齐次线性方程组 $\begin{cases} 2x_1+x_2-x_3+x_4=1, \\ 4x_1+2x_2-2x_3+x_4=2, \\ 2x_1+x_2-x_3-x_4=1 \end{cases}$ 的通解, 并用其导出组的基础解系表示其全部解.

解 先将方程组的增广矩阵化为行最简形:
$$(A,b)=\begin{pmatrix} 2 & 1 & -1 & 1 & 1 \\ 4 & 2 & -2 & 1 & 2 \\ 2 & 1 & -1 & -1 & 1 \end{pmatrix} \rightarrow \begin{pmatrix} 1 & \frac{1}{2} & -\frac{1}{2} & 0 & \frac{1}{2} \\ 0 & 0 & 0 & 1 & 0 \\ 0 & 0 & 0 & 0 & 0 \end{pmatrix}.$$

因为 $r(A,b)=r(A)=2<4$, 所以非齐次线性方程组有无穷多个解. 取自由未知量为 x_2,x_3, 原方程组与方程组 $\begin{cases} x_1=-\frac{1}{2}x_2+\frac{1}{2}x_3+\frac{1}{2}, \\ x_4=0 \end{cases}$ 同解.

取自由未知量 $\begin{pmatrix} x_2 \\ x_3 \end{pmatrix}=\begin{pmatrix} 0 \\ 0 \end{pmatrix}$, 代入上式得非齐次方程组的一个特解为: $\eta_0=\begin{pmatrix} \frac{1}{2} \\ 0 \\ 0 \\ 0 \end{pmatrix}$.

再求其导出组的基础解系, 其导出组与方程组 $\begin{cases} x_1=-\frac{1}{2}x_2+\frac{1}{2}x_3, \\ x_4=0 \end{cases}$ 同解.

对自由未知量 x_2,x_3 分别取 $\begin{pmatrix} 1 \\ 0 \end{pmatrix},\begin{pmatrix} 0 \\ 1 \end{pmatrix}$, 代入上式得到其导出组的一个基础解系为:
$$\xi_1=\begin{pmatrix} -\frac{1}{2} \\ 1 \\ 0 \\ 0 \end{pmatrix}, \xi_2=\begin{pmatrix} \frac{1}{2} \\ 0 \\ 1 \\ 0 \end{pmatrix}.$$

则原方程组的全部解为
$$X=C_1\xi_1+C_2\xi_2+\eta_0 (C_1,C_2\in \mathbf{R}).$$

【例 5】 已知 η_1,η_2,η_3 是齐次线性方程组 $AX=0$ 的一个基础解系, 证明
$$\eta_1, \eta_1+\eta_2, \eta_1+\eta_2+\eta_3$$
也是齐次线性方程组 $AX=0$ 的一个基础解系.

证明 由已知, 齐次线性方程组 $AX=0$ 的基础解系含有 3 个解向量, 并且由齐次线

性方程组解的性质可知 $\eta_1, \eta_1+\eta_2, \eta_1+\eta_2+\eta_3$ 都是 $AX=0$ 的解. 因此只要证明 $\eta_1, \eta_1+\eta_2, \eta_1+\eta_2+\eta_3$ 线性无关即可.

设存在数 k_1, k_2, k_3 使
$$k_1\eta_1+k_2(\eta_1+\eta_2)+k_3(\eta_1+\eta_2+\eta_3)=0$$
成立. 整理得
$$(k_1+k_2+k_3)\eta_1+(k_2+k_3)\eta_2+k_3\eta_3=0. \tag{7}$$

已知 η_1, η_2, η_3 是齐次线性方程组 $AX=0$ 的一个基础解系,即得 η_1, η_2, η_3 线性无关,则由(7)得 $\begin{cases} k_1+k_2+k_3=0, \\ k_2+k_3=0, \\ k_3=0, \end{cases}$ 解得:$k_1=k_2=k_3=0$.

所以 $\eta_1, \eta_1+\eta_2, \eta_1+\eta_2+\eta_3$ 线性无关. 即 $\eta_1, \eta_1+\eta_2, \eta_1+\eta_2+\eta_3$ 也是齐次线性方程组 $AX=0$ 的一个基础解系.

习题 8.4

1. 求下列齐次线性方程组的一个基础解系:

(1) $\begin{cases} x_1+x_2+2x_3-x_4=0, \\ 2x_1+x_2+x_3-x_4=0, \\ 2x_1+2x_2+x_3+2x_4=0; \end{cases}$
(2) $\begin{cases} x_1+2x_2+x_3-x_4=0, \\ 3x_1+6x_2-x_3-3x_4=0, \\ 5x_1+10x_2+x_3-5x_4=0; \end{cases}$

(3) $\begin{cases} 2x_1+3x_2-x_3+5x_4=0, \\ 3x_1+x_2+2x_3-7x_4=0, \\ 4x_1+x_2-3x_3+6x_4=0, \\ x_1-2x_2+4x_3-7x_4=0. \end{cases}$

2. 求下列非齐次线性方程组的通解:

(1) $\begin{cases} 2x+y-z+w=1, \\ 4x+2y-2z+w=2, \\ 2x+y-z-w=1; \end{cases}$
(2) $\begin{cases} 2x+y-z+w=1, \\ 3x-2y+z-3w=4, \\ x+4y-3z+5w=-2. \end{cases}$

数学家简介:

雅可比

雅可比出生于一个富裕的犹太人家庭,其父亲是银行家.雅可比自幼聪明,幼年随他舅舅学习拉丁文和数学.1816 年 11 月进入波茨坦大学预科学习,1821 年春毕业.当时他的希腊语、拉丁语和历史的成绩都很优异;尤其在数学方面,他掌握的知识远远超过学校所教授的内容.他还自学了 L. 欧拉(Euler, Leonhard, 1707—1783)的《无穷小分析引论》(*Introductioin analvsin infinitorum*),并且试图解五次代数方程.

1821 年 4 月雅可比进入柏林大学,开始两年的学习生活,他对哲学、古典文学和数学都颇有兴趣.该校的校长评价说,从一开始雅可比就显示出他是一个"全才".像高斯一样,要不是数学强烈地吸引着他,他很

雅可比

可能在语言上取得很高成就.雅可比最后还是决定全力投身于数学.1824 年为柏林大学无薪教师.1825 年,他获得柏林大学理学博士学位,并留校任教.1825 年至 1826 年冬季,他主讲关于三维空间曲线和曲面的解析理论课程.年仅 21 岁的雅可比善于将自己的观点贯穿在教学之中,启发学习独立思考,是当时最吸引人的数学教师,他的成功引起普鲁士教育部的注意.

1826 年 5 月,雅可比到柯尼斯堡大学任教,在柯尼斯堡大学的 18 年间,雅可比不知疲倦地工作着,在科学研究和教学上都做出了惊人的成绩.他在数学方面最主要的成就是和挪威数学家 N.H.阿贝尔相互独立地奠定了椭圆函数论的基础,引入并研究了 θ 函数和其他一些超越函数.这些工作使法国数学家 A.—M.勒让德在这一领域的工作黯然失色.但无私的勒让德赞扬和支持他和阿贝尔的工作.他对阿贝尔函数也进行了研究,还发现了超椭圆函数.他对椭圆函数理论的透彻研究在数学界引起轰动,从而与 N.H.阿贝尔齐名.雅可比在椭圆函数理论、数学分析、数论、几何学、力学方面的主要论文都发表在克雷勒的《纯粹和应用数学》杂志上,平均每期有三篇雅可比的文章.这使得他很快获得国际声誉.当时,他同数学家贝塞尔、物理学家 F.诺伊曼三人成为德国数学复兴的核心.1827 年 12 月他被任命为副教授,1832 年 7 月晋升为教授.1837 年他被选为柏林科学院院士.还是伦敦皇家学会会员,还是彼得堡、维也纳、巴黎、马德里等科学院院士.1842 年由于健康不佳而退隐,定居柏林.1844 年起接受普鲁士国王的津贴,在柏林大学任教.1848 年革命期间,由于在一次即席演讲中得罪了王室而失去了津贴.当维也纳大学决定聘请他当教授时,普鲁士当局才意识到他的离开会造成的损失,因而恢复了他的待遇.

现代数学中许多定理、公式和函数恒等式、方程、积分、曲线、矩阵、根式、行列式以及许多数学符号都冠以雅可比的名字,可见雅可比的成就对后人影响之深.1881—1891 年,普鲁士科学院陆续出版了由 C.W.博尔夏特等人编辑的七卷《雅可比全集》和增补集,这是雅可比留给数学界的珍贵遗产.

复习题八

一、填空题

1. 当方程的个数等于未知数的个数时,$Ax=b$ 有唯一解的充分必要条件是_____.

2. 线性方程组 $\begin{cases} x_1+x_2=a_1, \\ x_2+x_3=a_2, \\ x_3+x_4=a_3, \\ x_4+x_1=a_4 \end{cases}$ 有解的充分必要条件是_____.

3. 设 n 阶方阵 A 的各行元素之和均为零,且 $R(A)=n-1$,则线性方程组 $Ax=0$ 的通解为_____.

4. 设 A 为 n 阶方阵,$|A|=0$,且 a_{kj} 的代数余子式 $A_{kj}\neq 0$(其中,$1\leqslant k\leqslant n$;$j=1,2,\cdots,n$),则 $Ax=0$ 的通解_____.

二、解答题

1. 求下列齐次线性方程组的一个基础解系:

(1) $\begin{cases} x_1+x_2+2x_3-x_4=0, \\ 2x_1+x_2+x_3-x_4=0, \\ 2x_1+2x_2+x_3+2x_4=0; \end{cases}$ (2) $\begin{cases} x_1+2x_2+x_3-x_4=0, \\ 3x_1+6x_2-x_3-3x_4=0, \\ 5x_1+10x_2+x_3-5x_4=0. \end{cases}$

2. 求解下列非齐次线性方程组：

(1) $\begin{cases} 4x_1+2x_2-x_3=2, \\ 3x_1-x_2+2x_3=10, \\ 11x_1+3x_2=8; \end{cases}$ (2) $\begin{cases} 2x+3y+z=4, \\ x-2y+4z=-5, \\ 3x+8y-2z=13, \\ 4x-y+9z=-6. \end{cases}$

3. 设 $\begin{cases} (2-\lambda)x_1+2x_2-2x_3=1, \\ 2x_1+(5-\lambda)x_2-4x_3=2, \\ -2x_1-4x_2+(5-\lambda)x_3=-\lambda-1, \end{cases}$ 问 λ 为何值时，此方程组有唯一解、无解或有无穷多解？并在有无穷多个解时求出其通解.

参 考 答 案

习题1.1

1. 解:(1) $\begin{cases} x \neq 0 \\ 1-x^2 \geq 0 \end{cases} \Rightarrow \begin{cases} x \neq 0 \\ -1 \leq x \leq 1 \end{cases} \Rightarrow x \in [-1,0) \cup (0,1]$.

(2) $-1 \leq \dfrac{x-1}{2} \leq 1 \Rightarrow -1 \leq x \leq 3$.

(3) $\begin{cases} 3-x \geq 0 \\ x \neq 0 \end{cases} \Rightarrow \begin{cases} x \leq 3 \\ x \neq 0 \end{cases} \Rightarrow x \in (-\infty, 0) \cup (0, 3)$.

2. 解:(1) $f(-x) = \tan(-x) - \sec(-x) + 1 = -\tan x - \sec x + 1$,显然既不等于 $f(x)$,也不等于 $-f(x)$,故是非奇非偶函数.

(2) $f(-x) = \dfrac{e^{-x} - e^{-(-x)}}{2} = -f(x)$,故是奇函数.

(3) $f(-x) = |-x\cos(-x)| e^{\cos(-x)} = f(x)$,故是偶函数.

(4) $f(-x) = -x(-x-2)(-x+2) = -f(x)$,故是奇函数.

3. 解:(1) 最小正周期 $T = 2\pi$.

(2) 不是周期函数.

(3) $y = \sin^2 x = \dfrac{1-\cos 2x}{2}$,则最小正周期 $T = \left|\dfrac{2\pi}{2}\right| = \pi$.

4. 解:(1) $y = \dfrac{1-x}{1+x} \Rightarrow (1+x)y = 1-x \Rightarrow x = \dfrac{1-y}{1+y} \Rightarrow y = \dfrac{1-x}{1+x}$.

(2) $y = \dfrac{2^x}{2^x+1} \Rightarrow y2^x + y = 2^x \Rightarrow 2^x = \dfrac{y}{1-y} \Rightarrow x = \log_2 \dfrac{y}{1-y} \Rightarrow y = \log_2 \dfrac{x}{1-x}$.

5. 解:$f[f(x)] = f\left(\dfrac{x}{1-x}\right) = \dfrac{\frac{x}{1-x}}{1-\frac{x}{1-x}} = \dfrac{x}{1-2x}$.

6. 解:$f[\varphi(x)] = f\left(\sin\dfrac{x}{2}\right) = 1 + \cos x = 2\cos^2\dfrac{x}{2} = 2 - 2\sin^2\dfrac{x}{2}$,令 $\sin\dfrac{x}{2} = t \Rightarrow f(t) = 2 - 2t^2$, $f(x) = 2 - 2x^2$.

习题1.2

1. 证明:(1) 任意正数 ε,要使 $|f(x) - A| = \left|\dfrac{2x+3}{3x} - \dfrac{2}{3}\right| = \dfrac{1}{|x|} < \varepsilon$,即 $|x| > \dfrac{1}{\varepsilon}$;

只要取 $X = \dfrac{1}{\varepsilon}$,当 $|x| > X$ 时,有 $\left|\dfrac{2x+3}{3x} - \dfrac{2}{3}\right| < \varepsilon$,即 $\lim\limits_{x \to +\infty} \dfrac{2x+3}{3x} = \dfrac{2}{3}$.

(2) 任意正数 ε, $|f(x) - A| = \left|\dfrac{\sin x}{\sqrt{x}} - 0\right| \leq \dfrac{1}{\sqrt{x}} < \varepsilon$,即 $x > \dfrac{1}{\varepsilon^2}$,

所以，取 $X=\frac{1}{\varepsilon^2}$，当 $x>X$ 时，有 $\left|\frac{\sin x}{\sqrt{x}}-0\right|<\varepsilon$，即 $\lim\limits_{x\to+\infty}\frac{\sin x}{\sqrt{x}}=0$．

(3) 由于 $|f(x)-A|=\left|\frac{1}{x-1}-1\right|=\left|\frac{x-2}{x-1}\right|$，不妨设 $|x-2|<\frac{1}{2}$，则 $\frac{3}{2}<x<\frac{5}{2}$，则 $\left|\frac{x-2}{x-1}\right|<\frac{|x-2|}{\frac{1}{2}}=2|x-2|$，对任意正数 ε，要使 $2|x-2|<\varepsilon$，只要 $|x-2|<\frac{1}{2}\varepsilon$，取 $\delta=\min\left\{\frac{1}{2}\varepsilon,\frac{1}{2}\right\}$，当 $0<|x-2|<\delta$ 时，$\left|\frac{x-2}{x-1}\right|<2|x-2|$ 与 $2|x-2|<\varepsilon$ 同时成立，

所以，有 $|f(x)-A|=\left|\frac{x-2}{x-1}\right|<2|x-2|<\varepsilon$，所以 $\lim\limits_{x\to 2}\frac{1}{x-1}=1$．

(4) $|f(x)-A|=\left|\frac{x^2-1}{x^2-x}-2\right|=\left|\frac{x-1}{x}\right|$，不妨设 $|x-1|<\frac{1}{2}$，则 $\frac{1}{2}<x<\frac{3}{2}$，则 $\left|\frac{x-1}{x}\right|<\frac{|x-1|}{\frac{1}{2}}=2|x-1|$，对任意正数 ε，要使 $2|x-1|<\varepsilon$，只要 $|x-1|<\frac{\varepsilon}{2}$，取 $\delta=\min\left\{\frac{\varepsilon}{2},\frac{1}{2}\right\}$，当 $0<|x-1|<\delta$ 时，$|f(x)-A|<\varepsilon$，所以 $\lim\limits_{x\to 1}\frac{x^2-1}{x^2-x}=2$．

2. 解：不妨设 $1<x<3$，则 $|y-4|=|x^2-4|=|x-2|\cdot|x+2|<5|x-2|$，要使 $5|x-2|<0.001$ 只要 $|x-2|<\frac{0.001}{5}$．

所以，取 $\delta=\frac{0.001}{5}=0.0002$，则当 $0<|x-2|<\delta$ 时，$|y-4|<0.001$．

3. 解：因为 $f(x)=\frac{|x|}{x}=\begin{cases}1,&x>0\\-1,&x<0\end{cases}$，

所以，$\lim\limits_{x\to 0^+}f(x)=\lim\limits_{x\to 0^+}1=1$，$\lim\limits_{x\to 0^-}f(x)=\lim\limits_{x\to 0^-}-1=-1$，所以 $\lim\limits_{x\to 0}f(x)$ 不存在．

4. 解：$x\to+\infty\Rightarrow\frac{1}{x}\to 0^+\Rightarrow\lim\limits_{x\to+\infty}e^{\frac{1}{x}}=1$；$x\to 0^+\Rightarrow\frac{1}{x}\to+\infty\Rightarrow\lim\limits_{x\to+\infty}e^{\frac{1}{x}}=+\infty$；$x\to 0^-\Rightarrow\frac{1}{x}\to-\infty\Rightarrow\lim\limits_{x\to+\infty}e^{\frac{1}{x}}=0$，故 $\lim\limits_{x\to 0}e^{\frac{1}{x}}$ 不存在．

5. 解：$\lim\limits_{x\to 0^-}f(x)=\lim\limits_{x\to 0^-}\frac{1}{x^2}=+\infty$，$\lim\limits_{x\to 0^+}f(x)=\lim\limits_{x\to 0^+}x^2-2x=0$，故 $\lim\limits_{x\to 0}f(x)$ 不存在；$\lim\limits_{x\to 2^-}f(x)=\lim\limits_{x\to 2^-}x^2-2x=0$，$\lim\limits_{x\to 2^+}f(x)=\lim\limits_{x\to 2^+}3x-6=0$，故 $\lim\limits_{x\to 2}f(x)=0$；$\lim\limits_{x\to-\infty}f(x)=\lim\limits_{x\to-\infty}\frac{1}{x^2}=0$，$\lim\limits_{x\to+\infty}f(x)=\lim\limits_{x\to+\infty}3x-6=+\infty$．

习题 1.3

1. 计算下列极限：

解：(1) 因为 $\lim\limits_{x\to\sqrt{3}}(x^2-3)=0$，$\lim\limits_{x\to\sqrt{3}}(x^2+1)=4$，所以 $\lim\limits_{x\to\sqrt{3}}\frac{x^2-3}{x^2+1}=0$．

(2) $\lim\limits_{x\to 1}\frac{x^2-2x+1}{x^2-1}=\lim\limits_{x\to 1}\frac{(x-1)^2}{(x-1)(x+1)}=\lim\limits_{x\to 1}\frac{x-1}{x+1}=0$．

(3) $\lim\limits_{x\to\infty}\left(2-\dfrac{1}{x}+\dfrac{1}{x^2}\right)=\lim\limits_{x\to\infty}2-\lim\limits_{x\to\infty}\dfrac{1}{x}+\lim\limits_{x\to\infty}\dfrac{1}{x^2}=2.$

(4) $\lim\limits_{x\to\infty}\dfrac{x^2+x}{x^4-3x^2+1}=\lim\limits_{x\to\infty}\dfrac{\dfrac{1}{x^2}+\dfrac{1}{x^3}}{1-\dfrac{3}{x^2}+\dfrac{1}{x^4}}=0.$

(5) $\lim\limits_{x\to 4}\dfrac{x^2-6x+8}{x^2-5x+4}=\lim\limits_{x\to 4}\dfrac{(x-2)(x-4)}{(x-1)(x-4)}=\lim\limits_{x\to 4}\dfrac{x-2}{x-1}=\dfrac{2}{3}.$

(6) $\lim\limits_{x\to 0}\dfrac{4x^3-2x^2+x}{3x^2+2x}=\lim\limits_{x\to 0}\dfrac{x(4x^2-2x+1)}{x(3x+2)}=\lim\limits_{x\to 0}\dfrac{(4x^2-2x+1)}{(3x+2)}=\dfrac{1}{2}.$

(7) $\lim\limits_{h\to 0}\dfrac{(x+h)^2-x^2}{h}=\lim\limits_{h\to 0}\dfrac{(x+h-x)(x+h+x)}{h}=\lim\limits_{h\to 0}(2x+h)=2x.$

(8) $\lim\limits_{x\to\infty}\left(1+\dfrac{1}{x}\right)\left(2-\dfrac{1}{x^2}\right)=\left(1+\lim\limits_{x\to\infty}\dfrac{1}{x}\right)\left(2-\lim\limits_{x\to\infty}\dfrac{1}{x^2}\right)=2.$

(9) 因为 $\lim\limits_{x\to+\infty}e^{-x}=0$，$\lim\limits_{x\to+\infty}e^x=+\infty$，所以 $\lim\limits_{x\to+\infty}\dfrac{1}{e^x+e^{-x}}=0$，

说明 $\dfrac{1}{e^x+e^{-x}}$ 是无穷小，而 $\cos x$ 是有界量，所以 $\lim\limits_{x\to+\infty}\dfrac{1}{e^x+e^{-x}}\cos x=0.$

(10) $\lim\limits_{x\to -8}\dfrac{\sqrt{1-x}-3}{2+\sqrt[3]{x}}=\lim\limits_{x\to -8}\dfrac{(\sqrt{1-x}-3)(\sqrt{1-x}+3)}{(2+\sqrt[3]{x})(\sqrt{1-x}+3)}=\lim\limits_{x\to -8}\dfrac{-(x+8)}{(2+\sqrt[3]{x})(\sqrt{1-x}+3)}$

$=-\dfrac{1}{6}\lim\limits_{x\to -8}\dfrac{(x^{\frac{1}{3}}+2)(x^{\frac{2}{3}}-2x^{\frac{1}{3}}+4)}{(2+x^{\frac{1}{3}})}=-\dfrac{1}{6}\lim\limits_{x\to -8}(x^{\frac{2}{3}}-2x^{\frac{1}{3}}+4)=-2.$

(11) 因为 $\lim\limits_{x\to 2}(x^3+2x^2)=16$，$\lim\limits_{x\to 2}(x-2)^2=0$，所以 $\lim\limits_{x\to 2}\dfrac{x^3+2x^2}{(x-2)^2}=\infty.$

(12) $\lim\limits_{x\to+\infty}x(\sqrt{1+x^2}-x)=\lim\limits_{x\to+\infty}x(\sqrt{1+x^2}-x)\dfrac{(\sqrt{1+x^2}+x)}{\sqrt{1+x^2}+x}=\lim\limits_{x\to+\infty}\dfrac{x}{\sqrt{x^2+1}+x}$

$=\dfrac{1}{2}.$

(13) $x\to\infty$，$\dfrac{1}{x}\to 0$，而 $\arctan x$ 是有界量，故 $\lim\limits_{x\to\infty}\dfrac{\arctan x}{x}=0.$

(14) $\lim\limits_{x\to 1}\left(\dfrac{1}{1-x}-\dfrac{3}{1-x^3}\right)=\lim\limits_{x\to 1}\dfrac{1+x+x^2-3}{1-x^3}=-\lim\limits_{x\to 1}\dfrac{(x-1)(x+2)}{(x-1)(x^2+x+1)}=-1.$

(15) $\lim\limits_{x\to\infty}\dfrac{(2x-1)^{30}(3x-2)^{20}}{(2x+1)^{50}}=\dfrac{2^{30}\times 3^{20}}{2^{50}}=\dfrac{3^{20}}{2^{20}}.$

(16) $\lim\limits_{x\to 4}\dfrac{\sqrt{2x+1}-3}{\sqrt{x-2}-\sqrt{2}}=\lim\limits_{x\to 4}\dfrac{(\sqrt{2x+1}-3)(\sqrt{2x+1}+3)(\sqrt{x-2}+\sqrt{2})}{(\sqrt{x-2}-\sqrt{2})(\sqrt{x-2}+\sqrt{2})(\sqrt{2x+1}+3)}$

$=\lim\limits_{x\to 4}\dfrac{(2x-8)(\sqrt{x-2}+\sqrt{2})}{(x-4)(\sqrt{2x+1}+3)}=\dfrac{2\sqrt{2}}{3}.$

2. 解：$\lim\limits_{x\to 3}\dfrac{x^2-2x+k}{x-3}=\lim\limits_{x\to 3}\dfrac{x^2-3x+x-3+k+3}{x-3}=\lim\limits_{x\to 3}(x+1+\dfrac{k+3}{x-3})=4$，故必有 $k+3=0$，即 $k=-3$.

3. 解: $\dfrac{x^2+1}{x+1}-ax-b=\dfrac{(x+1)^2-2x}{x+1}-ax-b=x+1-2\dfrac{x}{x+1}-ax-b=(1-a)x-2\dfrac{x}{x+1}+(1-b)$, $\lim\limits_{x\to\infty}\left(\dfrac{x^2+1}{x+1}-ax-b\right)=\lim\limits_{x\to\infty}\left[(1-a)x-2\dfrac{x}{x+1}+(1-b)\right]=0.$

$1-a=0$, $-2+1-b=0$, 解得: $a=1, b=-1.$

习题 1.4

1. 解: (1) $\lim\limits_{x\to0}\dfrac{\tan 5x}{x}=\lim\limits_{x\to0}\dfrac{\sin 5x}{5x}\cdot\dfrac{1}{\cos 5x}\cdot 5=5.$

(2) $\lim\limits_{x\to0}x\cot x=\lim\limits_{x\to0}\dfrac{x}{\sin x}\cos x=1.$

(3) $\lim\limits_{x\to0}\dfrac{\tan x-\sin x}{x}=\lim\limits_{x\to0}\dfrac{\sin x\left(\dfrac{1}{\cos x}-1\right)}{x}=\lim\limits_{x\to0}\dfrac{\sin x}{x}\cdot\lim\limits_{x\to0}\left(\dfrac{1}{\cos x}-1\right)=1\cdot 0=0.$

(4) $\lim\limits_{x\to0}\dfrac{1-\cos 2x}{x\sin x}=\lim\limits_{x\to0}\dfrac{2\sin^2 x}{x\sin x}=\lim\limits_{x\to0}2\dfrac{\sin x}{x}=2.$

(5) $\lim\limits_{x\to0^+}\dfrac{x}{\sqrt{1-\cos x}}=\lim\limits_{x\to0^+}\dfrac{x}{\sqrt{2\sin^2\dfrac{x}{2}}}=\lim\limits_{x\to0^+}\sqrt{2}\cdot\dfrac{\dfrac{x}{2}}{\sin\dfrac{x}{2}}=\sqrt{2}.$

(6) $\lim\limits_{x\to\pi}\dfrac{\sin x}{\pi-x}\xlongequal{\pi-x=t}\lim\limits_{t\to0}\dfrac{\sin(\pi-t)}{t}=\lim\limits_{t\to0}\dfrac{\sin t}{t}=1.$

(7) $\lim\limits_{x\to0}\dfrac{2\arcsin x}{3x}\xlongequal{\arcsin x=t}\lim\limits_{t\to0}\dfrac{2t}{3\sin t}=\dfrac{2}{3}.$

(8) $\lim\limits_{x\to0}\dfrac{x-\sin x}{x+\sin x}=\lim\limits_{x\to0}\dfrac{1-\dfrac{\sin x}{x}}{1+\dfrac{\sin x}{x}}=\dfrac{1-\lim\limits_{x\to0}\dfrac{\sin x}{x}}{1+\lim\limits_{x\to0}\dfrac{\sin x}{x}}=\dfrac{1-1}{1+1}=0.$

2. 解: (1) $\lim\limits_{x\to0}(1-x)^{\frac{1}{x}}=\lim\limits_{x\to0}\left[(1+(-x))^{\frac{1}{-x}\times(-1)}\right]=\left[\lim\limits_{x\to0}(1+(-x))^{\frac{1}{-x}}\right]^{-1}=e^{-1}.$

(2) $\lim\limits_{x\to0}(1+2x)^{\frac{1}{x}}=\left[\lim\limits_{x\to0}(1+2x)^{\frac{1}{2x}\times 2}\right]=e^2.$

(3) $\lim\limits_{x\to\infty}\left(\dfrac{1+x}{x}\right)^{3x}=\lim\limits_{x\to\infty}\left(1+\dfrac{1}{x}\right)^{x\times 3}=\left[\lim\limits_{x\to\infty}\left(1+\dfrac{1}{x}\right)^x\right]^3=e^3.$

(4) $\lim\limits_{x\to\infty}\left(1-\dfrac{1}{x}\right)^{kx}=\lim\limits_{x\to\infty}\left[1+\left(-\dfrac{1}{x}\right)\right]^{(-x)(-k)}=e^{-k}.$

(5) $\lim\limits_{x\to\infty}\left(\dfrac{x}{x+1}\right)^{x+3}=\lim\limits_{x\to\infty}\left(\dfrac{x+1-1}{x+1}\right)^{x+3}=\lim\limits_{x\to\infty}\left[1+\left(-\dfrac{1}{1+x}\right)\right]^{(-(1+x))\frac{x+3}{-x-1}}=e^{-1}.$

习题 1.5

1. 解: (1) 是无穷小量; (2) 是无穷小量; (3) $\dfrac{x^2-4}{x+1}\to 0$, 则 $\dfrac{x+1}{x^2-4}(x\to 2)$ 是无穷大量.

2. 证明: 即要证 $\lim\limits_{x\to0}x\sin\dfrac{1}{x}=0.$

由于 $\left|x\sin\dfrac{1}{x}-0\right|<|x|$, 所以, 对任意正数 ε, 当 $|x|<\varepsilon$ 时, 就有 $\left|x\sin\dfrac{1}{x}\right|<\varepsilon$, 则取

$\delta=\varepsilon$,当 $0<|x|<\delta$ 时,$\left|x\sin\dfrac{1}{x}\right|<\varepsilon$,证毕.

3. 解:(1) $\lim\limits_{x\to\infty}\dfrac{3x+2}{x}=\lim\limits_{x\to\infty}3+\dfrac{2}{x}=3+0=3$(依据无穷大的倒数是无穷小).

(2) $\lim\limits_{x\to 0}\dfrac{x^2-4}{x-2}=\lim\limits_{x\to 0}\dfrac{(x-2)(x+2)}{x-2}=\lim\limits_{x\to 0}x+2=2$.

(3) $x\to 0$ 时 $1-\cos x\to 0$,又因为无穷小的倒数是无穷大,故 $\lim\limits_{x\to 0}\dfrac{1}{1-\cos x}=\infty$.

4. 解:$\lim\limits_{x\to 0}\dfrac{\sqrt{1+x}-1}{1-\mathrm{e}^{-x}}=\lim\limits_{x\to 0}\dfrac{\sqrt{1+x}-1}{-(\mathrm{e}^{-x}-1)}=-\lim\limits_{x\to 0}\dfrac{\dfrac{x}{2}}{-x}=\dfrac{1}{2}$,故当 $x\to 0$ 时,$\sqrt{1+x}-1$ 与 $1-\mathrm{e}^{-x}$ 是同阶无穷小.

5. 解:(1) $\lim\limits_{x\to 0}\dfrac{\arctan 3x}{5x}=\lim\limits_{x\to 0}\dfrac{3x}{5x}=\dfrac{3}{5}$. (2) $\lim\limits_{x\to 0}\dfrac{(\sin x^3)\tan x}{1-\cos x^2}=\lim\limits_{x\to 0}\dfrac{x^3\cdot x}{\dfrac{1}{2}(x^2)^2}=2$.

(3) $\lim\limits_{x\to 0}\dfrac{\ln(1+3x\sin x)}{\tan x^2}=\lim\limits_{x\to 0}\dfrac{3x\sin x}{x^2}=3$. (4) $\lim\limits_{x\to 0}\dfrac{\sqrt{1+x\sin x}-1}{x\arctan x}=\lim\limits_{x\to 0}\dfrac{\dfrac{1}{2}x\sin x}{x\cdot x}=\dfrac{1}{2}$.

习题 1.6

1. 解:(1) $\lim\limits_{x\to 0}x^2\sin\dfrac{1}{x}=0=f(0)$,则函数在 $x=0$ 处连续.

(2) $\lim\limits_{x\to 0^-}\mathrm{e}^x=1$,$\lim\limits_{x\to 0^+}\dfrac{\sin x}{x}=1=f(0)$,则函数在 $x=0$ 处连续.

(3) 因为 $\lim\limits_{x\to 0}f(x)=\lim\limits_{x\to 0}\mathrm{e}^{-\frac{1}{x^2}}=0$,$f(0)=0$,所以,$\lim\limits_{x\to 0}f(x)=f(0)$,所以,$f(x)$ 在 $x=0$ 处连续.

(4) 因为 $\lim\limits_{x\to 0^-}f(x)=\lim\limits_{x\to 0^-}\dfrac{\sin x}{-x}=-1$,$\lim\limits_{x\to 0^+}f(x)=\lim\limits_{x\to 0^+}\dfrac{\sin x}{x}=1$,左右极限不相等,所以,$\lim\limits_{x\to 0}f(x)$ 不存在,故 $f(x)$ 在 $x=0$ 处不连续.

2. 解:$f(x)$ 在分段点 $x=0$ 处连续,故 $\lim\limits_{x\to 0^+}f(x)=\lim\limits_{x\to 0^-}f(x)=f(0)$,代入 $\lim\limits_{x\to 0^+}(a+x)=\lim\limits_{x\to 0^-}\mathrm{e}^x=a$,解得 $a=1$.

3. 解:在分段点 $x=0$ 处,$\lim\limits_{x\to 0^+}x\sin\dfrac{1}{x}=0$,$\lim\limits_{x\to 0^-}x^2+a=a$,由函数在 $x=0$ 连续,知 $0=a=f(0)$,知 $a=0$,此时 $f(x)$ 在 $(-\infty,+\infty)$ 上连续.

4. 解:在 $x=0$ 处连续当且仅当在 $x=0$ 处既左连续又右连续;
由 $\lim\limits_{x\to 0^+}\ln(b+x+x^2)=\lim\limits_{x\to 0^-}a+x^2=f(0)=1\Rightarrow \ln b=a=1\Rightarrow \begin{cases}a=1,\\ b=\mathrm{e}.\end{cases}$

5. 证明:设 $f(x)=x^5-3x-1$,显然 $f(x)$ 在区间 $[1,2]$ 上连续,$f(1)=-1$,$f(2)=25$,由介值定理:存在 $\xi\in(1,2)$,$f(\xi)=0$,即 ξ 是 $x^5-3x=1$ 的根,介于 1 和 2 之间.

复习题一

一、选择题

1. A   2. C   3. D   4. A   5. D

二、填空题

1. $\lim\limits_{x\to\infty}(1-\frac{1}{x})^{2x}=\underline{e^{-2}}$.   2. $A=\underline{3}$.   3. $f(0)=\underline{0}$.

4. $\lim\limits_{n\to\infty}[\frac{1}{1\cdot 2}+\frac{1}{2\cdot 3}+\cdots+\frac{1}{n(n+1)}]=\underline{1}$.   5. $\lim\limits_{x\to\pi}f(x)=\underline{1}$.

三、解答题

1. 解：原式 $=\lim\limits_{n\to\infty}(\frac{1}{2}\cdot\frac{3}{2})(\frac{2}{3}\cdot\frac{4}{3})\cdots(\frac{n-1}{n}\cdot\frac{n+1}{n})=\lim\limits_{n\to\infty}\frac{1}{2}\cdot\frac{n+1}{n}=\frac{1}{2}$.

2. 解：原式 $=\lim\limits_{x\to 0}\dfrac{\frac{\sin x}{\cos x}-\sin x}{x^3}=\lim\limits_{x\to 0}\dfrac{1-\cos x}{x^2\cos x}=\lim\limits_{x\to 0}\dfrac{\frac{1}{2}x^2}{x^2\cos x}=\frac{1}{2}$.

3. 解：原式 $=\lim\limits_{x\to\infty}(1+\dfrac{2}{2x+1})^{x+1}=\lim\limits_{x\to\infty}(1+\dfrac{1}{x+\frac{1}{2}})^{x+\frac{1}{2}+\frac{1}{2}}$

$=\lim\limits_{x\to\infty}(1+\dfrac{1}{x+\frac{1}{2}})^{x+\frac{1}{2}}\cdot\lim\limits_{x\to\infty}(1+\dfrac{1}{x+\frac{1}{2}})^{\frac{1}{2}}=e$.

4. 解：原式 $=\lim\limits_{x\to 0}\dfrac{\frac{1}{2}x\sin x}{x^2}=\frac{1}{2}$.

5. 解：因为 $\lim\limits_{x\to -1}(x+1)=0$，所以 $\lim\limits_{x\to -1}(x^3-ax^2-x+4)=0$，因此 $a=4$，并将其代入原式 $l=\lim\limits_{x\to -1}\dfrac{x^3-4x^2-x+4}{x+1}=\lim\limits_{x\to -1}\dfrac{(x+1)(x-1)(x-4)}{x+1}=10$.

6. 解：因为 $f(x)$ 在 $x=1$ 点连续，

所以，$\lim\limits_{x\to 1}f(x)=f(1)=2\Rightarrow\lim\limits_{x\to 1}(x^4+ax+b)=0\Rightarrow b=-1-a$，

于是 $\lim\limits_{x\to 1}\dfrac{x^4+ax-1-a}{(x-1)(x-2)}=\lim\limits_{x\to 1}\dfrac{x^4-1+a(x-1)}{(x-1)(x-2)}=\dfrac{4+a}{-1}=2\Rightarrow a=-6,b=5$.

四、证明题

1. 证明：(1) 因为 $\lim\limits_{x\to 0}\dfrac{\arctan x}{x}=\lim\limits_{y\to 0}\dfrac{y}{\tan y}=1$（提示：令 $y=\arctan x$，则当 $x\to 0$ 时，$y\to 0$），所以当 $x\to 0$ 时，$\arctan x\sim x$.

(2) 因为 $\lim\limits_{x\to 0}\dfrac{\sec x-1}{\frac{1}{2}x^2}=2\lim\limits_{x\to 0}\dfrac{1-\cos x}{x^2\cos x}=\lim\limits_{x\to 0}\dfrac{2\sin^2\frac{x}{2}}{\frac{x^2}{2}}=\lim\limits_{x\to 0}\left(\dfrac{2\sin\frac{x}{2}}{\frac{x}{2}}\right)^2=1$，所以当 $x\to 0$ 时，$\sec x-1\sim\dfrac{x^2}{2}$.

2. 证明：$\lim\limits_{n\to\infty}\left(\dfrac{1}{\sqrt{n^2+1}}+\dfrac{1}{\sqrt{n^2+2}}+\cdots+\dfrac{1}{\sqrt{n^2+n}}\right)=1$.

因为 $\dfrac{n}{\sqrt{n^2+n}} < \dfrac{1}{\sqrt{n^2+1}} + \dfrac{1}{\sqrt{n^2+2}} + \cdots + \dfrac{1}{\sqrt{n^2+n}} < \dfrac{n}{\sqrt{n^2+1}}$,

$$\lim_{n\to\infty}\dfrac{n}{\sqrt{n^2+n}}=\lim_{n\to\infty}\dfrac{1}{\sqrt{1+\dfrac{1}{n}}}=1, \lim_{n\to\infty}\dfrac{n}{\sqrt{n^2+1}}=\lim_{n\to\infty}\dfrac{1}{\sqrt{1+\dfrac{1}{n^2}}}=1,$$

根据夹逼定理,所以 $\lim\limits_{n\to\infty}\left(\dfrac{1}{\sqrt{n^2+1}}+\dfrac{1}{\sqrt{n^2+2}}+\cdots+\dfrac{1}{\sqrt{n^2+n}}\right)=1$.

习题 2.1

1. 解:$\Delta y=(1+\Delta x)^3-1^3=3\Delta x+3(\Delta x)^2+(\Delta x)^3, \dfrac{\Delta y}{\Delta x}=3+3\Delta x+(\Delta x)^2$,

$y'|_{x=1}=\lim\limits_{\Delta x\to 0}\dfrac{\Delta y}{\Delta x}=\lim\limits_{\Delta x\to 0}(3+3\Delta x+(\Delta x)^2)=3$.

2. (1) 解:$\lim\limits_{\Delta x\to 0}\dfrac{f(x_0-\Delta x)-f(x_0)}{\Delta x}=-\lim\limits_{\Delta x\to 0}\dfrac{f(x_0-\Delta x)-f(x_0)}{-\Delta x}=-f'(x_0)$.

(2) 解:$\lim\limits_{h\to 0}\dfrac{f(x_0+h)-f(x_0-h)}{h}=\lim\limits_{h\to 0}\dfrac{f(x_0+h)-f(x_0)+f(x_0)-f(x_0-h)}{h}$

$=\lim\limits_{h\to 0}\dfrac{f(x_0+h)-f(x_0)}{h}+\lim\limits_{h\to 0}\dfrac{f(x_0-h)-f(x_0)}{-h}=f'(x_0)+f'(x_0)=2f'(x_0)$.

(3) 解:$\lim\limits_{\Delta x\to 0}\dfrac{f(x_0+\Delta x)-f(x_0-2\Delta x)}{2\Delta x}$

$=\dfrac{1}{2}\lim\limits_{\Delta x\to 0}\dfrac{f(x_0+\Delta x)-f(x_0)}{\Delta x}+\lim\limits_{\Delta x\to 0}\dfrac{f(x_0-2\Delta x)-f(x_0)}{-2\Delta x}=\dfrac{1}{2}f'(x_0)+f'(x_0)=\dfrac{3}{2}f'(x_0)$.

(4) 解:$\lim\limits_{h\to 0}\dfrac{f(x+2h)-f(x-3h)}{h}=\lim\limits_{h\to 0}\dfrac{f(x+2h)-f(x)+f(x)-f(x-3h)}{h}$

$=2\lim\limits_{h\to 0}\dfrac{f(x+2h)-f(x)}{2h}+3\lim\limits_{h\to 0}\dfrac{f(x-3h)-f(x)}{-3h}=2f'(x)+3f'(x)=5f'(x)$.

3. 解:$y'=\mathrm{e}^x$,所以切线的斜率 $k=y'|_{x=0}=\mathrm{e}^0=1$.

所以切线方程为 $y-1=1\cdot(x-0)$,即 $y=x+1$,法线方程为 $y-1=-\dfrac{1}{1}(x-0)$,即 $y=-x+1$.

习题 2.2

1. (1) 解:$y'=(3x+5\sqrt{x})'=(3x)'+(5\sqrt{x})'=3+\dfrac{5}{2\sqrt{x}}$.

(2) 解:$y'=(5x^2-3^x+3\mathrm{e}^x)'=(5x^2)'-(3^x)'+(3\mathrm{e}^x)'=10x-3^x\ln 3+3\mathrm{e}^x$.

(3) 解:$y'=(2\tan x+\sec x-1)'=(2\tan x)'+(\sec x)'-(1)'=2\sec^2 x+\sec x\tan x$.

(4) 解:$y'=(\sin x\cdot\cos x)'=(\sin x)'\cos x+\sin x(\cos x)'=\cos^2 x-\sin^2 x=\cos 2x$.

(5) 解:$y'=(x^3\ln x)'=(x^3)'\ln x+x^3(\ln x)'=3x^2\ln x+x^3\dfrac{1}{x}=x^2(3\ln x+1)$.

(6) 解:$y'=(\mathrm{e}^x\cos x)'=(\mathrm{e}^x)'\cos x+\mathrm{e}^x(\cos x)'=\mathrm{e}^x\cos x-\mathrm{e}^x\sin x$.

(7) 解:$y'=\dfrac{(\ln x)'x-x'\ln x}{x^2}=\dfrac{\dfrac{1}{x}x-\ln x}{x^2}=\dfrac{1-\ln x}{x^2}$.

(8) 解：$y' = (x-1)'(x-2)(x-3) + (x-1)(x-2)'(x-3) + (x-1)(x-2)(x-3)' = (x-2)(x-3) + (x-1)(x-3) + (x-1)(x-2)$.

(9) 解：$s' = \dfrac{(1+\sin t)'(1+\cos t) - (1+\sin t)(1+\cos t)'}{(1+\cos t)^2} = \dfrac{1+\sin t+\cos t}{(1+\cos t)^2}$.

(10) 解：$y' = (\sqrt[3]{x})'\sin x + \sqrt[3]{x}(\sin x)' + (a^x)'e^x + a^x(e^x)'$
$= \dfrac{1}{3}x^{-\frac{2}{3}}\sin x + x^{\frac{1}{3}}\cos x + a^x e^x \ln a + a^x e^x$.

(11) 解：$y' = (x\log_2 x)' + (\ln 2)' = x'\log_2 x + x(\log_2 x)' + 0 = \log_2 x + \dfrac{1}{\ln 2}$.

(12) 解：$y' = \dfrac{(5x^2-3x+4)'(x^2-1) - (5x^2-3x+4)(x^2-1)'}{(x^2-1)^2} = \dfrac{3(x^2-6x+1)}{(x^2-1)^2}$.

2. (1) 解：$y' = \left(\dfrac{3}{3-x}\right)' + \left(\dfrac{x^3}{3}\right)' = \dfrac{3}{(3-x)^2} + x^2$，所以 $y'(0) = \dfrac{1}{3}$.

(2) 解：$y' = e^x(x^2-3x+1) + e^x(2x-3) = e^x(x^2-x-2)$，所以 $y'(0) = -2$.

3. 求下列函数的导数：

(1) 解：$y' = -\sin(4-3x) \cdot (-3) = 3\sin(4-3x)$. (2) 解：$y' = -6xe^{-3x^2}$.

(3) 解：$y' = 2x\sec^2(x^2)$. (4) 解：$y' = \dfrac{e^x}{1+e^{2x}}$.

(5) 解：$y' = -\dfrac{1}{\sqrt{x-x^2}}$. (6) 解：$y' = \dfrac{\frac{1}{x^2}}{\sqrt{1-\frac{1}{x^2}}} = \dfrac{1}{|x|\sqrt{x^2-1}}$.

(7) 解：$y' = \dfrac{1}{\sec x + \tan x}(\sec x \tan x + \sec^2 x) = \sec x$.

(8) 解：$y' = \dfrac{1}{\csc x - \cot x} \cdot (-\csc x \cot x + \csc^2 x) = \csc x$.

4. 求下列函数的导数：

(1) 解：$y' = \dfrac{x(16+45x^2)}{\sqrt{1+5x^2}}$. (2) 解：$y' = \dfrac{1}{2x} + \dfrac{1}{2x\sqrt{\ln x}}$.

(3) 解：$y' = \dfrac{1}{(1-x) \cdot \sqrt{x}}$. (4) 解：$y' = \dfrac{1}{\tan\frac{x}{2}} \cdot \sec^2\dfrac{x}{2} \cdot \dfrac{1}{2} = \dfrac{1}{\sin x} = \csc x$.

(5) 解：$y' = \dfrac{1}{x\ln x}$. (6) 解：$y' = 2\arcsin\dfrac{x}{2} \cdot \dfrac{1}{\sqrt{1-(\frac{x}{2})^2}} \cdot \dfrac{1}{2} = \dfrac{2\arcsin\frac{x}{2}}{\sqrt{4-x^2}}$.

(7) 解：$y' = 2\sqrt{1-x^2}$. (8) 解：$y' = \dfrac{2\ln x \cdot (\frac{1}{x})}{2\sqrt{1+\ln^2 x}} = \dfrac{\ln x}{x\sqrt{1+\ln^2 x}}$.

(9) 解：$y' = e^{\arctan\sqrt{x}} \cdot \dfrac{1}{1+x} \cdot \dfrac{1}{2\sqrt{x}} = \dfrac{e^{\arctan\sqrt{x}}}{2\sqrt{x}(1+x)}$.

5. (1) 解：方程两边同时对 x 求导，得 $y + xy' = e^{x+y}(1+y')$，解得 $y' = \dfrac{y - e^{x+y}}{e^{x+y} - x}$.

(2) 解:方程两边同时对 x 求导,得 $y+xy'-\cos(\pi y^2)\cdot 2\pi yy'=0$,解得 $y'=\dfrac{y}{2\pi y\cos(\pi y^2)-x}$.

(3) 解:方程两边对 x 求导,得 $e^{xy}\cdot(y+xy')+3y^2y'-5=0$,解得 $y'=\dfrac{5-ye^{xy}}{xe^{xy}+3y^2}$.

(4) 解:方程两边同时对 x 求导,得 $y'=e^y+xe^yy'$,解得 $y'=\dfrac{e^y}{1-xe^y}$.

6. (1) 解:等式两边同时取对数,得 $\ln y=\tan x\ln(1+x^2)$.

等式两边同时对 x 求导,得 $\dfrac{1}{y}y'=\sec^2 x\ln(1+x^2)+\tan x\cdot\dfrac{2x}{1+x^2}$.

所以,$y'=(1+x^2)^{\tan x}\left[\sec^2 x\ln(1+x^2)+\dfrac{2x\tan x}{1+x^2}\right]$.

(2) 解:等式两边同时取对数,得 $\ln y=\dfrac{1}{2}\ln(x+2)+4\ln(3-x)-5\ln(x+1)$.

等式两边同时对 x 求导,得 $\dfrac{1}{y}y'=\dfrac{1}{2}\cdot\dfrac{1}{x+2}-\dfrac{4}{3-x}-\dfrac{5}{x+1}$.

所以,$y'=\dfrac{\sqrt{x+2}(3-x)^4}{(x+1)^5}\left[\dfrac{1}{2(x+2)}-\dfrac{4}{3-x}-\dfrac{5}{x+1}\right]$.

习题 2.3

1. 解:(1) $y'=e^{3x-2}\cdot(3x-2)'=3e^{3x-2}$,$y''=3e^{3x-2}\cdot(3x-2)'=9e^{3x-2}$.

(2) $y'=x'\sin x+x(\sin x)'=\sin x+x\cos x$,

$y''=(\sin x)'+x'\cos x+x(\cos x)'=2\cos x-x\sin x$.

(3) $y'=2x\arctan x+(1+x^2)\cdot\dfrac{1}{1+x^2}=2x\arctan x+1$,所以 $y''=2\arctan x+\dfrac{2x}{1+x^2}$.

(4) $y'=5x^4+12x^2+2$,$y''=20x^3+24x$.

(5) $y'=(e^{-t})'\sin t+e^{-t}(\sin t)'=e^{-t}(\cos t-\sin t)$,

$y''=(e^{-t})'(\cos t-\sin t)+e^{-t}(\cos t-\sin t)'=-2e^{-t}\cos t$.

(6) $y'=\dfrac{(1-x^2)'}{1-x^2}=-\dfrac{2x}{1-x^2}$,$y''=-\dfrac{(2x)'(1-x^2)-2x(1-x^2)'}{(1-x^2)^2}=-\dfrac{2(1+x^2)}{(1-x^2)^2}$.

(7) $y'=\sec^2 x$,$y''=2\sec x\cdot(\sec x)'=2\sec^2 x\tan x$.

(8) $y'=\dfrac{-(x^2+1)'}{(x^2+1)^2}=-\dfrac{2x}{(x^2+1)^2}$,

$y''=-\dfrac{(2x)'(x^2+1)^2-2x\cdot[(x^2+1)^2]'}{(x^2+1)^4}=-\dfrac{2(x^2+1)^2-2x\cdot 2(x^2+1)\cdot 2x}{(x^2+1)^4}$

$=\dfrac{6x^2-2}{(x^2+1)^3}$.

2. (1) 解:$y^{(4)}=-4e^x\cos x$.

(2) 解:$y^{(n)}=(n-2)!\,(-1)^{n-2}x^{-(n-1)}$.

(3) 解:$y=\dfrac{1}{x^2-3x+2}=\dfrac{1}{x-2}-\dfrac{1}{x-1}$

所以,$y^{(n)}=\left(\dfrac{1}{x-2}\right)^{(n)}-\left(\dfrac{1}{x-1}\right)^{(n)}=(-1)^n\dfrac{n!}{(x-2)^{n+1}}-(-1)^n\dfrac{n!}{(x-1)^{n+1}}$.

习题 2.4

1. (1) 解:$y'=\dfrac{1}{x}+\dfrac{1}{\sqrt{x}}$,所以 $dy=(\dfrac{1}{x}+\dfrac{1}{\sqrt{x}})dx$.

(2) 解:$y'=\sin 2x+2x\cos 2x$,所以 $dy=(\sin 2x+2x\cos 2x)dx$.

(3) 解:$y'=(x^2)'e^{2x}+x^2(e^{2x})'=2x(1+x)e^{2x}$,所以 $dy=2x(1+x)e^{2x}dx$.

(4) 解:$y'=\dfrac{(\sqrt{1-x^3})'}{\sqrt{1-x^3}}=-\dfrac{3x^2}{2(1-x^3)}$,所以 $dy=-\dfrac{3x^2}{2(1-x^3)}dx$.

(5) 解:$y'=2(e^x+e^{-x})(e^x-e^{-x})=2(e^{2x}-e^{-2x})$,所以 $dy=2(e^{2x}-e^{-2x})dx$.

2. 解:$dy=\dfrac{2+\ln(x-y)}{3+\ln(x-y)}dx$.

3. 解:令 $f(x)=\sqrt[100]{x}$,则 $f'(x)=\dfrac{1}{100}x^{-\frac{99}{100}}$.

取 $x_0=1,\Delta x=0.002$,得 $\sqrt[100]{1.002}\approx f(1)+f'(1)\Delta x=1+\dfrac{1}{100}\times 0.002=1.00002$.

4. 解:圆柱底面积 $S=\pi r^2$,所以 $dS=2\pi r dr$.
所以镀层的体积 $dV=dS\cdot l=2\pi rldr=2\pi\times 0.15\times 0.001\times 4\approx 3.768\times 10^{-3}\,\text{cm}^3$
所以 $m=\rho dV=8.9\times 3.768\times 10^{-3}\approx 3.354\times 10^{-2}(\text{g})$.

复习题二

一、填空题

1. $\underline{-1}$. $\lim\limits_{h\to 0}\dfrac{f(3-h)-f(3)}{2h}=\lim\limits_{h\to 0}\dfrac{f(3-h)-f(3)}{-h}\cdot(-\dfrac{1}{2})=-\dfrac{1}{2}f'(3)=-1$.

2. $\underline{f'(0)}$. $\lim\limits_{x\to 0}\dfrac{f(x)}{x}=\lim\limits_{x\to 0}\dfrac{f(x)-f(0)}{x-0}=f'(0)$.

3. $\underline{\pi\ln\pi+\pi}$. $y'=\pi^x\ln\pi+\pi x^{\pi-1}$,所以 $y'|_{x=1}=\pi\ln\pi+\pi$.

4. $\underline{f'(1+\sin x)\cdot\cos x}$,$\underline{f''(1+\sin x)\cdot\cos^2 x-f'(1+\sin x)\cdot\sin x}$
$y'=f'(1+\sin x)\cdot\cos x$, $y''=f''(1+\sin x)\cdot\cos^2 x-f'(1+\sin x)\cdot\sin x$.

5. $\underline{(\ln(e-1),e-1)}$ 弦的斜率 $k=\dfrac{e-1}{1-0}=e-1$,

所以,$y'=(e^x)'=e^x=e-1\Rightarrow x=\ln(e-1)$,当 $x=\ln(e-1)$时,$y=e-1$.

6. $\underline{-\dfrac{dx}{\arctan(1-x)\cdot[1+(1-x)^2]}}$.

$dy=\dfrac{1}{\arctan(1-x)}d[\arctan(1-x)]=\dfrac{1}{\arctan(1-x)}\cdot\dfrac{1}{1+(1-x)^2}d(1-x)$
$=-\dfrac{dx}{\arctan(1-x)\cdot[1+(1-x)^2]}$.

7. $\underline{4x^3\sin 2x^4}$,$\underline{2x^2\sin 2x^4}$. $\dfrac{dy}{dx}=2\sin x^4\cdot\cos x^4\cdot 4x^3=4x^3\sin 2x^4$,

$\dfrac{dy}{dx^2}=\dfrac{dy}{2xdx}=2x^2\sin 2x^4$.

8. $\underline{e^{2t}+2te^{2t}}$. $f(t)=\lim\limits_{x\to\infty}t(1+\dfrac{1}{x})^{2tx}=te^{2t}$,所以 $f'(t)=e^{2t}+2te^{2t}$.

9. $(1,2)$. 因为 $y'=2x$, 由 $2x_0=2 \Rightarrow x_0=1, y_0=1^2+1=2$.

所以, $y=x^2+1$ 在点 $(1,2)$ 处的切线斜率为 2.

10. __2__. 因为 $y'=e^x+xe^x$, $y''=e^x+e^x+xe^x$, 所以 $y''(0)=e^0+e^0=2$.

11. $-\dfrac{e^{x+y}-y\sin(xy)}{e^{x+y}-x\sin(xy)}$. 方程两边对 x 求导得, $e^{x+y}(1+y')-\sin(xy)(y+xy')=0$.

解得 $y'=-\dfrac{e^{x+y}-y\sin(xy)}{e^{x+y}-x\sin(xy)}$.

二、选择题

1. D. 由 $\begin{cases} y=\dfrac{1}{x}, \\ y=x^2 \end{cases} \Rightarrow$ 交点为 $(1,1)$, $k_1=(\dfrac{1}{x})'|_{x=1}=-1$, $k_2=(x^2)'|_{x=1}=2$.

所以, $\tan\varphi=|\tan(\varphi_2-\varphi_1)|=\left|\dfrac{k_2-k_1}{1+k_1k_2}\right|=3$.

2. C. $f'(x)=e^{\tan^k x}\cdot k\tan^{k-1}x\cdot\sec^2 x$,

由 $f'(\dfrac{\pi}{4})=e$ 得 $e\cdot k\cdot 2=e \Rightarrow k=\dfrac{1}{2}$.

3. A. 由 $\lim\limits_{x\to 0}\dfrac{f(1+x)-f(1)}{2x}=\lim\limits_{x\to 0}\dfrac{f(-1-x)-f(-1)}{2x}=\lim\limits_{x\to 0}\dfrac{f(-1-x)-f(-1)}{-x}\cdot$

$(-\dfrac{1}{2})=f'(-1)\cdot(-\dfrac{1}{2})=-2 \Rightarrow f'(-1)=4$.

所以, 切线方程为 $y-2=4(x+1)$, 即 $y=4x+6$.

4. D. $\lim\limits_{\Delta x\to 0}\dfrac{f^2(x+\Delta x)-f^2(x)}{\Delta x}=[f^2(x)]'=2f(x)\cdot f'(x)$.

5. C. $\lim\limits_{\Delta x\to 0}\dfrac{f(x_0+2\Delta x)-f(x_0)}{\Delta x}=\lim\limits_{\Delta x\to 0}2\cdot\dfrac{f(x_0+2\Delta x)-f(x_0)}{2\Delta x}=2f'(x_0)$,

又因为 $f'(x)=(x^2)'=2x$, 所以 $2f'(x_0)=4x_0$.

6. C. 因为 $f(x)$ 在 x_0 处可导的充分必要条件是 $f(x)$ 在 x_0 点的左导数 $f'_-(x_0)$ 和右导数 $f'_+(x_0)$ 都存在且相等.

7. B. 因为 $[f(-x^2)]'=f'(-x^2)\cdot(-x^2)'=-2f'(-x^2)$, 所以 $\mathrm{d}y=-2xf'(-x^2)\mathrm{d}x$.

8. C. 由函数 $f(x)$ 在 $x=0$ 处可导, 知函数在 $x=0$ 处连续.

$\lim\limits_{x\to 0^+}f(x)=\lim\limits_{x\to 0^+}x^2\sin\dfrac{1}{x}=0$, $\lim\limits_{x\to 0^-}f(x)=\lim\limits_{x\to 0^-}(ax+b)=b$, 所以 $b=0$.

又 $f'_+(0)=\lim\limits_{x\to 0^+}\dfrac{f(x)-f(0)}{x-0}=\lim\limits_{x\to 0^+}\dfrac{x^2\sin\dfrac{1}{x}}{x}=0$, $f'_-(0)=\lim\limits_{x\to 0^-}\dfrac{f(x)-f(0)}{x-0}=\dfrac{ax}{x}=a$,

所以 $a=0$.

三、计算解答题

1. 计算下列各题：

(1) 解: $\mathrm{d}y=e^{\sin^2\frac{1}{x}}\mathrm{d}(\sin^2\dfrac{1}{x})=e^{\sin^2\frac{1}{x}}\cdot 2\sin\dfrac{1}{x}\cos\dfrac{1}{x}\cdot(-\dfrac{1}{x^2})\mathrm{d}x=-\dfrac{1}{x^2}\sin\dfrac{2}{x}e^{\sin^2\frac{1}{x}}\mathrm{d}x$.

(2) 解：两边对 x 求导：$1+\dfrac{1}{1+y^2}\cdot y'=y'\Rightarrow y'=y^{-2}+1$.

$y''=-2y^{-3}\cdot y'=-2y^{-3}\cdot(y^{-2}+1)=-\dfrac{2}{y^3}(\dfrac{1}{y^2}+1)$.

(3) 解：因为 $y=\sin x\cos x=\dfrac{1}{2}\sin 2x$，所以，$y'=\cos 2x=\sin(2x+\dfrac{\pi}{2})$，$y''=2\cos(2x+\dfrac{\pi}{2})=2\sin(2x+2\cdot\dfrac{\pi}{2})$.

设 $y^{(n)}=2^{n-1}\sin(2x+n\cdot\dfrac{\pi}{2})$，则 $y^{(n+1)}=2^n\cos(2x+n\cdot\dfrac{\pi}{2})=2^n\sin[2x+(n+1)\dfrac{\pi}{2}]$

所以，$y^{(50)}=2^{49}\sin(2x+50\cdot\dfrac{\pi}{2})=-2^{49}\sin 2x$.

(4) 解：两边取对数：$\ln y=x[\ln x-\ln(1+x)]$.

两边求导：$\dfrac{1}{y}\cdot y'=\ln x-\ln(1+x)+1-\dfrac{x}{1+x}$.

所以，$y'=(\dfrac{x}{1+x})^x[\ln x-\ln(1+x)+1-\dfrac{x}{1+x}]$.

(5) 解：利用定义：

$f'(0)=\lim\limits_{x\to 0}\dfrac{f(x)-f(0)}{x}=\lim\limits_{x\to 0}(x+1)(x+2)(x+3)\cdots(x+2005)=2005!$.

(6) 解：因为 $f'(x)=\varphi(x)+(x-a)\varphi'(x)$，所以 $f'(a)=\varphi(a)$.

又 $f''(a)=\lim\limits_{x\to a}\dfrac{f'(x)-f'(a)}{x-a}=\lim\limits_{x\to a}\dfrac{\varphi(x)+(x-a)\varphi'(x)-\varphi(a)}{x-a}$

$=\lim\limits_{x\to a}[\dfrac{\varphi(x)-\varphi(a)}{x-a}+\varphi'(x)]=\varphi'(a)+\varphi'(a)=2\varphi'(a)$.

(7) 解：$\lim\limits_{x\to 1^+}\dfrac{d}{dx}f(\cos\sqrt{x-1})=\lim\limits_{x\to 1^+}\left[f'(\cos\sqrt{x-1})\cdot(-\sin\sqrt{x-1})\cdot\dfrac{1}{2\sqrt{x-1}}\right]$

$=\lim\limits_{x\to 1^+}f'(\cos\sqrt{x-1})\cdot\lim\limits_{x\to 1^+}\dfrac{-\sin\sqrt{x-1}}{2\sqrt{x-1}}=f'(1)\cdot(-\dfrac{1}{2})=-1$.

2. 解：易知，当 $x\neq 0$ 时，$f(x)$ 均可导，要使 $f(x)$ 在 $x=0$ 处可导，

则 $f'_+(0)=f'_-(0)$，且 $f(x)$ 在 $x=0$ 处连续. 即 $\lim\limits_{x\to 0^-}f(x)=\lim\limits_{x\to 0^+}f(x)=f(0)$.

而 $\begin{matrix}\lim\limits_{x\to 0^-}f(x)=b+a+2,\\ \lim\limits_{x\to 0^+}f(x)=0\end{matrix}\Bigg\}\Rightarrow a+b+2=0$.

又 $f'_+(0)=\lim\limits_{x\to 0^+}\dfrac{f(x)-f(0)}{x-0}=\lim\limits_{x\to 0^+}\dfrac{b(1+\sin x)+a+2-b-a-2}{x}=b$,

$f'_-(0)=\lim\limits_{x\to 0^-}\dfrac{e^{ax}-1-b-a-2}{x}=\lim\limits_{x\to 0^-}\dfrac{e^{ax}-1}{x}=\lim\limits_{x\to 0^-}\dfrac{ax}{x}=a$,

由 $\begin{cases}a=b,\\ a+b+2=0\end{cases}\Rightarrow\begin{cases}a=-1,\\ b=-1.\end{cases}$

习题 3.1

1. 证明：由于 $f(x)$ 在 $[x_1,x_2]$ 上连续，在 (x_1,x_2) 可导，且 $f(x_1)=f(x_2)$，根据罗尔

定理知,存在 $\xi_1 \in (x_1, x_2)$,使 $f'(\xi_1)=0$. 同理存在 $\xi_2 \in (x_2, x_3)$,使 $f'(\xi_2)=0$. 又 $f'(x)$ 在 $[\xi_1, \xi_2]$ 上符合罗尔定理的条件,故有 $\xi \in (x_1, x_3)$,使得 $f''(\xi)=0$.

2. 证明:由于 $f(x)$ 在 $[a,b]$ 内可导,从而 $f(x)$ 在闭区间 $[a,b]$ 内连续,在开区间 (a,b) 内可导. 又因为 $f(a)<0, f(c)>0$,根据零点定理,必存在点 $\xi_1 \in (a,c)$,使得 $f(\xi_1)=0$. 同理,存在点 $\xi_2 \in (c,b)$,使得 $f(\xi_2)=0$. 因此, $f(x)$ 在 $[\xi_1, \xi_2]$ 上满足罗尔定理的条件,故存在 $\xi \in (a,b)$,使 $f'(\xi)=0$ 成立.

3. 证明:(1) 设 $f(t)=\sin t - t\cos t$,函数 $f(t)$ 在区间 $[0,x]$ 上满足拉格朗日中值定理的条件,且 $f'(t)=t\sin t$,故 $f(x)-f(0)=f'(\xi)(x-0)$, $0<\xi<x$,即
$$\sin x - x\cos x = x\xi\sin\xi > 0 \ (0<x<\pi),$$
因此,当 $0<x<\pi$ 时, $\dfrac{\sin x}{x} > \cos x$.

(2) 取 $y=\ln x$,它在 $[a,b]$ 上连续,在 (a,b) 内可导,由拉格朗日定理知 $\exists \xi \in (a,b)$ 使得 $\ln b - \ln a = \dfrac{1}{\xi}(b-a)$,因为 $\xi \in (a,b)$, $\dfrac{1}{b} < \dfrac{1}{\xi} < \dfrac{1}{a}$,所以 $\dfrac{b-a}{b} < \ln\dfrac{b}{a} < \dfrac{b-a}{a}$.

习题 3.2

1. (1) 解: $\lim\limits_{x \to a} \dfrac{x^m - a^m}{x^n - a^n} = \lim\limits_{x \to a} \dfrac{mx^{m-1}}{nx^{n-1}} = \dfrac{m}{n} a^{m-n}$.

(2) 解: $\lim\limits_{x \to 0} \dfrac{2^x + 2^{-x} - 2}{x^2} = \lim\limits_{x \to 0} \dfrac{2^x \ln 2 - 2^{-x} \ln 2}{2x} = (\ln 2)^2$.

(3) 解: $\lim\limits_{x \to 0} \dfrac{\sin x - \tan x}{x^3} = \lim\limits_{x \to 0} \dfrac{\tan x(\cos x - 1)}{x^3} = \lim\limits_{x \to 0} \dfrac{x \cdot (-\frac{1}{2}x^2)}{x^3} = -\dfrac{1}{2}$.

(4) 解: $\lim\limits_{x \to 0} \dfrac{e^x - \sin x - 1}{(\arcsin x)^2} = \lim\limits_{x \to 0} \dfrac{e^x - \sin x - 1}{x^2} = \lim\limits_{x \to 0} \dfrac{e^x - \cos x}{2x} = \lim\limits_{x \to 0} \dfrac{e^x + \sin x}{2} = \dfrac{1}{2}$.

(5) 解: $\lim\limits_{x \to 0} \left(\dfrac{1}{x} - \dfrac{1}{e^x - 1} \right) = \lim\limits_{x \to 0} \dfrac{e^x - x - 1}{x(e^x - 1)} = \lim\limits_{x \to 0} \dfrac{\frac{1}{2}x^2}{x^2} = \dfrac{1}{2}$.

(6) 解: $\lim\limits_{x \to 0^+} \left(\dfrac{1}{x} \right)^{\tan x} = e^{-\lim\limits_{x \to 0^+} \tan x \ln x} = e^{-\lim\limits_{x \to 0^+} \frac{\ln x}{\cot x}} = e^{-\lim\limits_{x \to 0^+} \frac{\frac{1}{x}}{-\csc^2 x}} = e^{\lim\limits_{x \to 0^+} \frac{\sin^2 x}{x}} = 1$.

2. (1) 解: $\lim\limits_{x \to 0} \dfrac{x e^{\cos x}}{1 - \sin x - \cos x} = \lim\limits_{x \to 0} \dfrac{e^{\cos x} + x e^{\cos x}(-\sin x)}{-\cos x + \sin x} = \dfrac{e}{-1} = -e$.

(2) 解: $\lim\limits_{x \to 0} \dfrac{x - \arcsin x}{\sin^3 x} = \lim\limits_{x \to 0} \dfrac{x - \arcsin x}{x^3}$ ($\sin^3 x \sim x^3$)
$= \lim\limits_{x \to 0} \dfrac{1 - \dfrac{1}{\sqrt{1-x^2}}}{3x^2} = \lim\limits_{x \to 0} \dfrac{\frac{1}{2}(1-x^2)^{-\frac{3}{2}}(-2x)}{6x} = -\dfrac{1}{6}$.

(3) 解: $\lim\limits_{x \to 1} \left(\dfrac{x}{x-1} - \dfrac{1}{\ln x} \right) = \lim\limits_{x \to 1} \dfrac{x \ln x - x + 1}{(x-1)\ln x} = \lim\limits_{x \to 1} \dfrac{\ln x + 1 - 1}{\ln x + \dfrac{x-1}{x}}$
$= \lim\limits_{x \to 1} \dfrac{x \ln x}{x \ln x + x - 1} = \lim\limits_{x \to 1} \dfrac{\ln x + 1}{\ln x + 1 + 1} = \dfrac{1}{2}$.

(4) 解: $\lim\limits_{x \to 0} \left(\dfrac{1}{x} - \dfrac{1}{e^x - 1} \right) = \lim\limits_{x \to 0} \dfrac{e^x - 1 - x}{x(e^x - 1)} = \lim\limits_{x \to 0} \dfrac{e^x - 1}{e^x - 1 + x e^x}$

$$=\lim_{x\to 0}\frac{e^x}{e^x+e^x+xe^x}=\frac{1}{2}.$$

(5) 解：$\lim\limits_{x\to 0}\cot x(\frac{1}{\sin x}-\frac{1}{x})=\lim\limits_{x\to 0}\frac{\cot x(x-\sin x)}{x\sin x}=\lim\limits_{x\to 0}\frac{\cos x(x-\sin x)}{x\sin^2 x}$

$$=\lim_{x\to 0}\cos x\lim_{x\to 0}\frac{x-\sin x}{x^3}=\lim_{x\to 0}\frac{1-\cos x}{3x^2}=\lim_{x\to 0}\frac{\sin x}{6x}=\frac{1}{6}.$$

(6) 解：因为 $\lim\limits_{x\to 0^+}\dfrac{1}{\ln x}\ln(\cot x)=\lim\limits_{x\to 0^+}\dfrac{\dfrac{1}{\cot x}\cdot(-\csc^2 x)}{\dfrac{1}{x}}=\lim\limits_{x\to 0^+}-\dfrac{x}{\cos x\sin x}=-1,$

所以 $\lim\limits_{x\to 0^+}(\cot x)^{\frac{1}{\ln x}}=e^{-1}.$

3. 解：(1) $\lim\limits_{x\to 0}\dfrac{x\cot x-1}{x^2}=\lim\limits_{x\to 0}\dfrac{x\cos x-\sin x}{x^2\sin x}=\lim\limits_{x\to 0}\dfrac{x\cos x-\sin x}{x^3}$ （分母等价无穷小代换）

$$=\lim_{x\to 0}\frac{\cos x-x\sin x-\cos x}{3x^2}=\frac{-1}{3}\lim_{x\to 0}\frac{\sin x}{x}=\frac{-1}{3}.$$

(2) $\lim\limits_{x\to 3^+}\dfrac{\cos x\ln(x-3)}{\ln(e^x-e^3)}=\lim\limits_{x\to 3^+}\cos x\cdot\lim\limits_{x\to 3^+}\dfrac{\ln(x-3)}{\ln(e^x-e^3)}=\cos 3\cdot\lim\limits_{x\to 3^+}\dfrac{1}{e^x}\cdot\lim\limits_{x\to 3^+}\dfrac{e^x-e^3}{x-3}$

$$=\frac{1}{e^3}\cdot\cos 3\cdot\lim_{x\to 3^+}e^x=\cos 3.$$

(3) $\lim\limits_{x\to 0}[\dfrac{1}{x}-\dfrac{1}{x^2}\ln(1+x)]=\lim\limits_{x\to 0}\dfrac{x-\ln(1+x)}{x^2}=\lim\limits_{x\to 0}\dfrac{1-\dfrac{1}{1+x}}{2x}=\lim\limits_{x\to 0}\dfrac{1+x-1}{2x(1+x)}$

$$=\lim_{x\to 0}\frac{1}{2(1+x)}=\frac{1}{2}.$$

(4) $\lim\limits_{x\to 0}\dfrac{\sin x-x\cos x}{\sin^3 x}=\lim\limits_{x\to 0}\dfrac{\cos x-\cos x+x\sin x}{3x^2}=\dfrac{1}{3}.$

(5) $\lim\limits_{x\to 0}\dfrac{e^{\sin x}\ln\cos x}{1-\cos x}=\lim\limits_{x\to 0}e^{\sin x}\lim\limits_{x\to 0}\dfrac{\ln\cos x}{1-\cos x}=\lim\limits_{x\to 0}e^{\sin x}\lim\limits_{x\to 0}\dfrac{\ln\cos x}{\dfrac{1}{2}x^2}=\lim\limits_{x\to 0}\dfrac{-\sin x}{x\cos x}=-1.$

(6) $\lim\limits_{x\to 0}(\dfrac{\cos^2 x}{\sin^2 x}-\dfrac{1}{x})=\lim\limits_{x\to 0}\dfrac{x^2\cos^2 x-\sin^2 x}{x^2\sin^2 x}=\lim\limits_{x\to 0}\dfrac{(x\cos x-\sin x)(x\cos x+\sin x)}{x^4}$

$$=\lim_{x\to 0}\frac{x\cos x+\sin x}{x}\lim_{x\to 0}\frac{x\cos x-\sin x}{x^3}=\lim_{x\to 0}(\cos x+\frac{\sin x}{x})\lim_{x\to 0}\frac{\cos x-x\sin x-\cos x}{3x^2}$

$$=2\lim_{x\to 0}\frac{-\sin x}{3x}=-\frac{2}{3}.$$

(7) $\lim\limits_{x\to 0}(\dfrac{1}{\sin x}-\dfrac{1}{x+x^2})=\lim\limits_{x\to 0}\dfrac{x+x^2-\sin x}{(x+x^2)\sin x}=\lim\limits_{x\to 0}\dfrac{x+x^2-\sin x}{x^2(1+x)}$

$$=\lim_{x\to 0}\frac{1+2x-\cos x}{2x(1+x)+x^2}=\lim_{x\to 0}\frac{2x}{x(2+3x)}+\lim_{x\to 0}\frac{1-\cos x}{x(2+3x)}=\lim_{x\to 0}\frac{2}{2+3x}+\lim_{x\to 0}\frac{\frac{1}{2}x^2}{x(2+3x)}=1.$$

(8) $\lim\limits_{x\to 0}\dfrac{e^{\sin x}(e^{x-\sin x}-1)}{(x+x^2)\ln(1+x)\arcsin x}=\lim\limits_{x\to 0}e^{\sin x}\lim\limits_{x\to 0}\dfrac{e^{x-\sin x}-1}{(x+x^2)\ln(1+x)\arcsin x}$

$$=\lim_{x\to 0}\frac{x-\sin x}{x(1+x)\cdot x\cdot x}=\lim_{x\to 0}\frac{1-\cos x}{3x^2+4x^3}=\lim_{x\to 0}\frac{\frac{1}{2}x^2}{x^2(3+4x)}=\frac{1}{6}.$$

习题 3.3

1. (1) 解:$y'=e^x-1$,当 $x>0$ 时,$y'>0$,所以函数在区间 $[0,+\infty)$ 为单调增加;
当 $x<0$ 时,$y'<0$,所以函数在区间 $(-\infty,0]$ 为单调减少.

(2) 解:$y'=\dfrac{10}{3}x^{-\frac{1}{3}}(x-1)$,

当 $x>1$ 或 $x<0$ 时,$y'>0$,所以函数在区间 $(-\infty,0]\cup[1,+\infty)$ 为单调增加;
当 $0<x<1$ 时,$y'<0$,所以函数在区间 $[0,1]$ 为单调减少.

(3) 解:$y'=\dfrac{1+\dfrac{x}{\sqrt{1+x^2}}}{x+\sqrt{1+x^2}}=\dfrac{1}{\sqrt{1+x^2}}>0$,故函数在 $(-\infty,+\infty)$ 上单调增加.

2. (1) 解:定义域为 $(0,+\infty)$,$y=e^{\frac{1}{x}\ln x}$,$y'=x^{\frac{1}{x}}\dfrac{1}{x^2}(1-\ln x)$,

令 $y'=0$ 得驻点 $x=e$,当 $x\in(0,e)$ 时,$y'>0$,当 $x\in(e,+\infty)$ 时,$y'<0$.
因此,$y(e)=e^{\frac{1}{e}}$ 为极大值.

(2) 解:因为 $y'=3x^2-6x-9=3(x-3)(x+1)$,
$y''=6x-6=6(x-1)$,$x=-1$,$x=3$.
当 $x=-1$ 时,$y''<0$,所以,$y|_{x=-1}=10$ 是函数的极大值,
当 $x=3$ 时,$y''>0$,所以,$y|_{x=3}=-22$ 是函数的极小值.

(3) 解:求导数 $f'(x)=1-x^{-1/3}$,当 $x=1$ 时 $f'(0)=0$,而 $x=0$ 时 $f'(x)$ 不存在,函数 $f(x)$ 在区间 $(-\infty,0)$,$(1,+\infty)$ 单调增加,在区间 $(0,1)$ 单调减少.在点 $x=0$ 处有极大值,在点 $x=1$ 处有极小值 $f(1)=-\dfrac{1}{2}$.

习题 3.4

1. 解:$y(-3)=23$,$y(4)=142$.由 $y'=6x^2+6x-12=0$,得 $x=1$,$x=-2$.
而 $y(1)=7$,$y(-2)=34$,所以最大值为 142,最小值为 7.

2. 解:设底宽为 x 米,截面周长为 L,长方形的高为 y,

由题意知 $xy+\dfrac{1}{2}\pi\left(\dfrac{x}{2}\right)^2=5$,所以 $y=\dfrac{5-\dfrac{\pi x^2}{8}}{x}$.

所以,$L=x+2\dfrac{5-\dfrac{\pi x^2}{8}}{x}+\dfrac{\pi x}{2}=\left(1+\dfrac{\pi}{4}\right)x+\dfrac{10}{x}$,

所以,$L'=\left(1+\dfrac{\pi}{4}\right)-10\cdot\dfrac{1}{x^2}=0\Rightarrow x=\sqrt{\dfrac{40}{4+\pi}}$.底宽为 $x=\sqrt{\dfrac{40}{4+\pi}}$ 时,截面周长最小.

3. 解:(1) $L(Q)=PQ-C(Q)=\dfrac{100-Q}{2}Q-(200+5Q)=-\dfrac{1}{2}Q^2+45Q-200$,

$L'(Q)=-Q+45=0\Rightarrow Q=45$,所以,当 $Q=45$ 时该商品的利润最大.

(2) $L(45)=-\dfrac{1}{2}\times45^2+45\times45-200=812.5$,所以最大利润为 81 250 元.

4. 解:设每件商品的售价为 P 元,收益为 $R(P)$,则

$$R(P)=P\times(1\,000+10\times\frac{5-P}{0.01})=6\,000P-1\,000P^2,$$

所以,$R'(P)=6\,000-2\,000P=0\Rightarrow P=3$,所以 $R(3)=3\times(1\,000+2\,000)=9\,000.$

5. 解:$L(x)=3\times x\times(1-\frac{x}{x+100})-1\times x\times\frac{x}{x+100}=3x-\frac{4x^2}{x+100},$

所以,
$$L'(x)=3-\frac{8x(x+100)-4x^2}{(x+100)^2}=3-\frac{4x^2+800x}{(x+100)^2}=0\Rightarrow x=100,$$
$$L(100)=3\times100\times\frac{1}{2}-1\times100\times\frac{1}{2}=100,$$

所以,当 $x=100$ 时获利最大,获利 100.

复习题三

一、选择题

1. C   2. B

二、填空题

1. 2.   2. $(-\infty,0],[4,+\infty)$ 和 $[0,4]$.   3. $-\frac{1}{\ln 2}$.   4. $x=\frac{3}{4}$.

三、计算题

1. 解:$\lim\limits_{x\to 0}\frac{\sqrt{1+\tan x}-\sqrt{1+\sin x}}{x^2\sin 3x}=\lim\limits_{x\to 0}\frac{\tan x-\sin x}{x^2\sin 3x(\sqrt{1+\tan x}+\sqrt{1+\sin x})}$

$=\lim\limits_{x\to 0}\frac{\tan x-\sin x}{6x^3}=\lim\limits_{x\to 0}\frac{\sec^2 x-\cos x}{18x^2}=\lim\limits_{x\to 0}\frac{1-\cos^3 x}{18x^2\cos^2 x}=\lim\limits_{x\to 0}\frac{1-\cos^3 x}{18x^2}$

$=\lim\limits_{x\to 0}\frac{3\cos^2 x\sin x}{36x}=\frac{1}{12}.$

2. 解:$\lim\limits_{x\to 0}\frac{\arctan x-x}{\ln(1+2x^3)}=\lim\limits_{x\to 0}\frac{\arctan x-x}{2x^3}=\lim\limits_{x\to 0}\frac{\frac{1}{1+x^2}-1}{6x^2}$

$=\lim\limits_{x\to 0}\frac{-x^2}{6x^2(1+x^2)}=\lim\limits_{x\to 0}-\frac{1}{6(1+x^2)}=-\frac{1}{6}.$

3. 解:$\lim\limits_{x\to 0}(\frac{1}{x^2}-\frac{1}{\sin^2 x})=\lim\limits_{x\to 0}\frac{\sin^2 x-x^2}{x^2\sin^2 x}=\lim\limits_{x\to 0}\frac{\sin^2 x-x^2}{x^4}=\lim\limits_{x\to 0}\frac{2\sin x\cos x-2x}{4x^3}$

$=\lim\limits_{x\to 0}\frac{\sin x\cos x-x}{2x^3}=\lim\limits_{x\to 0}\frac{\cos^2 x-\sin^2 x-1}{6x^2}=\lim\limits_{x\to 0}\frac{-2\sin^2 x}{6x^2}=-\frac{1}{3}.$

四、应用题

解:设成本函数为 $C(x)$,因 $C'(x)=1$,且固定成本 $C_0=2$,所以 $C(x)=x+2,$

所以 $L(x)=R(x)-C(x)=\begin{cases}3x-\frac{1}{2}x^2-2,0\leqslant x\leqslant 4;\\ 6-x,x>4.\end{cases}$ 所以 $L'(x)$

$=\begin{cases}3-x,0<x<4;\\ -1,x>4.\end{cases}$

令 $L'(x)=0 \Rightarrow x=3, L(3)=2.5$，所以，当 $x=3$ 百件时，利润最大，最大利润为 2.5 万元.

习题 4.1

解：(1) $\int \sqrt{x\sqrt{x}}\,dx = \int x^{\frac{3}{4}}\,dx = \frac{4}{7}x^{\frac{7}{4}} + C.$

(2) $\int \frac{1}{\sin^2 x \cos^2 x}\,dx = \int (\frac{1}{\sin^2 x} + \frac{1}{\cos^2 x})\,dx = \int (\csc^2 x + \sec^2 x)\,dx = \tan x - \cot x + C.$

(3) $\int \frac{\cos 2x}{\sin^2 x}\,dx = \int \frac{1-2\sin^2 x}{\sin^2 x}\,dx = \int (\csc^2 x - 2)\,dx = -\cot x - 2x + C.$

(4) $\int 5^{-x} e^x\,dx = \int (\frac{e}{5})^x\,dx$，根据积分公式 $\int a^x\,dx = \frac{1}{\ln a}a^x + C$，

原积分 $= \frac{1}{\ln \frac{e}{5}}(\frac{e}{5})^x + C = \frac{1}{1-\ln 5}(\frac{e}{5})^x + C.$

(5) $\int (\sqrt{x}+4)^2\,dx = \int (x + 8\sqrt{x} + 16)\,dx = \frac{1}{2}x^2 + 8 \times \frac{2}{3}x^{\frac{3}{2}} + 16x + C$
$= \frac{1}{2}x^2 + \frac{16}{3}x\sqrt{x} + 16x + C.$

(6) 由于 $\frac{1+2x^2}{x^2(1+x^2)} = \frac{(1+x^2)+x^2}{x^2(1+x^2)} = \frac{1}{x^2} + \frac{1}{1+x^2}$，所以
$\int \frac{(1+2x^2)\,dx}{x^2(1+x^2)} = \int (\frac{1}{x^2} + \frac{1}{1+x^2})\,dx = \int \frac{1}{x^2}\,dx + \int \frac{1}{1+x^2}\,dx = -\frac{1}{x} + \arctan x + C.$

(7) $\int \sin^2 \frac{x}{2}\,dx = \int (\frac{1}{2} - \frac{1}{2}\cos x)\,dx = \frac{1}{2}x - \frac{1}{2}\sin x + C.$

(8) 不能直接用公式，用加项减项变换，即
$\int \frac{1-2x^2}{1+x^2}\,dx = \int \frac{-2-2x^2+3}{1+x^2}\,dx = -2\int dx + 3\int \frac{dx}{1+x^2} = -2x + 3\arctan x + C.$

(9) 原式 $= \int [1+\sin x]\,dx = \int dx + \int \sin x\,dx = x - \cos x + C.$

(10) $\int \sec x(\sec x - \tan x)\,dx = \int \sec^2 x\,dx - \int \sec x \tan x\,dx = \tan x - \sec x + C.$

(11) $\int \frac{\sqrt{x} - 2\sqrt[3]{x^2} + 1}{\sqrt[4]{x}}\,dx = \int (x^{\frac{1}{4}} - 2x^{\frac{5}{12}} + x^{-\frac{1}{4}})\,dx = \frac{4}{5}x^{\frac{5}{4}} - \frac{24}{17}x^{\frac{17}{12}} + \frac{4}{3}x^{\frac{3}{4}} + C.$

(12) 原式 $= \int \frac{1-2x+x^2}{\sqrt{x}}\,dx = \int (x^{-\frac{1}{2}} - 2x^{\frac{1}{2}} + x^{\frac{3}{2}})\,dx = 2x^{\frac{1}{2}} - \frac{4}{3}x^{\frac{3}{2}} + \frac{2}{5}x^{\frac{5}{2}} + C.$

(13) $\int \frac{x^4+1}{x^2+1}\,dx = \int \frac{(x^4-1)+2}{x^2+1}\,dx = \int [(x^2-1) + \frac{2}{x^2+1}]\,dx$
$= \frac{x^3}{3} - x + 2\arctan x + C.$

(14) $\int \frac{dx}{x(x+1)} = \int [\frac{1}{x} - \frac{1}{x+1}]\,dx = \ln|x| - \ln|x+1| + C = \ln\left|\frac{x}{x+1}\right| + C.$

(15) $\int \tan^2 x\,dx = \int (\sec^2 x - 1)\,dx = \tan x - x + C.$

习题 4.2

解：(1) $\int \dfrac{1}{1-2x}\,\mathrm{d}x = \int \dfrac{1}{1-2x}(-\dfrac{1}{2})\mathrm{d}(1-2x) = -\dfrac{1}{2}\ln|1-2x|+C.$

(2) $\int \dfrac{1}{x^2+2x+2}\,\mathrm{d}x = \int \dfrac{1}{(x+1)^2+1}\mathrm{d}(x+1) = \arctan(x+1)+C.$

(3) $\int \dfrac{\arctan x}{1+x^2}\,\mathrm{d}x = \int \arctan x\,\mathrm{d}\arctan x = \dfrac{1}{2}(\arctan x)^2+C.$

(4) $\int \dfrac{x^4}{(x^5+1)^4}\,\mathrm{d}x = \dfrac{1}{5}\int \dfrac{1}{(x^5+1)^4}\mathrm{d}(x^5+1) = -\dfrac{1}{15}\dfrac{1}{(x^5+1)^3}+C.$

(5) $\int \dfrac{\mathrm{d}x}{\sin^2 x + 4\cos^2 x} = \int \dfrac{\mathrm{d}x}{(\tan^2 x+4)\cos^2 x} = \int \dfrac{\mathrm{d}\tan x}{(\tan^2 x+4)} = \dfrac{1}{2}\arctan\dfrac{\tan x}{2}+C.$

(6) $\int \dfrac{\mathrm{e}^x}{1+\mathrm{e}^x}\,\mathrm{d}x = \int \dfrac{1}{1+\mathrm{e}^x}\mathrm{d}(1+\mathrm{e}^x) = \ln(1+\mathrm{e}^x)+C.$

(7) $\int \dfrac{1}{\sqrt{x}(1+x)}\,\mathrm{d}x = 2\int \dfrac{1}{(1+(\sqrt{x})^2)}\mathrm{d}\sqrt{x} = 2\arctan\sqrt{x}+C.$

(8) $\int \sin x\cos^3 x\,\mathrm{d}x = -\int \cos^3 x\,\mathrm{d}\cos x = -\dfrac{1}{4}\cos^4 x+C.$

(9) $\int \dfrac{1}{1-x^2}\ln\dfrac{1+x}{1-x}\,\mathrm{d}x = \dfrac{1}{2}\int \ln\dfrac{1+x}{1-x}\,\mathrm{d}\left(\ln\dfrac{1+x}{1-x}\right) = \dfrac{1}{4}\left(\ln\dfrac{1+x}{1-x}\right)^2+C.$

(10) $\int \dfrac{\sin x - \cos x}{(\cos x + \sin x)^2}\,\mathrm{d}x = -\int \dfrac{1}{(\cos x + \sin x)^2}\mathrm{d}(\cos x + \sin x) = \dfrac{1}{\cos x + \sin x}+C.$

(11) $\int \mathrm{e}^{5x}\,\mathrm{d}x = \dfrac{1}{5}\int \mathrm{e}^{5x}\,\mathrm{d}(5x) = \dfrac{1}{5}\mathrm{e}^{5x}+C.$

(12) $\int \dfrac{1}{\sqrt[3]{2-3x}}\,\mathrm{d}x = -\dfrac{1}{3}\int (2-3x)^{-\frac{1}{3}}\mathrm{d}(2-3x) = -\dfrac{1}{2}(2-3x)^{\frac{2}{3}}+C.$

(13) $\int \tan^{10} x \cdot \sec^2 x\,\mathrm{d}x = \int \tan^{10} x\,\mathrm{d}(\tan x) = \dfrac{1}{11}\tan^{11} x+C.$

(14) $\int \dfrac{1}{x\ln x \ln\ln x}\,\mathrm{d}x = \int \dfrac{1}{x\ln x}\cdot\dfrac{1}{\ln\ln x}\,\mathrm{d}x = \int \dfrac{1}{\ln\ln x}\,\mathrm{d}(\ln\ln x) = \ln|\ln\ln x|+C.$

(15) $\int \dfrac{\mathrm{d}x}{\mathrm{e}^x+\mathrm{e}^{-x}} = \int \dfrac{\mathrm{e}^x}{\mathrm{e}^{2x}+1}\,\mathrm{d}x = \int \dfrac{1}{\mathrm{e}^{2x}+1}\mathrm{d}(\mathrm{e}^x) = \arctan \mathrm{e}^x+C.$

(16) $\int x\mathrm{e}^{-x^2}\,\mathrm{d}x = -\dfrac{1}{2}\int \mathrm{e}^{-x^2}\mathrm{d}(-x^2) = -\dfrac{1}{2}\mathrm{e}^{-x^2}+C.$

(17) $\int \dfrac{x\,\mathrm{d}x}{x^2+2} = \dfrac{1}{2}\int \dfrac{1}{x^2+2}\mathrm{d}(x^2+2) = \dfrac{1}{2}\ln(x^2+2)+C.$

(18) $\int \dfrac{3x^3}{1-x^4}\,\mathrm{d}x = -\dfrac{3}{4}\int \dfrac{1}{1-x^4}\mathrm{d}(1-x^4) = -\dfrac{3}{4}\ln|1-x^4|+C.$

(19) $\int \dfrac{\sin x\cos x}{1+\sin^4 x}\,\mathrm{d}x = \dfrac{1}{2}\int \dfrac{1}{1+\sin^4 x}\mathrm{d}(\sin^2 x) = \dfrac{1}{2}\arctan(\sin^2 x)+C.$

(20) 令 $\sqrt{2x}=t$，即 $x=\dfrac{1}{2}t^2$，则 $\mathrm{d}x=t\mathrm{d}t.$

所以，$\int \dfrac{\mathrm{d}x}{1+\sqrt{2x}} = \int \dfrac{t\mathrm{d}t}{1+t} = \int (1-\dfrac{1}{1+t})\,\mathrm{d}t = t-\ln|1+t|+C$

$$= \sqrt{2x} - \ln|1+\sqrt{2x}| + C = \sqrt{2x} - \ln(1+\sqrt{2x}) + C.$$

(21) 令 $\sqrt{1+e^x} = t$，则 $1+e^x = t^2, x = \ln(t^2-1), dx = \dfrac{2tdt}{t^2-1}.$

所以，$\int \dfrac{1}{\sqrt{1+e^x}} dx = \int \dfrac{1}{t} \cdot \dfrac{2t}{t^2-1} dt = \int \dfrac{2dt}{t^2-1} = \int (\dfrac{1}{t-1} - \dfrac{1}{t+1}) dt$

$$= \ln(t-1) - \ln(t+1) + C = \ln \dfrac{\sqrt{1+e^x}-1}{\sqrt{1+e^x}+1} + C.$$

(22) $\int \dfrac{\sin x}{\cos^3 x} dx = -\int \dfrac{1}{\cos^3 x} d(\cos x) = \dfrac{1}{2} \sec^2 x + C.$

(23) 令 $x = \sec t (0 < t < \dfrac{\pi}{2})$，则 $dx = \sec t \cdot \tan t dt.$

所以，$\int \dfrac{dx}{x\sqrt{x^2-1}} = \int \dfrac{\sec t \tan t dt}{\sec t \tan t} = \int 1 dt = t + C = \arccos \dfrac{1}{x} + C.$

(24) $\int \dfrac{2x-1}{\sqrt{1-x^2}} dx = \int \dfrac{2x}{\sqrt{1-x^2}} dx - \int \dfrac{1}{\sqrt{1-x^2}} dx$

$$= -\int \dfrac{1}{\sqrt{1-x^2}} d(1-x^2) - \arcsin x = -2\sqrt{1-x^2} - \arcsin x + C.$$

(25) $\int \dfrac{\sin x + \cos x}{\sqrt[3]{\sin x - \cos x}} dx = \int \dfrac{1}{\sqrt[3]{\sin x - \cos x}} d(\sin x - \cos x) = \dfrac{3}{2}(\sin x - \cos x)^{\frac{2}{3}} + C.$

(26) $\int \sin 2x \cos 3x dx = \dfrac{1}{2}\int (\sin 5x - \sin x) dx = \dfrac{1}{2}\int \sin 5x dx - \dfrac{1}{2}\int \sin x dx$

$$= \dfrac{1}{10}\int \sin 5x d(5x) - \dfrac{1}{2}\int \sin x dx = \dfrac{1}{2}\cos x - \dfrac{1}{10}\cos 5x + C.$$

(27) $\int \tan^3 x \cdot \sec x dx = \int \tan^2 x \cdot \sec x \tan x dx = \int (\sec^2 x - 1) d(\sec x)$

$$= \dfrac{1}{3}\sec^3 x - \sec x + C.$$

(28) $\int 10^{2\arccos x} \dfrac{dx}{\sqrt{1-x^2}} = -\dfrac{1}{2}\int 10^{2\arccos x} d(2\arccos x) = -\dfrac{1}{2\ln 10} 10^{2\arccos x} + C.$

(29) $\int \dfrac{1+\ln x}{(x\ln x)^2} dx = \int \dfrac{1}{(x\ln x)^2} d(x\ln x) = -\dfrac{1}{x\ln x} + C.$

(30) 令 $x = 3\sec t$，则 $dx = 3\sec t \cdot \tan t dt.$

所以，$\int \dfrac{\sqrt{x^2-9}}{x} dx = \int \dfrac{3\tan t}{3\sec t} \cdot 3\sec t \cdot \tan t dt = 3\int \tan^2 t dt = 3\int (\sec^2 t - 1) dt$

$$= 3\tan t - 3t + C = \sqrt{x^2-9} - 3\arccos \dfrac{3}{x} + C.$$

习题 4.3

1. (1) 解：$\int \arcsin x dx = x\arcsin x - \int x \dfrac{1}{\sqrt{1-x^2}} dx$

$$= x\arcsin x + \dfrac{1}{2}\int \dfrac{1}{\sqrt{1-x^2}} d(1-x^2) = x\arcsin x + \sqrt{1-x^2} + C.$$

(2) 解：$\int \ln(1+x^2)\,dx = x\ln(1+x^2) - \int x\dfrac{2x}{1+x^2}\,dx = x\ln(1+x^2) - \int \dfrac{2x^2}{1+x^2}\,dx$

$= x\ln(1+x^2) - \int \dfrac{2(x^2+1)-2}{1+x^2}\,dx = x\ln(1+x^2) - \int 2dx + 2\int \dfrac{dx}{1+x^2}$

$= x\ln(1+x^2) - 2x + 2\arctan x + C.$

(3) 解：$\int \arctan x\,dx = x\arctan x - \int x\dfrac{dx}{1+x^2} = x\arctan x - \dfrac{1}{2}\int \dfrac{d(1+x^2)}{1+x^2}$

$= x\arctan x - \dfrac{1}{2}\ln(1+x^2) + C.$

(4) 解：$\int x^2 \arctan x\,dx = \int \arctan x\,d(\dfrac{x^3}{3}) = \dfrac{1}{3}x^3\arctan x - \int \dfrac{1}{3}x^3 \dfrac{1}{1+x^2}\,dx$

$= \dfrac{1}{3}x^3\arctan x - \dfrac{1}{3}\int \dfrac{x^3+x-x}{1+x^2}\,dx = \dfrac{1}{3}x^3\arctan x - \dfrac{1}{3}\int (x - \dfrac{x}{1+x^2})\,dx$

$= \dfrac{1}{3}x^3\arctan x - \dfrac{1}{3}\int x\,dx + \dfrac{1}{3}\int \dfrac{x}{1+x^2}\,dx = \dfrac{1}{3}x^3\arctan x - \dfrac{1}{6}x^2 + \dfrac{1}{6}\int \dfrac{1}{1+x^2}\,d(1+x^2)$

$= \dfrac{1}{3}x^3\arctan x - \dfrac{1}{6}x^2 + \dfrac{1}{6}\ln(1+x^2) + C.$

(5) 解：$\int x\cos\dfrac{x}{2}\,dx = 2\int x\,d\sin\dfrac{x}{2} = 2x\sin\dfrac{x}{2} - 2\int \sin\dfrac{x}{2}\,dx$

$= 2x\sin\dfrac{x}{2} - 4\int \sin\dfrac{x}{2}\,d\dfrac{x}{2} = 2x\sin\dfrac{x}{2} + 4\cos\dfrac{x}{2} + C.$

(6) 解：$\int x\tan^2 x\,dx = \int x(\sec^2 x - 1)\,dx = \int (x\sec^2 x - x)\,dx = \int x\sec^2 x\,dx - \int x\,dx$

$= \int x\,d(\tan x) - \int x\,dx = x\tan x - \int \tan x\,dx - \dfrac{1}{2}x^2 = x\tan x + \ln|\cos x| - \dfrac{1}{2}x^2 + C.$

(7) 解：$\int \ln^2 x\,dx = x\ln^2 x - \int x \cdot 2\ln x \cdot \dfrac{1}{x}\,dx = x\ln^2 x - 2\int \ln x\,dx$

$= x\ln^2 x - 2x\ln x + 2\int x \cdot \dfrac{1}{x}\,dx = x\ln^2 x - 2x\ln x + 2\int dx = x\ln^2 x - 2x\ln x + 2x + C.$

(8) 解：$\int x\ln(x-1)\,dx = \int \ln(x-1)\,d\dfrac{x^2}{2} = \dfrac{1}{2}x^2\ln(x-1) - \dfrac{1}{2}\int \dfrac{x^2}{x-1}\,dx$

$= \dfrac{1}{2}x^2\ln(x-1) - \dfrac{1}{2}\int \dfrac{x^2-1+1}{x-1}\,dx = \dfrac{1}{2}x^2\ln(x-1) - \dfrac{1}{2}\int (x+1+\dfrac{1}{x-1})\,dx$

$= \dfrac{1}{2}x^2\ln(x-1) - \dfrac{1}{4}x^2 - \dfrac{1}{2}x - \dfrac{1}{2}\ln(x-1) + C.$

(9) 解：$\int \dfrac{\ln^2 x}{x^2}\,dx = \int \ln^2 x\,d(-\dfrac{1}{x}) = -\dfrac{1}{x}\ln^2 x + \int \dfrac{1}{x} \cdot 2\ln x \cdot \dfrac{1}{x}\,dx$

$= -\dfrac{1}{x}\ln^2 x + 2\int \dfrac{\ln x}{x^2}\,dx = -\dfrac{1}{x}\ln^2 x + 2\int \ln x\,d(-\dfrac{1}{x})$

$= -\dfrac{1}{x}\ln^2 x - \dfrac{2}{x}\ln x + 2\int \dfrac{1}{x^2}\,dx = -\dfrac{1}{x}\ln^2 x - \dfrac{2}{x}\ln x - \dfrac{2}{x} + C$

$= -\dfrac{1}{x}(\ln^2 x + 2\ln x + 2) + C.$

(10) 解：因为 $\int \cos\ln x \, dx = x\cos\ln x + \int x\sin\ln x \cdot \frac{1}{x} dx = x\cos\ln x + \int \sin\ln x \, dx$

$= x\cos\ln x + x\sin\ln x - \int x\cos\ln x \cdot \frac{1}{x} dx = x\cos\ln x + x\sin\ln x - \int \cos\ln x \, dx$,

所以，$\int \cos\ln x \, dx = \frac{x}{2}(\cos\ln x + \sin\ln x) + C$.

(11) 解：$\int x^2 e^{-x} dx = -x^2 e^{-x} + \int e^{-x} 2x \, dx = -x^2 e^{-x} - 2xe^{-x} + 2\int e^{-x} dx$

$= -x^2 e^{-x} - 2xe^{-x} - 2e^{-x} + C = -e^{-x}(x^2 + 2x + 2) + C$.

(12) 解：$\int \frac{\ln\ln x}{x} dx = \int \ln\ln x \, d(\ln x) = \ln x \ln\ln x - \int \ln x \cdot \frac{1}{\ln x} \cdot \frac{1}{x} dx$

$= \ln x \ln\ln x - \int \frac{1}{x} dx = \ln x \ln\ln x - \ln x + C = \ln x(\ln\ln x - 1) + C$.

(13) 解：$\int x e^{3x} dx = \int x \, d(\frac{1}{3}e^{3x}) = \frac{1}{3}xe^{3x} - \frac{1}{3}\int e^{3x} dx = \frac{1}{3}xe^{3x} - \frac{1}{9}\int e^{3x} d3x$

$= \frac{1}{3}(x - \frac{1}{3})e^{3x} + C$.

(14) 解：$\int (x+1)e^x dx = \int (x+1) \, de^x = (x+1)e^x - \int e^x dx = xe^x + C$.

(15) 解：$\int x^2 \cos x \, dx = \int x^2 \, d\sin x = x^2 \sin x - 2\int x\sin x \, dx = x^2 \sin x + 2\int x \, d\cos x$

$= x^2 \sin x + 2x\cos x - 2\int \cos x \, dx = x^2 \sin x + 2x\cos x - 2\sin x + C$.

(16) 解：$\int x\ln(x+1) \, dx = \int \ln(x+1) \, d(\frac{1}{2}x^2) = \frac{1}{2}x^2 \ln(x+1) - \frac{1}{2}\int \frac{x^2}{x+1} dx$

$= \frac{1}{2}x^2 \ln(x+1) - \frac{1}{2}\int (x - 1 + \frac{1}{x+1}) \, dx$

$= \frac{1}{2}x^2 \ln(x+1) - \frac{1}{4}x^2 + \frac{1}{2}x - \frac{1}{2}\ln(x+1) + C$.

2. (1) 解：$\int x\sin x\cos x \, dx = \int \frac{1}{2}x\sin 2x \, dx = \frac{1}{2}\int x \, d(-\frac{1}{2}\cos 2x) = -\frac{1}{4}x\cos 2x$

$+ \frac{1}{4}\int \cos 2x \, dx = -\frac{1}{4}x\cos 2x + \frac{1}{8}\int \cos 2x \, d2x = -\frac{1}{4}x\cos 2x + \frac{1}{8}\sin 2x + C$.

(2) 解：$\int x^2 \cos^2 \frac{x}{2} dx = \int (\frac{1}{2}x^2 + \frac{1}{2}x^2 \cos x) dx = \frac{1}{2}\int x^2 dx + \frac{1}{2}\int x^2 \cos x \, dx$

$= \frac{1}{6}x^3 + \frac{1}{2}\int x^2 \, d\sin x = \frac{1}{6}x^3 + \frac{1}{2}x^2 \sin x - \frac{1}{2}\int 2x\sin x \, dx$

$= \frac{1}{6}x^3 + \frac{1}{2}x^2 \sin x + \int x \, d\cos x = \frac{1}{6}x^3 + \frac{1}{2}x^2 \sin x + x\cos x - \int \cos x \, dx$

$= \frac{1}{6}x^3 + \frac{1}{2}x^2 \sin x + x\cos x - \sin x + C$.

(3) 解：令 $t = \sqrt[3]{x}$，则 $x = t^3$，$dx = 3t^2 dt$，

$\int e^{\sqrt[3]{x}} dx = \int e^t 3t^2 dt = 3\int e^t t^2 dt = 3\int t^2 \, de^t = 3t^2 e^t - 3\int 2te^t dt$

$$= 3t^2 e^t - 3\int 2t de^t = 3t^2 e^t - 6e^t t + 6\int e^t dt = 3t^2 e^t - 6e^t t + 6e^t + C$$

$$= 3\sqrt[3]{x^2} e^{\sqrt[3]{x}} - 6e^{\sqrt[3]{x}}\sqrt[3]{x} + 6e^{\sqrt[3]{x}} + C = 3e^{\sqrt[3]{x}}(\sqrt[3]{x^2} - 2\sqrt[3]{x} + 2) + C.$$

(4) 解:$\int \dfrac{\ln(1+x)}{\sqrt{x}} dx = \int \ln(1+x) d(2\sqrt{x}) = 2\sqrt{x}\ln(1+x) - \int \dfrac{2\sqrt{x}}{1+x} dx.$

令 $t = \sqrt{x}$,则 $dx = 2t dt$,所以,

$$\int \dfrac{2\sqrt{x}}{1+x} dx = 4\int \dfrac{t^2}{1+t^2} dt = 4\int dt - 4\int \dfrac{1}{1+t^2} dt = 4t - 4\arctan t - C,$$

$$= 4\sqrt{x} - 4\arctan\sqrt{x} - C$$

所以,原积分 $\int \dfrac{\ln(1+x)}{\sqrt{x}} dx = 2\sqrt{x}\ln(1+x) - 4\sqrt{x} + 4\arctan\sqrt{x} + C.$

(5) 解:$\int \dfrac{\ln(1+e^x)}{e^x} dx = \int \ln(1+e^x) d(-e^{-x}) = -e^{-x}\ln(1+e^x) + \int e^{-x} \dfrac{e^x}{1+e^x} dx$

$$= -e^{-x}\ln(1+e^x) + \int \dfrac{e^{-x}}{1+e^{-x}} dx = -e^{-x}\ln(1+e^x) - \int \dfrac{1}{1+e^{-x}} d(1+e^{-x})$$

$$= -e^{-x}\ln(1+e^x) - \ln(1+e^{-x}) + C.$$

(6) 解:$\int x\ln\dfrac{1+x}{1-x} dx = \int \ln\dfrac{1+x}{1-x} d(\dfrac{1}{2}x^2)$

$$= \dfrac{1}{2}x^2 \ln\dfrac{1+x}{1-x} - \dfrac{1}{2}\int x^2 \dfrac{1-x}{1+x} \cdot \dfrac{1-x+1+x}{(1-x)^2} dx = \dfrac{1}{2}x^2 \ln\dfrac{1+x}{1-x} - \int \dfrac{x^2}{1-x^2} dx$$

$$= \dfrac{1}{2}x^2 \ln\dfrac{1+x}{1-x} + \int dx - \int \dfrac{1}{1-x^2} dx = \dfrac{1}{2}x^2 \ln\dfrac{1+x}{1-x} + x - \dfrac{1}{2}\int (\dfrac{1}{1-x} + \dfrac{1}{1+x}) dx$$

$$= \dfrac{1}{2}x^2 \ln\dfrac{1+x}{1-x} + x - \dfrac{1}{2}[-\ln(1-x) + \ln(1+x)]$$

$$= \dfrac{1}{2}x^2 \ln\dfrac{1+x}{1-x} + x - \dfrac{1}{2}\ln\dfrac{1+x}{1-x} + C = \dfrac{1}{2}(x^2 - 1)\ln\dfrac{1+x}{1-x} + x + C.$$

(7) 解:$\int \dfrac{dx}{\sin 2x \cos x} = \int \dfrac{dx}{2\sin x \cos^2 x} = \int \dfrac{\sec^2 x dx}{2\sin x} = \int \dfrac{d\tan x}{2\sin x}$

$$= \dfrac{\tan x}{2\sin x} - \dfrac{1}{2}\int \tan x (-\csc x \cot x) dx = \dfrac{\tan x}{2\sin x} + \dfrac{1}{2}\int \csc x dx$$

$$= \dfrac{1}{2}(\sec x + \ln|\csc x - \cot x|) + C.$$

(8) 解:因为 $\int e^{-x}\cos x dx = \int \cos x d(-e^{-x}) = -e^{-x}\cos x - \int e^{-x}\sin x dx$

$$= -e^{-x}\cos x - \int \sin x d(-e^{-x}) = -e^{-x}\cos x + e^{-x}\sin x - \int e^{-x}\cos x dx$$

所以,$\int e^{-x}\cos x dx = \dfrac{e^{-x}}{2}(\sin x - \cos x) + C.$

(9) 解:$\int (x^2+1)e^{-x} dx = \int x^2 e^{-x} dx + \int e^{-x} dx = \int x^2 d(-e^{-x}) + \int e^{-x} dx$

$$= -e^{-x}x^2 + 2\int xe^{-x} dx + \int e^{-x} dx = -e^{-x}x^2 + 2\int x d(-e^{-x}) + \int e^{-x} dx$$

$$=-\mathrm{e}^{-x}x^2-2x\mathrm{e}^{-x}+2\int\mathrm{e}^{-x}\mathrm{d}x+\int\mathrm{e}^{-x}\mathrm{d}x=-\mathrm{e}^{-x}x^2-2x\mathrm{e}^{-x}+3\int\mathrm{e}^{-x}\mathrm{d}x$$
$$=-\mathrm{e}^{-x}(x^2+2x+3)+C.$$

3. 解:因为$f(x)$的一个原函数为$\dfrac{\sin x}{x}$,所以$f(x)=\dfrac{x\cos x-\sin x}{x^2}$.

故$\int x^3 f'(x)\mathrm{d}x = \int x^3 \mathrm{d}f(x) = x^3 f(x) - 3\int x^2 f(x)\mathrm{d}x$

$= x^2\cos x - x\sin x - 3\int(x\cos x - \sin x)\mathrm{d}x = x^2\cos x - x\sin x - 3\int x\mathrm{d}\sin x - 3\cos x$

$= x^2\cos x - x\sin x - 3x\sin x + 3\int\sin x\mathrm{d}x - 3\cos x = x^2\cos x - 4x\sin x - 6\cos x + C.$

4. 解:因为$F'(x)=f(x)$,所以$F'(x)F(x)=\sin^2 2x$,两边积分得:

$\int F'(x)F(x)\mathrm{d}x = \int\sin^2 2x\mathrm{d}x$,即$\dfrac{1}{2}F^2(x) = \dfrac{x}{2} - \dfrac{1}{8}\sin 4x + C$,

由$F(0)=1$得:$C=\dfrac{1}{2}$,所以$F(x)=\sqrt{x-\dfrac{1}{4}\sin 4x+1}$,

从而$f(x)=F'(x)=\dfrac{1-\cos 4x}{2\sqrt{x-\dfrac{1}{4}\sin 4x+1}}=\dfrac{\sin^2 2x}{\sqrt{x-\dfrac{1}{4}\sin 4x+1}}$.

复习题四

一、选择题

1. D 2. C 3. C 4. B

二、填空题

1. $\underline{2^x\ln 2}$. 2. $f'(1)=\underline{\dfrac{\sqrt{2}}{2}}$. 3. $\int\dfrac{1}{f(x)}\mathrm{d}x = \underline{\dfrac{1}{2}x^2+\dfrac{1}{4}x^4+C}$.

4. $\int xf''(x)\mathrm{d}x = \underline{xf'(x)-f(x)+C}$.

5. $\int\cos x\mathrm{d}(\mathrm{e}^{\cos x}) = \underline{\mathrm{e}^{\cos x}(\cos x - 1)+C}$.

三、解答题

1. 解:原式$=\int\left(\dfrac{1}{x^2}-\dfrac{1}{1+x^2}\right)\mathrm{d}x = -\dfrac{1}{x}-\arctan x + C.$

2. 解:原式$=\int\left(1-\dfrac{\mathrm{e}^x}{1+\mathrm{e}^x}\right)\mathrm{d}x = x - \ln(1+\mathrm{e}^x)+C.$

3. 解:原式$=\int\left(x-\dfrac{x}{x^2+1}\right)\mathrm{d}x = \dfrac{1}{2}x^2 - \dfrac{1}{2}\ln(x^2+1)+C.$

4. 解:原式$=\int\dfrac{\mathrm{d}x}{(x+1)(x+4)} = \dfrac{1}{3}\int\left(\dfrac{1}{x+1}-\dfrac{1}{x+4}\right)\mathrm{d}x = \dfrac{1}{3}\ln\left|\dfrac{x+1}{x+4}\right|+C.$

5. 解:设$\sqrt[6]{x}=t$,

原式$=\int\dfrac{6t^5}{t^5+t^3}\mathrm{d}t = 6\int\dfrac{t^2+1-1}{t^2+1}\mathrm{d}t = 6(t-\arctan t)+C$

$=6\sqrt[6]{x}-6\arctan\sqrt[6]{x}+C.$

6. 解：原式 $= \dfrac{1}{2}\int x^2 e^{x^2} dx^2 = \dfrac{1}{2}\int x^2 d(e^{x^2}) = \dfrac{1}{2}(x^2 e^{x^2} - e^{x^2}) + C.$

习题 5.1

1. 解：(1) 该定积分表示由直线 $y = x, x = 1, x$ 轴所围成图形面积的代数和，而该面积的大小为 $\dfrac{1}{2}$，故有 $\int_0^1 x dx = \dfrac{1}{2}.$

(2) 该定积分表示由曲线 $y = \sqrt{k^2 - x^2}, x = 0, y = 0$ 所围成图形面积的代数和，而该面积的大小为 $\dfrac{\pi}{4}k^2$，故有 $\int_0^k \sqrt{k^2 - x^2} dx = \dfrac{\pi}{4}k^2.$

(3) 该定积分表示由 $y = \sin x$ 与 x 轴所围成图形的面积代数和，故有 $\int_{-\pi}^{\pi} \sin x dx = 0.$

2. 解：(1) 令 $f(x) = x^2, g(x) = x^3, f(x) - g(x) = x^2 - x^3 = x^2(1 - x).$
因为 $0 \leqslant x \leqslant 1$，故 $f(x) - g(x) \geqslant 0$，即 $f(x) \geqslant g(x)$，有 $\int_0^1 x^2 dx \geqslant \int_0^1 x^3 dx.$

(2) 令 $f(x) = x, g(x) = \sin x, h(x) = f(x) - g(x) = x - \sin x.$
则 $h'(x) = 1 - \cos x \geqslant 0.$ 故 $h(x)$ 单调上升. 又 $h(0) = 0$，所以 $h(x) \geqslant 0.$ 即 $f(x) \geqslant g(x).$ 则有 $\int_0^{\frac{\pi}{2}} x dx \geqslant \int_0^{\frac{\pi}{2}} \sin x dx.$

(3) 令 $f(x) = e^x, g(x) = x, h(x) = f(x) - g(x) = e^x - x.$ 则 $h'(x) = e^x - 1 \geqslant 0$，故 $h(x)$ 单调上升. 又 $h(0) = 1$，所以 $h(x) \geqslant 0.$ 即 $f(x) \geqslant g(x).$ 故有 $\int_0^1 e^x dx \geqslant \int_0^1 x dx.$

(4) 令 $f(x) = x, g(x) = \ln(1 + x); h(x) = f(x) - g(x) = x - \ln(1 + x)$，则 $h'(x) = 1 - \dfrac{1}{1+x} = \dfrac{x}{1+x} \geqslant 0$，故 $h(x)$ 单调上升，又 $h(0) = 0$，所以 $h(x) \geqslant 0.$ 即 $f(x) \geqslant g(x).$ 故有 $\int_0^1 x dx \geqslant \int_0^1 \ln(1 + x) dx.$

3. 解：先求 $f(x) = 4x^4 - 2x^3 + 5$ 在 $[-1, 1]$ 上的最值，由 $f'(x) = 16x^3 - 6x^2 = 0$，得 $x = 0$ 或 $x = \dfrac{3}{8}.$ 比较 $f(-1) = 11, f(0) = 5, f(\dfrac{3}{8}) = \dfrac{5\,093}{1\,024}, f(1) = 7$ 的大小 $f_{\min} = \dfrac{5\,093}{1\,024}, f_{\max} = 11$，由定积分的估值公式，得：

$$f_{\min} \cdot [1 - (-1)] \leqslant \int_{-1}^1 (4x^4 - 2x^3 + 5) dx \leqslant f_{\max} \cdot [1 - (-1)],$$

即 $\dfrac{5\,093}{512} \leqslant \int_{-1}^1 (4x^4 - 2x^3 + 5) dx \leqslant 22.$

习题 5.2

1. 解：(1) $y' = \cos x.$

(2) $y' = \left(\int_0^{x^2} e^t dt\right)' = (x^2)' e^{x^2} = 2x e^{x^2}.$

(3) $y' = \left(\int_{\ln x}^4 \arctan t dt\right)' = -(\ln x)' \cdot \arctan(\ln x) = -\dfrac{1}{x}\arctan(\ln x).$

(4) $y' = \left(\int_{x^2}^{x^4} \ln t \, dt\right)' = (x^4)' \cdot \ln x^4 - (x^2)' \cdot \ln x^2$
$= 4x^3 \ln x^4 - 2x \ln x^2 = 16x^3 \ln|x| - 4x \ln|x|.$

2. 解:(1) $\lim\limits_{x \to 0} \dfrac{\int_0^x \cos t^2 \, dt}{x} = \lim\limits_{x \to 0} \dfrac{\cos x^2}{1} = 1.$

(2) $\lim\limits_{x \to 0} \dfrac{x - \int_0^x e^{t^2} dt}{x^2 \sin 2x} = \lim\limits_{x \to 0} \dfrac{x - \int_0^x e^{t^2} dt}{2x^3} = \lim\limits_{x \to 0} \dfrac{1 - e^{x^2}}{6x^2} = \lim\limits_{x \to 0} \dfrac{-x^2}{6x^2} = -\dfrac{1}{6}.$

(3) 原式 $= \lim\limits_{x \to 0} \dfrac{2(\int_0^x e^{t^2} dt) \cdot e^{x^2}}{x e^{2x^2}} = 2 \lim\limits_{x \to 0} \dfrac{\int_0^x e^{t^2} dt}{x e^{x^2}} = 2 \lim\limits_{x \to 0} \dfrac{\int_0^x e^{t^2} dt}{x} = 2 \lim\limits_{x \to 0} e^{x^2} = 2.$

(4) $\lim\limits_{x \to +\infty} \dfrac{\ln(\int_0^x e^{t^2} dt)}{x^2} = \lim\limits_{x \to +\infty} \dfrac{e^{x^2}}{2x \int_0^x e^{t^2} dt} = \lim\limits_{x \to +\infty} \dfrac{e^{x^2} \cdot 2x}{2\int_0^x e^{t^2} dt + 2x \cdot e^{x^2}}$
$= \lim\limits_{x \to +\infty} \dfrac{x e^{x^2}}{\int_0^x e^{t^2} dt + x e^{x^2}} = \lim\limits_{x \to +\infty} \dfrac{e^{x^2} + 2x^2 e^{x^2}}{e^{x^2} + e^{x^2} + 2x^2 e^{x^2}} = \lim\limits_{x \to +\infty} \dfrac{1 + 2x^2}{2 + 2x^2} = 1,$

所以, $\lim\limits_{x \to +\infty} (\int_0^x e^{t^2} dt)^{\frac{1}{x^2}} = e.$

3. 解:(1) $\int_1^{e^{\frac{1}{4}}} \dfrac{1}{x} dx = \ln|x| \Big|_1^{e^{\frac{1}{4}}} = \dfrac{1}{4}.$

(2) $\int_0^a (3x^2 - 2x + 1) dx = (x^3 - x^2 + x) \Big|_0^a = a^3 - a^2 + a.$

(3) $\int_4^9 \sqrt{x}(1 + \sqrt{x}) dx = \int_4^9 (\sqrt{x} + x) dx = \left(\dfrac{2}{3} x^{\frac{3}{2}} + \dfrac{x^2}{2}\right) \Big|_4^9$
$= \left(\dfrac{2}{3} \times 27 + \dfrac{81}{2} - \dfrac{2}{3} \times 8 - \dfrac{16}{2}\right) = 45 \dfrac{1}{6}.$

(4) $\int_{\frac{\sqrt{3}}{3}}^{\sqrt{3}} \dfrac{1}{1 + x^2} dx = \arctan x \Big|_{\frac{\sqrt{3}}{3}}^{\sqrt{3}} = \dfrac{\pi}{3} - \dfrac{\pi}{6} = \dfrac{\pi}{6}.$

(5) $\int_0^{\frac{1}{2}} \dfrac{1}{\sqrt{1 - x^2}} dx = \arcsin x \Big|_0^{\frac{1}{2}} = \dfrac{\pi}{6}.$

(6) $\int_0^{\sqrt{3}a} \dfrac{1}{a^2 + x^2} dx = \dfrac{1}{a} \arctan \dfrac{x}{a} \Big|_0^{\sqrt{3}a} = \dfrac{1}{a} \cdot \dfrac{\pi}{3} = \dfrac{\pi}{3a}.$

(7) $\int_0^1 \dfrac{3x^4 + 3x^2 + 1}{x^2 + 1} dx = \int_0^1 \left(\dfrac{3x^4 + 3x^2}{x^2 + 1} + \dfrac{1}{x^2 + 1}\right) dx = \int_0^1 \left(3x^2 + \dfrac{1}{x^2 + 1}\right) dx$
$= (x^3 + \arctan x) \Big|_0^1 = 1 + \dfrac{\pi}{4}.$

(8) $\int_{e-1}^2 \dfrac{1}{1 + x} dx = \int_{e-1}^2 \dfrac{1}{1 + x} d(1 + x) = \ln(1 + x) \Big|_{e-1}^2 = \ln 3 - \ln e = \ln 3 - 1.$

(9) $\int_0^{\frac{\pi}{2}} 2 \sin^2 \dfrac{x}{2} dx = \int_0^{\frac{\pi}{2}} (1 - \cos x) dx = (x - \sin x) \Big|_0^{\frac{\pi}{2}} = \dfrac{\pi}{2} - 1.$

习题 5.3

1. 解：(1) $\int_{\frac{\pi}{3}}^{\pi} \sin(x+\frac{\pi}{3})\mathrm{d}x = \int_{\frac{\pi}{3}}^{\pi} \sin(x+\frac{\pi}{3})\mathrm{d}(x+\frac{\pi}{3}) = -\cos(x+\frac{\pi}{3})\Big|_{\frac{\pi}{3}}^{\pi} = 0.$

(2) $\int_{-2}^{1} \frac{\mathrm{d}x}{(11+2x)^2} = \int_{-2}^{1} \frac{\frac{1}{2}\mathrm{d}(11+2x)}{(11+2x)^2} = -\frac{1}{2} \cdot \frac{1}{11+2x}\Big|_{-2}^{1} = \frac{3}{91}.$

(3) $\int_{0}^{\frac{\pi}{2}} \sin\theta \cdot \cos^3\theta \mathrm{d}\theta = -\int_{0}^{\frac{\pi}{2}} \cos^3\theta \mathrm{d}(\cos\theta) = -\frac{1}{4}\cos^4\theta\Big|_{0}^{\frac{\pi}{2}} = \frac{1}{4}.$

(4) $\int_{\frac{\pi}{6}}^{\frac{\pi}{2}} \cos^2 u \mathrm{d}u = \int_{\frac{\pi}{6}}^{\frac{\pi}{2}} \frac{1+\cos 2u}{2}\mathrm{d}u = \int_{\frac{\pi}{6}}^{\frac{\pi}{2}} \frac{1}{2}\mathrm{d}u + \frac{1}{2}\int_{\frac{\pi}{6}}^{\frac{\pi}{2}} \cos 2u \mathrm{d}u$

$= \frac{1}{2}u\Big|_{\frac{\pi}{6}}^{\frac{\pi}{2}} + \frac{1}{4}\int_{\frac{\pi}{6}}^{\frac{\pi}{2}} \cos 2u \mathrm{d}(2u) = \frac{\pi}{6} + \frac{1}{4}\sin 2u\Big|_{\frac{\pi}{6}}^{\frac{\pi}{2}} = \frac{\pi}{6} - \frac{\sqrt{3}}{8}.$

(5) $\int_{0}^{1} \frac{1}{e^x+e^{-x}}\mathrm{d}x = \int_{0}^{1} \frac{1}{e^x+\frac{1}{e^x}}\mathrm{d}x = \int_{0}^{1} \frac{e^x}{e^{2x}+1}\mathrm{d}x = \int_{0}^{1} \frac{1}{e^{2x}+1}\mathrm{d}(e^x)$

$= \arctan e^x \Big|_{0}^{1} = \arctan e - \frac{\pi}{4}.$

(6) 令 $y = \sqrt{2}\sin t$，则 $\mathrm{d}y = \sqrt{2}\cos t \mathrm{d}t$，当 $y = \sqrt{2}$ 时，$t = \frac{\pi}{2}$；当 $y = 0$ 时，$t = 0$.

$\int_{0}^{\sqrt{2}} \sqrt{2-y^2}\mathrm{d}y = \int_{0}^{\frac{\pi}{2}} \sqrt{2}\cos t \cdot \sqrt{2}\cos t \mathrm{d}t = 2\int_{0}^{\frac{\pi}{2}} \cos^2 t \mathrm{d}t = 2\int_{0}^{\frac{\pi}{2}} \frac{1+\cos 2t}{2}\mathrm{d}t$

$= 2\int_{0}^{\frac{\pi}{2}} \frac{1}{2}\mathrm{d}t + 2\int_{0}^{\frac{\pi}{2}} \frac{\cos 2t}{2}\mathrm{d}t = \frac{\pi}{2} + \frac{1}{2}\sin 2t\Big|_{0}^{\frac{\pi}{2}} = \frac{\pi}{2}.$

(7) 令 $x = \tan t$，则 $\mathrm{d}x = \sec^2 t \mathrm{d}t$，当 $x = \sqrt{3}$ 时 $t = \frac{\pi}{3}$，当 $x = 1$ 时 $t = \frac{\pi}{4}$.

$\int_{1}^{\sqrt{3}} \frac{1}{x^2\sqrt{1+x^2}}\mathrm{d}x = \int_{\frac{\pi}{4}}^{\frac{\pi}{3}} \frac{\sec^2 t}{\tan^2 t \sec t}\mathrm{d}t = \int_{\frac{\pi}{4}}^{\frac{\pi}{3}} \frac{\cos t}{\sin^2 t}\mathrm{d}t = \int_{\frac{\pi}{4}}^{\frac{\pi}{3}} \frac{1}{\sin^2 t}\mathrm{d}(\sin t) = -\frac{1}{\sin t}\Big|_{\frac{\pi}{4}}^{\frac{\pi}{3}}$

$= \sqrt{2} - \frac{2}{\sqrt{3}}.$

(8) 令 $x = t^2$，则 $\mathrm{d}x = 2t\mathrm{d}t$. 当 $x = 9$ 时，$t = 3$；当 $x = 4$ 时，$t = 2$.

$\int_{4}^{9} \frac{\sqrt{x}}{\sqrt{x}-1}\mathrm{d}x = \int_{2}^{3} \frac{t}{t-1} \cdot 2t\mathrm{d}t = \int_{2}^{3} \frac{2t^2}{t-1}\mathrm{d}t = \int_{2}^{3} \frac{2t^2-2+2}{t-1}\mathrm{d}t$

$= \int_{2}^{3} (2t+2+\frac{2}{t-1})\mathrm{d}t = [t^2+2t+2\ln(t-1)]\Big|_{2}^{3} = 7+2\ln 2.$

(9) $\int_{1}^{2} x^{-2}e^{\frac{1}{x}}\mathrm{d}x = \int_{1}^{2} e^{\frac{1}{x}}\mathrm{d}(-\frac{1}{x}) = -\int_{1}^{2} e^{\frac{1}{x}}\mathrm{d}(\frac{1}{x}) = -e^{\frac{1}{x}}\Big|_{1}^{2} = e - e^{\frac{1}{2}}.$

(10) 令 $x = a\sin t$，则 $\mathrm{d}x = a\cos t \mathrm{d}t$，当 $x = a$ 时，$t = \frac{\pi}{2}$；当 $x = 0$ 时 $t = 0$.

$\int_{0}^{a} x^2\sqrt{a^2-x^2}\mathrm{d}x = \int_{0}^{\frac{\pi}{2}} a^2\sin^2 t \cdot a\cos t \cdot a\cos t \mathrm{d}t = a^4\int_{0}^{\frac{\pi}{2}} \sin^2 t \cdot \cos^2 t \mathrm{d}t$

$= \frac{a^4}{4}\int_{0}^{\frac{\pi}{2}} \frac{1-\cos 4t}{2}\mathrm{d}t = \frac{a^4}{4}(\int_{0}^{\frac{\pi}{2}} \frac{1}{2}\mathrm{d}t - \int_{0}^{\frac{\pi}{2}} \frac{\cos 4t}{2}\mathrm{d}t) = \frac{a^4}{16}\pi.$

(11) $\int_0^{\sqrt{2}a} \dfrac{x\mathrm{d}x}{\sqrt{3a^2-x^2}} = \int_0^{\sqrt{2}a} \dfrac{-\dfrac{1}{2}\mathrm{d}(-x^2)}{\sqrt{3a^2-x^2}} = \int_0^{\sqrt{2}a} \dfrac{-\dfrac{1}{2}\mathrm{d}(3a^2-x^2)}{\sqrt{3a^2-x^2}}$

$= -\dfrac{1}{2} \cdot 2\sqrt{3a^2-x^2}\Big|_0^{\sqrt{2}a} = \sqrt{3}a - a.$

(12) $\int_{-\frac{\pi}{2}}^{\frac{\pi}{2}} \cos t \cdot \cos 2t \, \mathrm{d}t = \int_{-\frac{\pi}{2}}^{\frac{\pi}{2}} \cos t \cdot (1-2\sin^2 t)\mathrm{d}t = \int_{-\frac{\pi}{2}}^{\frac{\pi}{2}} (1-2\sin^2 t)\mathrm{d}(\sin t)$

$= (\sin t - \dfrac{2}{3}\sin^3 t)\Big|_{-\frac{\pi}{2}}^{\frac{\pi}{2}} = (1-\dfrac{2}{3}) - [-1-\dfrac{2}{3}(-1)] = \dfrac{2}{3}.$

(13) $\int_0^{\ln 2} (\mathrm{e}^x+1)^3 \cdot \mathrm{e}^x \mathrm{d}x = \int_0^{\ln 2} (\mathrm{e}^x+1)^3 \mathrm{d}(\mathrm{e}^x+1) = \dfrac{1}{4}(\mathrm{e}^x+1)^4 \Big|_0^{\ln 2} = \dfrac{65}{4}.$

(14) 令 $\dfrac{a}{(x-a)(x-2a)} = \dfrac{A}{x-a} + \dfrac{B}{x-2a}$,有 $(A+B)x - (2A+B)a = a.$

所以 $\begin{cases} A+B=0 \\ 2A+B=-1 \end{cases}$,得 $\dfrac{x^2}{(\dfrac{4}{3})^2} + \dfrac{y^2}{1} = 1, B=1.$

从而 $\int_0^{\frac{a}{2}} \dfrac{a}{(x-a)(x-2a)}\mathrm{d}x = \int_0^{\frac{a}{2}} (\dfrac{-1}{x-a} + \dfrac{1}{x-2a})\mathrm{d}x$

$= (-\ln|x-a| + \ln|x-2a|)\Big|_0^{\frac{a}{2}} = \ln\dfrac{3}{2}.$

2. 解:(1) 因为 $f(x) = \mathrm{e}^{x^2}\sin x$ 为奇函数,所以 $\int_{-\pi}^{\pi} \mathrm{e}^{x^2}\sin x \mathrm{d}x = 0.$

(2) 因为 $f(x) = \dfrac{(\arcsin x)^2}{\sqrt{1-x^2}}$ 为偶函数,所以,

$\int_{-\frac{1}{2}}^{\frac{1}{2}} \dfrac{(\arcsin x)^2}{\sqrt{1-x^2}}\mathrm{d}x = 2\int_0^{\frac{1}{2}} \dfrac{(\arcsin x)^2}{\sqrt{1-x^2}}\mathrm{d}x = 2\int_0^{\frac{1}{2}} (\arcsin x)^2 \mathrm{d}(\arcsin x)$

$= \dfrac{2}{3}(\arcsin x)^3 \Big|_0^{\frac{1}{2}} = \dfrac{\pi^3}{324}.$

(3) 因为 $f(x) = \dfrac{x^5 \sin^2 x}{3x^4+2x^2+3}$ 为奇函数,所以 $\int_{-3}^{3} \dfrac{x^5 \sin^2 x}{3x^4+2x^2+3}\mathrm{d}x = 0.$

(4) $\int_{-1}^{1} (x^3+\sqrt{1-x^2})^2 \mathrm{d}x = \int_{-1}^{1} x^6 \mathrm{d}x + \int_{-1}^{1} 2x^3\sqrt{1-x^2}\mathrm{d}x + \int_{-1}^{1} (1-x^2)\mathrm{d}x = \dfrac{34}{21}.$

(5) $\int_{-1}^{1} \dfrac{\sin x + 1}{1+\sqrt[3]{x^2}}\mathrm{d}x = \int_{-1}^{1} \dfrac{\sin x}{1+\sqrt[3]{x^2}}\mathrm{d}x + \int_{-1}^{1} \dfrac{1}{1+\sqrt[3]{x^2}}\mathrm{d}x = 6\int_0^1 \dfrac{t^2}{1+t^2}\mathrm{d}t = 6 - \dfrac{3}{2}\pi.$

习题 5.4

1. 解:(1) $\int_0^{\frac{\pi}{2}} x\cos 2x \mathrm{d}x = \dfrac{1}{2}x\sin 2x \Big|_0^{\frac{\pi}{2}} - \dfrac{1}{2}\int_0^{\frac{\pi}{2}} \sin 2x \mathrm{d}x = \dfrac{1}{4}\cos 2x \Big|_0^{\frac{\pi}{2}} = -\dfrac{1}{2}.$

(2) 可分两项积分,其中一项用分部积分,另一项用换元积分.

$\int_0^1 (x+1)\mathrm{e}^{-x}\mathrm{d}x = \int_0^1 x\mathrm{e}^{-x}\mathrm{d}x + \int_0^1 \mathrm{e}^{-x}\mathrm{d}x = -\int_0^1 x\mathrm{d}(\mathrm{e}^{-x}) - \int_0^1 \mathrm{e}^{-x}\mathrm{d}(-x)$

$= -x\mathrm{e}^{-x}\Big|_0^1 + \int_0^1 \mathrm{e}^{-x}\mathrm{d}x - \mathrm{e}^{-x}\Big|_0^1 = -\mathrm{e}^{-1} - \mathrm{e}^{-x}\Big|_0^1 - \mathrm{e}^{-1} + 1$

$$=-3\mathrm{e}^{-1}+2=2-\frac{3}{\mathrm{e}}.$$

(3) $\int_0^1 x\mathrm{e}^{2x}\mathrm{d}x = \frac{1}{2}\int_0^1 x\mathrm{e}^{2x}\mathrm{d}(2x) = \frac{1}{2}\int_0^1 x\mathrm{d}(\mathrm{e}^{2x}) = \frac{1}{2}x\mathrm{e}^{2x}\Big|_0^1 - \frac{1}{2}\int_0^1 \mathrm{e}^{2x}\mathrm{d}x$

$= \frac{1}{2}\mathrm{e} - \frac{1}{4}\mathrm{e}^{2x}\Big|_0^1 = \frac{1-\mathrm{e}}{4}.$

(4) $\int_0^{\mathrm{e}-1} \ln(x+1)\mathrm{d}x = x\ln(x+1)\Big|_0^{\mathrm{e}-1} - \int_0^{\mathrm{e}-1} \frac{x}{x+1}\mathrm{d}x = \mathrm{e}-1-\int_0^{\mathrm{e}-1}(1-\frac{1}{x+1})\mathrm{d}x$

$= \mathrm{e}-1-[x-\ln(x+1)]\Big|_0^{\mathrm{e}-1} = \ln\mathrm{e} = 1.$

(5) $\int_1^{\mathrm{e}} x\ln x\mathrm{d}x = \frac{1}{2}\int_1^{\mathrm{e}} \ln x\mathrm{d}(x^2) = \frac{1}{2}\left[x^2\ln x\Big|_1^{\mathrm{e}} - \int_1^{\mathrm{e}} x\mathrm{d}x\right] = \frac{1}{4}(\mathrm{e}^2+1).$

(6) $\int_0^4 (1+x\mathrm{e}^{-x})\mathrm{d}x = \int_0^4 1\mathrm{d}x - \int_0^4 x\mathrm{d}(\mathrm{e}^{-x}) = 4 - x\mathrm{e}^{-x}\Big|_0^4 + \int_0^4 \mathrm{e}^{-x}\mathrm{d}x$

$= 4 - 4\mathrm{e}^{-4} - \mathrm{e}^{-x}\Big|_0^4 = 5 - 5\mathrm{e}^{-4}.$

2. 解:(1) 因为 $\int_0^{+\infty} \frac{1}{x^2}\mathrm{d}x = (-\frac{1}{x})\Big|_0^{+\infty} = \lim_{x\to 0^+}\frac{1}{x} - \lim_{x\to +\infty}\frac{1}{x} = +\infty$,所以 $\int_0^{+\infty} \frac{1}{x^2}\mathrm{d}x$ 发散.

(2) $\int_1^{+\infty} \mathrm{e}^{-100x}\mathrm{d}x = -\frac{\mathrm{e}^{-100x}}{100}\Big|_1^{+\infty} = 0 - (-\frac{\mathrm{e}^{-100}}{100}) = \frac{1}{100}\mathrm{e}^{-100}.$

(3) $\int_0^{+\infty} x\mathrm{e}^{-2x}\mathrm{d}x = -\frac{1}{2}(x\mathrm{e}^{-2x}\Big|_0^{+\infty} - \int_0^{+\infty}\mathrm{e}^{-2x}\mathrm{d}x) = \frac{1}{4}.$

(4) $\int_1^{+\infty} \frac{1}{(x+1)^3}\mathrm{d}x = [-\frac{1}{2}(x+1)^{-2}\Big|_1^{+\infty}] = \frac{1}{8}.$

(5) $\int_0^{+\infty} \frac{\mathrm{d}x}{100+x^2} = \frac{1}{10}\arctan\frac{x}{10}\Big|_0^{+\infty} = \frac{\pi}{20}.$

(6) $\int_{\mathrm{e}}^{+\infty} \frac{1}{x\ln x}\mathrm{d}x = \int_{\mathrm{e}}^{+\infty} \frac{1}{\ln x}\mathrm{d}(\ln x) = \ln(\ln x)\Big|_{\mathrm{e}}^{+\infty} = +\infty$,发散.

习题 5.5

1. (1) 解:解方程组 $\begin{cases} y = \frac{x^2}{2}, \\ x^2+y^2 = 8, \end{cases}$ 得交点 $(-2,2), (2,2)$.

所求上半部分面积为 $A_{\text{上}} = 2A_1 = 2\int_0^2 (\sqrt{8-x^2} - \frac{x^2}{2})\mathrm{d}x = 2\pi + \frac{4}{3}.$

所求下半部分面积为 $A_{\text{下}} = S - A_{\text{上}} = 8\pi - (2\pi + \frac{4}{3}) = 6\pi - \frac{4}{3}.$

(2) 解:解方程组 $\begin{cases} y = \mathrm{e}^x \\ y = \mathrm{e}^{-x} \end{cases}$,得交点 $(0,1)$,所求面积为

$$A = \int_0^1 (\mathrm{e}^x - \mathrm{e}^{-x})\mathrm{d}x = [\mathrm{e}^x + \mathrm{e}^{-x}]\Big|_0^1 = \mathrm{e} + \mathrm{e}^{-1} - 2.$$

(3) 解:选为 y 积分变量,所求面积为 $A = \int_{\ln a}^{\ln b} \mathrm{e}^y\mathrm{d}y = [\mathrm{e}^y]\Big|_{\ln a}^{\ln b} = b - a.$

(4) 解:所围成图形的面积为 $A = \int_1^2 (x - \frac{1}{x})\mathrm{d}x = \left[\frac{1}{2}x^2 - \ln x\right]\Big|_1^2 = \frac{3}{2} - \ln 2$.

(5) 解: $A = \int_{-3}^4 [x - 13 - (x^2 - 25)]\mathrm{d}x = \left[\frac{1}{2}x^2 - \frac{1}{3}x^3 + 12x\right]\Big|_{-3}^4 = 57\frac{1}{6}$.

2. 解:因为边际利润 $L'(x) = R'(x) - C'(x) = 12 - 0.02x - 2 = 10 - 0.02x$

令 $L'(x) = 0$,得 $x = 500$,$x = 500$ 是唯一驻点,而该问题确实存在最大值. 所以,当产量为 500 件时利润最大. 当产量由 500 件增加至 550 件时,利润改变量为

$$\Delta L = \int_{500}^{550}(10 - 0.02x)\mathrm{d}x = (10x - 0.01x^2)\Big|_{500}^{550} = 500 - 525 = -25(元)$$

即利润将减少 25 元.

3. 解:(1) 令 $L'(x) = R'(x) - C'(x) = 12 - 0.6x$,令 $L'(x) = 0$ 得 $x_0 = 20$,由问题的实际意义,当产量为 20 台时利润最大.

(2) $\Delta L = \int_{20}^{30}(12 - 0.6x)\mathrm{d}x = (12x - 0.3x^2)\Big|_{20}^{30} = 120 - 0.3 \times 500 = -30$. 故利润将减少 30 万元.

4. 解:(1) 因为 $\overline{C}(q) = \frac{C(q)}{q} = 4 + \frac{160}{q}$,$\overline{C}'(q) = -\frac{160}{q^2} < 0$,故 $\overline{C}(q)$ 单调减少,即当产量为 1000 件时平均成本最低.

(2) $L(q) = R(q) - C(q) = 9q - \frac{q^2}{80} - (4q + 160) = 5q - \frac{q^2}{80} - 160$,

令 $L'(q) = 5 - \frac{q}{40} = 0$,得唯一驻点 $q = 200$,所以,当产量为 $q = 200$ 件时利润最大.

(3) 当产量由 200 件增加至 250 件时,利润改变量为:

$$\Delta L = \int_{200}^{250}(5 - \frac{q}{40})\mathrm{d}q = (5q - \frac{q^2}{80})\Big|_{200}^{250} = -31.25(元).$$ 即当产量由 200 件增加到 250 件时,利润将减少 31.25 元.

复习题五

一、填空题

1. $\frac{3}{2}$.　　　　2. $y = 2x$.　　　　3. $2xf(x^4)$.　　　　4. 2.

5. $\frac{1}{12}$.　　6. $-\mathrm{e}^{-x}f(\mathrm{e}^{-x}) - f(x)$.　　7. $a^2 f(a)$.　　8. $\sin x$.

9. $\frac{\mathrm{e}^{x^2}}{1 + y^2}$.　　10. $\frac{2}{3}$,$x^2 + \frac{1}{3}$.

二、选择题

1. C　　2. B　　3. C　　4. D　　5. C
6. C　　7. B　　8. B　　9. A

三、解答题

1. $\frac{\pi}{6}$.　　2. $2(\sqrt{2} - 1)$ (提示:化 $\int_0^{\frac{\pi}{2}} |\sin t - \cos t| \mathrm{d}t$,去绝对值).

3. $\frac{58}{15}$(提示:令 $t = \sqrt{1+\sqrt{5-4x}}$). 4. $\frac{\pi}{4}+\frac{1}{3}$(提示:令 $x = 1+\sin t$).

5. $\frac{4}{3}\pi - \sqrt{3}$. 6. $\frac{\pi}{4}$.

习题 6.1

1. 解:分别为$(a,b,0),(0,b,c),(a,0,c),(a,0,0),(0,b,0),(0,0,c)$.
2. 解:$|M_1M_2|^2 = (7-4)^2+(1-3)^2+(2-1)^2 = 14$,
$|M_2M_3|^2 = (7-0)^2+(1-0)^2+(2-14)^2 = 196$,
$|M_1M_3|^2 = (4-0)^2+(3-0)^2+(1-14)^2 = 196$,
即$|M_1M_3| = |M_2M_3|$,因此结论成立.
3. 解:设在给定的坐标系下,动点为$M(x,y,z)$,所求的轨迹为$C,M(x,y,z) \in C \Leftrightarrow |\overrightarrow{MA}| = |z|$,即$\sqrt{(x-4)^2+y^2+z^2} = |z|$,所以$(x-4)^2+y^2 = 0$,从而所求的轨迹方程为$(x-4)^2+y^2 = 0$.

习题 6.2

1. 解:(1) 所求的球面方程为:$(x-2)^2+(y+1)^2+(z-3)^2 = 36$.

(2) 由已知,半径 $R = \sqrt{6^2+(-2)^2+3^2} = 7$,所以球面方程为 $x^2+y^2+z^2 = 49$.

(3) 由已知,球面的球心坐标 $a = \frac{2+4}{2} = 3, b = \frac{-3+1}{2} = -1, c = \frac{5-3}{2} = 1$,球的半径 $R = \frac{1}{2}\sqrt{(4-2)^2+(1+3)^2+(5+3)^2} = \sqrt{21}$,所以球面方程为
$$(x-3)^2+(y+1)^2+(z-1)^2 = 21.$$

(4) 设所求的球面方程为:$x^2+y^2+z^2+2gx+2hy+2kz+l = 0$,因该球面经过点$(0,0,0),(4,0,0),(1,3,0),(0,0,-4)$,所以

$$\begin{cases} l = 0, \\ 16+8g = 0, \\ 10+2g+6h = 0, \\ 16-8k = 0, \end{cases} \text{解之得} \begin{cases} l = 0, \\ h = -1, \\ g = -2, \\ k = 2. \end{cases}$$

所以,所求的球面方程为 $x^2+y^2+z^2-4x-2y+4z = 0$.

2. 解:(1) 椭圆柱面;(2) 抛物柱面;(3) 圆柱面;(4) 球面;(5) 圆锥面;(6) 双曲抛物面;(7) 椭圆抛物面;(8) 双叶双曲面;(9) 旋转椭球面;(10) 单叶双曲面.

3. 解:(1) $y = x+1$ 在平面解析几何中表示直线,在空间解析几何中表示平面;

(2) $x^2+y^2 = 4$ 在平面解析几何中表示圆周,在空间解析几何中表示圆柱面;

(3) $x^2-y^2 = 1$ 在平面解析几何中表示双曲线,在空间解析几何中表示双曲柱面;

(4) $x^2 = 2y$ 在平面解析几何中表示抛物线,在空间解析几何中表示抛物柱面.

4. 解:(1) xOy 平面上椭圆 $\frac{x^2}{4}+\frac{y^2}{9} = 1$ 绕 x 轴旋转而成,或者 xOz 平面上椭圆 $\frac{x^2}{4}+\frac{z^2}{9} = 1$ 绕 x 轴旋转而成.

(2) xOy 平面上的双曲线 $x^2-\frac{y^2}{4} = 1$ 绕 y 轴旋转而成,或者 yOz 平面上的双曲线

$z^2 - \dfrac{y^2}{4} = 1$ 绕 y 轴旋转而成.

(3) xOy 平面上的双曲线 $x^2 - y^2 = 1$ 绕 x 轴旋转而成,或者 xOz 平面上的双曲线 $x^2 - z^2 = 1$ 绕 x 轴旋转而成.

(4) yOz 平面上的直线 $z = y + a$ 绕 z 轴旋转而成,或者 xOz 平面上的直线 $z = x + a$ 绕 z 轴旋转而成.

习题 6.3

1. 解:(1) 定义域为 $\{(x,y) \mid y \neq \pm x\}$;

(2) 定义域为 $\{(x,y) \mid x < y \leqslant -x\}$;

(3) 定义域为 $\{(x,y) \mid xy > 0\}$,即第一、三象限(不含坐标轴);

(4) 定义域为 $\left\{(x,y) \mid \dfrac{x^2}{a^2} + \dfrac{y^2}{b^2} \leqslant 1\right\}$;

(5) 定义域为 $\{(x,y) \mid x \geqslant 0, y \geqslant 0, x^2 \geqslant y\}$;

(6) 定义域为 $\{(x,y,z) \mid x^2 + y^2 - z^2 \geqslant 0, x^2 + y^2 \neq 0\}$.

2. 解:由于 $f\left(\dfrac{y}{x}\right) = \dfrac{\sqrt{x^2 + y^2}}{x} = \dfrac{\sqrt{1^2 + \left(\dfrac{y}{x}\right)^2}}{1}$,则 $f(x) = \sqrt{1 + x^2}$.

习题 6.4

1. 解:(1) $\dfrac{\partial z}{\partial x} = y + \dfrac{1}{y}, \dfrac{\partial z}{\partial y} = x - \dfrac{x}{y^2}$;

(2) $\dfrac{\partial z}{\partial x} = \left(\tan^{-1} \dfrac{x}{y}\right) \cdot \left(\sec^2 \dfrac{x}{y}\right) \cdot \dfrac{1}{y} = \dfrac{1}{y} \cot \dfrac{x}{y} \sec^2 \dfrac{x}{y}$,

$\dfrac{\partial z}{\partial y} = \left(\tan^{-1} \dfrac{x}{y}\right) \cdot \left(\sec^2 \dfrac{x}{y}\right) \cdot \left(-\dfrac{x}{y^2}\right) = -\dfrac{x}{y^2} \cot \dfrac{x}{y} \sec^2 \dfrac{x}{y}$;

(3) $\dfrac{\partial z}{\partial x} = e^{xy} \cdot y = ye^{xy}, \dfrac{\partial z}{\partial y} = e^{xy} \cdot x = xe^{xy}$;

(4) $\dfrac{\partial z}{\partial x} = \dfrac{2x \cdot xy - (x^2 + y^2) \cdot y}{(xy)^2} = \dfrac{2x^2 y - (x^2 + y^2) \cdot y}{x^2 y^2} = \dfrac{1}{y} - \dfrac{y}{x^2}$,

$\dfrac{\partial z}{\partial y} = \dfrac{2y \cdot xy - (x^2 + y^2) \cdot x}{(xy)^2} = \dfrac{2xy^2 - (x^2 + y^2) \cdot x}{x^2 y^2} = \dfrac{1}{x} - \dfrac{x}{y^2}$;

(5) $\dfrac{\partial z}{\partial x} = 2x \ln(x^2 + y^2) + \dfrac{x^2}{x^2 + y^2} \cdot 2x = 2x \ln(x^2 + y^2) + \dfrac{2x^3}{x^2 + y^2}$,

$\dfrac{\partial z}{\partial y} = \dfrac{x^2}{x^2 + y^2} \cdot 2y = \dfrac{2x^2 y}{x^2 + y^2}$;

(6) $\dfrac{\partial z}{\partial x} = \dfrac{1}{2\sqrt{\ln(xy)}} \cdot \dfrac{1}{xy} \cdot y = \dfrac{1}{2x\sqrt{\ln(xy)}}$,

$\dfrac{\partial z}{\partial y} = \dfrac{1}{2\sqrt{\ln(xy)}} \cdot \dfrac{1}{xy} \cdot x = \dfrac{1}{2y\sqrt{\ln(xy)}}$;

(7) $\dfrac{\partial z}{\partial x} = \tan(xy)\sec(xy) \cdot y = y\tan(xy)\sec(xy)$,

$\dfrac{\partial z}{\partial y} = \tan(xy)\sec(xy) \cdot x = x\tan(xy)\sec(xy)$;

(8) $\dfrac{\partial z}{\partial x} = y(1+xy)^{y-1} \cdot y = y^2(1+xy)^{y-1}$,

$\dfrac{\partial z}{\partial y} = \dfrac{\partial}{\partial y}[e^{y\ln(1+xy)}] = y(1+xy) \cdot \left[\ln(1+xy) + \dfrac{xy}{1+xy}\right]$;

(9) $\dfrac{\partial u}{\partial x} = \dfrac{1}{1+(x-y)^{2z}} \cdot z(x-y)^{z-1} = \dfrac{z(x-y)^{z-1}}{1+(x-y)^{2z}}$,

$\dfrac{\partial u}{\partial y} = \dfrac{1}{1+(x-y)^{2z}} \cdot z(x-y)^{z-1} \cdot (-1) = -\dfrac{z(x-y)^{z-1}}{1+(x-y)^{2z}}$,

$\dfrac{\partial u}{\partial z} = \dfrac{1}{1+(x-y)^{2z}} \cdot (x-y)^z \cdot \ln(x-y) = \dfrac{(x-y)^z \ln(x-y)}{1+(x-y)^{2z}}$;

(10) $\dfrac{\partial u}{\partial x} = z\left(\dfrac{x}{y}\right)^{z-1} \cdot \dfrac{1}{y} = \dfrac{z}{y}\left(\dfrac{x}{y}\right)^{z-1}, \dfrac{\partial u}{\partial y} = z\left(\dfrac{x}{y}\right)^{z-1} \cdot \left(-\dfrac{x}{y^2}\right) = -\dfrac{z}{y}\left(\dfrac{x}{y}\right)^z$,

$\dfrac{\partial u}{\partial y} = \left(\dfrac{x}{y}\right)^z \cdot \ln\dfrac{x}{y}$.

2. 解：由于 $\dfrac{\partial z}{\partial x} = y + \left(e^{\frac{y}{x}} - xe^{\frac{y}{x}} \cdot \dfrac{y}{x^2}\right) = y + e^{\frac{y}{x}}\left(1 - \dfrac{y}{x}\right)$,

$\dfrac{\partial z}{\partial y} = x + xe^{\frac{y}{x}} \cdot \dfrac{1}{x} = x + e^{\frac{y}{x}}$,

所以，$x\dfrac{\partial z}{\partial x} + y\dfrac{\partial z}{\partial y} = x\left[y + e^{\frac{y}{x}}\left(1 - \dfrac{y}{x}\right)\right] + y(x + e^{\frac{y}{x}}) = xy + e^{\frac{y}{x}}(x-y) + xy + ye^{\frac{y}{x}}$

$= xy + xe^{\frac{y}{x}} + xy = xy + z$.

3. 解：(1) $\dfrac{\partial z}{\partial x} = 3x^2\sin y + y^3\cos x, \dfrac{\partial^2 z}{\partial x \partial y} = 3x^2\cos y + 3y^2\cos x$；

(2) $\dfrac{\partial z}{\partial x} = y^{\ln x}\ln y \cdot \dfrac{1}{x} = \dfrac{\ln y}{x}y^{\ln x}$,

$\dfrac{\partial^2 z}{\partial x \partial y} = \dfrac{1}{x}\left(\dfrac{1}{y}y^{\ln x} + \ln y \cdot \ln x \cdot y^{\ln x - 1}\right) = \dfrac{1}{x}y^{\ln x - 1}(1 + \ln x \ln y)$；

(3) $\dfrac{\partial z}{\partial x} = \dfrac{1}{x+\sqrt{x^2+y^2}}\left(1 + \dfrac{2x}{2\sqrt{x^2+y^2}}\right) = \dfrac{1+\dfrac{x}{\sqrt{x^2+y^2}}}{x+\sqrt{x^2+y^2}}$

$= \dfrac{\sqrt{x^2+y^2}+x}{\sqrt{x^2+y^2}(x+\sqrt{x^2+y^2})} = \dfrac{1}{\sqrt{x^2+y^2}}$,

$\dfrac{\partial^2 z}{\partial x^2} = -\dfrac{2x}{2\sqrt{(x^2+y^2)^3}} = \dfrac{-x}{(x^2+y^2)^{\frac{3}{2}}}, \dfrac{\partial^2 z}{\partial x \partial y} = -\dfrac{2y}{2\sqrt{(x^2+y^2)^3}} = \dfrac{-y}{(x^2+y^2)^{\frac{3}{2}}}$；

(4) $\dfrac{\partial z}{\partial x} = \dfrac{1}{1+\left(\dfrac{y}{x}\right)^2} \cdot \left(-\dfrac{y}{x^2}\right) = -\dfrac{y}{x^2+y^2}, \dfrac{\partial z}{\partial y} = \dfrac{1}{1+\left(\dfrac{y}{x}\right)^2} \cdot \dfrac{1}{x} = \dfrac{x}{x^2+y^2}$,

$\dfrac{\partial^2 z}{\partial x^2} = \dfrac{2xy}{(x^2+y^2)^2}, \dfrac{\partial^2 z}{\partial y^2} = \dfrac{-2xy}{(x^2+y^2)^2}$,

$\dfrac{\partial^2 z}{\partial x \partial y} = -\dfrac{x^2+y^2-2y^2}{(x^2+y^2)^2} = \dfrac{y^2-x^2}{(x^2+y^2)^2}, \dfrac{\partial^2 z}{\partial y \partial x} = \dfrac{x^2+y^2-2x^2}{(x^2+y^2)^2} = \dfrac{y^2-x^2}{(x^2+y^2)^2}$.

4. 证明：(1) 因为 $\dfrac{\partial y}{\partial t} = -kn^2 e^{-kn^2 t}\sin nx, \dfrac{\partial y}{\partial x} = ne^{-kn^2 t}\cos nx, \dfrac{\partial^2 y}{\partial x^2} = -n^2 e^{-kn^2 t}\sin nx$,

所以，$\dfrac{\partial y}{\partial t} = k(-n^2 e^{-kn^2 t}\sin nx) = k\dfrac{\partial^2 y}{\partial x^2}$；

(2) 因为 $\dfrac{\partial r}{\partial x} = \dfrac{x}{\sqrt{x^2+y^2+z^2}} = \dfrac{x}{r}$，$\dfrac{\partial^2 r}{\partial x^2} = \dfrac{\partial}{\partial x}\left(\dfrac{x}{r}\right) = \dfrac{1}{r} - \dfrac{x}{r^2}\cdot\dfrac{x}{r} = \dfrac{r^2-x^2}{r^3}$，由函数关于自变量的对称性，得

$$\dfrac{\partial^2 r}{\partial y^2} = \dfrac{r^2-y^2}{r^3}, \dfrac{\partial^2 r}{\partial z^2} = \dfrac{r^2-z^2}{r^3},$$

所以，$\dfrac{\partial^2 r}{\partial x^2} + \dfrac{\partial^2 r}{\partial y^2} + \dfrac{\partial^2 r}{\partial z^2} = \dfrac{r^2-x^2}{r^3} + \dfrac{r^2-y^2}{r^3} + \dfrac{r^2-z^2}{r^3} = \dfrac{2}{r}$.

5. 解：(1) $\dfrac{\partial u}{\partial s} = \dfrac{2s(s^2-t^2) - 2s(s^2+t^2)}{(s^2-t^2)^2} = -\dfrac{4st^2}{(s^2-t^2)^2}$，

$\dfrac{\partial u}{\partial t} = \dfrac{2t(s^2-t^2) + 2t(s^2+t^2)}{(s^2-t^2)^2} = \dfrac{4s^2 t}{(s^2-t^2)^2}$，

$du = -\dfrac{4st^2}{(s^2-t^2)^2}ds + \dfrac{4s^2 t}{(s^2-t^2)^2}dt = -\dfrac{4st}{(s^2-t^2)^2}(tds - sdt)$；

(2) $\dfrac{\partial z}{\partial x} = 2xe^{\frac{x^2+y^2}{xy}} + (x^2+y^2)e^{\frac{x^2+y^2}{xy}}\dfrac{2x^2 y - (x^2+y^2)y}{x^2 y^2} = e^{\frac{x^2+y^2}{xy}}\left(2x + \dfrac{x^4-y^4}{x^2 y}\right)$，

由函数关于自变量的对称性可得 $\dfrac{\partial z}{\partial y} = e^{\frac{x^2+y^2}{xy}}\left(2y + \dfrac{y^4-x^4}{xy^2}\right)$，

$dz = e^{\frac{x^2+y^2}{xy}}\left[\left(2x + \dfrac{x^4-y^4}{x^2 y}\right)dx + \left(2y + \dfrac{y^4-x^4}{xy^2}\right)dy\right]$；

(3) $dz = d\left(\arcsin\dfrac{x}{y}\right) = \dfrac{1}{\sqrt{1-\dfrac{x^2}{y^2}}}d\dfrac{x}{y} = \dfrac{1}{\sqrt{1-\dfrac{x^2}{y^2}}}\left(\dfrac{1}{y}dx - \dfrac{x}{y^2}dy\right)$

$= \dfrac{1}{y\sqrt{y^2-x^2}}(ydx - xdy)$；

(4) $dz = d\left[e^{-\left(\frac{y}{x}+\frac{x}{y}\right)}\right] = -e^{-\left(\frac{y}{x}+\frac{x}{y}\right)}\cdot d\left(\dfrac{y}{x} + \dfrac{x}{y}\right)$

$= -e^{-\left(\frac{y}{x}+\frac{x}{y}\right)}\left[\left(\dfrac{1}{y} - \dfrac{y}{x^2}\right)dx + \left(\dfrac{1}{x} - \dfrac{x}{y^2}\right)dy\right]$；

(5) $du = d[\ln(x^2+y^2+z^2)] = \dfrac{1}{x^2+y^2+z^2}d(x^2+y^2+z^2)$

$= \dfrac{2xdx + 2ydy + 2zdz}{x^2+y^2+z^2} = \dfrac{2}{x^2+y^2+z^2}(xdx + ydy + zdz)$；

(6) $du = d(x^{yz}) = yzx^{yz-1}dx + x^{yz}z\ln xdy + x^{yz}y\ln xdz$

$= x^{yz-1}(yzdx + xz\ln xdy + xy\ln xdz)$.

习题 6.5

1. 解：$\dfrac{du}{dt} = \dfrac{\partial u}{\partial x}\dfrac{dx}{dt} + \dfrac{\partial u}{\partial y}\dfrac{dy}{dt} = e^{x-2y}\cos t - 2e^{x-2y}\cdot 3t^2 = e^{\sin t - 2t^3}(\cos t - 6t^2)$.

2. 解：$\dfrac{dz}{dx} = \dfrac{\partial z}{\partial u}\dfrac{du}{dx} + \dfrac{\partial z}{\partial v}\dfrac{dv}{dx} = -\dfrac{1}{\sqrt{1-(u-v)^2}}\cdot 12x^2 + \dfrac{1}{\sqrt{1-(u-v)^2}}\cdot 3$

$$= \frac{3(1-4x^2)}{\sqrt{1-x^2}(4x^2-3)^2}.$$

3. 解：$\dfrac{\partial z}{\partial x} = \dfrac{\partial z}{\partial u} \cdot \dfrac{\partial u}{\partial x} + \dfrac{\partial z}{\partial v} \cdot \dfrac{\partial v}{\partial x} = (2uv - v^2) \cdot \cos y + (u^2 - 2uv) \cdot \sin y$

$\qquad = 3x^2 \sin y \cos y (\cos y - \sin y),$

$\dfrac{\partial z}{\partial y} = \dfrac{\partial z}{\partial u} \cdot \dfrac{\partial u}{\partial y} + \dfrac{\partial z}{\partial v} \cdot \dfrac{\partial v}{\partial y} = (2uv - v^2) \cdot (-x \sin y) + (u^2 - 2uv) \cdot x \cos y$

$\qquad = x^3 (\sin^3 y - 2\sin^2 y \cos y + \cos^3 y - 2\cos^2 y \sin y).$

4. 解：$\dfrac{\partial z}{\partial x} = \dfrac{\partial z}{\partial u} \cdot \dfrac{\partial u}{\partial x} + \dfrac{\partial z}{\partial v} \cdot \dfrac{\partial v}{\partial x} = 2u\ln v \cdot 3 + \dfrac{u^2}{v} \cdot \left(-\dfrac{y}{x^2}\right)$

$\qquad = 6(3x + 2y) \ln \dfrac{y}{x} - \dfrac{1}{x}(3x + 2y)^2,$

$\dfrac{\partial z}{\partial y} = \dfrac{\partial z}{\partial u} \cdot \dfrac{\partial u}{\partial y} + \dfrac{\partial z}{\partial v} \cdot \dfrac{\partial v}{\partial y} = 2u\ln v \cdot 2 + \dfrac{u^2}{v} \cdot \dfrac{1}{x} = 4(3x + 2y) \ln \dfrac{y}{x} + \dfrac{1}{y}(3x + 2y)^2.$

5. 解：设 $F(x,y) = \ln \sqrt{x^2 + y^2} - \arctan \dfrac{y}{x}$，则

$$\frac{dy}{dx} = -\frac{F'_x}{F'_y} = -\frac{\dfrac{1}{\sqrt{x^2+y^2}} \cdot \dfrac{x}{\sqrt{x^2+y^2}} - \dfrac{1}{1+\left(\dfrac{y}{x}\right)^2} \cdot \left(-\dfrac{y}{x^2}\right)}{\dfrac{1}{\sqrt{x^2+y^2}} \cdot \dfrac{y}{\sqrt{x^2+y^2}} - \dfrac{1}{1+\left(\dfrac{y}{x}\right)^2} \cdot \dfrac{1}{x}}$$

$$= -\frac{\dfrac{x}{x^2+y^2} + \dfrac{y}{x^2+y^2}}{\dfrac{y}{x^2+y^2} - \dfrac{x}{x^2+y^2}} = \frac{x+y}{x-y}.$$

6. 解：设 $F(x,y,z) = xyz + \sqrt{x^2 + y^2 + z^2} - \sqrt{2}$，则

$$\frac{\partial z}{\partial x} = -\frac{F'_x}{F'_z} = -\frac{yz + \dfrac{x}{\sqrt{x^2+y^2+z^2}}}{xy + \dfrac{z}{\sqrt{x^2+y^2+z^2}}} = -\frac{yz\sqrt{x^2+y^2+z^2} + x}{xy\sqrt{x^2+y^2+z^2} + z},$$

$$\frac{\partial z}{\partial y} = -\frac{F'_y}{F'_z} = -\frac{xz + \dfrac{y}{\sqrt{x^2+y^2+z^2}}}{xy + \dfrac{z}{\sqrt{x^2+y^2+z^2}}} = -\frac{xz\sqrt{x^2+y^2+z^2} + y}{xy\sqrt{x^2+y^2+z^2} + z},$$

$$dz = \frac{\partial z}{\partial x}dx + \frac{\partial z}{\partial y}dy = -\frac{yz\sqrt{x^2+y^2+z^2}+x}{xy\sqrt{x^2+y^2+z^2}+z}dx - \frac{xz\sqrt{x^2+y^2+z^2}+y}{xy\sqrt{x^2+y^2+z^2}+z}dy,$$

$dz|_{(1,0,-1)} = dx - \sqrt{2}dy.$

习题 6.6

1. 解：解方程组
$$\begin{cases} f'_x = 3ay - 3x^2 = 0, \\ f'_y = 3ax - 3y^2 = 0, \end{cases}$$

求得驻点(a,a)和$(0,0)$.

又 $A=f''_{xx}(a,a)=-6a<0, B=f''_{xy}(a,a)=3a,$
$C=f''_{yy}(a,a)=-6a, AC-B^2=27a^2>0,$

由判定极值的充分条件知：在点(a,a)处，函数取得极大值$f(a,a)=a^3$. 另知,$(0,0)$不是极值点.

2. 解：解方程组
$$\begin{cases} f'_x = 4-2x=0, \\ f'_y = -4-2y=0, \end{cases}$$

求得驻点$(2,-2)$.

又 $A=f''_{xx}(2,-2)=-2<0, B=f''_{xy}(2,-2)=0,$
$C=f''_{yy}(2,-2)=-2, AC-B^2=4>0,$

由判定极值的充分条件知：在点$(2,-2)$处，函数取得极大值$f(2,-2)=8$.

3. 解：本题属条件极值问题，易将它化为无条件极值问题.

条件$x+y-3=0$可以表示成$y=3-x$，代入$z=x^2+y^2+1$，则问题化为求$z=x^2+(3-x)^2+1$的极大值.

由$\dfrac{dz}{dx}=2x-2(3-x)=4x-6=0$，得$x=\dfrac{3}{2}$.

又$\dfrac{d^2z}{dx^2}=4>0$，由一元函数取得极值的充分条件知$x=\dfrac{3}{2}$为极小值点，极小值为$z=\left(\dfrac{3}{2}\right)^2+\left(\dfrac{3}{2}\right)^2+1=\dfrac{11}{2}$.

4. 解：设三个正数为$x,y,z(x,y,z>0)$，此问题为求条件$x+y+z=50$下$u=xyz$的最大值，作拉格朗日函数
$$L(x,y,z)=xyz+\lambda(x+y+z-50).$$

令
$$\begin{cases} L'_x = yz+\lambda=0, \\ L'_y = xz+\lambda=0, \\ L'_z = xy+\lambda=0, \\ x+y+z=50, \end{cases}$$

求得$\begin{cases} x=\dfrac{50}{3}, \\ y=\dfrac{50}{3}, \\ z=\dfrac{50}{3} \end{cases}$ 是唯一的驻点，根据问题性质可知函数$u=xyz$在该点处取得极大值.

5. 解：此问题为求$x+2y=150$的条件下，$P=P(x,y)=0.005x^2y$的最大值.

作拉格朗日函数 $L(x,y)=0.005x^2y+\lambda(x+2y-150),$

令
$$\begin{cases} L'_x = 0.01xy+\lambda, \\ L'_y = 0.005x^2+2\lambda, \\ x+2y=150, \end{cases}$$

求解得 $x=100, y=25$，由于驻点唯一，根据问题实际意义知最大值必存在，生产的产品的最大数量为 1250.

习题 6.7

1. 解：(1) $\iint\limits_{D}(x^2+y^2)\mathrm{d}\sigma = \int_{-1}^{1}\mathrm{d}x\int_{-1}^{1}(x^2+y^2)\mathrm{d}y = \int_{-1}^{1}\left[x^2 y+\dfrac{y^3}{3}\right]_{-1}^{1}\mathrm{d}x$

$$= \int_{-1}^{1}\left(2x^2+\dfrac{2}{3}\right)\mathrm{d}x = \dfrac{8}{3}.$$

(2) D 可用不等式表示为 $0\leqslant y\leqslant 2-x, 0\leqslant x\leqslant 2$，于是

$$\iint\limits_{D}(3x+2y)\mathrm{d}\sigma = \int_{0}^{2}\mathrm{d}x\int_{0}^{2-x}(3x+2y)\mathrm{d}y = \int_{0}^{2}\left[3xy+y^2\right]_{0}^{2-x}\mathrm{d}x$$

$$= \int_{0}^{2}(4+2x-2x^2)\mathrm{d}x = \dfrac{20}{3}.$$

(3) 解：$\iint\limits_{D}(x^3+3x^2 y+y^3)\mathrm{d}\sigma = \int_{0}^{1}\mathrm{d}y\int_{0}^{1}(x^3+3x^2 y+y^3)\mathrm{d}x$

$$= \int_{0}^{1}\left[\dfrac{x^4}{4}+x^3 y+y^3 x\right]_{0}^{1}\mathrm{d}y = \int_{0}^{1}\left(\dfrac{1}{4}+y+y^3\right)\mathrm{d}y = 1.$$

(4) D 可用不等式表示为 $0\leqslant y\leqslant x, 0\leqslant x\leqslant \pi$，于是

$$\iint\limits_{D} x\cos(x+y)\mathrm{d}\sigma = \int_{0}^{\pi}x\mathrm{d}x\int_{0}^{x}\cos(x+y)\mathrm{d}y = \int_{0}^{\pi}x\left[\sin(x+y)\right]_{0}^{x}\mathrm{d}x$$

$$= \int_{0}^{\pi}x(\sin 2x-\sin x)\mathrm{d}x = -\dfrac{3}{2}\pi.$$

2. 解：(1) D 可用不等式表示为 $x^2\leqslant y\leqslant \sqrt{x}, 0\leqslant x\leqslant 1$，于是

$$\iint\limits_{D} x\sqrt{y}\mathrm{d}\sigma = \int_{0}^{1}x\mathrm{d}x\int_{x^2}^{\sqrt{x}}\sqrt{y}\mathrm{d}y = \dfrac{2}{3}\int_{0}^{1}x\left[y^{\frac{3}{2}}\right]_{x^2}^{\sqrt{x}}\mathrm{d}x = \dfrac{2}{3}\int_{0}^{1}(x^{\frac{7}{4}}-x^4)\mathrm{d}x = \dfrac{6}{55}.$$

(2) D 可用不等式表示为 $0\leqslant x\leqslant \sqrt{4-y^2}, -2\leqslant y\leqslant 2$，于是

$$\iint\limits_{D} xy^2\mathrm{d}\sigma = \int_{-2}^{2}y^2\mathrm{d}y\int_{0}^{\sqrt{4-y^2}}x\mathrm{d}x = \dfrac{1}{2}\int_{-2}^{2}y^2(4-y^2)\mathrm{d}y = \dfrac{64}{15}.$$

(3) $D = D_1\cup D_2$，其中 $D_1 = \{(x,y)\mid -x-1\leqslant y\leqslant x+1, -1\leqslant x\leqslant 0\}$，

$D_1 = \{(x,y)\mid x-1\leqslant y\leqslant -x+1, 0\leqslant x\leqslant 1\}$，

于是

$$\iint\limits_{D}\mathrm{e}^{x+y}\mathrm{d}\sigma = \iint\limits_{D_1}\mathrm{e}^{x+y}\mathrm{d}\sigma + \iint\limits_{D_2}\mathrm{e}^{x+y}\mathrm{d}\sigma = \int_{-1}^{0}\mathrm{e}^x\mathrm{d}x\int_{-x-1}^{x+1}\mathrm{e}^y\mathrm{d}y + \int_{0}^{1}\mathrm{e}^x\mathrm{d}x\int_{x-1}^{-x+1}\mathrm{e}^y\mathrm{d}y$$

$$= \int_{-1}^{0}(\mathrm{e}^{2x+1}-\mathrm{e}^{-1})\mathrm{d}x + \int_{0}^{1}(\mathrm{e}-\mathrm{e}^{2x-1})\mathrm{d}x = \mathrm{e}-\mathrm{e}^{-1}.$$

(4) D 可用不等式表示为 $\dfrac{y}{2}\leqslant x\leqslant y, 0\leqslant y\leqslant 2$，于是

$$\iint\limits_{D}(x^2+y^2-x)\mathrm{d}\sigma = \int_{0}^{2}\mathrm{d}y\int_{\frac{y}{2}}^{y}(x^2+y^2-x)\mathrm{d}x = \int_{0}^{2}\left[\dfrac{x^3}{3}+y^2 x-\dfrac{x^2}{2}\right]_{\frac{y}{2}}^{y}\mathrm{d}y$$

$$= \int_{0}^{2}\left(\dfrac{19}{24}y^3-\dfrac{3}{8}y^2\right)\mathrm{d}y = \dfrac{13}{6}.$$

3. 解:(1) 直线 $y=x$ 及抛物线 $y^2=4x$ 的交点为 $(0,0)$ 和 $(4,4)$,于是
$$I=\int_0^4 \mathrm{d}x \int_x^{\sqrt{4x}} f(x,y)\mathrm{d}y \text{ 或 } I=\int_0^4 \mathrm{d}y \int_{\frac{y^2}{4}}^y f(x,y)\mathrm{d}x.$$

(2) 将 D 用不等式表示为 $0 \leqslant y \leqslant \sqrt{r^2-x^2}, -r \leqslant x \leqslant r$,于是可将 I 化为
$$I=\int_{-r}^r \mathrm{d}x \int_0^{\sqrt{r^2-x^2}} f(x,y)\mathrm{d}y;$$
如将 D 用不等式表示为 $-\sqrt{r^2-y^2} \leqslant x \leqslant \sqrt{r^2-y^2}, 0 \leqslant y \leqslant r$,于是可将 I 化为
$$I=\int_0^r \mathrm{d}y \int_{-\sqrt{r^2-y^2}}^{\sqrt{r^2-y^2}} f(x,y)\mathrm{d}x.$$

4. 解:此立体为一曲顶柱体,它的底是 xOy 面上的闭区域 $D=\{(x,y) \mid 0 \leqslant y \leqslant 1, 0 \leqslant x \leqslant 1\}$,顶是曲面 $z=6-2x-3y$,因此所求立体的体积为:
$$V=\iint_D (6-2x-3y)\mathrm{d}x\mathrm{d}y = \int_0^1 \mathrm{d}x \int_0^1 (6-2x-3y)\mathrm{d}y = \frac{7}{2}.$$

复习题六

1. 解:(1) 充分,必要;(2) 必要,充分;(3) 充分;(4) 充分.
2. 解:$D=\{(x,y) \mid x \leqslant x^2+y^2 < 2x\}$.
3. 解:因为 $f(x+y, x-y)=x^2-y^2=(x+y)(x-y)$,所以 $f(x,y)=xy$.
4. 解:因为函数 $\dfrac{\ln(x+\mathrm{e}^y)}{\sqrt{x^2+y^2}}$ 在 $(1,0)$ 处连续,$\lim\limits_{\substack{x \to x_0 \\ y \to y_0}} f(x,y)=f(x_0,y_0)$ 知,

由
$$\lim_{\substack{x \to 1 \\ y \to 0}} \frac{\ln(x+\mathrm{e}^y)}{\sqrt{x^2+y^2}} = \ln 2.$$

5. 解:取 $y=x$ 和 $y=-x$ 两条路径,有:
$$\lim_{(x,y) \to (0,0)} \frac{x^2 y^2}{x^2 y^2+(x-y)^2} = \lim_{\substack{x \to 0 \\ y=x}} \frac{x^4}{x^4+0}=1,$$
$$\lim_{(x,y) \to (0,0)} \frac{x^2 y^2}{x^2 y^2+(x-y)^2} = \lim_{\substack{x \to 0 \\ y=-x}} \frac{x^4}{x^4+4x^2}=0.$$
因此,$\lim\limits_{(x,y) \to (0,0)} \dfrac{x^2 y^2}{x^2 y^2+(x-y)^2}$ 不存在.

6. 解:当 $y_0 \neq 0$ 时,$\lim\limits_{(x,y) \to (x_0,y_0)} f(x,y)=f(x_0,y_0)$;

当 $y_0=0$ 时,$\lim\limits_{(x,y) \to (x_0,y_0)} f(x,y)=\lim\limits_{(x,y) \to (x_0,y_0)} \dfrac{\tan(x^2 y)}{y}=x_0^2=f(x_0,0)$.
故函数处处连续.

7. 解:$f(x,0)=x^2, f'_x(1,0)=\dfrac{\mathrm{d}}{\mathrm{d}x}(x^2)\Big|_{x=1}=2$,
$$f(1,y)=\mathrm{e}^y, f'_y(1,0)=\dfrac{\mathrm{d}}{\mathrm{d}y}(\mathrm{e}^y)\Big|_{y=0}=0.$$

8. 解:(1) $\dfrac{\partial z}{\partial x}=\dfrac{1}{x+y^2}, \dfrac{\partial^2 z}{\partial x^2}=-\dfrac{1}{(x+y^2)^2}, \dfrac{\partial z}{\partial y}=\dfrac{2y}{x+y^2}$,
$\dfrac{\partial^2 z}{\partial y^2}=\dfrac{2(x+y^2)-4y^2}{(x+y^2)^2}=\dfrac{2(x-y^2)}{(x+y^2)^2}, \dfrac{\partial^2 z}{\partial x \partial y}=\dfrac{\partial}{\partial y}\left(\dfrac{1}{x+y^2}\right)=-\dfrac{2y}{(x+y^2)^2}$.

(2) $\dfrac{\partial z}{\partial x} = yx^{y-1}, \dfrac{\partial^2 z}{\partial x^2} = y(y-1)x^{y-2}, \dfrac{\partial z}{\partial y} = x^y \ln x, \dfrac{\partial^2 z}{\partial y^2} = x^y \ln^2 x,$

$\dfrac{\partial^2 z}{\partial x \partial y} = \dfrac{\partial}{\partial y}(yx^{y-1}) = x^{y-1} + y \cdot x^{y-1} \ln x.$

9. 解：(1) 由 $2x\mathrm{d}x + 2y\mathrm{d}y + 2z\mathrm{d}z = \mathrm{e}^z \mathrm{d}y + y\mathrm{e}^z \mathrm{d}z,$

得
$$\mathrm{d}z = \dfrac{2x}{y\mathrm{e}^z - 2z}\mathrm{d}x + \dfrac{2y - \mathrm{e}^z}{y\mathrm{e}^z - 2z}\mathrm{d}y;$$

(2) 由 $\ln u = y\ln x + z\ln y + x\ln z$ 知，

$\mathrm{d}u = x^y y^z z^x \left[\ln x \mathrm{d}y + \dfrac{y}{x}\mathrm{d}x + \ln y \mathrm{d}z + \dfrac{z}{y}\mathrm{d}y + \ln z \mathrm{d}x + \dfrac{x}{z}\mathrm{d}z \right]$

$= x^y y^z z^x \left[\left(\ln z + \dfrac{y}{x}\right)\mathrm{d}x + \left(\ln x + \dfrac{z}{y}\right)\mathrm{d}y + \left(\ln y + \dfrac{x}{z}\right)\mathrm{d}z \right].$

10. 解：$\dfrac{\mathrm{d}z}{\mathrm{d}t} = \dfrac{\partial z}{\partial x} \cdot \dfrac{\mathrm{d}x}{\mathrm{d}t} + \dfrac{\partial z}{\partial y} \cdot \dfrac{\mathrm{d}y}{\mathrm{d}t} = \left(y + \dfrac{1}{y}\right)\varphi' + \left(x - \dfrac{x}{y^2}\right)\psi'.$

11. 解：$\dfrac{\partial u}{\partial x} = yf' \cdot \dfrac{1}{y} + g + xg' \cdot \left(\dfrac{-y}{x^2}\right) = f' + g - \dfrac{y}{x}g',$

$\dfrac{\partial^2 u}{\partial x^2} = \dfrac{1}{y}f'' + g' \cdot \left(-\dfrac{y}{x^2}\right) + \dfrac{y}{x^2}g' + \dfrac{y^2}{x^3}g'' = \dfrac{1}{y}f'' + \dfrac{y^2}{x^3}g'',$

$\dfrac{\partial^2 u}{\partial x \partial y} = f''\left(-\dfrac{x}{y^2}\right) + g'' \cdot \left(\dfrac{1}{x}\right) - \dfrac{1}{x}g' - \dfrac{y}{x^2}g'' = -\dfrac{x}{y^2}f'' - \dfrac{y}{x^2}g'',$

故
$$x\dfrac{\partial^2 u}{\partial x^2} + y\dfrac{\partial^2 u}{\partial x \partial y} = 0.$$

12. 解：由 $\mathrm{e}^{y\ln(\cos x)} + \mathrm{e}^{x\ln(\sin y)} = 1,$ 两边关于 x 求导，得

$\mathrm{e}^{y\ln(\cos x)}\left(y'\ln\cos x + y\dfrac{(-\sin x)}{\cos x}\right) + \mathrm{e}^{x\ln(\sin y)}\left(\ln\sin y + x\dfrac{\cos y}{\sin y}y'\right) = 0.$

即 $(\cos x)^y (y'\ln\cos x - y\tan x) + (\sin y)^x (\ln\sin y + x\cot y \cdot y') = 0.$

故
$$y' = \dfrac{(\cos x)^y y\tan x - (\sin y)^x \ln\sin y}{(\cos x)^y \ln\cos x + (\sin y)^x x\cot y}.$$

13. 解：这时先对 x 积分，e^{-y^2} 当作常数 $\iint\limits_D \mathrm{e}^{-y^2}\mathrm{d}x\mathrm{d}y = \int_0^1 \mathrm{d}y \int_0^y \mathrm{e}^{-y^2}\mathrm{d}x,$

原式 $= \int_0^1 y\mathrm{e}^{-y^2}\mathrm{d}y = -\dfrac{1}{2}\left[\mathrm{e}^{-y^2}\right]\Big|_0^1 = \dfrac{1}{2}\left(1 - \dfrac{1}{\mathrm{e}}\right).$

习题 7.1

1. 解：(1) $\begin{vmatrix} -2 & 3 \\ -1 & 5 \end{vmatrix} = (-2) \times 5 - 3 \times (-1) = -7.$

(2) $\begin{vmatrix} \cos\alpha & -\sin\alpha \\ \sin\alpha & \cos\alpha \end{vmatrix} = \cos^2\alpha + \sin^2\alpha = 1.$

(3) $\begin{vmatrix} \log_a b & 1 \\ 1 & \log_b a \end{vmatrix} = \log_a b \log_b a - 1 = 1 - 1 = 0.$

(4) $\begin{vmatrix} a+1 & 1 \\ a^3 & a^2 - a + 1 \end{vmatrix} = (a+1)(a^2 - a + 1) - a^3 = (a^3 + 1) - a^3 = 1.$

(5) $\begin{vmatrix} 1 & -1 & 3 \\ 2 & -1 & 1 \\ 1 & 2 & 0 \end{vmatrix} = -1 + 12 + 3 - 2 = 12.$

(6) $\begin{vmatrix} 2 & 7 & -3 \\ -5 & -4 & 1 \\ 10 & 3 & 7 \end{vmatrix} = -56 + 70 + 45 - 120 + 245 - 6 = 178.$

(7) $\begin{vmatrix} 0 & -a & b \\ a & 0 & -c \\ -b & c & 0 \end{vmatrix} = -abc + abc = 0.$

(8) $\begin{vmatrix} 1 & -c & -b \\ c & 1 & -a \\ b & a & 1 \end{vmatrix} = 1 + a^2 + b^2 + c^2.$

2. (1) $12 + 2x - 8 - x^2 = 1, x^2 - 2x - 3 = 0, (x+1)(x-3) = 0, x_1 = -1, x_2 = 3.$

(2) $\begin{vmatrix} x & x & 2 \\ 0 & -1 & 1 \\ 1 & 2 & x \end{vmatrix} = 0 \Rightarrow -x^2 + x + 2 - 2x = 0 \Rightarrow x^2 + x - 2 = 0,$ 即

$$(x+2)(x-1) = 0. \ x_1 = 1, x_2 = -2.$$

3. 解：元素 5 的代数余子式为 $A_{21} = (-1)^{2+1} \begin{vmatrix} 0 & 4 \\ -1 & 1 \end{vmatrix} = -4,$

元素 2 的代数余子式为 $A_{23} = (-1)^{2+3} \begin{vmatrix} -2 & 0 \\ 3 & -1 \end{vmatrix} = -2.$

4. 解：按第一列展开，$f(x) = a_{11}A_{11} + a_{21}A_{21} + a_{31}A_{31} + a_{41}A_{41}$

因为 A_{11}, A_{21}, A_{31} 中最多只含有 x^2 项，所以含有 x^3 的项只可能是 xA_{41}

$xA_{41} = x(-1)^{4+1} \begin{vmatrix} a_{12} & a_{13} & x \\ a_{22} & x & a_{24} \\ x & a_{33} & a_{34} \end{vmatrix}$

$= -x[x(a_{12}a_{34} + a_{13}a_{24} + a_{22}a_{33}) - (x^3 + a_{13}a_{22}a_{34} + a_{12}a_{24}a_{33})].$

因为 xA_{41} 不含有 x^3 项，所以 $f(x)$ 中 x^3 的系数为 0.

习题 7.2

1. (1) $D = \begin{vmatrix} 1 & 1 & 1 & 1 \\ 1 & 2 & 3 & 4 \\ 1 & 3 & 6 & 10 \\ 1 & 4 & 10 & 20 \end{vmatrix} \xrightarrow[\substack{r_3 - r_1 \\ r_2 - r_1}]{r_4 - r_1} \begin{vmatrix} 1 & 1 & 1 & 1 \\ 0 & 1 & 2 & 3 \\ 0 & 2 & 5 & 9 \\ 0 & 3 & 9 & 19 \end{vmatrix} \xrightarrow[r_3 - 2r_2]{r_4 - 3r_2} \begin{vmatrix} 1 & 1 & 1 & 1 \\ 0 & 1 & 2 & 3 \\ 0 & 0 & 1 & 3 \\ 0 & 0 & 3 & 10 \end{vmatrix}$

$\xrightarrow{r_4 - 3r_3} \begin{vmatrix} 1 & 1 & 1 & 1 \\ 0 & 1 & 2 & 3 \\ 0 & 0 & 1 & 3 \\ 0 & 0 & 0 & 1 \end{vmatrix} = 1;$

(2) $D = \begin{vmatrix} 4 & 1 & 2 & 4 \\ 1 & 2 & 0 & 2 \\ 10 & 5 & 2 & 0 \\ 0 & -1 & -1 & -7 \end{vmatrix} \xrightarrow[r_3 - 10r_2]{r_1 - 4r_2} \begin{vmatrix} 0 & -7 & 2 & -4 \\ 1 & 2 & 0 & 2 \\ 0 & -15 & 2 & -20 \\ 0 & -1 & -1 & -7 \end{vmatrix}$

$\xrightarrow{\text{按第一列展开}} (-1)^{2+1} \begin{vmatrix} -7 & 2 & -4 \\ -15 & 2 & -20 \\ -1 & -1 & -7 \end{vmatrix} \xrightarrow[r_1 + 2r_3]{r_2 + 2r_3} \begin{vmatrix} -9 & 0 & -18 \\ -17 & 0 & -34 \\ -1 & -1 & -7 \end{vmatrix}$

$\xrightarrow{\text{按第二列展开}} (-1)^{3+2} \begin{vmatrix} -9 & -18 \\ -17 & -34 \end{vmatrix} \xrightarrow{\text{推论 4}} 0;$

(3) $\begin{vmatrix} 3 & 1 & 1 & 1 \\ 1 & 3 & 1 & 1 \\ 1 & 1 & 3 & 1 \\ 1 & 1 & 1 & 3 \end{vmatrix} \xrightarrow{c_1 + c_i, i=2,3,4} \begin{vmatrix} 6 & 1 & 1 & 1 \\ 6 & 3 & 1 & 1 \\ 6 & 1 & 3 & 1 \\ 6 & 1 & 1 & 3 \end{vmatrix} \xrightarrow{r_i - r_1, i=2,3,4} \begin{vmatrix} 6 & 1 & 1 & 1 \\ 0 & 2 & 0 & 0 \\ 0 & 0 & 2 & 0 \\ 0 & 0 & 0 & 2 \end{vmatrix}$

$= 6 \times 2^3 = 48;$

(4) $D = \begin{vmatrix} 2 & 6 & 1 & 1 & 3 \\ 1 & 0 & 2 & 0 & 4 \\ 2 & 1 & 3 & 5 & 0 \\ 1 & 3 & 4 & 1 & 0 \\ 3 & 0 & 3 & 6 & 9 \end{vmatrix} \xrightarrow[\substack{r_3 - 2r_2 \\ r_4 - r_2 \\ r_5 - 3r_2}]{r_1 - 2r_2} \begin{vmatrix} 0 & 6 & -3 & 1 & -5 \\ 1 & 0 & 2 & 0 & 4 \\ 0 & 1 & -1 & 5 & -8 \\ 0 & 3 & 2 & 1 & -4 \\ 0 & 0 & -3 & 6 & -3 \end{vmatrix}$

$\xrightarrow[r_4 - 3r_3]{r_1 - 6r_3} \begin{vmatrix} 0 & 0 & -7 & -1 & 3 \\ 1 & 0 & 2 & 0 & 4 \\ 0 & 1 & -1 & 5 & -8 \\ 0 & 0 & 5 & -14 & 20 \\ 0 & 0 & -3 & 6 & -3 \end{vmatrix} \xrightarrow[\text{再按第二列展开}]{\text{按第一列展开}} \begin{vmatrix} -7 & -1 & 3 \\ 5 & -14 & 20 \\ -3 & 6 & -3 \end{vmatrix}$

$\xrightarrow[c_3 - c_1]{c_2 + 2c_1} \begin{vmatrix} -7 & -15 & 10 \\ 5 & -4 & 15 \\ -3 & 0 & 0 \end{vmatrix} \xrightarrow{\text{按第三行展开}} (-3) \cdot (-1)^{3+1} \cdot (-15 \times 15 + 4 \times 10) = 555$

(5) $\begin{vmatrix} 1 & 1 & 1 & 1 \\ a & b & c & d \\ a^2 & b^2 & c^2 & d^2 \\ a^4 & b^4 & c^4 & d^4 \end{vmatrix} \xrightarrow[\substack{r_3 - ar_2 \\ r_2 - ar_1}]{r_4 - a^2 r_3} \begin{vmatrix} 1 & 1 & 1 & 1 \\ 0 & b-a & c-a & d-a \\ 0 & b(b-a) & c(c-a) & d(d-a) \\ 0 & b^2(b^2-a^2) & c^2(c^2-a^2) & d^2(d^2-a^2) \end{vmatrix}$

$\xrightarrow{\text{按第一列展开}} \begin{vmatrix} b-a & c-a & d-a \\ b(b-a) & c(c-a) & d(d-a) \\ b^2(b^2-a^2) & c^2(c^2-a^2) & d^2(d^2-a^2) \end{vmatrix}$

$\xrightarrow{\text{性质 3}} (b-a)(c-a)(d-a) \begin{vmatrix} 1 & 1 & 1 \\ b & c & d \\ b^2(b+a) & c^2(c+a) & d^2(d+a) \end{vmatrix}$

$$\xrightarrow[r_2-br_1]{r_3-b(b+a)r_2}(b-a)(c-a)(d-a)\begin{vmatrix}1 & 1 & 1\\ 0 & c-b & d-b\\ 0 & c(c-b)(c+b+a) & d(d-b)(d+b+a)\end{vmatrix}$$

$$\xrightarrow[\text{性质3}]{\text{按第一列展开}}(b-a)(c-a)(d-a)(c-b)(d-b)\begin{vmatrix}1 & 1\\ c(c+b+a) & d(d+b+a)\end{vmatrix}$$

$$=(b-a)(c-a)(d-a)(c-b)(d-b)(d-c)(a+b+c+d)$$

(6) 方法一：$D=\begin{vmatrix}1+a & b & c & d\\ a & 1+b & c & d\\ a & b & 1+c & d\\ a & b & c & 1+d\end{vmatrix}\xrightarrow[\substack{r_3-r_2\\ r_2-r_1}]{r_4-r_3}\begin{vmatrix}1+a & b & c & d\\ -1 & 1 & 0 & 0\\ 0 & -1 & 1 & 0\\ 0 & 0 & -1 & 1\end{vmatrix}$

$$\xrightarrow{\text{按第一列展开}}(1+a)\begin{vmatrix}1 & 0 & 0\\ -1 & 1 & 0\\ 0 & -1 & 1\end{vmatrix}+(-1)\cdot(-1)^{2+1}\begin{vmatrix}b & c & d\\ -1 & 1 & 0\\ 0 & -1 & 1\end{vmatrix}$$

$$=1+a+b+c+d$$

方法二：

$$\begin{vmatrix}1+a & b & c & d\\ a & 1+b & c & d\\ a & b & 1+c & d\\ a & b & c & 1+d\end{vmatrix}\xrightarrow{c_1-c_i,i=2,3,4}\begin{vmatrix}1+a+b+c+d & b & c & d\\ 1+a+b+c+d & 1+b & c & d\\ 1+a+b+c+d & b & 1+c & d\\ 1+a+b+c+d & b & c & 1+d\end{vmatrix}$$

$$\xrightarrow{r_i-r_1,i=2,3,4}\begin{vmatrix}1+a+b+c+d & b & c & d\\ 0 & 1 & 0 & 0\\ 0 & 0 & 1 & 0\\ 0 & 0 & 0 & 1\end{vmatrix}\xrightarrow{\text{上三角行列式}}1+a+b+c+d$$

(7) $\begin{vmatrix}ab & ac & ae\\ bd & -cd & de\\ bf & cf & -ef\end{vmatrix}\xrightarrow[\text{性质3}]{\text{每一行提一个公因子}}adf\begin{vmatrix}b & c & e\\ b & -c & e\\ b & c & -e\end{vmatrix}\xrightarrow[\text{性质3}]{\text{每一例提一个公因子}}$

$abcdef\begin{vmatrix}1 & 1 & 1\\ 1 & -1 & 1\\ 1 & 1 & -1\end{vmatrix}\xrightarrow[r_3-r_1]{r_2-r_1}abcdef\begin{vmatrix}1 & 1 & 1\\ 0 & -2 & 0\\ 0 & 0 & -2\end{vmatrix}=4abcdef$

习题 7.3

1. 解：$3AB-2A=3\begin{pmatrix}1 & 1 & 1\\ 1 & 1 & -1\\ 1 & -1 & 1\end{pmatrix}\begin{pmatrix}1 & 2 & 3\\ -1 & -2 & 4\\ 0 & 5 & 1\end{pmatrix}-2\begin{pmatrix}1 & 1 & 1\\ 1 & 1 & -1\\ 1 & -1 & 1\end{pmatrix}$

$=3\begin{pmatrix}0 & 5 & 8\\ 0 & -5 & 6\\ 2 & 9 & 0\end{pmatrix}-2\begin{pmatrix}1 & 1 & 1\\ 1 & 1 & -1\\ 1 & -1 & 1\end{pmatrix}=\begin{pmatrix}-2 & 13 & 22\\ -2 & -17 & 20\\ 4 & 29 & -2\end{pmatrix}.$

2. 解：(1) $\begin{bmatrix} 4 & 3 & 1 \\ 1 & -2 & 3 \\ 5 & 7 & 0 \end{bmatrix} \begin{bmatrix} 7 \\ 2 \\ 1 \end{bmatrix} = \begin{bmatrix} 4\times 7+3\times 2+1\times 1 \\ 1\times 7+(-2)\times 2+3\times 1 \\ 5\times 7+7\times 2+0\times 1 \end{bmatrix} = \begin{bmatrix} 35 \\ 6 \\ 49 \end{bmatrix}$;

(2) $(1 \quad 2 \quad 3) \begin{bmatrix} 3 \\ 2 \\ 1 \end{bmatrix} = (1\times 3+2\times 2+3\times 1) = (10)$.

(3) $\begin{bmatrix} 2 \\ 1 \\ 3 \end{bmatrix} (-1 \quad 2) = \begin{bmatrix} 2\times(-1) & 2\times 2 \\ 1\times(-1) & 1\times 2 \\ 3\times(-1) & 3\times 2 \end{bmatrix} = \begin{bmatrix} -2 & 4 \\ -1 & 2 \\ -3 & 6 \end{bmatrix}$;

(4) $\begin{pmatrix} 2 & 1 & 4 & 0 \\ 1 & -1 & 3 & 4 \end{pmatrix} \begin{pmatrix} 1 & 3 & 1 \\ 0 & -1 & 2 \\ 1 & -3 & 1 \\ 4 & 0 & -2 \end{pmatrix} = \begin{pmatrix} 6 & -7 & 8 \\ 20 & -5 & -6 \end{pmatrix}$;

(5) $(x_1 \quad x_2 \quad x_3) \begin{bmatrix} a_{11} & a_{12} & a_{13} \\ a_{12} & a_{22} & a_{23} \\ a_{13} & a_{23} & a_{33} \end{bmatrix} \begin{bmatrix} x_1 \\ x_2 \\ x_3 \end{bmatrix}$

$= (a_{11}x_1+a_{12}x_2+a_{13}x_3 \quad a_{12}x_1+a_{22}x_2+a_{23}x_3 \quad a_{13}x_1+a_{23}x_2+a_{33}x_3) \times \begin{bmatrix} x_1 \\ x_2 \\ x_3 \end{bmatrix}$

$= a_{11}x_1^2+a_{22}x_2^2+a_{33}x_3^2+2a_{12}x_1x_2+2a_{13}x_1x_3+2a_{23}x_2x_3$;

(6) $\begin{pmatrix} 1 & 2 & 1 & 0 \\ 0 & 1 & 0 & 1 \\ 0 & 0 & 2 & 1 \\ 0 & 0 & 0 & 3 \end{pmatrix} \begin{pmatrix} 1 & 0 & 3 & 1 \\ 0 & 1 & 2 & -1 \\ 0 & 0 & -2 & 3 \\ 0 & 0 & 0 & -3 \end{pmatrix} = \begin{pmatrix} 1 & 2 & 5 & 2 \\ 0 & 1 & 2 & -4 \\ 0 & 0 & -4 & 3 \\ 0 & 0 & 0 & -9 \end{pmatrix}$.

3. 解：(1) $A = \begin{pmatrix} 1 & 2 \\ 1 & 3 \end{pmatrix}$, $B = \begin{pmatrix} 1 & 0 \\ 1 & 2 \end{pmatrix}$. 则 $AB = \begin{pmatrix} 3 & 4 \\ 4 & 6 \end{pmatrix}$, $BA = \begin{pmatrix} 1 & 2 \\ 3 & 8 \end{pmatrix}$. 所以 $AB \neq BA$.

(2) $(A+B)^2 = \begin{pmatrix} 2 & 2 \\ 2 & 5 \end{pmatrix} \begin{pmatrix} 2 & 2 \\ 2 & 5 \end{pmatrix} = \begin{pmatrix} 8 & 14 \\ 14 & 29 \end{pmatrix}$;

但 $A^2+2AB+B^2 = \begin{pmatrix} 3 & 8 \\ 4 & 11 \end{pmatrix} + \begin{pmatrix} 6 & 8 \\ 8 & 12 \end{pmatrix} + \begin{pmatrix} 1 & 0 \\ 3 & 4 \end{pmatrix} = \begin{pmatrix} 10 & 16 \\ 15 & 27 \end{pmatrix}$

故 $(A+B)^2 \neq A^2+2AB+B^2$.

(3) $(A+B)(A-B) = \begin{pmatrix} 2 & 2 \\ 2 & 5 \end{pmatrix} \begin{pmatrix} 0 & 2 \\ 0 & 1 \end{pmatrix} = \begin{pmatrix} 0 & 6 \\ 0 & 9 \end{pmatrix}$,

而 $A^2-B^2 = \begin{pmatrix} 3 & 8 \\ 4 & 11 \end{pmatrix} - \begin{pmatrix} 1 & 0 \\ 3 & 4 \end{pmatrix} = \begin{pmatrix} 2 & 8 \\ 1 & 7 \end{pmatrix}$,

故 $(A+B)(A-B) \neq A^2-B^2$.

4. 解：(1) 取 $A = \begin{pmatrix} 0 & 1 \\ 0 & 0 \end{pmatrix}$, $A^2 = 0$, 但 $A \neq 0$.

(2) 取 $A = \begin{pmatrix} 1 & 1 \\ 0 & 0 \end{pmatrix}$, $A^2 = A$, 但 $A \neq 0$ 且 $A \neq E$.

(3) 取 $A = \begin{pmatrix} 1 & 0 \\ 0 & 0 \end{pmatrix}$, $X = \begin{pmatrix} 1 & 1 \\ -1 & 1 \end{pmatrix}$, $Y = \begin{pmatrix} 1 & 1 \\ 0 & 1 \end{pmatrix}$.

$AX = AY$ 且 $A \neq 0$ 但 $X \neq Y$.

5. 解：$A^2 = \begin{pmatrix} 1 & 0 \\ \lambda & 1 \end{pmatrix} \begin{pmatrix} 1 & 0 \\ \lambda & 1 \end{pmatrix} = \begin{pmatrix} 1 & 0 \\ 2\lambda & 1 \end{pmatrix}$; $\quad A^3 = A^2 A = \begin{pmatrix} 1 & 0 \\ 2\lambda & 1 \end{pmatrix} \begin{pmatrix} 1 & 0 \\ \lambda & 1 \end{pmatrix} = \begin{pmatrix} 1 & 0 \\ 3\lambda & 1 \end{pmatrix}$

利用数学归纳法证明：$A^k = \begin{pmatrix} 1 & 0 \\ k\lambda & 1 \end{pmatrix}$.

当 $k=1$ 时，显然成立，假设 k 时成立，则 $k+1$ 时

$A^{k+1} = A^k A = \begin{pmatrix} 1 & 0 \\ k\lambda & 1 \end{pmatrix} \begin{pmatrix} 1 & 0 \\ \lambda & 1 \end{pmatrix} = \begin{pmatrix} 1 & 0 \\ (k+1)\lambda & 1 \end{pmatrix}$

由数学归纳法原理知：$A^k = \begin{pmatrix} 1 & 0 \\ k\lambda & 1 \end{pmatrix}$

6. 解：首先观察

$A^2 = \begin{pmatrix} \lambda & 1 & 0 \\ 0 & \lambda & 1 \\ 0 & 0 & \lambda \end{pmatrix} \begin{pmatrix} \lambda & 1 & 0 \\ 0 & \lambda & 1 \\ 0 & 0 & \lambda \end{pmatrix} = \begin{pmatrix} \lambda^2 & 2\lambda & 1 \\ 0 & \lambda^2 & 2\lambda \\ 0 & 0 & \lambda^2 \end{pmatrix}$, $\quad A^3 = A^2 \cdot A = \begin{pmatrix} \lambda^3 & 3\lambda^2 & 3\lambda \\ 0 & \lambda^3 & 3\lambda^2 \\ 0 & 0 & \lambda^3 \end{pmatrix}$;

由此推测 $A^k = \begin{pmatrix} \lambda^k & k\lambda^{k-1} & \dfrac{k(k-1)}{2}\lambda^{k-2} \\ 0 & \lambda^k & k\lambda^{k-1} \\ 0 & 0 & \lambda^k \end{pmatrix} \quad (k \geqslant 2)$.

用数学归纳法证明.

当 $k=2$ 时，显然成立.

假设 k 时成立，则 $k+1$ 时，

$A^{k+1} = A^k \cdot A = \begin{pmatrix} \lambda^k & k\lambda^{k-1} & \dfrac{k(k-1)}{2}\lambda^{k-2} \\ 0 & \lambda^k & k\lambda^{k-1} \\ 0 & 0 & \lambda^k \end{pmatrix} \begin{pmatrix} \lambda & 1 & 0 \\ 0 & \lambda & 1 \\ 0 & 0 & \lambda \end{pmatrix}$

$= \begin{pmatrix} \lambda^{k+1} & (k+1)\lambda^{k-1} & \dfrac{(k+1)k}{2}\lambda^{k-1} \\ 0 & \lambda^{k+1} & (k+1)\lambda^{k-1} \\ 0 & 0 & \lambda^{k+1} \end{pmatrix}$.

由数学归纳法原理知：$A^k = \begin{pmatrix} \lambda^k & k\lambda^{k-1} & \dfrac{k(k-1)}{2}\lambda^{k-2} \\ 0 & \lambda^k & k\lambda^{k-1} \\ 0 & 0 & \lambda^k \end{pmatrix}$

习题 7.4

1. 解：(1) $\begin{bmatrix} 1 & 2 & 2 & -1 \\ 2 & 3 & 3 & 1 \\ 3 & 4 & 4 & 3 \end{bmatrix} \to \begin{bmatrix} 1 & 2 & 2 & -1 \\ 0 & -1 & -1 & 3 \\ 0 & -2 & -2 & 6 \end{bmatrix} \to \begin{bmatrix} 1 & 2 & 2 & -1 \\ 0 & -1 & -1 & 3 \\ 0 & 0 & 0 & 0 \end{bmatrix}$

$\to \begin{bmatrix} 1 & 2 & 2 & -1 \\ 0 & 1 & 1 & -3 \\ 0 & 0 & 0 & 0 \end{bmatrix} \to \begin{bmatrix} 1 & 0 & 0 & 5 \\ 0 & 1 & 1 & -3 \\ 0 & 0 & 0 & 0 \end{bmatrix}$;

(2) $\begin{bmatrix} 0 & 2 & -3 & 1 \\ 0 & 3 & -4 & 3 \\ 0 & 4 & -7 & -1 \end{bmatrix} \to \begin{bmatrix} 0 & 1 & 0 & 5 \\ 0 & 0 & 1 & 3 \\ 0 & 0 & 0 & 0 \end{bmatrix}$;

(3) $\begin{bmatrix} 1 & -1 & 3 & -4 & 3 \\ 3 & -3 & 5 & -4 & 1 \\ 2 & -2 & 3 & -2 & 6 \\ 3 & -3 & 4 & -2 & -1 \end{bmatrix} \to \begin{bmatrix} 1 & -1 & 0 & 2 & 0 \\ 0 & 0 & 1 & -2 & 0 \\ 0 & 0 & 0 & 0 & 1 \\ 0 & 0 & 0 & 0 & 0 \end{bmatrix}$.

2. 解：(1) $\begin{bmatrix} 3 & 2 & 1 & 1 & 0 & 0 \\ 3 & 1 & 5 & 0 & 1 & 0 \\ 3 & 2 & 3 & 0 & 0 & 1 \end{bmatrix} \to \begin{bmatrix} 3 & 2 & 1 & 1 & 0 & 0 \\ 0 & -1 & 4 & -1 & 1 & 0 \\ 0 & 0 & 2 & -1 & 0 & 1 \end{bmatrix} \to \begin{bmatrix} 3 & 2 & 1 & 1 & 0 & 0 \\ 0 & 1 & -4 & 1 & -1 & 0 \\ 0 & 0 & 2 & -1 & 0 & 1 \end{bmatrix}$

$\to \begin{bmatrix} 3 & 2 & 0 & \frac{3}{2} & 0 & -\frac{1}{2} \\ 0 & 1 & 0 & -1 & -1 & 2 \\ 0 & 0 & 1 & -\frac{1}{2} & 0 & \frac{1}{2} \end{bmatrix} \to \begin{bmatrix} 1 & 0 & 0 & \frac{7}{6} & \frac{2}{3} & -\frac{3}{2} \\ 0 & 1 & 0 & -1 & -1 & 2 \\ 0 & 0 & 1 & -\frac{1}{2} & 0 & \frac{1}{2} \end{bmatrix}$,

所以，逆矩阵为 $\begin{bmatrix} \frac{7}{6} & \frac{2}{3} & -\frac{3}{2} \\ -1 & -1 & 2 \\ -\frac{1}{2} & 0 & \frac{1}{2} \end{bmatrix}$.

(2) 逆矩阵为 $\begin{bmatrix} 1 & 1 & -2 & -4 \\ 0 & 1 & 0 & -1 \\ -1 & -1 & 3 & 6 \\ 2 & 1 & -6 & -10 \end{bmatrix}$.

(3) 逆矩阵为 $\frac{1}{4} \begin{bmatrix} 1 & 1 & 1 & 1 \\ 1 & 1 & -1 & -1 \\ 1 & -1 & 1 & -1 \\ 1 & -1 & -1 & 1 \end{bmatrix}$.

(4) 逆矩阵为 $\begin{bmatrix} 1 & 0 & 0 & 0 \\ -2 & 1 & 0 & 0 \\ 1 & -2 & 0 & 0 \\ 0 & 1 & -2 & 1 \end{bmatrix}$.

3. 解：(1) $X = \begin{pmatrix} 2 & 5 \\ 1 & 3 \end{pmatrix}^{-1} \begin{pmatrix} 4 & -6 \\ 2 & 1 \end{pmatrix} = \begin{pmatrix} 3 & -5 \\ -1 & 2 \end{pmatrix} \begin{pmatrix} 4 & -6 \\ 2 & 1 \end{pmatrix} = \begin{pmatrix} 2 & -23 \\ 0 & 8 \end{pmatrix}.$

(2) $X = \begin{pmatrix} 1 & -1 & 3 \\ 4 & 3 & 2 \end{pmatrix} \begin{pmatrix} 2 & 1 & -1 \\ 2 & 1 & 0 \\ 1 & -1 & 1 \end{pmatrix}^{-1} = \frac{1}{3} \begin{pmatrix} 1 & -1 & 3 \\ 4 & 3 & 2 \end{pmatrix} \begin{pmatrix} 1 & 0 & 1 \\ -2 & 3 & -2 \\ -3 & 3 & 0 \end{pmatrix}$

$= \begin{pmatrix} -2 & 2 & 1 \\ -\frac{8}{3} & 5 & -\frac{2}{3} \end{pmatrix}.$

(3) $X = \begin{pmatrix} 1 & 4 \\ -1 & 2 \end{pmatrix}^{-1} \begin{pmatrix} 3 & 1 \\ 0 & -1 \end{pmatrix} \begin{pmatrix} 2 & 0 \\ -1 & 1 \end{pmatrix}^{-1} = \frac{1}{12} \begin{pmatrix} 2 & -4 \\ 1 & 1 \end{pmatrix} \begin{pmatrix} 3 & 1 \\ 0 & -1 \end{pmatrix} \begin{pmatrix} 1 & 0 \\ 1 & 2 \end{pmatrix}$

$= \frac{1}{12} \begin{pmatrix} 6 & 6 \\ 3 & 0 \end{pmatrix} \begin{pmatrix} 1 & 0 \\ 1 & 2 \end{pmatrix} = \begin{pmatrix} 1 & 1 \\ \frac{1}{4} & 0 \end{pmatrix}.$

(4) $X = \begin{pmatrix} 0 & 1 & 0 \\ 1 & 0 & 0 \\ 0 & 0 & 1 \end{pmatrix}^{-1} \begin{pmatrix} 1 & -4 & 3 \\ 2 & 0 & -1 \\ 1 & -2 & 0 \end{pmatrix} \begin{pmatrix} 1 & 0 & 0 \\ 0 & 0 & 1 \\ 0 & 1 & 0 \end{pmatrix}^{-1} = \begin{pmatrix} 0 & 1 & 0 \\ 1 & 0 & 0 \\ 0 & 0 & 1 \end{pmatrix} \begin{pmatrix} 1 & -4 & 3 \\ 2 & 0 & -1 \\ 1 & -2 & 0 \end{pmatrix}$

$\begin{pmatrix} 1 & 0 & 0 \\ 0 & 0 & 1 \\ 0 & 1 & 0 \end{pmatrix} = \begin{pmatrix} 2 & -1 & 0 \\ 1 & 3 & -4 \\ 1 & 0 & -2 \end{pmatrix}.$

4. 解：(1) 方程组可表示为 $\begin{pmatrix} 1 & 2 & 3 \\ 2 & 2 & 5 \\ 3 & 5 & 1 \end{pmatrix} \begin{pmatrix} x_1 \\ x_2 \\ x_3 \end{pmatrix} = \begin{pmatrix} 1 \\ 2 \\ 3 \end{pmatrix},$

故 $\begin{pmatrix} x_1 \\ x_2 \\ x_3 \end{pmatrix} = \begin{pmatrix} 1 & 2 & 3 \\ 2 & 2 & 5 \\ 3 & 5 & 1 \end{pmatrix}^{-1} \begin{pmatrix} 1 \\ 2 \\ 3 \end{pmatrix} = \begin{pmatrix} 1 \\ 0 \\ 0 \end{pmatrix},$

从而有 $\begin{cases} x_1 = 1, \\ x_2 = 0, \\ x_3 = 0. \end{cases}$

(2) 方程组可表示为 $\begin{pmatrix} 1 & -1 & -1 \\ 2 & -1 & -3 \\ 3 & 2 & -5 \end{pmatrix} \begin{pmatrix} x_1 \\ x_2 \\ x_3 \end{pmatrix} = \begin{pmatrix} 2 \\ 1 \\ 0 \end{pmatrix},$

故 $\begin{pmatrix} x_1 \\ x_2 \\ x_3 \end{pmatrix} = \begin{pmatrix} 1 & -1 & -1 \\ 2 & -1 & -3 \\ 3 & 2 & -5 \end{pmatrix}^{-1} \begin{pmatrix} 2 \\ 1 \\ 0 \end{pmatrix} = \begin{pmatrix} 5 \\ 0 \\ 3 \end{pmatrix},$

从而有 $\begin{cases} x_1 = 5, \\ x_2 = 0, \\ x_3 = 3. \end{cases}$

复习题七

1. __0__. 2. __40__. 3. __1__. 4. __-7__. 5. __1__. 6. __12__.

7. $(x,y,z) = (1,-1,-2)$.   8. $\underline{\ 4\ }$.   9. $\underline{\ 0\ }$.   10. $\underline{\ 4\ 或\ -1\ }$.

11. $x = \underline{\ 2\ }, y = \underline{\ 6\ }$.   12. $\underline{-16/27}$.   13. $\begin{pmatrix} -8 & 15 \\ -34 & 10 \end{pmatrix}$.   14. $\begin{pmatrix} 2 & -23 \\ 0 & 8 \end{pmatrix}$.

15. $\begin{pmatrix} 1 & -4 & -3 \\ 1 & -5 & -3 \\ -1 & 6 & 4 \end{pmatrix}$.   16. $\begin{pmatrix} 3 & -1 \\ 2 & 0 \\ 1 & -1 \end{pmatrix}$.   17. $\begin{pmatrix} 0 & 2 & 1 \\ 0 & 0 & 0 \\ 0 & 0 & 0 \end{pmatrix}$.   18. $\begin{pmatrix} 0 & 0 & 1 \\ 0 & 1 & 0 \\ 1 & 0 & 0 \end{pmatrix}$.

19. $\begin{pmatrix} 4 & 5 & 2 \\ 1 & 2 & 2 \\ 7 & 8 & 2 \end{pmatrix}$.

习题 8.1

1. 解：$D = \begin{vmatrix} 1 & 1 & 1 & 1 \\ 1 & 2 & -1 & 4 \\ 2 & -3 & -1 & -5 \\ 3 & 1 & 2 & 11 \end{vmatrix} = -142 \neq 0$，线性方程组有解，

$D_1 = \begin{vmatrix} 5 & 1 & 1 & 1 \\ -2 & 2 & -1 & 4 \\ -2 & -3 & -1 & -5 \\ 0 & 1 & 2 & 11 \end{vmatrix} = -142, \quad D_2 = \begin{vmatrix} 1 & 5 & 1 & 1 \\ 1 & -2 & -1 & 4 \\ 2 & -2 & -1 & -5 \\ 3 & 0 & 2 & 11 \end{vmatrix} = -284,$

$D_3 = \begin{vmatrix} 1 & 1 & 5 & 1 \\ 1 & 2 & -2 & 4 \\ 2 & -3 & -2 & -5 \\ 3 & 1 & 0 & 11 \end{vmatrix} = -426, \quad D_4 = \begin{vmatrix} 1 & 1 & 1 & 5 \\ 1 & 2 & -1 & -2 \\ 2 & -3 & -1 & -2 \\ 3 & 1 & 2 & 0 \end{vmatrix} = 142,$

故方程组的解为 $x_1 = \dfrac{D_1}{D} = 1, x_2 = \dfrac{D_2}{D} = 2, x_3 = \dfrac{D_3}{D} = 3, x_4 = \dfrac{D_4}{D} = -1$.

2. 解：$D = \begin{vmatrix} k & 1 & 1 \\ 1 & k & 1 \\ 1 & 1 & k \end{vmatrix} = (k+2)(k-1)^2$，所以 $k = -2$ 或 $k = 1$ 时，方程组有非零解.

习题 8.2

1. 解：对增广矩阵施行初等行变换

$\widetilde{A} = \begin{pmatrix} 4 & 2 & -1 & \vdots & 2 \\ 3 & -1 & 2 & \vdots & 10 \\ 11 & 3 & 0 & \vdots & 8 \end{pmatrix} \rightarrow \begin{pmatrix} 1 & 3 & -3 & -8 \\ 0 & -10 & 11 & 34 \\ 0 & 0 & 0 & -6 \end{pmatrix}$,

所以 $R(A) = 2, R(\widetilde{A}) = 3$. 无解.

(2) 解：$\widetilde{A} = \begin{pmatrix} 2 & 3 & 1 & 4 \\ 1 & -2 & 4 & -5 \\ 3 & 8 & -2 & 13 \\ 4 & -1 & 9 & -6 \end{pmatrix} \rightarrow \begin{pmatrix} 1 & 0 & 2 & -1 \\ 0 & 1 & -1 & 2 \\ 0 & 0 & 0 & 0 \\ 0 & 0 & 0 & 0 \end{pmatrix}$,

$R(A) = R(\widetilde{A}) = 2$,所以原方程组有解. 与原方程组同解的方程组为
$$\begin{cases} x = -2z - 1, \\ y = z + 2, \\ z = z. \end{cases}$$

故
$$\begin{pmatrix} x \\ y \\ z \end{pmatrix} = C \begin{pmatrix} -2 \\ 1 \\ 1 \end{pmatrix} + \begin{pmatrix} -1 \\ 2 \\ 0 \end{pmatrix}. (C 为任意常数)$$

2. 解:系数行列式 $D = \begin{vmatrix} \lambda & 1 & 1 \\ 1 & \lambda & 1 \\ 1 & 1 & \lambda \end{vmatrix} = (\lambda - 1)^2 (\lambda + 2).$

当 $\lambda \neq 1$ 且 $\lambda \neq -2$ 时 $D \neq 0$,方程组有唯一解.

当 $\lambda = 1$ 时,对增广矩阵施行初等行变换:
$$\widetilde{A} = \begin{pmatrix} 1 & 1 & 1 & 1 \\ 1 & 1 & 1 & 1 \\ 1 & 1 & 1 & 1 \end{pmatrix} \to \begin{pmatrix} 1 & 1 & 1 & 1 \\ 0 & 0 & 0 & 0 \\ 0 & 0 & 0 & 0 \end{pmatrix},$$

则 $R(A) = R(\widetilde{A}) = 1 < 3$,故原方程组有解且有无穷多解.

当 $\lambda = -2$ 时,对增广矩阵施行初等行变换
$$\widetilde{A} = \begin{pmatrix} -2 & 1 & 1 & 1 \\ 1 & -2 & 1 & -2 \\ 1 & 1 & -2 & 4 \end{pmatrix} \to \begin{pmatrix} 1 & 1 & -2 & 4 \\ 1 & -2 & 1 & -2 \\ -2 & 1 & 1 & 1 \end{pmatrix}$$
$$\to \begin{pmatrix} 1 & 1 & -2 & 4 \\ 0 & -3 & 3 & -6 \\ 0 & 3 & -3 & 9 \end{pmatrix} \to \begin{pmatrix} 1 & 1 & -2 & 4 \\ 0 & -3 & 3 & -6 \\ 0 & 0 & 0 & 3 \end{pmatrix},$$

$R(A) = 2, R(\widetilde{A}) = 3$. 所以方程组无解.

习题 8.3

1. 解:(1) 因为 $\begin{vmatrix} 1 & 1 & 0 \\ 0 & 1 & 1 \\ 3 & 0 & 0 \end{vmatrix} = 3 \neq 0$,所以 $(1,1,0), (0,1,1), (3,0,0)$ 线性无关.

(2) 因为
$$A = \begin{pmatrix} 2 & 1 & 3 \\ -1 & 4 & -6 \\ 7 & 11 & 3 \\ 3 & -2 & 8 \end{pmatrix} \to \begin{pmatrix} 1 & -4 & 6 \\ 0 & 1 & -1 \\ 0 & 0 & 0 \\ 0 & 0 & 0 \end{pmatrix},$$

所以 $R(A) = 2$,所以向量组的秩也等于 2,故 3 个向量线性相关.

(3) 因为在矩阵 $A = \begin{pmatrix} 1 & 0 & 0 & 2 \\ 2 & 1 & 0 & 3 \\ 3 & 0 & 1 & 5 \end{pmatrix}$ 中,有一个3阶子式 $\begin{vmatrix} 1 & 0 & 0 \\ 2 & 1 & 0 \\ 3 & 0 & 1 \end{vmatrix} = 1 \neq 0$,所以3个向量线性无关.

2. 解:(1) 令 $x_1 a_1 + x_2 a_2 + x_3 a_3 = b$,即 $x_1 \begin{pmatrix} 1 \\ 1 \\ -1 \end{pmatrix} + x_2 \begin{pmatrix} 1 \\ 2 \\ 1 \end{pmatrix} + x_3 \begin{pmatrix} 0 \\ 0 \\ 1 \end{pmatrix} = \begin{pmatrix} 1 \\ 0 \\ -2 \end{pmatrix}$.

因为 $D = \begin{vmatrix} 1 & 1 & 0 \\ 1 & 2 & 0 \\ -1 & 1 & 1 \end{vmatrix} = 1 \neq 0$,所以由克莱姆法则,得

$$x_1 = 2, x_2 = -1, x_3 = 1,$$

故 $b = 2a_1 - a_2 + a_3$.

(2) 令 $x_1 a_1 + x_2 a_2 + x_3 a_3 = b$,即 $x_1 \begin{pmatrix} 1 \\ 2 \\ 3 \end{pmatrix} + x_2 \begin{pmatrix} 1 \\ 0 \\ 4 \end{pmatrix} + x_3 \begin{pmatrix} 1 \\ 3 \\ 1 \end{pmatrix} = \begin{pmatrix} 3 \\ 1 \\ 11 \end{pmatrix}$.

因为 $D = \begin{vmatrix} 1 & 1 & 1 \\ 2 & 0 & 3 \\ 3 & 4 & 1 \end{vmatrix} = 3 \neq 0$,所以由克莱姆法则,得 $x_1 = 0, x_2 = \frac{8}{3}, x_3 = \frac{1}{3}$.

故 $b = 0a_1 + \frac{8}{3} a_2 + \frac{1}{3} a_3$.

习题 8.4

1. 解:(1) 对系数矩阵施行初等行变换,有:

$$A = \begin{pmatrix} 1 & 1 & 2 & -1 \\ 2 & 1 & 1 & -1 \\ 2 & 2 & 1 & 2 \end{pmatrix} \rightarrow \begin{pmatrix} 1 & 0 & 0 & -\frac{4}{3} \\ 0 & 1 & 0 & 3 \\ 0 & 0 & 1 & -\frac{4}{3} \end{pmatrix}.$$

与原方程组同解的方程组为

$$\begin{cases} x_1 - \frac{4}{3} x_4 = 0, \\ x_2 + 3 x_4 = 0, \\ x_3 - \frac{4}{3} x_4 = 0, \end{cases}$$

或写为

$$x = \begin{pmatrix} x_1 \\ x_2 \\ x_3 \\ x_4 \end{pmatrix} = x_4 \begin{pmatrix} \frac{4}{3} \\ -3 \\ \frac{4}{3} \\ 1 \end{pmatrix} = k_1 \begin{pmatrix} 4 \\ -9 \\ 4 \\ 3 \end{pmatrix},$$

其中 $k_1 = \dfrac{x_4}{3}$ 为任意常数. 所以, 基础解系为
$$\xi_1 = \begin{pmatrix} 4 \\ -9 \\ 4 \\ 3 \end{pmatrix}.$$

(2) $A = \begin{pmatrix} 1 & 2 & 1 & -1 \\ 3 & 6 & -1 & -3 \\ 5 & 10 & 1 & -5 \end{pmatrix} \rightarrow \begin{pmatrix} 1 & 2 & 0 & -1 \\ 0 & 0 & 1 & 0 \\ 0 & 0 & 0 & 0 \end{pmatrix}$,

与原方程组同解的方程组为 $\begin{cases} x_1 + 2x_2 - x_4 = 0, \\ x_3 = 0, \end{cases}$ 或写为 $\begin{cases} x_1 = -2x_2 + x_4, \\ x_2 = x_2, \\ x_3 = 0, \\ x_4 = x_4, \end{cases}$ 其中, x_2, x_4 可取任意常数 k_1, k_2, 故 $x = \begin{pmatrix} x_1 \\ x_2 \\ x_3 \\ x_4 \end{pmatrix} = k_1 \begin{pmatrix} -2 \\ 1 \\ 0 \\ 0 \end{pmatrix} + k_2 \begin{pmatrix} 1 \\ 0 \\ 0 \\ 1 \end{pmatrix}.$

所以, 基础解系为:
$$\xi_1 = \begin{pmatrix} -2 \\ 1 \\ 0 \\ 0 \end{pmatrix}, \xi_2 = \begin{pmatrix} 1 \\ 0 \\ 0 \\ 1 \end{pmatrix}.$$

(3) $A = \begin{pmatrix} 2 & 3 & -1 & 5 \\ 3 & 1 & 2 & -7 \\ 4 & 1 & -3 & 6 \\ 1 & -2 & 4 & -7 \end{pmatrix} \rightarrow \begin{pmatrix} 1 & -2 & 4 & 7 \\ 0 & 1 & 21 & -26 \\ 0 & 0 & 1 & 5 \\ 0 & 0 & 0 & 327 \end{pmatrix}$, $R(A) = 4 = n$, 方程组只有零解.

2. 解: (1) $\widetilde{A} = \begin{pmatrix} 2 & 1 & -1 & 1 & 1 \\ 4 & 2 & -2 & 1 & 2 \\ 2 & 1 & -1 & -1 & 1 \end{pmatrix} \rightarrow \begin{pmatrix} 1 & \frac{1}{2} & -\frac{1}{2} & 0 & \frac{1}{2} \\ 0 & 0 & 0 & 1 & 0 \\ 0 & 0 & 0 & 0 & 0 \end{pmatrix}$, $R(A) = R(\widetilde{A}) = 2$, 原方程组有解. 与原方程组同解的方程组为 $\begin{cases} x = -\dfrac{1}{2}y + \dfrac{1}{2}z + \dfrac{1}{2}, \\ w = 0. \end{cases}$

所以原方程组的通解为
$$\begin{pmatrix} x \\ y \\ z \\ w \end{pmatrix} = k_1 \begin{pmatrix} -1 \\ 2 \\ 0 \\ 0 \end{pmatrix} + k_2 \begin{pmatrix} 1 \\ 0 \\ 2 \\ 0 \end{pmatrix} + \begin{pmatrix} \dfrac{1}{2} \\ 0 \\ 0 \\ 0 \end{pmatrix}. (k_1, k_2 \text{ 为任意常数})$$

(2) $\widetilde{A} = \begin{pmatrix} 2 & 1 & -1 & 1 & 1 \\ 3 & -2 & 1 & -3 & 4 \\ 1 & 4 & -3 & 5 & -2 \end{pmatrix} \rightarrow \begin{pmatrix} 1 & 0 & -\frac{1}{7} & -\frac{1}{7} & \vdots & \frac{6}{7} \\ 0 & 1 & -\frac{5}{7} & \frac{9}{7} & \vdots & -\frac{5}{7} \\ 0 & 0 & 0 & 0 & \vdots & 0 \end{pmatrix}$,

$R(A) = R(\widetilde{A}) = 2$,原方程组有解. 与原方程组同解的方程组为

$$\begin{cases} x = \frac{1}{7}z + \frac{1}{7}w + \frac{6}{7}, \\ y = \frac{5}{7}z - \frac{9}{7}w - \frac{5}{7}, \end{cases}$$

故通解为 $\begin{pmatrix} x \\ y \\ z \\ w \end{pmatrix} = k_1 \begin{pmatrix} 1 \\ 5 \\ 7 \\ 0 \end{pmatrix} + k_2 \begin{pmatrix} 1 \\ -9 \\ 0 \\ 7 \end{pmatrix} + \begin{pmatrix} \frac{6}{7} \\ -\frac{5}{7} \\ 0 \\ 0 \end{pmatrix}$. ($k_1, k_2$ 为任意常数)

复习题八

一、填空题

1. 解:因为 $R(A) = R(A \mid b) = n$ 是 $Ax = b$ 有唯一解的充要条件. 故由 $R(A) = n$ 可得 $\mid A \mid \neq 0$.

2. 解:对方程组的增广矩阵施行初等行变换 $\widetilde{A} = \begin{pmatrix} 1 & 1 & 0 & 0 & a_1 \\ 0 & 1 & 1 & 0 & a_2 \\ 0 & 0 & 1 & 1 & a_3 \\ 1 & 0 & 0 & 1 & a_4 \end{pmatrix}$

$\rightarrow \begin{pmatrix} 1 & 1 & 0 & 0 & a_1 \\ 0 & 1 & 1 & 0 & a_2 \\ 0 & 0 & 1 & 1 & a_3 \\ 0 & 0 & 0 & 0 & a_4 - a_1 + a_2 - a_3 \end{pmatrix}$.

所以,方程组有解的充要条件是 $R(A) = R(\widetilde{A})$,即 $a_4 - a_3 + a_2 - a_1 = 0$.

3. 解:令 $x = \begin{pmatrix} 1 \\ 1 \\ \vdots \\ 1 \end{pmatrix}$,显然,$x$ 满足方程组,又因为 $R(A) = n - 1$,所以 $n - R(A) = 1$,

即方程组的基础解系中有一个向量,通解为

$$x = k \begin{pmatrix} 1 \\ 1 \\ \vdots \\ 1 \end{pmatrix} = k(1, 1, \cdots, 1)^T, k \text{ 为任意常数}.$$

4. 解:因为 $\mid A \mid = 0$,又 $A_{kj} \neq 0$,所以 $R(A) = n - 1$,并且有

$$a_{i1}A_{k1} + a_{i2}A_{k2} + \cdots + a_{in}A_{kn} = \begin{cases} 0, & i \neq k; \\ |A| = 0, & i = k. \end{cases}$$

所以,$(A_{k1}, A_{k2}, \cdots, A_{kn})^T$ 是方程组的解,又因为 $R(A) = n-1$,可知方程组的通解为
$$x = c(A_{k1}, A_{k2}, \cdots, A_{kn})^T, (其中 c 为任意常数).$$

二、解答题

1.(1)解:对系数矩阵施行初等行变换,有:

$$A = \begin{pmatrix} 1 & 1 & 2 & -1 \\ 2 & 1 & 1 & -1 \\ 2 & 2 & 1 & 2 \end{pmatrix} \rightarrow \begin{pmatrix} 1 & 0 & 0 & -\frac{4}{3} \\ 0 & 1 & 0 & 3 \\ 0 & 0 & 1 & -\frac{4}{3} \end{pmatrix}.$$

与原方程组同解的方程组为:
$$\begin{cases} x_1 - \frac{4}{3}x_4 = 0, \\ x_2 + 3x_4 = 0, \\ x_3 - \frac{4}{3}x_4 = 0, \end{cases}$$

或写为

$$x = \begin{pmatrix} x_1 \\ x_2 \\ x_3 \\ x_4 \end{pmatrix} = x_4 \begin{pmatrix} \frac{4}{3} \\ -3 \\ \frac{4}{3} \\ 1 \end{pmatrix} = k_1 \begin{pmatrix} 4 \\ -9 \\ 4 \\ 3 \end{pmatrix},$$

其中 $k_1 = \frac{4}{3}$ 为任意常数.所以,基础解系为:

$$\xi_1 = \begin{pmatrix} 4 \\ -9 \\ 4 \\ 3 \end{pmatrix}.$$

(2)解:$A = \begin{pmatrix} 1 & 2 & 1 & -1 \\ 3 & 6 & -1 & -3 \\ 5 & 10 & 1 & -5 \end{pmatrix} \rightarrow \begin{pmatrix} 1 & 2 & 0 & -1 \\ 0 & 0 & 1 & 0 \\ 0 & 0 & 0 & 0 \end{pmatrix},$

与原方程组同解的方程组为:
$$\begin{cases} x_1 + 2x_2 - x_4 = 0, \\ x_3 = 0, \end{cases}$$

或写为

$$\begin{cases} x_1 = -2x_2 + x_4, \\ x_2 = x_2, \\ x_3 = 0, \\ x_4 = x_4, \end{cases}$$

其中,x_2, x_4 可取任意常数 k_1, k_2,故

$$x = \begin{pmatrix} x_1 \\ x_2 \\ x_3 \\ x_4 \end{pmatrix} = k_1 \begin{pmatrix} -2 \\ 1 \\ 0 \\ 0 \end{pmatrix} + k_2 \begin{pmatrix} 1 \\ 0 \\ 0 \\ 1 \end{pmatrix}.$$

所以,基础解系为:

$$\xi_1 = \begin{pmatrix} -2 \\ 1 \\ 0 \\ 0 \end{pmatrix}, \xi_2 = \begin{pmatrix} 1 \\ 0 \\ 0 \\ 1 \end{pmatrix}.$$

2. (1) 解:对增广矩阵施行初等行变换:

$$\widetilde{A} = \begin{pmatrix} 4 & 2 & -1 & 2 \\ 3 & -1 & 2 & 10 \\ 11 & 3 & 0 & 8 \end{pmatrix} \rightarrow \begin{pmatrix} 1 & 3 & -3 & -8 \\ 0 & -10 & 11 & 34 \\ 0 & 0 & 0 & -6 \end{pmatrix},$$ 所以 $R(A) = 2, R(\widetilde{A}) = 3$.

无解.

(2) 解:$\widetilde{A} = \begin{pmatrix} 2 & 3 & 1 & 4 \\ 1 & -2 & 4 & -5 \\ 3 & 8 & -2 & 13 \\ 4 & -1 & 9 & -6 \end{pmatrix} \rightarrow \begin{pmatrix} 1 & 0 & 2 & -1 \\ 0 & 1 & -1 & 2 \\ 0 & 0 & 0 & 0 \\ 0 & 0 & 0 & 0 \end{pmatrix},$

$R(A) = R(\widetilde{A}) = 2$,所以原方程组有解.与原方程组同解的方程组为:

$$\begin{cases} x = -2z - 1, \\ y = z + 2, \\ z = z. \end{cases}$$

故

$$\begin{pmatrix} x \\ y \\ z \end{pmatrix} = k \begin{pmatrix} -2 \\ 1 \\ 1 \end{pmatrix} + \begin{pmatrix} -1 \\ 2 \\ 0 \end{pmatrix}.$$

3. 解:系数行列式

$$D = \begin{vmatrix} 2-\lambda & 2 & -2 \\ 2 & 5-\lambda & -4 \\ -2 & -4 & 5-\lambda \end{vmatrix} = -(\lambda-1)^2(\lambda-10).$$

当 $\lambda \neq 1$ 且 $\lambda \neq 10$ 时,方程组有唯一解.

当 $\lambda = 1$ 时,有

$$\widetilde{A} = \begin{pmatrix} 1 & 2 & -2 & 1 \\ 2 & 4 & -4 & 2 \\ -2 & -4 & 4 & -2 \end{pmatrix} \to \begin{pmatrix} 1 & 2 & -2 & 1 \\ 0 & 0 & 0 & 0 \\ 0 & 0 & 0 & 0 \end{pmatrix}$$

$R(A) = R(\widetilde{A}) = 1$,方程组有无穷多个解,此时
$$x_1 + 2x_2 - 2x_3 = 1,$$
通解为:
$$x = \begin{pmatrix} x_1 \\ x_2 \\ x_3 \end{pmatrix} = k_1 \begin{pmatrix} -2 \\ 1 \\ 0 \end{pmatrix} + k_2 \begin{pmatrix} 2 \\ 0 \\ 1 \end{pmatrix} + \begin{pmatrix} 1 \\ 0 \\ 0 \end{pmatrix}.$$

当 $\lambda = 10$ 时,有
$$\widetilde{A} = \begin{pmatrix} -8 & 2 & -2 & 1 \\ 2 & -5 & -4 & 2 \\ -2 & -4 & -5 & -11 \end{pmatrix} \to \begin{pmatrix} 2 & -5 & -4 & 2 \\ 0 & 1 & 1 & 1 \\ 0 & 0 & 0 & -3 \end{pmatrix},$$

$R(A) = 2, R(\widetilde{A}) = 3$,故方程组无解.

参 考 文 献

[1] 同济大学数学教研室.高等数学[M].6版.北京:高等教育出版社,2013.
[2] 华东师范大学数学系.数学分析(上册)[M].3版.北京:高等教育出版社,2001.
[3] 孙明岩.微积分[M].2版.沈阳:东北大学出版社,2012.
[4] 孙明岩,冯明军.微积分学习指导[M].沈阳:东北大学出版社,2013.
[5] Dale.Varberg.Calculous[M].9版.北京:机械工业出版社,2012.
[6] 孙明岩.第二类重要极限的简易算法[J].教育教学论坛,2012.
[7] 周波.经济效益最优化数学模型的建立与应用[J].内江科技,2009(11).
[8] 孙丰良.微积分初步[M].延边:延边大学出版社,2000.